JN028072

知的財産法演習ノート

第5版

…………知的財産法を楽しむ

23問

小泉直樹・駒田泰土

井関涼子・上野達弘・奥邨弘司
鈴木將文・宮脇正晴

弘文堂

第5版　はしがき

　本書の初版は15年前に刊行され、収録問題数は15問であった。それ以降、編者を含む執筆者は、本書を実際に教育に用いるなどして、ユーザである学生さんの反応や意見を確かめつつ、内容の改訂・改善に努めてきた。本書は一貫して、司法試験の対象法令ともなっている特許法・著作権法分野の問題を主に収録しているが、第2版以降は、意匠法・商標法・不正競争防止法の論点を扱った問題も継続して扱っており、知的財産法全体の理解を得るための手がかりを読者に提供しようとしている。このようなマイナーチェンジも、ユーザの声を反映させたものである。

　収録問題数は、第3版から23問としている。もっと増やしてほしいというユーザの声をきくことがあるし、編者としても増やしたいところだが、弘文堂『演習ノート』シリーズの一冊としては、このあたりが限界ではないかと思う。

　本版が扱っている論点は旧版（第4版）と大きくは変わらないが、それは、コンパクトな情報量で上記の目的（知的財産法全体の理解を得る）を達成してもらうために、厳選されたテーマを扱っているということにほかならない。もちろん、旧版以降の関連する法改正や裁判例・学説の新たな展開については、解説等において適宜言及している。読者におかれては、それら厳選されたテーマに関する執筆者のときに真剣な、ときにユーモアあふれる設例と解説を、本版を通じて存分に楽しんでいただきたい。

　今回も力強く版を重ねることができたのは、執筆陣に名を連ねてくださっている先生方のおかげであり、そして何より、本書に変わらぬ情熱を注いでくださる弘文堂編集部長・北川陽子さんのおかげである。ここに深く御礼申し上げたい。

　　2022年3月

　　　　　　　　　　　　　　　　　　　　　　編　　者

i

初版　はしがき

　本書は、知的財産法の主要分野である特許法、著作権法の重要論点に関するやや長めの設問に、詳しい解説を付し、末尾に解答例を掲げたものである。法学部・法学研究科・法科大学院における教育、新司法試験、弁理士試験をはじめとする国家試験・資格試験の準備用として広く使用されることを想定して、基本事項から、最先端の議論まで読者を導くよう丁寧な解説を心掛けたつもりである。

　法律学の習得においては、しばしば「自分で考える」ことの重要性が強調される。ある事案が与えられた際に、法律家が「考える」ステップは、2段階あるといえよう。第1に、その問題を想定した条文があるか。明文の規定がないか、関連する規定はあったとしても解釈が分かれうるものである場合は、類似の事案についての判例はないか。学説はどう論じているか。これらの知識を総動員して事案への適用可能性を探ることとなろう。第2に、条文、判例、学説に十分な手掛かりが見つからないような事案にぶつかったら、まさに法律家としての「賢慮」に基づき判断するほかはない。しばしばむずかしいのは、当該事案が第1と第2のいずれに属するのか、いいかえると、「新しい」問題なのかどうか、という見極めである。

　本書に収められた設問・解説は、上記のような意味で「自分で考える」訓練の一助となるよう執筆された。読者においては、まず、概説講義等で得た知識を駆使して、事案の解決案を自ら探ってみてほしい。そのうえで、解説を読み、研究者の思考を追体験していただきたい。できるかぎり、解説を鵜呑みにせず、疑問をもち、級友と議論してほしい。そのような「たたき台」として、本書が存分に利用されることを筆者一同念じてやまない。

　末尾になったが、姉妹書『ケースブック知的財産法』に続いて大変お世話になった弘文堂編集部の北川陽子さんに、感謝の意を捧げたい。

　　2007年7月

編　　者

CONTENTS

知的財産法演習ノート

CONTENTS

知的財産法演習ノート

CONTENTS

知的財産法演習ノート

CONTENTS

知的財産法演習ノート

CONTENTS

知的財産法演習ノート

凡　例

1　本書における法令は、令和4年3月1日現在で公布済みのものによる。

2　本書における略号は、以下のように用いるほか、慣例にならった。

① 法令

意匠　　意匠法

行訴　　行政事件訴訟法

著　　　著作権法

特　　　特許法

不競　　不正競争防止法

民　　　民法

民執　　民事執行法

民訴　　民事訴訟法

② 裁判

最大判（決）　　最高裁判所大法廷判決（決定）

最判（決）　　　最高裁判所判決（決定）

高判（決）　　　高等裁判所判決（決定）

地判（決）　　　地方裁判所判決（決定）

支判　　　　　　支部判決

中間判　　　　　中間判決

知財高大判　　　知的財産高等裁判所大合議判決

知財高判（決）　知的財産高等裁判所判決（決定）

③ 判例集・雑誌等

民集　　　最高裁判所民事判例集

下民集　　下級裁判所民事裁判例集

知的裁集　知的財産権関係民事・行政裁判例集

無体集　　無体財産関係民事・行政裁判例集

曹時　　　法曹時報

知判　　　知的財産法判例集〔第2版〕

判工　　　判例工業所有権法

判時　　　判例時報

判タ　　　判例タイムズ

判評	判例評論
民商	民商法雑誌
商百	商標・意匠・不正競争判例百選〔第 2 版〕
著百	著作権判例百選〔第 6 版〕
特百	特許判例百選〔第 5 版〕

※　法令は e-Gov 法令検索の Web サイト（https://elaws.e-gov.go.jp）で閲覧、および、ダウンロードすることが可能である。

知的財産法 演習ノート

1. 老教授の一陽来復？

設問　あすなろ大学薬学部で間もなく定年を迎えようとしている佐江内教授は、数十年にわたる研究一筋の人生において、数知れぬ優れた（と本人は考える）発明を完成させてきた。しかし、度重なる不運に見舞われ、特許権取得にまでこぎ着けた発明はごくわずかであり、それらの特許発明も、医薬品として成功したものは皆無であった。

　ある日、佐江内教授は、製薬業界紙の記事を読んで驚いた。梅田薬品工業株式会社（以下「梅田薬品」）が開発した画期的新薬 Q が、空前の売上を記録したと書かれている。佐江内教授は、20 年ほど前に、あすなろ大学の研究室で抗ガン作用のある新規な化学物質 P を合成したことがあった。そして、当時別のテーマで共同研究をしていた梅田薬品において、誰彼かまわず吹聴し、商品化に向けた共同研究テーマとして採り上げるよう要望したものの、誰からも相手にされなかったのであるが、新薬 Q は、その化学物質 P を製剤化した大腸ガン治療剤であった。

　当時相手にされなかった理由は、化学物質 P がいまだ安定的に合成できなかった（常に合成できるとは限らず、また、P は変化しやすかった）ばかりか、副作用が酷すぎて（投与されたマウスは、ガンは消失したが、その 1 週間後にすべて命も消失した）、実用化にはほど遠いことが明らかであったからである。佐江内教授は、化学物質 P の開発にあたって、あすなろ大学が誇る国内最高水準の機器を利用していたが、この高価な機器は、佐江内教授が導入をあすなろ大学に強く要望したものであった。それゆえ、佐江内教授としては、これを利用した研究により何とかしてあすなろ大学の財政に貢献しうる成果を出したかったのであるが、そのような願いもむなしく、化学物質 P の開発は、報告を受けたあすなろ大学でも失笑をもって迎えられ、大学に迷惑をかけた失敗例として数えられていた。

　佐江内教授が、新薬 Q についての特許権 R の特許公報を調べてみ

たところ、発明者は全員梅田薬品の社員であり、特許権は梅田薬品のみが取得しており、特許請求の範囲の３つの請求項のうち、請求項１は、「構造式 X で表される、抗ガン作用を有する化学物質 P」と記載され、佐江内教授が合成したままの化学物質 P であった。請求項２は、「請求項１に記載の化学物質 P に、構造式 Y で表される化学物質 S を付加してなる大腸ガンの治療剤」、請求項３は、「化学物質 P は、金属塩還元反応法により調製し、化学物質 S は、α 原末と β 原末を γ 溶液中で６時間反応させ、反応溶液を冷却し沈殿させ、沈殿を濾過により収集し、酢酸エチルを用いて洗浄し、減圧下で乾燥させる方法により調製する、請求項２に記載の大腸ガン治療剤の製造方法」である。

　あすなろ大学の職務発明規程では、①大学の研究経費を使用した発明、および、大学の研究施設を利用した発明は職務発明であること、②職務発明の特許を受ける権利はすべて、発明完成時に大学が承継することとし、その後、大学の発明委員会で特許出願をするかどうかを決定すること、③出願せず、ノウハウとして管理することもしないと決定した場合は、その特許を受ける権利を発明者に譲渡すること、を規定していた。ちなみに、佐江内教授の化学物質 P は、発明委員会にかけられることもなかった。

　佐江内教授は、目を輝かせた。「梅田薬品の新薬 Q は、私の発明だ。この頃特許法は発明者に優しいと、誰かが言ってたぞ。売上の何割ぐらいもらえるのだろう。孫たちに『おじいちゃんがなんでも買ってあげるから、ほしいものを言ってごらん！』って言ってやるぞ。」佐江内教授の想像は、限りなくふくらんだ。

❶佐江内教授、あるいは、あすなろ大学は、梅田薬品に対して特許権 R の移転を請求することができるか。

❷仮に、佐江内教授、あるいは、あすなろ大学の、梅田薬品に対する特許権 R 移転請求が認められたとした場合に、佐江内教授、あるいは、あすなろ大学は、梅田薬品に対し、移転登録までの実施行為について特許権 R の侵害に基づく損害賠償を請求することができるか。

解　説

1 ··········· 概　観

（1）　設問のねらい

　本設問は、発明について特許を受けることができるのは誰かという特許権の主体に関する問題である。現代では、エジソンのような天才が1人で発明を完成することは稀であり、ほとんどの発明は企業や研究所等における従業者の職務としてなされ、複数の発明者、しかも複数の事業体に帰属する発明者が共同で開発しているケースも多い。このような場合において、使用者と従業者間、また共同発明者間での権利関係が問題になる。平成23年特許法改正により、冒認出願に基づく特許権の移転請求が認められるようになったが、新たな制度により従来になかった問題も生じそうである。また、発明者は誰であるかが問題になることもあり、その前提として、発明とは何かが問われることもある。本設問を素材に、このような問題を広く考えてみてほしい。なお、本設問には直接関係しないが、職務発明については、特許法35条が平成27年に改正されている点にも注意を要する。

（2）　取り上げる項目

▶発明の完成（発明とは）

▶職務発明——大学教員の発明

▶冒認出願に基づく特許権の移転請求

▶共同発明

▶移転登録前の実施と法定通常実施権（特79条の2）

2 ··········· 発明の完成（発明とは）

（ゼミ準備室にて）

カオル：佐江内教授って、なんか悲哀感漂ってるよなぁ、最後に1つぐらい手柄をあげたいやん、新しい規定もできたことやし、せいぜい活用して移転請求を認めることやな。

ヒカル：いや、そもそも、佐江内教授の化学物質P、これって特許法2

条1項の発明、つまり「自然法則を利用した技術的思想の創作」って言えんやろ。安定的に合成できないっていうのは、反復可能性がないんちゃう？ それに、副作用が酷すぎてマウスがみんな死んじゃうって、発明として完成してないやん。

ナツキ：「反復可能性」は、たとえわずかな確率でも確実に効果が得られればあるといえる、って習ったやん。「未完成発明」については、原子核分裂現象を安全に統制することを目的とした原子炉の発明で、その特異な危険を防止する具体的手段が発明の技術内容を構成するものでありながら、これを欠き定常的かつ安全に実施できない場合に、技術的に未完成のものとして発明を構成しないとした判例（最判昭和44・1・28民集23巻1号54頁［特百51]）っていうのがあったけど、これは、危険防止が発明の目的だったからやろ。特許庁の今の審査基準では、発明の未完成を根拠とする拒絶理由は、発明の課題を解決するための手段は示されているものの、その手段によっては、課題を解決することが明らかに不可能なものだけっていうよ。

カオル：そうすると、佐江内教授は、抗ガン作用のある新規な化学物質Pを合成したんやし、発明を完成させたと言える。化学物質発明は、有用性が明らかでないと発明として成立しないけど、「抗ガン作用」っていう有用性があるしね。

3⋯⋯⋯職務発明──大学教員の発明

ヒカル：ほな、佐江内教授は、この発明について特許を受ける権利をもってたってことか？ でもこれ、佐江内教授の仕事なんやし、職務発明とちゃうの？

カオル：でも、大学教員の発明って、学問の自由とかあるから、企業の発明と一緒にできんやろ、たしか、職務発明にならないんやで。

ヒカル：どこが違うんや？

カオル：職務発明とは、「性質上使用者等の業務範囲に属し、かつ、その発明をするに至つた行為がその使用者等における従業者等の現在又は過去の職務に属する発明」（特35条1項）やけど、大学教員の職務

は、教授、研究指導、研究（学校教育92条）で、すごく範囲が広いし、研究テーマの決定とかに、学問の自由（憲23条）が保障されてて指揮命令に服さないから、職務発明の「職務」の要件を満たさんよ。

ナツキ：うん、そこを強調して昔は、大学教員の発明については原則として教員が特許を受ける権利を持つことになってて、例外として、巨額を投じた研究プロジェクトみたいな特定研究課題、特別研究経費による発明についてだけ、特許を受ける権利は、国立大学の場合、国に承継されるってことになってたんやろ。でもこの頃は、大学の技術移転の促進が言われるようになって、大学等の研究経費を使用し大学で行った研究や大学の施設を利用して行った研究の結果生じた発明を職務発明の最大限ととらえ、その範囲内で各大学が自らのポリシーに基づいて承継する権利を決定できて、機関帰属を原則とすることが適切っていうように変わったって、こないだの授業で聞いたよ。

カオル：でもそれ、文科省の学術審議会の答申やろ。政策判断でしかなく、法的根拠はないって言ってたよな。あすなろ大学のこの職務発明規程、大学の研究経費や施設を利用した発明というだけで職務発明としているけど、大学の先生だったら、みんな研究費をもらってるやろから、すべての発明が職務発明ってことにならないか？　企業の従業員と比べて、職務発明になるものが多すぎない？　特許法35条に反してないか？

ヒカル：まあ、そうだとしてもやな、佐江内教授はこの発明をするとき、あすなろ大学が誇る国内最高水準の高価な機器で、それも佐江内教授が導入を強く要望したものを使ってるんやし、大学の特別な支援を受けたと言えるんやないか？　そしたら、職務発明と考えても問題ないんじゃないの、要するに使用者がその発明に貢献したというところが大事なんやし。

ナツキ：そうすると、あすなろ大学の職務発明規程で決めてるとおり、特許を受ける権利は、発明完成と同時に大学が承継したわけ？

カオル：そういえば、特許法35条は平成27年に改正されて、原始的使用者帰属を認めたって聞いたよ。だから、大学が承継するんじゃなく

て、最初から大学帰属になるんじゃないの？

ナツキ：それはちゃう。改正後の 35 条 3 項は、「契約、勤務規則その他の定めにおいてあらかじめ使用者等に特許を受ける権利を取得させることを定めたときは」使用者に原始帰属すると書いてあるから、最初からそういう取り決めをしておいたときだけ。あすなろ大学の職務発明規程が「大学が承継する」ってなってるのは、特許を受ける権利は従業者に帰属していることを前提としてるやん。

ヒカル：なるほど。条文の「取得させる」というのは使用者に原始取得、って意味で「承継」とは違うんや。

カオル：だけど、特許庁編『工業所有権法（産業財産権法）逐条解説〔第 21 版〕』120 頁（発明推進協会・2020）には、特許法上、「取得」の概念には「承継」が含まれているため（99 条等参照）、平成 27 年改正前に、承継する旨定めていた場合でも、施行後は、3 項の原始取得の要件を満たしているって書いてあるよ。

ナツキ：でも、コンメンタールには、「承継取得の意味で『取得』という語が用いられていた場合であるにもかかわらず、承継取得ではなく、原始取得という効果を法律の適用によって当然に認めてしまうことは、当該職務発明規定という法律行為の合理的解釈のあり方として疑問がある。」（飯塚＝田中・後掲参考文献 604 頁）って書いてあるよ。

カオル：いずれにせよ、大学は出願もノウハウとしての管理もしなかったんだから、特許を受ける権利を佐江内教授に譲渡しないといけないんじゃないの？

ヒカル：実際には大学は譲渡していないから、それが義務違反になるにしても、特許を受ける権利は大学がもったままなんでは？

カオル：発明者から使用者に承継されるときは契約がなくても特許を受ける権利は移転して、それがまた発明者に戻るときだけ契約がいるのはおかしいやろ。やっぱりこの職務発明規程にしたがって、佐江内教授に戻るやろ。

ナツキ：あすなろ大学は、この発明を発明委員会にもかけてないのは、たぶん、発明にあたらないと考えてのことで、そうしたら、職務発明

とも考えてないよね。じゃあ、特許を受ける権利は、最初から佐江内教授のところにあるままかも？

ヒカル：職務発明かどうかは、当事者がそう考えるかどうかではなくて、客観的に決まるもんやと思うけどな。

4………冒認出願に基づく特許権の移転登録請求

カオル：で、設問❶は、佐江内教授は、梅田薬品に対して特許権Ｒの移転を請求することができるか、や。平成23年の特許法改正で……。

ヒカル：なぁ、特許権の移転請求なんて面倒なことせんかて、佐江内教授が自分で出願して特許とったらええんちゃうの？　ほれ、新規性喪失の例外規定、特許法30条ってあったやんか。1項の「特許を受ける権利を有する者の意に反して」にあたるやろ。新規性を喪失してなかったものとみなされるで。

カオル：条文よう読みぃなぁ！「その該当するに至つた日から1年以内にその者がした特許出願」でないとあかん。このケース、もう特許になってんのやで。1年なんて、とうに過ぎてるわ。

ナツキ：それに、冒認特許の取り戻しを認めた平成23年の特許法改正によって、冒認出願でも先願の地位を喪失しなくなったから（旧特39条6項削除）、佐江内教授が出願しても後願で拒絶されるし。

ヒカル：あ、そうなんや……。そしたら、仮に1年以内だったとしてもあかんやん。改正前やったら、冒認出願は先願の地位がなかったから、期間以内やったらいけたのに、なんでや？

ナツキ：真の権利者が、冒認出願の特許権を取り戻すし、自分で新しい出願もしてこれも特許権になるし、というんができたら、二重特許になってしまうからやろ。

カオル：でも、よう考えたら、同じ発明でも、どういう出願をするかによって特許権の内容って随分変わるやんか。冒認出願が、狭くてまずいクレームで出願してしもて、すぐに気づいた真の権利者が、ちゃんとしたクレームで特許出願しても、もうあかんわけや。なんや、不当とちゃうか？

ナツキ：う〜ん、それもそうやな……。でも、実際は、そんな真の権利者がすぐに気づいて出願できるケースなんて、ほとんどない気がする。そういう珍しいケースは切り捨てて、たいていの場合は移転請求で取り戻すんが一番、てことやないの？

ヒカル：ほな、やっぱ、改正で新しくできた特許法74条1項か。これそのままやな、梅田薬品は特許を受ける権利を有しない者だから、特許を受ける権利を有する者である佐江内教授は、当該特許権の移転を請求することができる。おしまい！

カオル：佐江内教授は、ほんとに特許を受ける権利をもってるか？ だって、この発明のことを「誰彼かまわず吹聴」したんやで。梅田薬品の人は、共同研究に関係ない話については守秘義務を負ってないから、話した時点で新規性がなくなってるやろ。特許を受ける権利は、その時に消えたやん。

ヒカル：えっ、そうか？ 自分が共同研究をやってる相手じゃなくったって、自分の会社の同僚が共同研究をやってる相手が、別の共同研究の提案をしている詰って、特に契約がなくても守秘義務があると考えてもええんちゃうかなぁ……？ それに、あのプロダクト・バイ・プロセスクレームで話題になった「プラバスタチンナトリウム」事件の審決取消訴訟（知財高判平成24・1・27平成21年（行ケ）第10284号）の方で、本件特許とは別の基本特許の存続期間満了後の実施を目的に、本件特許の優先日以前に、複数の後発医薬メーカーに製品サンプルを送付した事例で、知財高判は、「明示の秘密保持契約を交わしたことはないものの、」試験用のサンプルで、第三者に開示したことはなかったことから、公然実施や頒布刊行物記載にあたらないと判断しているよ。

ナツキ：そもそも、「特許を受ける権利」って、発明完成と同時に発生するもんやんな、新規性とかの特許要件も満たしてんとあかんの？ 特許法2条1項の「発明」が完成したらええのとちゃうの？

カオル：教科書は、「特許要件を備えた発明の完成により、発明者は特許を受ける権利を原始的に取得する」（仙元・後掲参考文献106頁）、コ

ンメンタールにも、特許を受ける権利は、新規性等の法定要件の喪失により消滅するものと解する見解が多数（吉田＝飯田・後掲参考文献506頁）って書いてあるよ。

ナツキ：でも、新規性とかの特許要件を満たすかどうかって、いつ出願するかで変わるやんか。冒認の場合は、特許を受ける権利をもっている本人じゃない人が出願するんだから、そんな他人がいつ、どういう風に出願するかによって特許を受ける権利があるかどうか変わるというんは、なんか変でない？

カオル：それは、そもそも特許を受ける権利をもってる者が自分で出願もしてないのに、冒認者から特許権を取り戻すことを認めたこの改正法の帰結やろ。冒認者が出願するかどうか、どういう出願をするかで、取り戻しができるかどうかも変わるのはあたり前や。取り戻すというからには、特許要件を満たす必要はあるんちゃうの？

　だから、梅田薬品の出願時に、佐江内教授の発明が、新規性、進歩性を満たしていない場合は、特許の取り戻しもできひんてことや。佐江内教授は、「特許を受ける権利を有する者」ではないんやから。

ヒカル：でも、特許を受ける権利の有無が職務発明の対価請求権との関係で問題になった裁判例では、特許を受ける権利があるというには、特許性の認められる技術的特徴への貢献が必要としたものもあるけど（東京地判平成14・8・27判時1810号102頁［特百〔4版〕29］〔細粒核事件第1審〕）、職務発明が「発明」であれば足り、特許要件の具備を要しないとされたものもあって（東京地判平成18・1・26判時1943号85頁〔写真用支持体事件〕）、裁判例の態度は明確ではないみたいだよ。

ナツキ：ふうん。でも、冒認特許の取り戻しは場面が違うし、取り戻し請求のときの特許を受ける権利の成立に特許要件がいるかどうかについての裁判例はまだないから、これからの議論てことやな。

カオル：請求項1も新規性その他の特許要件を満たす場合はどうなるかやけど、これの特許を受ける権利は、佐江内教授がもっている。で、請求項2と3はどうなるん？　請求項1は物質発明で、請求項2はその用途の発明で請求項3がその製法、そやから、請求項2と3は、請

求項1の利用発明やな？

ナツキ：利用発明ということは、別発明なんやから、佐江内教授は特許を受ける権利をもっていないことになる。そしたら、どうなるの、請求項1だけ移転請求ってできるんかな？

ヒカル：それはできひんやろ。請求項ごとに特許権があるとみなすのは、特許法185条に書いてある場合だけで、そこに74条1項はないよ。だいたい、特許権の分割ってないやん。

カオル：そうすると、特許権R全体について、佐江内教授の寄与に応じた持分の移転を請求するということになるんかな。そんで、特許権Rを佐江内教授と梅田薬品とで共有することになる。

ナツキ：あ、でも、請求項ごとに移転請求できるっていう説もあるみたい（竹田・後掲参考文献48頁）。

ヒカル：改善多項制で、請求項が違っても同じ発明ってことがあるから、請求項ごとの移転ができるとなると、ダブルパテントになりかねないんでは？

ナツキ：佐江内教授が、自分が発明したのでない請求項2や3の発明についてまで持分をもらえるというのも、なんか変な感じやけど。

カオル：ええやん、不運な老教授にちょっとぐらいご褒美あげたって。利用発明なんやから、寄与はあるんやし、寄与に応じた持分を認めるという説、コンメンタールみたら多いみたいやで。

ナツキ：梅田薬品にしたら、たまらんのではないかって気もするけど。

ヒカル：請求項1に新規性や進歩性がなくて無効理由がある場合、その無効理由を訂正してなくしてしまったらどうなるんやろ？ 特許権Rのうち、請求項1を削除したら、残った請求項2と3は？

ナツキ：えーっ？ でもどうやって削除するん？

カオル：訂正審判で削除できるかどうかはよくわからん……。他人が無効審判請求して、請求項1だけ無効になったとかの場合はあるかも。

ナツキ：請求項1こそ、佐江内教授の発明やんか。これが無効になって残った請求項2と3って、別発明なんだし、佐江内教授は特許を受ける権利をもっていないからやっぱり移転請求できひんと思う。

ヒカル：請求項2、3は、ほんとに別発明かなって思ったんよ。共同発明ってことはないかな？ それやったら、佐江内教授、共同出願（特38条）違反による移転請求ができる可能性もでてくるんでは？

5 ………… 共同発明

ナツキ：ええっ、これが共同発明?!

ヒカル：共同発明とは……教科書みると、複数の人が発明に関わった時に、その人が共同発明者かどうか、って形で論点になってるな。結局、その人が発明者、つまり、発明の創作行為に現実に加担した者かどうかってことや。で、これは、従来技術における技術的課題の解消に大きく貢献した部分、すなわち、発明の特徴部分の完成に創作的に寄与した者と書いてある。

ナツキ：その考え方でいけば、佐江内教授の物質発明は基本発明で、請求項2はその改良か用途の発明で請求項3がその製法なんだから、佐江内教授は、全体の共同発明者と言える気がする。せやけど、佐江内教授が発明してから20年も経ってるやん。そんなんで「共同」って言えんの？

カオル：著作権法だと、共同著作物が成立するためには、各著作者間に1つの著作物を創作するという共同意思が必要っていわれてて、これに主観的な共同意思まで要るかどうかで説が分かれているやんか。でも、特許法ではそんな議論聞いたことない。企業の研究で、長い年月をかけて1つの発明を開発する場合、研究チームのメンバーは入れ替わったりするやん、共同意思が要るなんて言ったら、重要な寄与をした人が発明者でないなんてことになって、具合が悪いんやと思う。せやから、20年経ってて、全然知らん人が知らん所で創作行為を分担していたって、その発明の特徴部分の完成に創作的に寄与していさえすれば、共同発明やろ。

ナツキ：それ、ほんとう？ でも、佐江内教授は物質発明について公知にしてしもたと考えると、請求項2と3だけで特許を受けられるとしたら、公知技術の請求項1とは別発明で、容易に想到できないもので

ないとあかんやんか。つまり、佐江内教授は、公知技術を提供しただけで、別発明の請求項2、3の共同発明者ではないと思う。

ヒカル：そうだとすると、佐江内教授は、請求項2、3については、移転請求できないってことになるか。かわいそうに。もし、佐江内教授が言い触らしたのは、自分の発明の全部ではなくて、請求項1の発明は、公知にした発明とはちょっと違って、進歩性はないけど新規性はある発明、やったらどうなるかな？「公知技術を提供しただけ」とはいえなくなるよ。共同発明者として、請求項2と3について移転請求できひんかな？

カオル：いやいや、せやから、移転請求するには、「全き特許を受ける権利」が必要で、それには特許要件を全部満たした発明をしたことが必要なんやて。進歩性も要るって。

ナツキ：いやいや、せやから、そこ、まだはっきりしてへんのやない？

6……………移転登録前の実施と法定通常実施権（特79条の2）

カオル：ほな次、設問❷に行こ。移転登録ができたとして、それまでの梅田薬品の実施に対して佐江内教授が損害賠償請求できるか、やて。佐江内教授、これまでの人生の不運を一挙挽回、つうとこやな。

ヒカル：ええと、冒認出願により意匠登録を得たことが、意匠登録を受ける権利の侵害にあたり、不法行為が成立することを認めた最高裁判決があるよ（最判平成5・2・16判時1456号150頁［特百91］）。

カオル：なんでそれやねん！　ここで聞かれてる損害賠償って、移転登録までの「実施行為」についての特許権Rの侵害に基づく損害賠償やで。問題よう読みいなぁ！

ヒカル：あ、そうか、すんません……。

ナツキ：そやけど、移転登録の時の特許権者とかの善意実施者には、中用権（特80条1項）みたいな要件で法定通常実施権があるよ。特許法79条の2。そやし、移転登録前の元特許権者の実施も特許侵害にはならなくて、だから「損害賠償」じゃなくて、79条の2第2項にいう「相当の対価」を払えばいいんちゃう？

ヒカル：つまり、特許法79条の2の法定通常実施権は、遡及効があるってわけ？ 特許権の移転登録には遡及効がある（特74条2項）から、おんなじってことやな。

カオル：ほんとにそうなんかいな？ 移転登録の遡及効は条文にはっきり書いてあるけど、法定通常実施権の方はなんも書いてないで。これが適用されるとは限らんのと違う？

ナツキ：せやけど、特許権者が善意、って前提やで。特許庁から特許権の設定登録受けて、それを信じてなんも知らんと特許発明の実施してて、あとから損害賠償って、あんまりやろ。

ヒカル：法定通常実施権の適用がないとして、損害賠償請求されたところで、過失がないってことにならない？

ナツキ：それやったら、損害賠償請求が否定されて、特許法79条の2第2項でいう相当の対価も払わんでええってことになる？ う〜ん、それはどうかな。それに、103条の「過失の推定」が覆ったって例をあまり聞かない気がする。

カオル：なんも払わんのはあかんやろ。なんぼ知らんかったとは言え、他人の特許発明を実施してたわけやから、実施料ぐらい払うべきや。

ヒカル：この問題って、中用権でも同じやなあ。特許無効も遡及効あるんやし。中用権にしても移転登録後の法定通常実施権にしても、実施事業を止めさせるのは国民経済上よろしくないから、継続させてあげようという意味やんか、そやから、元々将来志向で、過去の損害賠償なんてあんまり念頭に置いてなかったんちゃう？ でもまあ、実施料の支払で片をつけるのが穏当なんじゃない？

ナツキ：これ、「梅田薬品は善意」って前提で話してるけど、このケースで、自分が特許を受ける権利を有していないことを知らなかったって、言えるやろか？ だって、化学物質Pを合成したのは佐江内教授だってことを知ってたやろ。

カオル：でも、佐江内教授が誰彼構わず吹聴してたことも知ってたわけやから、化学物質P自体は新規性を失った公知技術だと考えていたんやろ。

ナツキ：それやったら、これを請求項1に書くのはおかしいやん。

カオル：あ、そっか。じゃあ、法定通常実施権の適用もないし、損害賠償請求ができるってことか。佐江内教授、一陽来復ってところや。

ナツキ：でも、佐江内教授が移転請求できるのって、特許権R丸ごとじゃなくて、持分だけやで。請求項2と3に、梅田薬品の改良発明が入ってるんやから。そしたら、特許権Rを佐江内教授と梅田薬品とで共有することになる、ということは、他の共有者の同意を得ないで特許発明の実施をすることができるんやで。特許法73条2項。

ヒカル：ああ、なるほど、特許権侵害どころか、実施料の支払すら要らんやん。

カオル：そうかあ。佐江内教授はやっぱりそこまでは運なかったてことか。でもまあ、空前の売上に持分をもつことになるんやから、それでええことにしよ。OK、いっちょ上がり！

解答例

設問❶

(1) 本件ではまず、特許権Rの請求項1に記載された化学物質Pの発明についての特許を受ける権利が、佐江内教授とあすなろ大学のいずれに帰属していたかが問題となる。佐江内教授は、あすなろ大学の従業者であり、大学においてこの発明を完成させているため、職務発明（特35条1項）が成立する可能性があるが、大学教員の職務は、企業等に比し過度に広く解されるおそれがあり、また、学問の自由との関係もあるため、注意を要する。本件では、佐江内教授は、本件発明をするに際し、大学の特殊な機器を利用しており、大学が発明の完成に大きく貢献していると認められるから、職務発明と解してよい。あすなろ大学の職務発明規程によれば、職務発明の特許を受ける権利は、大学が特許出願もノウハウ管理もしない場合は発明者が有することになるとしているから、本件では、佐江内

教授が、化学物質Pについての特許を受ける権利を有していたことになろう。したがって、梅田薬品に対して、特許権Rについて移転請求ができるとすれば、あすなろ大学ではなく佐江内教授が請求することができる。

　(2)　次に、梅田薬品は、請求項1の発明について、特許を受ける権利を有しない者であるのに特許を受けたため、これにつき特許を受ける権利を有する佐江内教授は、梅田薬品に対して特許権Rの移転を請求することができる（特74条1項）。ここで問題になるのは、特許権Rの請求項2と請求項3については、梅田薬品の従業者が発明している点である。移転請求については、特許法185条により請求項ごとに特許権があるとみなされる場合にあたらないから、請求項ごとの移転請求はできないと解される。したがって、特許権R全体に対する、佐江内教授の貢献の割合に応じた持分について移転請求を認めるほかないと考える。

　(3)　しかし、佐江内教授は、出願前に化学物質Pの発明について梅田薬品の社員に開示しており、この社員が守秘義務をもたない可能性が高いため、請求項1は新規性を喪失していた場合が考えられる（特29条1項）。この場合、特許権Rは請求項1について特許が無効理由を有することになる（特123条1項柱書）。他者が特許無効審判を請求し、請求項1が遡及的に無効とされた後は、請求項2および3は、請求項1の利用発明として別発明であり、佐江内教授はこれについてもはや特許を受ける権利を有しないから、特許権Rについて移転請求をすることはできない。

設問❷

　佐江内教授は、梅田薬品に対し、移転登録までの実施行為について特許権Rの侵害に基づく損害賠償を請求することはできないと解する。移転請求ができるのは、特許権Rに対して佐江内教授が有する持分であって、特許権Rは、佐江内教授と梅田薬品との共有となる。各共有者は、他の共有者の同意を得ないで特許発明の実施をできるから（特73条2項）、梅田薬品の実施行為は、移転登録後も特許侵害にはあたらないからである。

16

関連問題

1. 共有特許権と法定通常実施権

　上の設問で、請求項1が新規性を喪失しておらず、佐江内教授が移転請求をなし得た場合に、あすなろ大学は、法定通常実施権（特35条1項）を得ることができるか。特許法73条3項に触れて論じなさい。また、あすなろ大学の職務発明規程が原始取得を定めていると読み替えることができると解した場合はどうか。

2. 特許を受ける権利の共有等と審判

　上の設問で、梅田薬品は、請求項1を削除する訂正審判を請求することができるか。

3. 真の権利者の用途発明

　上の設問で、請求項1が新規性を喪失しておらず、佐江内教授は、梅田薬品の特許権Rの出願日より後に、特許権Rと請求項1を同じくし、請求項2を、「請求項1に記載の化学物質Pと構造式Zにより表される化学物質TからなるS字結腸ガンの治療剤」とする特許請求の範囲による特許出願Uをしたとする。佐江内教授は、特許出願Uの特許請求の範囲に記載した発明について特許を受けることができるか。また、梅田薬品の許諾を得ずに、業としてこれらの発明の実施をすることができるか。

参 考 文 献

竹田稔「冒認出願等に対する真の権利者の救済措置」L & T 54号44頁（2012）

飯田圭「冒認」ジュリスト1441号97頁（2012）

高林龍ほか（座談会）「知的財産法の今日的論点をめぐって」『年報知的財産法 2011』1頁（2011）

中山信弘＝小泉直樹編『新・注解 特許法（上）〔第2版〕』373頁〔吉田和彦＝飯田圭〕（青林書院・2017）、同（上）551頁〔飯塚卓也＝田中浩之〕、同（中）1426頁〔松山智恵〕

仙元隆一郎『特許法講義〔第4版〕』（悠々社・2003）

文部科学省 科学技術・学術審議会 技術・研究基盤部会 産学官連携推進委員会答申「新時代の産学官連携の構築に向けて」（2003）< http://www.mext.go.jp/b_menu/shingi/gijyutu/gijyutu8/toushin/03042801.htm >

（井関涼子）

2. 苦闘する貧乏技術者

設問　大石は、某大学工学部で長年研究に勤しんできた 10 年に 1 人の技術者である（と、本人は思っている）。ことにチタン金属に関する研究では、国内外のいかなる研究者にも劣らない、すばらしい業績をあげている（と、本人は思っている）。しかし、そのありあまる才能にもかかわらず、大石はずっと「助教」であった。なぜなら、所属している講座にはポストの空きが全然なかったからである（と、彼は分析している）。当然、給料は高くない。そうこうしているうちに、2 人の子どももだいぶ大きくなり、教育費がかさむようになってきた。

　大石がこれまで専門的に取り組んでいたのは、どちらかというと基礎的な分野の研究であり、それがため、なかなか実用的な成果物につながるような研究ができなかった。しかし上記の事情から、ここで少し軌道修正して実用的な研究をし、大学を通して特許を取得し、そこからの利益を少ない給料の足しにしようと彼は考えた。

　大石は一念発起して、講座を別にする助教の片岡とともに、一定の体積比で炭化チタン等を含む切削工具用セラミックス（A）、そしてチタン合金からなるメガネフレーム部材の連結構造（B）の発明をした。大石の勤める大学では、所属教員が個別にした発明の届出を受けて、特許を受ける権利を大学が承継するか否かを決定する発明審査委員会が設けられていた。彼らはすぐに届け出て審査結果を待ったが、同委員会はたいした市場利益が見込めないという判断をし、特許を受ける権利を承継して出願しようとはしなかった。

　自らの才能を堅く信じる大石、「そんなはずはない」と思い、たとえ薄給から費用を捻出しても自ら特許権を取得しようと決心した。そんなことをすると当面の生活費にも事欠くことになるが、もはや意地である。古い友人の堀部弁理士を訪ねて書類を書いてもらい、片岡とともに共同で出願をした。

　ところが、大石および片岡の特許出願後、株式会社吉良工業が同種

19

のセラミックス（a）を製造し、当該出願の公開後に自己の事業のために使用していた。吉良工業にインターンに出ていた院生から詳細な情報を得た大石および片岡は、堀部の勧めもあって、出願書類と警告書を吉良工業宛に送付した。

しかし吉良工業は、大石の出願書類に開示されたAは従来から当業者が一般に使用しているものを含んでいると知っていたので、Aに特許は付与されないだろうと考え、特に何の対応もせずaの使用を継続した。

案の定、大石は拒絶理由通知を受けた。ずっと基礎研究をやってきたため、さては当該分野の技術水準を見誤っていたかと、さしもの大石も激しい焦りを覚えた。しかし、自分たちが開発した技術の方向性自体は正しいはずである。大石は、工学部地下の薄暗い会議室を借りきり、深夜23時まで片岡および堀部と協議し、特許請求の範囲を減縮する補正をすることで合意した。

この補正後の特許請求の範囲に記載された発明（A'）に、めでたく特許が付与された。大石が踊りあがって喜んだことはいうまでもない。他方、当該補正から設定登録までの間に、吉良工業に対する再度の警告はいっさい行われなかった。ただaは、上記補正の前後を通じて、大石および片岡の出願にかかる特許請求の範囲に包含されるものであった。

❶大石および片岡は、特許取得前の吉良工業によるaの使用を理由として、吉良工業に対し実施料相当額の補償金の支払を求めることができるか。

補正によって特許請求の範囲を減縮し、やっと特許査定を獲得し、A'にかかる特許権の設定登録を受けた大石（と片岡）。またうれしいことに、Bについても特許査定がされ、特許権（以下、「B特許権」という）の設定登録がされた。しかし喜んだのもつかの間、株式会社柳沢製作所が、大石と片岡を被請求人として、彼らの共有にかかるB特許権について無効審判を請求した（柳沢製作所は、Bと同一の発明を業として実施しようとしていたところであった）。そして、なんと請求を認容する審決が下された。

　まごまごしていると審決が確定してしまう。もはや、さらなる出費を恐れている場合ではない。大石は堀部の知り合いである不破弁護士と相談し、審決取消訴訟を提起しようと考えた。そこで、B特許権を共有する片岡に連絡をしようとしたが、なんと年若い片岡は最近失恋してしまったらしく、大学を休職していずこかへ失踪中だという（チェコにかつての恋人を探しに行ったという説もあるが、チェコは遠い……）。そこで大石はやむなく単独で審決取消訴訟を提起した。

❷本件訴訟の取扱い（却下されるべきか否か）について論ぜよ。

　ところで、A'について特許を取れたことで自信をつけた大石は、時をおかず、二酸化チタン等を使用した脱臭器の発明（C）を単独で出願していた。この発明が属する技術分野は、大石にとってはもはや皆目見当もつかないものであった。そのため大石は、Cの開発はしたものの、しばらく出願しようとしないで温めていたのである。しかし、A'について特許査定が下りたことが大石を大胆にした。そう、大石は、初めて自分の研究が他人にしっかりと評価されたような気がしたのだ……。そして、Cにも特許権が無事成立したとき、大石はまさに天にものぼる気持ちであった。ただし、A'、Bに続くCの出願および登録に要した費用のため、大石は大好きなタバコをやめなければならなかったのだが。

　しかし、Cについても、大石の幸福感は長く続かなかった。同発明を業として実施し始めた株式会社イロベ機械が、大石を被請求人としてCにかかる特許権（以下、「C特許権」という）について無効審判を請求したのである。イロベ機械はC特許権の無効原因として公知技術αに基づくCの進歩性欠如を主張し、そしてなんと、こちらでも請求を認容する審決が下されてしまった。

　まさに失意のどん底という感じの大石。彼は、大学における各種の会議では人一倍発言することで有名であったが、審決の謄本が届いた翌日は黙りこくって、同僚の教員からも気味悪がられた。だが、冷静になって考え直してみるに、審判の合議体が公知技術αに基づいてCの進歩性欠如を認めたのは、大石にはどうしても牽強付会のように思えてならない。そこで彼は、審決取消訴訟を提起することを決意

21

した。

　かくして、被告となったイロベ機械。実は、C 特許権における無効原因の存在について、確信をもっていたわけではない。もしかすると、裁判所においては C 特許権における無効原因の存在を認めてもらえないかもしれないと判断し、審判手続においては主張しなかった公知事実 β を当該訴訟において追加主張しようと考えた。

❸本件訴訟において、イロベ機械がこのような主張をすることは許されるか。

解　説

1 ‥‥‥‥‥概　観

(1)　設問のねらい

　設問❶は、出願手続における補正と、補償金請求の際必要とされる警告との関連について、特許法の解釈を問うものである。この論点は、教科書等においてはさほど詳しく論じられていないが、実務上重要なポイントであり、これに関する判例もあるため、読者において一応の知識を得ておくことが望ましいだろう。

　設問❷および設問❸は、民事訴訟法学および行政法学とクロスオーバーする論点を含んでいる。そのため、他の論点と比較するとやや難解な部分があるが、これらは特許法の学習においては欠かすことができないものといえる。学説の対立も鮮明であり、重要判例も出ているので、やはり読者においてきちんとした整理がなされている必要があるだろう。

(2)　取り上げる項目

►補償金の支払を請求するにあたり、補正後再度の警告を要するか

►共有者が単独出訴した場合の審決取消訴訟の原告適格性

►審決取消訴訟の審理範囲

2…………補償金支払請求に際しての補正後における再度の警告の要否

出願人は、出願公開の効果として、出願にかかる発明を実施する第三者に対し（特許権の成立後に）補償金の支払を請求できる。ただし、当該発明の内容を記載した書類を提示して事前に警告をしておくか、当該実施者が出願公開にかかる発明であることについて悪意でなければならない（特65条）。これは、膨大な量にのぼるうえに特許権が成立しないことも多々ある出願公開公報記載の発明を、第三者に逐一調査させることは妥当でなく、その不意打ちを防止するという理由に基づくものである。

では、1度警告をした後に補正が行われて特許請求の範囲に変化が生じた場合に、出願人は、無許諾の実施者に対して再度の警告をする必要があるだろうか。補正の効果は出願時にまでさかのぼるため、問題となる。設問❶は、この点についての法の解釈を問うものである。

判例（最判昭和63・7・19民集42巻6号489頁［実用新案：特百76］）は、クレームを拡張・変更する補正の後に初めて第三者の実施する物品が考案の技術的範囲に属したときは再度の警告を要するが、実施物品が減縮補正の前後を通じて考案の技術的範囲に属するときは再度の警告を要しないとしている。学説上の多数説も、ほぼこれと同様に解しているといってよい。当該補正が明確に公知技術を除外する目的で行われた場合であっても、再度の警告を要しないと解してよいだろう。当初のクレームに無断実施者の技術が含まれていることに変わりはなく、たとえそれが拒絶理由を有していても、補正という手段が存し、それにより特許権が成立しうることはいわば常識であるから、そのような可能性を念頭に置いて行動することを当該実施者に求めてもさして酷であるとはいえず、上記の不意打ち防止の趣旨に反しないと考えられるからである。また、特許取得までに補正が頻繁に繰り返されることが少なくない実態に鑑みると、拒絶理由を回避するためのどのような減縮補正であってもそのたびに警告を要すると解するのは、出願人に過度の負担を強いるものであり、妥当でない。

なお、近時の裁判例に、警告後の補正は、クレームを「明瞭にし又は

減縮するものに限られ、拡張することは許されないから、補正がされることによって、発明の技術的範囲に属しなかった製品が、技術的範囲に属するようになることは想定できない」と述べたものがあるが（知財高判平成22・5・27平成21年（ネ）第10006号〔中空クラブヘッド事件〕）、これは正しくない。確かに、1993（平成5）年に新規事項の追加補正を禁じる特許法17条の2第3項の規定が導入されたが、この規定の下でも、当初明細書の記載範囲内であれば、クレームを拡張変更することは原則として可能である（吉田・後掲参考文献223頁）。減縮補正等の制限が働くのは、いわゆる最後の拒絶理由通知に対応する補正および拒絶査定不服審判請求時の補正において、である（同条5項）。

3⋯⋯⋯⋯共有者が単独出訴した場合の審決取消訴訟の原告適格性

　特許法は、特許権または特許を受ける権利の共有者がその共有にかかる権利について審判を請求するときは、共有者の全員が共同して請求すべきことを要求している（特132条3項）。しかし、審決取消訴訟も共同で提起しなければならないかについては、明文の規定がない。

　学説は、大別して共有者による単独提訴を認めない説と認める説に分かれている。

　単独提訴を認めない説は、審決の合一確定の要請を重視して、この種の訴訟を固有必要的共同訴訟と解する。審決取消訴訟は、間接的とはいえ権利の成否を左右する判断をなすものであるから、持分ごとに審決取消しの可否が判断されることはおよそ想定できないということを理由とするものである。

　単独提訴を認める説は、この種の訴訟を類似必要的共同訴訟と解し、単独で提訴した共有者の行為を民法252条ただし書にいう保存行為と解する（多数説）。共有者の離脱によって審決取消しの訴えが封じられるのは妥当性を欠くこと、審決取消訴訟は権利の成否・存続を直接判断するものではないこと、審決を取り消す旨の判決は行政事件訴訟法32条1項により第三者に対しても効力を有し、審決を維持する判決が出ても通常は他の共有者の出訴期間が徒過しており、仮に共有者が個別に訴訟

提起した場合でもそれらの手続を併合すればよいことから、合一確定の要請は充足されることを理由とするものである。

　固有必要的共同訴訟説の立場から保存行為説に対しては、審決取消訴訟の出訴期間内に共有者の１人が出訴すればなぜ審決全体の確定が遮断されるのか、説明に窮するとの批判がなされている。また、無理に単独提訴を認めずとも、共同提訴について同意する旨の約定を取り付けておき、その撤回は許されないと解釈することや、共同提訴に同意しない場合でも、共有持分権の放棄または相共有者への譲渡を約定しておくことにより対処できるのであるから、そのような事前の処理を怠って漫然と共有関係に入った共有者に対しては、法的救済を与える必要はないという指摘もある。

　これに対し、保存行為説の立場からは、出訴期間内に出訴しなかった共有者に対しては当該期間の経過により審決は形式的に確定する（遮断しない）が、出訴した共有者に対する審決を維持する旨の判決が確定したことをもって審決が全員につき確定すると解せばよいとの反論がなされている。また、相共有者が破産したり、所在不明になったりした場合など、事前の契約によって対処できない場合もあるので、単独提訴を認める立場にはなお分があるとの指摘もなされている。

　判例は、拒絶審決取消訴訟については固有必要的共同訴訟と解し（最判平成７・３・７民集49巻３号944頁［実用新案：特百84]）、無効審決取消訴訟については保存行為説を採用している（最判平成14・２・22民集56巻２号348頁［商標：特百83]、最判平成14・２・28判時1779号81頁［商標]。2014（平成26）年改正に基づく特許取消決定の取消訴訟についても、これら判決の射程は及ぶだろう。なお、最判平成14・３・25民集56巻３号574頁も参照）。以上を統一的に説明するために、特許取得手続については権利者の共同歩調を要求するのが特許法の趣旨であるところ（特38条［出願］・14条［出願の取下げ］・132条３項［拒絶査定不服審判請求]）、判例はそれを尊重したものであると解する見解がある（無効審判は第三者が請求するもので特許権者にとっては受動的なものでしかなく、そこまで強い共有者間の協力関係を認めなくともよい）。

　設問❷は、特許権の共有者が、無効審決取消訴訟を単独で提起しうるかを問うものである。上記の各説のうちいずれの立場を採用して答案を書いてもよいが、判例の内容に触れつつ、自己が採用した立場について一定程度の理由づけを行うことが肝要であろう。

4……… 審決取消訴訟の審理範囲

　審決取消訴訟は、審決の形式で行われた行政処分の違法を理由として、その取消しを求める抗告訴訟である。では当該訴訟において、審決の際に斟酌されなかった証拠を新たに提出することは可能であろうか。設問❸は、この点についての法の解釈を問うものである。

　上記の論点に関しては、主として3つの立場が主張されている[1]。第1に、通常の行政処分取消訴訟と同様、審決取消訴訟においても提出できる証拠には制限がないとする立場（無制限説）である。第2に、同一法条における取消理由（または審決を適法とする理由）に主張が制限されるが、その範囲内であれば特許庁の審理判断を経ていない証拠の提出が許されるとする立場（同一法条説）である。第3に、特許庁の審理判断を経ていない証拠に基づく取消理由（または審決を適法とする理由）の主張は許されないとする立場（制限説）である。

　最高裁大法廷判決（最大判昭和51・3・10民集30巻2号79頁［特百82］）は、無制限説の一般論を判示する従前の判例（最判昭和28・10・16集民10号189頁［拒絶審決関係］）および同一法条説に立つとされる判例（最判昭和35・12・20民集14巻14号3103頁［商標］、最判昭和43・4・4民集22巻4号816頁［実用新案］）を変更して、制限説を採用している（旧法下の事例）。同大法廷判決は、制限説の根拠として次の各点をあげている。すなわち、①審判前置主義が採用されていること、②審決取消訴訟では審決の適法性のみが争われ、原処分である特許または拒絶査定の

---

[1]　かつて独占禁止法（私的独占の禁止及び公正取引の確保に関する法律）は、公正取引委員会が認定した事実は、これを立証する実質的な証拠があるときには、裁判所を拘束する（実質的な証拠の有無は、裁判所が判断する）旨を定めていた。この法則は「実質的証拠法則」といわれ、特許審決取消訴訟にもその適用を主張する学説がみられたが、平成25（2013）年12月に改正独占禁止法が成立し、それに伴って審判制度が廃止された結果、実質的証拠法則も廃されるに至った。

適否が直接判断されるものではないこと、③審判手続は明確に特定された争点について審理判断がされるという構造になっていること、④この構造に対応した一事不再理の原則が採用されていること（特［旧］117条[2]）、⑤審判手続において当事者の関与のもと十分な審理がなされていることを前提に、事実審が1審級省略されていることである。

以上が制限説を導くうえでの十分な法的根拠たりうるかについては、近時、有力な学説によって強い疑問が投げかけられている。しかし、技術専門庁たる特許庁の判断を経由する当事者の期待ないし利益というものを重視すると、制限説にはやはり一定の合理性があるように思われる。なぜなら、無制限説や同一法条説を採用した場合には、審判手続の審理判断を経ていない事項によっても審決を取り消すことが可能となるが、その結果、当該事項に取消判決の拘束力が生じ（行訴33条1項、最判平成4・4・28民集46巻4号245頁［特百86]）、特許庁はもはやその当否について判断できなくなるからである。

学説を概観すると、上記の意味での当事者の期待ないし利益のほか、裁判所の負担軽減等を理由として、制限説を支持する見解が比較的多数を占めている。さらに、審決取消訴訟では審判手続におけるような特許権者による明細書等の補正や訂正請求の機会が封じられていることとの均衡を制限説の根拠としてあげることができようか。

ところで、前掲大法廷判決は既述のように制限説に立脚するものであるが、最高裁はさらに判例を追加しており、審判手続において取り調べられなかった証拠であっても、審判で審理判断された公知技術のもつ意義を明らかにするためにそのような証拠を提出することは許されると判示している（最判昭和55・1・24民集34巻1号80頁［実用新案]）。本問の例でいえば、イロベ機械が公知事実βをこのような目的で主張することは、判例法理上も許されるということになろう。

---

[2]　確定審決に対世効が認められていた。平成23（2011）年改正によって、現行法167条からは対世効が除かれている。

解答例

設問❶

　特許法65条は、特許出願人が、出願公開があった後に特許出願にかかる発明の内容を記載した書面を提示した警告をしたときは、その警告後特許権の設定の登録前に業としてその発明を実施した者に対し、設定登録後に実施料相当額の補償金の支払を請求できることを定めている。また、警告をしない場合でも、当該実施者が出願公開された特許出願にかかる発明であることを知っていた場合には、上記の補償金請求をなしうることを定めている。このように、補償金請求にあたり事前の警告や実施者の悪意が必要とされているのは、出願公開にかかる発明の多くは実際には特許付与されないにもかかわらず、膨大な出願公開公報の資料を逐一調査することを第三者に強制するのは妥当ではなく、いわば不意打ちを防止する必要があるからである。

　このように特許法は、出願公開にかかる発明の技術的範囲について第三者たる実施者がこれを知りうることを保障している。では、1度警告をした後に補正が行われて、特許請求の範囲に変化が生じた場合に、改めて警告をする必要があるだろうか。問題文によれば、大石および片岡による吉良工業への警告の後に、彼らの出願にかかる特許請求の範囲が減縮されているが、このような場合に、大石および片岡が再度の警告をしておくべきであったかが問題となる。

　この点についての判例（実用新案に関する事例）は、第三者の実施する物品が減縮補正の前後を通じて考案の技術的範囲に属するときは、特許法65条における不意打ち防止の趣旨に反しないことを理由として、再度の警告を要しないとするものである。本問では、補正前の特許請求の範囲に記載されていた発明Aは、当業者が従来から一般に使用しているものを含んでいたという事実が明らかにされているが、そのような場合でも、減縮補正により当該拒絶理由が除去されて特許権が成立するという可能性も含めて、実施者に対し一定の注意を促すことができるから、当該補正前の警告がなされた段階で、不意打ち防止という特許法の趣旨は一応達成されたと解してよかろう。ゆえに結論として、減縮補正前の特許請求の範囲に記

載されていた発明がたとえ公知のものを含んでいたとしても、補償
金請求権を行使するにあたっては、再度の警告を要しないというべ
きである。

　以上から、大石および片岡は、特許取得前の吉良工業によるａの
使用を理由として、吉良工業に対し、実施料相当額の補償金の支払
を請求することができる。

設問❷

　特許法132条3項によれば、特許権または特許を受ける権利の共
有者がその共有にかかる権利について審判を請求するときは、共有
者の全員が共同して請求しなければならないが、審決取消訴訟も共
同で提起しなければならないかについては、明文の規定がない。問
題文によれば、大石および片岡はB特許権を共有している関係に
あるが、片岡の失踪により、大石が単独で無効審決取消訴訟を提起
している。かかる場合に、大石について原告適格が認められるか否
かが問題となる。

　この論点に関しては、審決の合一確定の要請を重視してこの種の
訴訟を固有必要的共同訴訟と解し、共有者の単独提訴を認めない見
解と、単独で提訴した共有者の行為を民法252条ただし書にいう保
存行為と解し、単独提訴を認める見解が対立している。裁判実務に
おいても見解が割れており、目下の判例は、拒絶審決取消訴訟につ
いては固有必要的共同訴訟説、商標権の無効審決取消訴訟および特
許取消決定の取消訴訟については保存行為説に立っている。

　審決取消訴訟は、権利の成否・存続を直接判断するものではない。
単独提訴を認めても、審決を取り消す旨の判決は行政事件訴訟法
32条1項により第三者に対してもその効力を有し、逆に審決を維
持する判決が出ても通常は他の共有者の出訴期間が徒過しており、
仮に共有者が個別に訴訟提起した場合でもそれらの手続を併合すれ
ばよいから、合一確定の要請は満たされると解する。そうであれば、
他の共有者の離脱によって審決取消しの訴えが封じられることのな
い保存行為説をもって妥当と解すべきである。

　ところで、既述のように、判例は権利成立前の拒絶審決取消訴訟
については単独提訴を認めないとするものであるが、これは、権利
の成立をめざす過程においては、共有者全員の強い協力関係を必要
としている特許法の趣旨（特14条・38条・132条3項参照）を尊重
してのことと思われる。一方、無効審判手続は特許権者にとっては

29

受動的なものであり、特許法もそこまでの強い協力関係を必要としていない。したがって、特許法の趣旨という観点に照らしてみても、少なくとも無効審決取消訴訟に関しては、共有者単独での提訴を認めてしかるべきである。

　以上から、大石の提訴は適法であり、本件訴訟は却下されるべきではない。

設問❸

　イロベ機械は、無効審判手続においては主張しなかった公知事実βを、本件訴訟において新たに主張することができるか。審決取消訴訟において、審決の際に斟酌されなかった証拠を新たに提出することが可能か否かが問題となる。

　判例によれば、特許庁の審理判断を経ていない証拠に基づく取消理由（または審決を適法とする理由）の主張は許されない（制限説）。その理由として、次の点が列挙されている。第1に、特許法が審判前置主義を採用していること、第2に、審決取消訴訟では審決の適法性のみが争われ、原処分の適否が直接判断されるものではないこと、第3に、審判手続は明確に特定された争点について審理判断がされるという構造になっていること、第4に、当該構造に対応して一事不再理の原則が採用されていること（特167条）、第5に、審判手続において当事者の関与のもとに十分な審理がなされることを前提に、事実審が1審級省略されていることである。

　以上が制限説を導く法的根拠たりうるかについては、近時、有力な学説によって強い疑問が投げかけられているところである。しかし、技術専門庁（特許庁）による慎重な審理判断を受ける当事者の期待ないし利益というものを重視するならば、やはり制限説が妥当であると解する。けだし、審決取消訴訟において上記の意味での主張の制限がないとすると、審判手続の審理判断を経ていない事項に基づいて審決を取り消す旨の判決も可能となるが、その場合、当該事項について拘束力が生じ（行訴33条1項）、結果として技術専門庁による慎重な判断を受ける利益が損なわれることになるからである。

　以上から、審決取消訴訟においては、審判手続における審理判断を経ていない主張は基本的に許されないというべきであるが、このことは、審決の際に斟酌されなかった証拠はいかなるものであっても提出不可能ということを意味しないと解すべきである。

　すなわち、審決の際に斟酌されなかった証拠であっても、審判手続において審理判断されていた公知技術の技術的意義を明らかにするためであれば、その提出は可能であるというべきである。けだし、同一の公知技術との対比における無効原因の存否が問題となっている以上、これを補充するために審判手続において斟酌されなかった証拠を提出したとしても、制限説に照らして何ら背理とはいえないからである。

　問題文によれば、イロベ機械は、裁判所においてC特許権における無効原因の存在を認めてもらえないかもしれないと判断し、公知事実βを主張しようとしたものである。これが、公知技術αとはまったく別の観点からC特許権の無効原因を明らかにするためであったとすれば、そのような主張は許されない。しかし、公知技術αの技術的意義を明らかにするという目的において行うのであれば、そのような主張は許されることになる。

関連問題

1. 審決取消訴訟における同一の証拠に基づく異なる取消理由の主張

　Pは、発明Xにつき特許権（以下、「本件特許権」という）を有する者である。Qは、本件特許権につき無効審判を請求し、公知技術xの存在に基づいて特許発明Xにおける新規性の欠如を主張した。しかし、請求不成立の審決がされたので、Qは、審決取消訴訟を提起し、公知技術xの存在に基づいて特許発明Xにおける進歩性の欠如を新たに主張した。

　本件訴訟において、Qがこのような主張をすることは許されるか。

2. 共同無効審判請求人による審決取消しの単独出訴

　Rは、発明Yにつき特許権（以下、「本件特許権」という）を有する者である。SおよびTは、本件特許権につき共同で無効審判を請求したが、当該請求は成り立たない旨の審決（以下、「本件審決」という）がされた。その後、Sのみが本件審決の取消しを求めて訴訟を提起した。本件訴訟の取扱い（却下されるべきか否か）について論ぜよ。

3．商標登録の不使用取消審判の審理範囲

　Uは、Vが有する商標権について不使用取消審判（商標50条）を請求したが、Vは、当該審判において何ら答弁・立証を行わず、特許庁は、当該商標の登録を取り消す審決をした。この場合に、Vが、当該審決の取消訴訟（同63条）を提起した上で、当該商標の使用に係る事実の主張立証を行うことは許されるか。

参｜考｜文｜献

青木大介「共同無効審判請求人の一人が提起する審決取消訴訟の許否」別冊ジュリスト244号（特許判例百選〔第5版〕）172〜173頁（2019）

内田敏彦「アースベルト事件」特許管理39巻10号1255〜1265頁（1989）

愛知靖之「審決取消訴訟の審理範囲」高林龍ほか編『現代知的財産法講座Ⅰ　知的財産法の理論的探究』165〜178頁（日本評論社・2012）

大渕哲也『特許審決取消訴訟基本構造論』（有斐閣・2003）

工藤敏隆「共有者の一人が提起する無効審決取消訴訟の許否」別冊ジュリスト244号（特許判例百選〔第5版〕）168〜169頁（2019）

小島立「不使用取消審判において立証のなかった使用事実の審決取消訴訟における立証の許否」別冊ジュリスト248号（商標・意匠・不正競争判例百選〔第2版〕）88〜89頁（2020）

高林龍「実用新案登録を受ける権利の共有者が提起する審決取消訴訟と固有必要的共同訴訟」ジュリスト1071号104〜105頁（1995）

玉井克哉「特許法上の共有と必要的共同訴訟」特許研究21号67〜86頁（1996）

田村善之「第4章　特許無効審判と審決取消訴訟の関係について」同『機能的知的財産法の理論』138〜182頁（信山社・1996）

吉田広志「出願公開に係る補償金請求訴訟において、特許請求の範囲に補正があった場合、特段の事情がない限り、再度の警告は不要であるとした事例」『新・判例解説Watch』11巻221〜224頁（2012）

（駒田泰土）

3. 医薬特許の延命策

設問　スッキリ製薬は、「医薬品α」についての特許（第一特許）を有し、医薬品αの販売により多額の利益をあげてきたが、第一特許は存続期間満了により消滅した。

スッキリ製薬は、第一特許が期間満了を迎えることに対応すべく、すでに医薬品α関連の第二特許、第三特許、第四特許を取得済みである。

第二特許は、「医薬品αを製造する過程で発生する物質Aの含有量を測定する方法β」に関するものである。なお、厚労省の薬事行政上、医薬品αを製造する過程で発生する物質Aの含有量を測定することが義務づけられていた。

第三特許は、「方法Bを用いて製造される医薬品α」に関するものである。特許切れ前の医薬品αは方法Cを用いて製造されていたところ、医薬品αは、方法Bを用いることにより医薬品αとしての効能が増している。なお、スッキリ製薬の研究所では、方法Bによって製造された医薬品αが何ゆえ医薬品αに比べて効能が増すのかを医薬品αの化学的な構造・特性によって解明・記載しようと試みたが、当面困難であったため、「方法Bを用いて製造される医薬品α」なる請求項を採用した。

第四特許は、「医薬品αと医薬品Dを組み合わせてなる医薬品γ」に関するものである。医薬品αと公知の医薬品Dを併用して服用することにより、医薬品αの服用に伴う胃炎の副作用を軽減するというものである。以下の問に答えよ。

❶ハッキリ製薬は、方法βを用いて物質Aの含有量を測定したうえで製造された医薬品αを販売している。スッキリ製薬は、第二特許に基づき、ハッキリ製薬による上記販売行為の差止めおよび在庫の廃棄を求めることができるか。

33

❷ドッキリ製薬は、方法 B とは異なる方法 E を用いて医薬品 α を製造・販売している。ドッキリ製薬の行為はスッキリ製薬の第三特許を侵害するか。

❸メッキリ製薬は、医薬品 α を製造し、調剤薬局に販売している。調剤薬局は、医師の処方箋に基づき、医薬品 α と医薬品 D を処方し、患者は医薬品 α と医薬品 D を併用して服用している。メッキリ製薬の行為はスッキリ製薬の第四特許を侵害するか。

解　説

1 ⋯⋯⋯⋯概　観

(1)　設問のねらい

本問は、医薬品を素材として、物の発明、プロダクト・バイ・プロセス・クレームで記載された物の発明、方法の発明、組み合わせ発明の区別とそれぞれの効力について扱うものである。

(2)　取り上げる項目

►物の生産方法の発明と方法の発明の区別

►プロダクト・バイ・プロセス・クレーム

►組み合わせ特許の効力

►間接侵害

2 ⋯⋯⋯⋯物の生産方法の発明と方法の発明の区別

特許権者は、業として特許発明の実施をする権利を専有する（特68条）。

実施の定義は特許法2条3項にある。物の発明については、その物の生産、使用、譲渡、輸出もしくは輸入または譲渡の申出（同項1号）、方法の発明（物の生産方法の発明と区別するため、単純方法の発明とも呼ばれる）についてはその方法の使用（同項2号）、物を生産する方法の発明については、当該方法の使用のほか、その方法により生産した物の使用、譲渡等、輸出もしくは輸入または譲渡等の申出をする行為（同項3号）、

をそれぞれいう。

このように、特許法は、「物」「方法」「物の生産方法」の 3 つのカテゴリを認めている。たとえば、新規化合物 X に関する発明について特許を取得する場合、X について取得する場合は「物の発明」、X の生産方法については「物の生産方法」、そして、X の生産の過程で用いられる測定方法についてであれば「方法の発明」としてそれぞれ権利化することが考えられる。

いずれのカテゴリの発明に関する特許であるかは、特許請求の範囲の記載に基づいて判定される[1]。たとえば、上記の例でいえば、特許請求の範囲の末尾文言が、物の発明の場合は「化合物 X」、物の生産方法の場合は「化合物 X の生産方法」、方法の発明の場合は「測定方法」というように判別される。

物の発明に関する特許権の効力はその物の生産、使用、譲渡等に及ぶため（特 2 条 3 項 1 号）、物の発明の特許権者は、当該者に無断で特許製品の生産、使用、譲渡等をする者に対して、特許法 100 条 1 項に基づき差止請求を行うことができる。

上記のとおり、（単純）方法の発明に関する特許権の効力はその方法の使用にのみ及ぶ（特 2 条 3 項 2 号）。方法の発明の特許権者は、当該者に無断で特許方法の使用をする者に対して、差止請求および損害賠償請求をなすことができる。

一方、物の生産方法の発明の特許権の効力は当該方法の使用に加えて、その方法により生産した物の使用、譲渡等に及ぶため（特 2 条 3 項 3 号）、物の生産方法の特許権者は、当該者に無断で当該方法を使用する者に加え、当該方法により特許製品を生産等する者にも差止請求等を行うことができる。

発明のカテゴリと差止請求の対象の関係について説示した判例が、最判平成 11 年 7 月 16 日民集 53 巻 6 号 957 頁［特百 2］〔生理活性物質測定法事件〕である。本件における原告は「生理活性物質測定法」に関する

---

[1] 最判平成 11・7・16 民集 53 巻 6 号 957 頁［特百 1］〔生理活性物質測定法事件〕。

特許権を有していた。本件特許発明は、医薬品の製造工程において使用され、一定の物質が含有されているかを測定するものであった。本件特許権と同じ方法を用いて医薬品を製造している被告に対して、原告が被告による右医薬品の製造販売等の差止を請求したが、請求は棄却された。本件特許の特許請求の範囲の記載に基づけば、本件発明は物の生産方法ではなく方法の発明であり、原告は被告に対して方法の使用の差止を求めることはできるが、医薬品の製造販売の差止等を請求することはできないというのがその理由である。

特許権者または専用実施権者は、特許法 100 条 1 項に基づき差止請求を行うに際し、侵害の行為を組成した物の廃棄、侵害に行為に供した設備の除却その他の侵害の予防に必要な行為を請求することができる（同条 2 項）。

生理活性物質測定法事件の原告は、特許法 100 条 2 項に基づき医薬品の廃棄、製造承認申請の取下げ等も合わせて請求したが、最高裁は、同項にいう「侵害の予防に必要な行為」とは、「特許発明の内容、現に行われ又は将来行われるおそれがある侵害行為の態様及び特許権者が行使する差止請求権の具体的内容等に照らし、差止請求権の行使を実効あらしめるものであって、かつ、それが差止請求権の実現のために必要な範囲内のものであることを要する」ところ、本件原告の「特許発明の内容」は方法の発明であり、物の生産方法の発明ではないため、その効力は特許製品の生産、譲渡等には及ばないとして上記請求を棄却した。

特許法 100 条 2 項は、「前項の規定による請求をするに際し」と規定しており、同項によって認められる措置は、1 項によって認められる差止請求の内容に対応したものである必要がある。この点、本件特許は方法の発明に関するものであり、1 項で認められるのは当該方法の使用行為に限定され、2 項によって 1 項で認められる差止請求の範囲を超えて医薬品の廃棄、製造に対する差止請求を肯定することはできないと考えるべきであろう。

以上を本問にあてはめると、本問の第二特許の請求の範囲の記載は「医薬品 α を製造する過程で発生する物質 A の含有量を測定する方法

β」であり、（単純）方法の発明といえる。したがって、第二特許の効力は、方法βの使用にのみ及び、βを使用した医薬品αの製造、販売には及ばない。

　また、特許法100条2項は、「前項」すなわち同条1項の「請求をするに際し」、侵害物品の廃棄等の請求を認めるものであるところ、本問では、そもそも、第二特許の「特許発明の内容」からみてハッキリ製薬に対する1項の製造・販売行為の差止請求は認められず、2項の廃棄請求も認められないことになろう。

3⋯⋯⋯⋯プロダクト・バイ・プロセス・クレーム

　物の発明の特許請求の範囲には、通常、物を特定する要素としてその構造や特性が記載されるが、物の構造や特性ではなく、その製造方法によって物を特定するクレームがみられる。これを「プロダクト・バイ・プロセス・クレーム」という。このようなクレームの技術的範囲については、大別して、①当該製造方法によって製造された物と同一の物であれば、当該方法以外の方法によって製造された物についても及ぶという考え方（「物同一性説」という）と、②当該製造方法によって製造された物についてのみ及ぶという考え方（「製法限定説」という）が対立してきた。

　そのような中、最判平成27年6月5日民集69巻4号700頁、904頁［特百4］〔プラバスタチンナトリウム事件〕は、以下のように述べて、①物同一説を採用することを明らかにした。

　「物の発明についての特許に係る特許請求の範囲にその物の製造方法が記載されている場合であっても、その特許発明の技術的範囲は、当該製造方法により製造された物と構造、特性等が同一である物として確定されるものと解するのが相当である。」

　ただし、最高裁によると、出願人がプロダクト・バイ・プロセス・クレームの形式で特許請求の範囲を記載できるのは、「出願時において当該物をその構造又は特性により直接特定することが不可能であるか、又はおよそ実際的でないという事情が存在するとき」に限られる。そのよ

うな事情が存在しないにもかかわらず物の発明についての特許に係る特許請求の範囲にその物の製造方法が記載されている場合には、当該特許請求の範囲の記載は特許法36条6項2号にいう「発明が明確であること」という要件（明確性要件）に適合しないものとして、拒絶理由（特49条4号）、特許異議事由（同113条4号）、無効理由（同123条1項4号）を有する。同判決の千葉勝美判事補足意見は、「ここでいう「不可能」とは、出願時に当業者において、発明対象となる物を、その構造又は特性（発明の新規性・進歩性の判断において他とは異なるものであることを示すものとして適切で意味のある特性をいう）を解析し特定することが、主に技術的な観点から不可能な場合をいい、「およそ実際的でない」とは、出願時に当業者において、どちらかといえば技術的な観点というよりも、およそ特定する作業を行うことが採算的に実際的でない時間や費用が掛かり、そのような特定作業を要求することが、技術の急速な進展と国際規模での競争の激しい特許取得の場面においては余りにも酷であるとされる場合などを想定している。」と指摘している。

　スッキリ製薬の有する第三特許は「方法Bを用いて製造される医薬品α」に関するものであり、物の発明についての特許に係る特許請求の範囲にその物の製造方法が記載されている場合、いわゆるプロダクト・バイ・プロセス・クレームに該当する。

　プラバスタチンナトリウム事件最判によると、第三特許の技術的範囲は、製造方法が方法B、Eであるかを問わず、医薬品αの製造・販売に及ぶ。そこで、スッキリ製薬としては、ドッキリ製薬による医薬品αの製造・販売の差止等を請求する。

　反論として、ドッキリ製薬は、同じくプラバスタチンナトリウム事件最判により、「方法Bを用いて製造される医薬品α」なる特許請求の範囲は明確性要件（特36条6項2号）に違反するとして無効の抗弁を主張できる。ドッキリ製薬は、第三特許について特許異議、無効審判を提起することも別途可能である。

　これに対し、スッキリ製薬としては、第1に、特許切れ前の医薬品αは方法Cを用いて製造されていたところ、第三特許の発明は、方法B

を用いることにより医薬品αとしての効能が増したことに関するものであり、スッキリ製薬の研究所では、方法Bによって製造された医薬品αがなにゆえ従来の製法に比べて効能が増したのかを医薬品αの化学的な構造・特性によって解明しようと試みたが、当面困難であったとして、第三特許には、プラバスタチンナトリウム事件最判にいう「不可能・非実際的事情」が存在し、明確性要件を充足していると再反論する。無効の抗弁において、不可能・不実際的事情の存否により明確性要件適合性が争われる場合には、そのような事情が存することについての主張立証責任は、特許権者の側にある（菊池・後掲288頁）。第2に、「不可能、非実際的事情」の立証が困難である場合には、発明の対象物をその構造または特性により特定する記載に変更し、あるいは、物の発明として記載された特許請求の範囲を物の生産方法へと訂正する旨等の訂正審判請求を行い、訂正の再抗弁を主張する。

4………医薬品の組み合わせ特許

　第四特許は、医薬品αと公知の医薬品Dを組み合わせ、併用することにより薬効をもたらすいわゆる組み合わせ発明に関する特許であり、発明のカテゴリとしては物の発明にあたる。

　スッキリ製薬としては、メッキリ製薬による医薬品αの提供行為は特許法101条1号ないし2号の間接侵害にあたると主張することが考えられよう。

　この主張を行うにあたって次のような点が問題となろう。

　第1に、医薬品αと医薬品Dを併用することは特許法101条にいう「物の生産」にあたるか。これを否定する裁判例も存在する（間接侵害における物の生産要件については、**5. メーカー純正品よりも安くて便利なりモコン**参照）。大阪地判平成24年9月27日判時2188号108頁〔チアゾリジン誘導体事件〕は、本問のような医薬品組合わせ特許の事例について、以下のように述べている。「法101条2号の『物の生産』は、『発明の構成要件を充足しない物』を素材として『発明の構成要件のすべてを充足する物』を新たに作り出す行為をいう。すなわち、加工、修理、組

立て等の行為態様に限定はないものの、供給を受けた物を素材として、これに何らかの手を加えることが必要であって、素材の本来の用途に従って使用するにすぎない行為は含まれない。Ｙら各製品が、それ自体として完成された医薬品であり、これに何らかの手が加えられることは全く予定されておらず、他の医薬品と併用されるか否かはともかく、糖尿病又は糖尿病性合併症の予防・治療用医薬としての用途に従って、そのまま使用（処方、服用）されるものであることについては、当事者間で争いがない。したがって、Ｙら各製品を用いて、『物の生産』がされることはない。換言すれば，Ｙら各製品は、単に『使用』（処方、服用）されるものにすぎず、『物の生産に用いられるもの』には当たらない」。

　この判示を本問にあてはめると、医薬品αと医薬品Ｄを「組み合わせる」ことは 101 条にいうそもそも「物の生産」にあたらないため、メッキリ製薬の行為について間接侵害は成立しないということになろう。

　第 2 に、医薬品αは、「発明の課題の解決に不可欠」といえるか。この点について、東京地判平成 25 年 2 月 28 日平成 23 年（ワ）第 19435 号、第 19436 号〔特百 12〕〔ピオグリタゾン事件〕が参考になる。同判決は、「既存の部材の新たな組合せに係る発明において、当該発明に係る組合せではなく、単剤としてや、既存の組合せに用いる場合にまで、既存の部材が「その発明による課題の解決に不可欠なもの」に該当すると解するとすれば、当該発明に係る特許権の及ぶ範囲を不当に拡張する結果をもたらすとの非難を免れない。このような組合せに係る特許製品の発明においては、既存の部材自体は、その発明が解決しようとする課題とは無関係に従来から必要とされていたものにすぎず、既存の部材が当該発明のためのものとして製造販売等がされているなど、特段の事情がない限り、既存の部材は、『その発明による課題の解決に不可欠なもの』に該当しないと解するのが相当である」と述べている。

　この判示を本問にあてはめると、メッキリ製薬による医薬品αの製造・販売行為について、本件第四特許権の間接侵害は成立しないことになろう。

　第 3 に、もし仮に、医薬品αと医薬品Ｄを「組み合わせる」ことが

「物の生産」にあたるとした場合、本件において直接侵害は成立するか、という点が問題となろう。まず、調剤薬局の調剤行為については特許法69条3項により特許権侵害は成立しない。患者がその体内で医薬品αと物質Dを合成する行為は68条にいう「業として」の生産行為にはあたらない。また、医師による処方箋の交付行為自体は、物の製造、使用、販売、販売の申出には該当しないと考えられる。

次に、調剤薬局、医師、患者による直接侵害が成立しないとしても、なお、メッキリ製薬による行為について間接侵害を認めるべきか、という点が問題となろう。いわゆる独立説と従属説に関する論点である。詳細は、**5. メーカー純正品よりも安くて便利なリモコン**の解説を参照されたい。

解答例

設問❶
　本問の第二特許の請求の範囲の記載は「医薬品αを製造する過程で発生する物質Aの含有量を測定する方法β」であり、（単純）方法の発明といえる。したがって、第二特許の効力は、方法βの使用にのみ及び、βを使用した医薬品αの製造、販売には及ばない。

　また、特許法100条2項にいう「侵害の予防に必要な行為」とは、特許発明の内容、現に行われまたは将来行われるおそれがある侵害行為の態様および特許権者が行使する差止請求権の具体的内容に照らし、差止請求権の行使を実効あらしめるものであって、かつ、それが差止請求権の実現のために必要な範囲内のものであることを要するところ、本問では、第二特許の「特許発明の内容」は方法の発明であることから、ハッキリ製薬に対する2項の廃棄請求も認められない。

設問❷
　スッキリ製薬の有する第三特許は「方法Bを用いて製造される

医薬品α」に関するものであり、物の発明についての特許に係る特許請求の範囲にその物の製造方法が記載されている場合、いわゆるプロダクト・バイ・プロセス・クレームに当たる。

プラバスタチンナトリウム事件最判によると、第三特許の技術的範囲は、製造方法が方法 B、E であるかを問わず、医薬品αの製造・販売に及ぶ。そこで、スッキリ製薬としては、ドッキリ製薬による医薬品αの製造・販売の差止等を請求する。

反論として、ドッキリ製薬は、「方法 B を用いて製造される医薬品α」なる特許請求の範囲は明確性要件（特 36 条 6 項 2 号）に違反するとして無効の抗弁を主張できる。ドッキリ製薬は、第三特許について特許異議、無効審判を提起することも可能である。

これに対し、スッキリ製薬としては、第 1 に、特許切れ前の医薬品αは方法 C を用いて製造されていたところ、第三特許の発明は、方法 B を用いることにより医薬品αとしての効能が増したことに関するものであり、スッキリ製薬の研究所では、方法 B によって製造された医薬品αがなにゆえ従来の製法に比べて効能が増したのかを医薬品αの化学的な構造・特性によって解明しようと試みたが、当面困難であったとして、第三特許には、プラバスタチナトリウム事件最判にいう「不可能・非実際的事情」が存在し、明確性要件を充足していると再反論する。第 2 に、「不可能、非実際的事情」の立証が困難である場合には、発明の対象物をその構造または特性により特定する記載に変更し、あるいは、物の発明として記載された特許請求の範囲を物の生産方法へと訂正する旨等の訂正審判請求を行い、訂正の再抗弁を主張する。

設問❸

第四特許は、医薬品αと公知の医薬品 D を組み合わせ、併用することにより薬効をもたらすいわゆる組み合わせ発明に関する特許であり、発明のカテゴリとしては物の発明にあたる。

スッキリ製薬としては、メッキリ製薬による医薬品αの提供行為は特許法 101 条 1 号ないし 2 号の間接侵害にあたると主張することが考えられよう。

第 1 に、医薬品αと物質 D を併用することは特許法 101 条にいう「物の生産」にそもそもあたるか。2 つの医薬品を単に併用するだけでは「物の生産」にあたらないとの反論が、メッキリ製薬側から加えられるであろう。

　第2に、医薬品αは「発明の課題の解決に不可欠」とはいえないとの反論も可能であろう。

　第3に、仮に、2つの医薬品の併用が「物の生産」にあたるとしても、調剤行為は特許法69条3項によって免責され、また、医師による処方箋の交付自体は物の生産行為にはあたらない。また、患者の服用による「生産」行為も業としてのものとはいえず、いずれも特許権侵害とならない。このため、スッキリ製薬側からは、いわゆる従属説を前提として、メッキリ製薬の行為について間接侵害を問う余地はないとの反論が予想されよう。

関連問題

1．A社は、抗がん剤Xについて特許権を有しており、厚労省より医薬品Xの用法・用量を「1回5mg/kg（体重）を点滴投与、投与間隔2週間以上」とする製造販売承認（先行処分）を得ていた。その後、A社は、医薬品Xの用法・用量について研究開発を重ねた結果、用法・用量を「1回7.5mg/kg（体重）を点滴投与、投与間隔3週間以上」とすることに成功し、厚労省から新たに製造販売承認を得た（出願理由処分）。出願理由処分によって初めて、1サイクルを3週間以上とするがん治療法のための抗がん剤Xの製造販売が可能となった。Aは、出願理由処分を得るまでの間医薬品Xに関する特許権を実施できなかったことを理由として、特許庁に対し、存続期間の延長登録出願をした。A社の出願は認められるか。最判平成27年11月17日民集69巻7号1912頁〔特百31〕〔ベバシズマブ事件〕を参照しつつ答えよ。

2．B社は、抗インフルエンザ薬Yについて、2019年8月18日の満了予定の特許権を有していたが、特許期間中に、Yが新型インフルエンザにも薬効を有することを発見し、特許庁に対し、特許権の存続期間延長出願を行い、2024年8月18日まで5年間の延長が認められている（本件延長特許）。延長登録の処分の対象となった物は、「販売名：Y錠200mg 有効成分：Z」、処分の対象となった物について特定された用途

は、「新型又は再興型インフルエンザウイルス感染症」である。C 社は、Y がコロナウィルスにも薬効を有するとの実験結果を得たため、Y について新たに抗コロナウィルス薬として製造承認を得たうえで販売する計画である。C 社は、B 社から本件延長特許の実施許諾を得る必要があるか。知財高判平成 29 年 1 月 20 日判時 2361 号 73 頁［特百 32〕〔オキサリプラティヌム事件〕を参照しつつ答えよ。

参 | 考 | 文 | 献

髙部眞規子「最判解民事篇平成 11 年度（下）〔生理活性物質測定法事件解説〕」505 頁（2002）

菊池絵理「最判解民事篇平成 27 年度（上）〔プラバスタチンナトリウム事件解説〕」269 頁（2018）

橘雄介「判例研究 特許発明の部材である医薬単剤を製造販売することの間接侵害性が争われた事例——ピオグリタゾン事件［大阪地裁平成 24.9.27 判決、東京地裁平成 25.2.28 判決〕」知的財産法政策学研究 46 号 293 頁（2015）

田中孝一「最判解民事篇平成 27 年度（下）〔ベバシズマブ事件解説〕」479 頁（2018）

（小泉直樹）

4. 特許権者よりも先んじた者

設問

　A 社は、「クランプ・ホルダ・油圧シリンダが相互に連結している部分に特徴を有する摑み機α」（以下、「摑み機α」という）について、特許権を取得している（特許出願日は 2019 年 8 月 1 日）。摑み機αは、ショベル型掘削機の作業アーム先端に装着して使用されるものである（後掲の図を参照）。他方、B 社も、摑み機αを自社の埼玉県の工場において独自に研究開発していた。この工場は、B 社が、外部者の立入りを制限して、さまざまな新技術の開発に利用しているものである。摑み機αの開発は、B 社においてあまり重要度の高いプロジェクトではなかったが、エンジニアの苦労のかいもあって 2019 年 7 月 1 日には試作品（それ自体、製品として販売可能な質の高いもの）が完成し、B 社は、2019 年 8 月 30 日から注文を受けた顧客に対する納品を行っていた。

　以上の事例をもとに、次の問いに答えなさい。

❶ A 社が B 社に対し、上記特許権の侵害を主張して、摑み機αの製造・販売の差止めを求める訴訟を提起したとする。この訴訟において、B 社がなしうる法律上の主張について述べよ。

❷ A 社の特許出願後、複数の顧客から指摘を受けた B 社が、作業アーム先端で旋回可能なように摑み機αに周知の旋回装置を装着した摑み機α'を開発し、顧客に販売していたとする。A 社が B 社に対し、上記特許権の侵害を主張して摑み機α'の製造・販売の差止めを求める訴訟を提起した場合に、B 社がなしうる法律上の主張について述べよ。

❸ A 社の特許出願後、C 社は、B 社の注文に応じて摑み機αを製造し、B 社にのみこれを納品するようになったとする。A 社が C 社に対し、上記特許権の侵害を主張して摑み機αの製造・販売の差止めを求める訴訟を提起した場合に、C 社がなしうる法律上の主張

について述べよ。

❹ D 社が、B 社から摑み機 α を購入して、自社が受注した工事のために使用していたとする。

(1) A 社が D 社に対し、上記特許権の侵害を主張して当該使用の差止めを求める仮処分を申し立てた場合に、D 社がなしうる法律上の主張について述べよ。

(2) D 社が、自社の都合により摑み機 α の使用を止めることとし、複数の摑み機 α を同業他社に安く売却して処分しようとしたとする。A 社が D 社に対し、上記特許権の侵害を主張して摑み機 α の売却をしないよう申し入れてきた場合に、D 社はどのような反論が可能か。

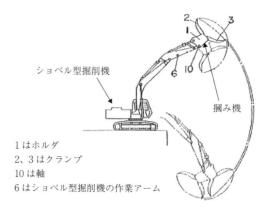

ショベル型掘削機

摑み機

1 はホルダ
2、3 はクランプ
10 は軸
6 はショベル型掘削機の作業アーム

解　説

1 ……… 概　観

(1) 設問のねらい

　本設問は、特許権の侵害をめぐる攻防において被疑侵害者側がなしうる法律主張のうちでも重要であると思われる、先使用の抗弁について理解を深めることを目的に出題している。本設問の事案は、実用新案に関する事例である大阪地判平成 11 年 10 月 7 日判工［2 期］2037 の 61 頁をベースに作成したものである。特に先使用権に関するさまざまな論点

について触れることができるように各問を設定したつもりであり、いずれも素直な問題であると考えている。以下の解説を読んで、より応用的な問題にあたっても解答することができるような力を身につけてほしい。

(2) 取り上げる項目
► 先使用権の範囲（実施形式の観点から）
► 先使用権の範囲（事業目的の観点から）
► 先使用権の援用権者の範囲
► 特許無効の抗弁

2 ⋯⋯⋯ 先使用権制度の趣旨

先願主義を徹底させると、他人の特許出願の際に同一の発明を実施していたり、その準備をしていた者も、当該他人が特許権を取得するとそれ以後実施できないことになる。独占権を与えることで出願による発明の公開を促すという特許制度の趣旨に鑑みれば、この結論は当然とも思われる。しかし、発明をなした者にすべからく出願を強制する理由はないし、他人が特許権を取得したというだけで、現に実施をしている者がその実施のための事業設備の廃棄または閉鎖を求められるのは国民経済的に好ましくなく、また衡平にも反する。

そこで特許法は、「特許出願に係る発明の内容を知らないで自らその発明をし、又は特許出願に係る発明の内容を知らないでその発明をした者から知得して」当該発明を実施している者、または実施の準備をしている者に、通常実施権（先使用権）を与えている（特79条）。特許権者とは別に同一技術を独自に開発した者も、一定の場合には、当該特許権を侵害することなく実施事業を行いうることが特許法により保障されているのである。

3 ⋯⋯⋯ 先使用権の成立

特許法79条によれば、特許出願の際、現にわが国において実施している場合だけでなく、実施の「事業の準備」をしている場合であっても、先使用権が認められる。最判昭和61年10月3日民集40巻6号1068頁

[特百 27] が定立した規範に従えば、「即時実施の意図を有しており、かつ、その即時実施の意図が客観的に認識される態様、程度において表明されている」場合には、事業の準備ありとされる。その認定は対象となる発明の性質を考慮して行われるので、当該発明に特有の投資（他用途への転用が困難な投資）がなされていれば、原則として事業の準備ありと認められよう。上記最判の事案は、ウォーキングビーム式加熱炉という製鉄所で使用される大型プラントに関するものであるが、最高裁は、最終的には顧客からの受注に至らなかったものの、見積仕様書等の提出がなされた段階で事業の準備ありと認めた。実施品が相当高額のものであることから、見積仕様書等の提出段階で、特許法 79 条により保護すべき資本の投下がなされたと判断したものであろう。同様に大型プラントに関する事案であるが、事業設備が未整備であっても、その建設のための合弁会社設立、採算可能性調査、基本設計の発注、必要な実施許諾契約の締結をもって事業の準備ありと認めた裁判例（東京地判平成 12・4・27 判時 1723 号 117 頁、東京高判平成 13・3・22 判工 [2 期] 2037 の 82 頁）もある。

試作品の完成をもって事業の準備ありとした裁判例も、いくつかみられる。本設問が下敷きにした前掲大阪地判平成 11 年 10 月 7 日は、その一例であるといえよう。このケースでは、出願日前に被告が量産化以前の摑み機（フォーククロー）の試作品を販売していたが、同判決は、摑み機が個別受注生産の形態をとる製品であることを理由に、「被告がこれを現に顧客に販売し、対価を得ていることからすれば、被告は、本件考案に係るフォーククローの実施である事業をしていたものというべきであり、仮にそうでないとしても、実施の準備をしていたものと認められる」と判示している。

本設問の問題文によれば、B 社は、A 社の特許出願前に摑み機 α の試作品を完成させており、しかも当該試作品は製品として販売可能な程度に質の高いものであったというのであるから、特許法 79 条にいう事業の準備があったと解してよいであろう。同条のその他の要件に照らしてみても、B 社の先使用権取得を妨げる事情はないといえるから、B 社

は、設問❶の訴訟においてこの点に関する法律上の主張をすることができよう。

　ところで特許法の条文上は、先使用権を取得する者が、特許出願の際に直接的に（物理的に）実施していることが要求されるように読めるが、必ずしも直接実施が先使用権取得の要件ではない。もっぱら自己のためにのみ実施品を他者に製造させ、その引渡しを受けていた場合でも、事業主体性が認められると一般に解されている。旧意匠法を適用した事例であるが、最判昭和 44 年 10 月 17 日民集 23 巻 10 号 1777 頁［特百 28］もこの旨を判示している。

　本設問の事案では、C 社は、A 社の特許出願「後」に B 社の注文に応じて摑み機 α を製造し、B 社に対してのみこれを納入している。では仮に、A 社による特許出願の際に、B 社が C 社から摑み機 α の引渡しを受けていたとしたらどうか。C 社は B 社と機関的な関係にあり、B 社の手足というべき地位にあるから、その製造行為は B 社自身の行為と異なるところがない。ゆえにその場合でも、B 社は、特許出願にかかる発明の実施品（摑み機 α）に関する事業の準備を行っていたと評価することができ、B 社の先使用権取得が認められることになろう。

4 ⋯⋯⋯⋯先使用権の範囲

（1）　実施形式の観点から

　特許法 79 条によれば、特許出願の際に「実施又は準備をしている発明……の範囲内において」先使用権が認められる。ゆえに、たとえば酸を使用する発明があったとして、先使用されていたのが硫酸であった場合には、先使用権の効力が及ぶのは原則として硫酸を使用する実施に限られ、塩酸や酢酸を使用する実施には及ばない。しかし、先使用権の効力が及ぶ範囲は、出願時に発明を実施していた（または準備していた実施の）形式そのものに限定されるのではなく、当該実施形式に具現された技術思想（発明）の範囲まで先使用権を主張できるという考え方（発明思想説）が一般に支持されている。その後の事情の変化により、事業の継続のために実施形式の変更を迫られることもあることからすれば、

先使用権の範囲が先使用にかかる実施形式に限定されるというのは、あまりに酷といわざるをえないからである。

　前掲最判昭和61年10月3日も、特許法79条にいう「実施又は準備をしている発明……の範囲」とは「特許発明の特許出願の際……に先使用権者が現に日本国内において実施又は準備をしていた実施形式に限定されるものではなく、その実施形式に具現されている技術的思想すなわち発明の範囲をいう」として、発明思想説に立つことを明らかにしている。

　さらに同最判は、「その実施形式に具現された発明が特許発明の一部にしか相当しないときは、先使用権の効力は当該特許発明の当該一部にしか及ばないのはもちろんであるが、右発明の範囲が特許発明の範囲と一致するときは、先使用権の効力は当該特許発明の全範囲に及ぶものというべきである」としている。

　ここに示された考え方を図示すると、以下のようになろうか。

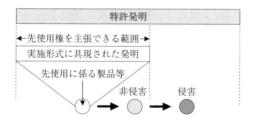

　この図は、先使用にかかる実施形式に具現された発明が、特許発明の一部にしか相当しない場合（前者の発明が、後者の発明に対し、下位概念またはより狭い範囲の発明に相当する場合）を示している。もちろん、上記最判が述べるように、特許発明が比較的単純なものであれば、先使用にかかる実施形式に具現された発明が特許発明の全部に相当する場合も生じよう。

　ところで、発明思想説によるとしても、先使用にかかる実施形式に具現された発明の範囲を具体的にどのように判断すべきであろうか。先使用者が先使用時にどのような技術思想を持つに至っていたかを客観的に

示すことができるような実験ノート等があれば、これによる証明をまずは許すべきであろうが、そのような客観的資料が存在しない場合は、先使用にかかる実施形式から推知しなければならない。しかし、当該実施形式だけをみて、そこに具現された技術的思想または発明の範囲を推知することは、実際には難しい。裁判例においては、特許発明にかかるクレームを参照しつつ、先使用権の効力が及ぶ発明の範囲を画定しようとする傾向がみられる。

たとえば、特許発明が構成要件 A + B + C に分説できる場合に、先使用の実施形式に周知の D 要素を加えたものは、先使用権の範囲内であるとする裁判例がある。本設問が下敷きにした前掲大阪地判平成 11 年10 月 7 日がこれにあたる。同判決は、まずイ号物件について先使用権の範囲内であることを認めたうえで、「ロ号物件は、イ号物件と比較して、本件考案の構成要件とは関わりのない旋回装置を装着した以外はイ号物件と同一の構造を有しており、本件考案の実施という観点からみた場合には、技術的思想としての同一性を失わせるものではないというべきであるから、ロ号物件の製造、販売も、右先使用による通常実施権の実施の範囲内であると認められる」と判示している。

先使用にかかる実施形式に D 要素を加えた結果、特許発明からみて利用発明に相当するものになったとしてもかまわないとする説もある（先使用にかかる実施物件が「イオン歯ブラシ」で、事後、実施物件を「着脱自在のイオン歯ブラシ」に変更した場合など）。どちらの実施形式も、先使用にかかる物件が具現する発明思想に包含されるからであるという。[1]

先使用にかかる実施形式の一部の構成要素が置換された結果、先使用されていた技術からみて均等といえるものに変更された技術も、先使用にかかる発明の範囲内であり、先使用権の効力が及ぶとする説もある（松山地決平成 8・11・19 判時 1608 号 139 頁は、この立場に立っていると解しうる）。しかし、均等の概念をここに転用するのは目的外転用というべきであること、均等技術は特許発明とは別個の技術であって発明の同

---

[1]　ただし、「着脱自在のイオン歯ブラシ」について第三者が特許権を取得している場合は、この者に対して先使用権を主張できない場合がありうる。

一性は認められないことを理由に、これに反対する説もある。

　設問❷の問題文によれば、B社は、摑み機αに周知の旋回装置を装着した摑み機α'を業として製造し、他社に販売していたということになっている。摑み機α'は、先使用にかかる実施形式にクレームに記載のない周知の外的要素が付加されただけの技術であると解されるから、摑み機α'にもB社の先使用権の効力が及ぶと考えてよいだろう。

(2) 事業目的の観点から

　特許法79条によれば、特許出願の際に「実施又は準備をしている……事業の目的の範囲内において」先使用権が認められる。

　ゆえに、出願時に特許発明の実施品にあたる製品の販売だけをしていた者が、当該製品を製造することについても先使用権を主張することは許されない。この結論は、実施品が転々流通する商品である場合には、流通業者のすべてが製造にかかる先使用権を有することになりかねず、特許権者に多大な経済的打撃を与えることになるという実質的な観点からも首肯されよう。

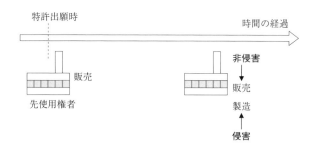

　では、特許発明の実施品にあたる製品を製造し、出願時にその使用だけをしていた者が、当該製品を販売することについて先使用権を主張することも、同様に許されないのだろうか。出願前に当該製品が完成していれば、特許法69条2項2号にいう「特許出願の時から日本国内にある物」に該当し、そもそも特許権の効力は及ばないだろう。では、出願時に未完成の状態であったとすればどうか。その場合には同号の規定は

適用できない。

　この点につき、発明の占有状態を保護するという先使用権制度の趣旨に基づいて許容されると解する説がある。他方、原則として許されないけれども、出願時の経済事情等によりたまたま販売行為をしていなかっただけで、当初から販売が事業目的の範囲内にあるといえるのであれば、この限りでないとする説もある。条文に即していえば、出願時に「準備」されている実施事業の目的の範囲内といえればよい、ということになろうか。しかし、先使用権者ではない、その流通の下流に位置するだけの者も転売自由と一般に解されていることからすると（後述の**5**(2)を参照）、当初の事業目的の範囲内という要件をことさらに課す必要もないように思われる。

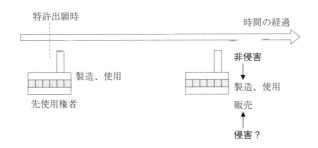

5……………先使用権の援用権者の範囲
(1)　先使用権者の手足に相当する者

　既述のように、先使用権を取得するうえでは必ずしも直接的に（物理的に）実施をしている必要はなく、もっぱら自己のためにのみ実施品を他者に製造させ、その引渡しを受けていた場合であっても事業主体性が認められる。その場合に、直接に実施行為を行っている当該他者も先使用権を援用することができ、特許権侵害責任を問われることはない。判例（前掲最判昭和44・10・17）も、先使用権者との機関的な関係において実施を行う者（すなわち先使用権者の手足に相当する者）は、先使用権を援用しうることを明らかにしている。

　先使用権者との機関的な関係において実施品を製造・販売するのであれば、当該実施が先使用権の取得後に開始されたとしても、やはり先使用権を援用できると解すべきである。逆にいえば、先使用権者は、いつでも下請業者に実施させることができる。設問❸は、この点についての問題である。C社は、B社との機関的関係において摑み機αの製造・販売を行っているといえるので、A社の特許出願後にそれらの実施を開始したとしても、A社に対しB社の先使用権を援用することが可能である。

　なおC社が、摑み機αではなく、その製造に必要な何らかの特殊な部材だけを製造してB社に納入していたという場合、形式的には特許法が定める間接侵害（特101条1号または2号）に該当する行為をC社が行っているといえる可能性がある。しかし結論からいうと、その場合でも（間接侵害規定の解釈として）侵害の成立を否定する見解が一般的である。

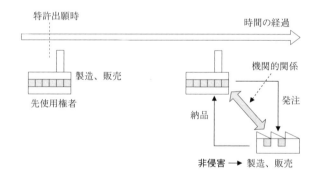

(2)　先使用権者にとって流通の下流に位置する者

　通説は、先使用権者から特許発明の実施品を購入した者が業としてこれを使用する行為についても、当該先使用権の援用を認めている（ゆえに、その使用自体が先使用権の要件を充足している必要はない）。以上を、許諾に基づいて通常実施権を取得した者が実施品を流通に置いた場合（特許権が消尽する場合）とのアナロジーで説明しようとする見解もある

が、むしろ端的に、そのように解さないと先使用権者は実施品の販売先に困ることになり、先使用権制度を設けた趣旨が没却されるからという実質的な説明がなされることが多い。裁判例にもこの結論を支持するものがある（意匠に関する事例であるが、千葉地判平成4・12・14知的裁集24巻3号894頁等）。

　設問❹(1)は、この点についての問題である。B社にとって流通の下流に位置するD社は、B社の先使用権を援用して摑み機αの使用を適法行為であると主張することができよう。

　同様に、先使用権者から実施品を購入した者が、これを転売することも可能であると解される。前掲千葉地判平成4年12月14日は、「先使用権者からその製造販売に係る物件を買い受けた第三者が、これを通常の用法に従って使用、収益、処分することは、先使用権者の事業自体が当然に予想しているところ」であるとしている。

　設問❹(2)に示したD社による摑み機αの売却行為（譲渡）も、一応「業としての実施」にあたると解されるが（特68条）、D社は、B社の先使用権を援用して、これを適法行為であると主張することができよう。

　しかし、先使用権者から実施品を購入しただけの者が、当該実施品を製造することはやはり許されない。理由は、販売のみを行っていた先使用権者が製造の事業を開始した場合について述べたところと同じである（名古屋地判平成17・4・28判時1917号142頁）。

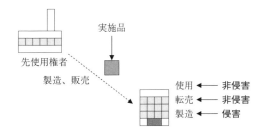

6………**特許無効の抗弁**

　以上、先使用権制度の重要ポイントについて説明してきたが、最後に

特許無効の抗弁についても軽く触れておこう。出願時に特許発明と同一の技術が公然実施されている場合（特29条1項2号）、そのような事実は、先使用権を成立させうると同時に、特許権の無効原因をも構成しうる（同123条1項2号）。そして、そのように無効審判により無効にされるべきものと認められる特許権は、これを行使することができないとされている（同104条の3第1項）。したがって、この場合には、被疑侵害者は、先使用の抗弁とは別にこの特許無効の抗弁を提出することもできる。実際に、両者の抗弁が同一の事案において問題となることは少なくない。

例えば、本設問の事実に加えて、B社が、摑み機αの試作品をE社に販売し、E社は2017年7月15日から当該試作品を東京都内の倉庫の解体工事に使用していたという事実が明らかになったとする。この事実によれば、特許出願日前に摑み機αの試作品がE社によって公然実施されていることになるので、A社は新規性を欠いた発明について特許登録されたものであり、その特許権には無効原因があるといえる。ゆえにB社は、当該特許権の侵害に基づくA社の請求に対しては、先使用の抗弁のほか、特許無効の抗弁も提出できる。

解答例

設問❶

　特許法79条によれば、特許出願にかかる発明の内容を知らないで自らその発明をし、特許出願の際現に日本国内においてその発明の実施である事業をしている者またはその事業の準備をしている者は、その実施または準備をしている発明および事業の目的の範囲内において、その特許出願にかかる特許権について通常実施権（先使用権）を有する。B社は、本条所定の先使用権を、A社に対して主張できないかが問題となる。

　問題文によれば、B社は、A社の特許出願前に、独自の研究開発によりA社の特許発明である摑み機αと同一の発明をし、その試作品を完成させているから、特許出願にかかる発明の内容を知らないで自らその発明をしたといえる。

　また、当該試作品自体、製品として販売可能な程度に質の高いものであり、A社の特許出願後まもなくB社は摑み機αを顧客に販売していることからすれば、A社の特許出願の際に、B社において事業の実施をしていたか、その準備をしていたというべきである。けだし、特許法79条にいう「事業の準備」があるというためには、当該事業を即時に実施する意図を有し、かつその意図が客観的に認識可能な態様、程度に表明されていることを要すると解すべきところ、上記の事情からすれば、かかる要件は優に充足されていると考えられるからである。

　ゆえにB社は、A社の特許出願の際に、国内（埼玉県の自社工場）において少なくともその発明の実施にかかる事業の準備をしていたと認められる。

　以上から、B社は、特許権者であるA社に対して先使用権者としての地位を有しているといえる。そして、B社による摑み機αの製造・販売が、かかる準備がされていた発明および事業の目的の範囲内であることは明らかであるから、B社はA社に対して先使用権に基づく抗弁を提出することができる。

設問❷

　既述のように、B社は、特許権者であるA社に対して先使用権者としての地位を有するといえるが、特許法79条によれば、先使用権の効力が及ぶ範囲は、特許出願の際、その実施または準備をしている発明の範囲内に限られる。B社は、A社の特許出願後に実施形式を摑み機α'に変更しているので、かかる実施形式の変更が当該発明の範囲内といえるかが問題となり、いえないとすれば、摑み機α'は摑み機αの構成をすべて備えるものである以上、B社によるその製造・販売は、A社の特許権を侵害することになる。

　思うに、特許法79条にいう実施または準備をしている発明の範囲とは、特許出願の際、先使用権者が現に実施または準備をしていた実施形式に限られるものではなく、その実施形式に具現されている技術的思想の範囲をいうものと解すべきである。特許出願の際の実施形式に限定されるとすると、往々にして先使用権者の事業の継

続が困難となり、特許権者との実質上の衡平が確保されない結果になるからである。

問題文によれば、摑み機 α' は摑み機 α に周知の旋回装置を装着したものであり、特許発明の構成に対して周知の外的要素が付加されただけの技術であるといえる。このような摑み機 α' は、A 社による特許出願の際に B 社が試作品として完成させていた摑み機 α に具現された技術的思想の範囲になお含まれるというべきである。

以上から、B 社は A 社に対して先使用権に基づく抗弁を提出することができる。

設問❸

一般に、先使用権者のためにのみ特許発明の実施品を製造してこれを納入する者、すなわち先使用権者との機関的な関係において実施を行う者は、その実施行為について当該先使用権を援用できるというべきである。このような者は、いわば先使用権者の手足に相当する者であって、その実施は、先使用権者自身の実施と変わるところがないからである。

既述のように、B 社は、特許権者である A 社に対して先使用権者としての地位を有しており、B 社の注文に応じて摑み機 α を製造し、B 社にのみこれを納品している C 社は、B 社との機関的な関係において実施を行う者といえる。

よって、C 社は、A 社に対して B 社の先使用権を援用することができる。

設問❹

（1）一般に、先使用権者から特許発明の実施品を購入した者がこれを業として使用する行為についても、当該先使用権の援用が認められるべきである。そのように解さないと、先使用権者は実施品の販売先に困ることになり、先使用権制度を設けた趣旨が没却されるからである。

既述のように、B 社は、特許権者である A 社に対して先使用権者としての地位を有しており、D 社は、B 社から摑み機 α を購入して、業としてこれを使用しているものである。

よって、D 社は、A 社に対して B 社の先使用権を援用することができる。

（2）一般に、先使用権者から特許発明の実施品を購入した者がこれを業として譲渡したとしても、当該先使用権の援用が認められる

べきである。かかる購入者が当該実施品を通常の用法に従って処分することは、先使用権者の事業自体が当然に予想しているところといえるからである。

　既述のように、B社は、特許権者であるA社に対して先使用権者としての地位を有しており、D社は、B社から摑み機αを購入して、業としてこれを転売しようとしているものである。

　よって、D社は、A社に対してB社の先使用権を援用することができる。

関連問題

1. 同一系統の発明

　Pは、発明者Qから特許を受ける権利を譲り受け、特許出願をしたが、当該出願時にQがその発明の実施である事業を行っていた。この場合にQは先使用権を取得するであろうか。また、Pが特許を受ける権利を取得せずに出願して、設定登録がなされた場合はどうか。

2. 先使用と補償金請求権

　Rがある発明について特許出願をしたが、当該出願時にSがその発明の実施である事業を行っていた。RはSに出願書類を提示して警告したが、Sはその実施を継続し、Rが特許権の設定登録を受ける直前に実施をやめた。Rは、Sに対して、補償金を請求することができるか。

3. 別発明による先使用権の成否

　Tは、発明βについて特許権を有している。Uは、当該特許の出願前に、γの発明をしてその実施の事業を行っていたが、Tが当該特許権を取得した後に、βを業として実施し始めた。なお、γはβとは異なる発明である（後者に係る特許請求の範囲には含まれない）が、βはγの構成の一部を変更したものであり、しかも当該変更が可能であることは、Tの特許出願時点で技術常識に属していた。Uは、Tに対して、先使用権を主張できるか。

参 考 文 献

飯田秀郷「先使用権（1）──発生要件事実（特許・実用新案）」牧野利秋編
　『裁判実務大系 9　工業所有権訴訟法』299〜314 頁（青林書院・1985）

田村善之「特許法の先使用権に関する一考察(1)〜(3)──制度趣旨に鑑みた要
　件論の展開」知的財産法政策学研究 53 号 137〜158 頁、54 号 129〜142 頁、
　55 号 83〜115 頁（2019・2020）

吉田広志「先使用権の範囲に関する一考察──実施形成の変更が許される範
　囲の基準について」パテント 56 巻 6 号 61〜77 頁（2003）

特許庁編『先使用権制度の円滑な活用に向けて──戦略的なノウハウ管理の
　ために』別冊 NBL 111 号（商事法務・2006）

中山真里「先使用権における事業の準備及び先使用権の範囲について」知財
　研フォーラム 67 巻 29〜39 頁（2006）

（駒田泰土）

5. メーカー純正品よりも安くて便利なリモコン

設問

　ゲーム好きの大学生 A が今最も夢中になっているのが、X 社により最近発売されたゲーム機「ドリームボックス」である。「ドリームボックス」の最大の特徴はコントローラにある（このコントローラを「X コントローラ」とする）。このコントローラは無線式で、ユーザーが手に持って操作するためのパーツ（これを「X リモコン」とする）と、X リモコンからの信号を受信して、「ドリームボックス」本体に送るためのパーツ（これを「受信部」とする）から構成されている。X リモコンを持った手の動きをそのままゲームの画面上のキャラクターの動きに反映させることのできるこのコントローラは、従来のゲーム機にはなかったものであり、A は、他の多くのユーザーと同様に、このコントローラでさまざまなゲームをプレイすることを大いに楽しんでいた。

　しかし、ただ 1 つ A にとって残念だったのが、本体に同梱されている X リモコンが 1 台しかないことであった。友人や弟などと複数でゲームを楽しむことも A は好きなのであるが、そのためには少なくともあと 1 台 X リモコンが必要となる。そこで、単体で別売りされている X リモコンを購入するため、近所の店に行ったところ、A はそこで、X リモコンの隣によく似たリモコンが陳列されているのを発見した。店員によると、それは Y 社というメーカーにより製造販売されているもので、X リモコンと完全な互換性を有しているものだという。Y 社製のリモコンには 2 種類あり、1 つは X リモコンと同一の機能のもの（これを「Y リモコン 1」とする）であり、もう 1 つは、X リモコンと同一の機能に加えて、テレビのリモコンとしての機能を有しているものである（これを「Y リモコン 2」とする）。Y リモコン 2 は、Y リモコン 1 よりやや値段は高いものの、それでも X リモコンよりははるかに安かったので、A は Y リモコン 2 を購入することにした。

　Aの購入したYリモコン2はコントローラとして問題なく動作し、テレビのリモコンとしても意外と便利に使うことができたので、Aは「ドリームボックス」に最初から同梱されていたXリモコンではなくYリモコン2のほうを主に使うようになった。

　ある日、Aは、インターネット上のニュースサイトで、Y社が特許権侵害でX社から訴えられていることを知った。大学では知的財産法ゼミに所属しているAは、この件に興味をもち、自分で調べてみたところ、次のようなことがわかった。

❶ X社は、「ドリームボックス」で採用されているコントローラに関連する発明（これを「X発明」とする）について特許権を有しており、Y社によるYリモコン1およびYリモコン2の製造販売が、その特許権の侵害にあたると主張し、その差止めを求めている。

❷ X発明の特許請求の範囲は「部品αと部品βから構成されるゲーム機用遠隔操作装置」となっている。部品αはXコントローラのリモコン部に相当し、リモコンを持つ手の動きを感知するセンサーを内蔵し、センサーからの情報を無線化して部品βに伝達するための部品である。部品βはXコントローラの受信部に相当し、部品αから送られてきた情報を高速で処理してリモコンの動きや傾き等を算出したうえで、ゲーム機本体にその情報を伝達するための部品である。

❸ X発明の特徴は、プレイヤーの手の動きを伝える無線のゲームコントローラである点にあり、部品αと部品βのいずれの部品についても、それ自体は従来技術としては存在していなかったものである。ただし、リモコン部である部品αの内蔵するセンサーは従来技術として存在しており、部品αは当該センサーと、同じく従来から存在する無線信号を送信する技術との単なる組み合わせにすぎず、これらを組み合わせること自体もX発明の出願時に当業者にとって容易に想到することのできるものである。他方、部品βについては、部品αのようなリモコン部を前提とすると受信部の側で相当複雑かつ高速な情報処理がなされないとゲームのコントローラとして使い物にならないため、そのような情報処理を行うための部分を有しているが、この部分はX発明の出願時に当業者にとって容易に想到することのできないものである。

❹ Yリモコン1および2のいずれも、この「部品α」の特徴をすべて具備している。ただし、Yリモコン2は、前述のとおり、テレビのリモコンとしての機能も有している（Yリモコン1のほうは、「部品α」にみられる特徴と同一のもののほかには取り立てて特徴はない）。

❺ Yリモコン1および2のいずれも、「ドリームボックス」以外のゲーム機のコントローラとしては使用できない。

　Aが以上の事実をゼミの担当教授に話したところ、同教授から次のような問題を出された。

問　以上の事実を前提に、X社がその特許権に基づき、Y社によるYリモコン1およびYリモコン2の製造販売を差し止めることができるか否かについて論じなさい。論述においては、「ドリームボックス」がもっぱら家庭内でのみ使用されるものとして、この事実が侵害の成否に影響するか否かについても検討すること。

解　説

1 ⋯⋯⋯⋯ 概　観

（1）　設問のねらい

　特許権侵害は、原則として、無権原の者が業として特許発明の実施を行うことにより成立する。これを直接侵害という。「特許発明の実施」とは、特許請求の範囲（クレーム）に記載された構成要件すべてを充足する発明（またはそれと均等と評価される発明）を実施することをいうので、クレームの構成要件の一部しか充足しない部品の提供行為や、クレームにそもそも記載されていないような原料の提供行為などは、たとえそれらの行為が特許発明の実施に直結するものであっても、それらの行為自体を「特許発明の実施」とは評価できない。もちろん、これらの行為は共同不法行為に該当しうる場合もあるが、特許法は、直接侵害の予備的・幇助的行為や直接侵害の成立を潜脱するための行為を防止して、特許発明の保護を十全ならしめるため、一定の行為類型について侵害と

みなす規定を 101 条に置いている。この 101 条の各号により成立する侵害を、講学上、間接侵害という。

　本設問は、この間接侵害についての理解を深めることをねらいとするものである。以下の解説においては、特に重要と思われる、特許法 101 条 1 号および 4 号の規定する間接侵害の「のみ」要件、同条 2 号および 5 号の規定する間接侵害の「不可欠」要件、独立説と従属説に関する問題、並びに間接侵害成立の前提となる「生産」概念について中心的に解説する。また、間接侵害は権利消尽と関連して問題となることが近年注目されてきていることから、この問題についても若干言及する（権利消尽およびその範囲については、**6. 部品の交換と特許権侵害**を参照されたい）。

（2）　取り上げる項目

- 「生産」の意義
- 「のみ」型間接侵害
- 多機能型間接侵害（不可欠性要件および非汎用品要件）
- 独立説と従属説

2………「生産」該当性

B：Y リモコン 1 の製造販売については、特許法 101 条 1 号の間接侵害にあたると思います。

教授：まあそうでしょうね。理由は？

B：だって Y リモコン 1 のほうは、受信部と組み合わせて、「ドリームボックス」のコントローラとして使う以外に用途はないんですから、それを売ったりしたら「のみ」型の間接侵害にあたるでしょう。

A：でも個人が家庭で使うものだぞ。

教授：その論点については後で議論しましょう。まずは、特許法 101 条 1 号の条文に書かれてある要件が満たされるかどうかについて検討しましょう。B くん、今、「のみ」型と言っていましたが、何に「のみ」用いられる物を販売したりしたら侵害になるのですか？

B：ええっと……「生産」です。「特許が物の発明についてされている場合において、……その物の生産にのみ」です。

A：つまり、「生産」に使われる物じゃないと、侵害にならないということですよね？

教授：そのとおり。

A：そうすると、間接侵害といえるためには、Yリモコンを買ったユーザーが「部品αと部品βから構成されるゲーム機用遠隔操作装置」を「生産」しているといえないといけないわけですよね。（Bに向かって）何をやったら「生産」になるの？

B：……Yリモコンを使った瞬間にそうなるんじゃないの。

教授：より正確には、Yリモコンが受信部とセットで使える状態になった瞬間にX発明にかかるコントローラが「生産」されたということになるでしょうね。

A：たしかに、本で調べたところ、「組立」や「部品と部品の結合」なんかも生産に該当するとありました（中山信弘『特許法〔第4版〕』341頁（弘文堂・2019）参照）。でも、本件のようなケースで「生産」というのはどうも変な気がするんですが。Yリモコンを使ってる人で、自分が「ドリームボックス」のコントローラを「生産」しただなんて思っている人は1人もいないと思います。

B：一太郎事件（知財高大判平成17・9・30判時1904号47頁［特百16]）では、ワープロソフト「一太郎」をユーザーがパソコンにインストールする行為がクレームを充足する「情報処理装置」の「生産」にあたるとされてますけど、この例でも、一般のユーザーはそんなこと考えもしていないでしょうね。

教授：まあ、世間一般で言うところの「生産」からはかけ離れてるよね。……本件で生産が肯定されるかどうかについては、次のような例を考えてみてはどうだろう。今ここにXコントローラと同一の構成のコントローラがあるとして、これを「Pコントローラ」と呼ぶこととしよう。Pコントローラがここにあるということは、これが「生産」されたものであるということになりますよね？

A：当然でしょう。生産されたからこそ、ここにあるわけですから。

教授：実はこのPコントローラは、受信部についてはP₁が製造し、リ

モコン部については P₂ が製造したもので、これら 2 つのパーツをセットにして箱詰めして出荷したのは P₃ だったとしよう。さて、このときに、P コントローラを生産したのは誰だろうか？

A：……なるほど、P₃ だと言わせたいわけですね。で、本件では P₃ がやっているようなことをユーザーがやっているということになる、と。……でも何か釈然としないなあ。

B：P₁ から P₃ までが共同して生産したとはいえないのでしょうか？

教授：それは実施主体にかかわる問題ですね。……何か話が脱線しかかってますね。

B：先生が出した例ですよ。

教授：……実施主体の話はややこしいので、簡単な説明だけにしておきます。仮に、部品の製造から詰め合わせまでの全工程をやらないと「生産」にあたらないとします。その場合、たとえば P₂ や P₃ が P₁ の手足ないし道具として行為を行っているといえるのであれば、P₁ は生産主体として特許権侵害責任を問われることになるでしょう（参考、東京地判平成 13・9・20 判時 1764 号 112 頁）。そうではなくて、全員対等な関係にあるのであれば、「共同して生産した」というほかないということになってしまいます。このような場合、P₁ の行為を差し止めたいときに、権利者は P₁ に対して、たとえば「第三者と共同して P コントローラを生産してはならない」というような請求を立てることになるかもしれません。間接侵害の規定が存在しないのであれば、そのような請求を認めざるをえないケースが出てくるかもしれませんが、間接侵害の規定がある以上は、P₁ の侵害の成否はこちらに委ねられるべきだと思います。……なんだ、結局間接侵害の話に戻ってきちゃったな。

B：わかりました。要するに、全工程をやらないと「生産」といえない、というのでは不都合が生じてしまう、ということですね。要するにクレームの構成要件を充足しない状態から充足する状態にする行為が「生産」にあたる、と理解しておけばいいのでしょうか。

教授：そう考えておいて、ほとんどの場合問題ないだろう。だけれど、

なかなか杓子定規に考えられないケースもある。さっきのPコント
ローラの例で、受信部とリモコン部が独立の商品として販売されてい
て、君が別々のネットショップから受信部とリモコン部を注文したと
しよう。これらのネットショップはたまたま同じ業者が商品の配送を
担当していて、君の注文した2つの商品は、君の家の最寄りの配送セ
ンターで合流して、今、2つとも同じトラックの荷台に積まれたとこ
ろだ。このとき、Pコントローラは生産されたといえるかな？

B：それはまだ生産とはいえないような。

教授：では時間を進めよう。その後、そのトラックが君の家の前で止ま
って、ドライバーが荷台から君の注文した商品2つ——受信部とリモ
コン部——を取り出して、これらを抱えて君の家の前に立っている。
この時はどうですか？ Pコントローラは生産されてますか？

B：それもまだ生産とはいえないような。僕が商品を受け取って、箱か
ら2つとも出さないと生産されないのではないでしょうか。

教授：ほう。ではさっきのP_3と運送業者の違いは何でしょう？ 君が受
信部とリモコン部をそれぞれ箱から出さないと生産が行われないのな
ら、P_3だって生産していないのではないかな？

B：……P_3はP_1とP_2から送られたパーツを箱から出して、セットにし
て詰め直してますので、運送業者とは違います。

教授：P_3がパーツを箱から出してるって言いましたっけ？

B：言いませんでしたか？

教授：言ってないと思うけど。

A：箱から出していようとそうでなかろうと、P_3は受信部とリモコン部
を組み合わせたものを「製品」として認識しているっぽいので、運送
業者とはその点が違うと思います。運送業者は、たまたま2つの箱を
同時に配達することになっただけです。箱の中身を組み合わせたら、
1つの「製品」ができるなどとは普通考えないでしょう。

教授：なかなかそれらしい答えだね。しかしそれだと、「クレームの構
成要件を充足しない状態から充足する状態にしたかどうか」の判断に、
製品を完成させることの認識が問題になることになるけど、それでよ

いのですか？

B：故意や過失の主観的要件は損害賠償請求時に別途検討されますが、差止請求の場合には通常問題にならないですね。その点から考えると、「生産」該当性自体が主観で左右されることはなさそうです。そうすると、受信部の近くにリモコン部を置けば生産になる、と考えざるをえないのかな。

教授：他方で、このケースで運送業者が生産主体になってしまうと、偶然クレームの構成要件を充足させてしまった人に不意打ちを食らわせるようなことになってしまい、それはそれで問題だろうね。そのような理由で、実は学説の中には、「生産」に該当するためには特許製品に対応する「物」の作出について一定の認識があることを要するとするものがある（中山信弘＝小泉直樹編『新・注解 特許法（上）〔第2版〕』43頁〔平嶋竜太〕（青林書院・2017））。

A：そういえば先生、この間、2つの医薬品を併用することが生産にあたらないとした判決を授業でやりませんでしたっけ？

教授：チアゾリジン誘導体事件（大阪地判平成24・9・27判時2188号108頁）のことですね。あの事件は論点がたくさんあって、この間の授業ではあまり生産の話はできませんでしたね。

B：それはどんな事件なのでしょう？

教授：その事件では、2つの医薬品を「組み合わせてなる」医薬品が特許発明で、被告製品がその一方の医薬品だった。そこでの争点の1つは、患者がもう一方の医薬品と被告製品とを併用することが「生産」になるかどうかだった。判決は、被告製品がそれ自体として完成された医薬品で、患者がそれを服用すること自体はその医薬品の「本来の用途に従って使用するにすぎない行為」なので生産にあたらない、としている（**3. 医薬特許の延命策**参照）。

B：2つの医薬品が、最終的には患者の体内で一緒になるのだとすると、「生産」があるといえなくもなさそうですね。

A：判決が問題にしている、クレームの一部にあたる素材を「本来の用途に従って使用するにすぎない行為」かどうか、というのは、クレー

ムの構成要件の充足・非充足と何の関係があるのでしょうか。

教授：少なくとも、直接的には関係ないだろうね。判決は、特許権の効力を「不相当に拡大した場合には、産業活動に萎縮的効果を及ぼす」などと述べているから、被告側の予見可能性なども考慮して、「生産」概念を限定しているのかもしれない。つまり、生産にあたるかどうかが侵害の成否にほぼ直結してるような場合には、クレームの構成要件の形式的な充足・非充足にかかわらない要素も考慮して、妥当な結論を導かなければいけないのかもしれないね。

A：難しいですね。

教授：難しいついでに、もう1つ。Bくん、さっき「P3がP1やP2から送られたパーツを箱から出してセットにして梱包している」というようなことを言ってましたよね？

B：はい。でも先生はそんなこと言ってないと。

教授：言った言ってないはともかく、パーツを箱から出してセットにして詰め直しているとすると、P3は間違いなく生産してますよね？

B：それは明白だと思います。

教授：1回パーツを箱から出して、組み合わせて動作確認してから、各パーツをそれぞれ元の箱に戻して、セット販売はせず、各パーツを別々に販売する場合はどうでしょう？

B：それは……。動作確認のために組み合わせた一瞬は生産されている、ということになるのでしょうか。

A：最終的にバラバラにして売っているのであれば生産を否定したい気もしますが。どっちにしても、現実にはそんな例はないんじゃないでしょうか。

教授：ところがこれに近い例がある。「ノックダウン生産」というのを聞いたことがありますか？

A：いえ。

教授：国内で製造された部品を輸出して、海外で製品を組み立てることを「ノックダウン生産」というんだ。このノックダウン生産のために部品を輸出する前に、国内で製品の仮組み立てを行うことをもって、

わが国における「生産」があったとする判決（大阪地判平成24・3・22平成21年（ワ）第15096号［特百14］）がある。

B：海外で組み立てると、わが国の特許権が及ばないので、仮組み立ての一瞬をとらえて「生産」にしたのですね。

教授：そう。この事案では、チアゾリジン誘導体事件みたいに、侵害を認めても第三者の正当な経済活動への委縮効果のようなものはなさそうだから、具体的妥当性を考えても、生産を肯定してもよいのかもしれないね。ということで、「クレームの構成要件を充足しない状態から充足する状態にする」というのが「生産」の基本だけど、何をもって「充足している」とするのかは、時には第三者への委縮効果なども勘案して規範的に判断する必要がある、ということだね。

B：いずれにしても、本件ではユーザーが「生産」しているといえそうですね。

教授：それはそうでしょうね。

A：ちょっと待ってください。何かまだ納得いかないなあ。今回のケースだと、受信部はもとから製品に純正のリモコンとともに付属していたものですよ。それにYリモコンを1つ加えたら、新たにコントローラ全体が生産されるというのにも違和感があるのですが。

教授：リモコンを追加することで、2人同時に遊べるようになるわけですよね？ その場合、コントローラ全体のもつ機能に対する需要が新たに満たされることになるわけだから、実質的にはコントローラ全体が生産されたと考えてもいいんじゃないかな。

A：では、もとから付属していたリモコンが壊れたので、代わりにYリモコンを買ったという場合はどうでしょう。

B：なるほど。生産じゃなくて、もとからあるコントローラを修理しただけだ、と言いたいわけだな。なかなか食い下がるね。

教授：その場合でも、特許製品の重要部分の修理であれば「生産」といえるだろうね。Aくんの読んだ本にもそのことは書いてあったんじゃないかな（中山・前掲341〜342頁参照）？ またそもそも、修理に使う可能性があるからといって、「生産にのみ用いる物」であることが

　否定されるというのはどうだろう。そんな解釈をしてしまうと、およ
　そ部品の販売行為が特許法 101 条 1 号の間接侵害にあたることがなく
　なってしまうんじゃないかな。生産に使われる部品なんだったら、当
　然、修理にだって使えるわけだから。

A：言われてみればそうですね。変なことを聞いてしまってすみません。

教授：別に変なことじゃない。今の論点は、独立説か従属説かという問
　　題には関係します。つまり、問題となっている物が単に特許製品の修
　　理に使われる可能性があるというだけではなく、現にそのように使用
　　されている場合に、その使用者に対して問題の物を提供する行為が間
　　接侵害になるかという問題にね。これについては後で議論しましょう。

3⋯⋯⋯⋯「のみ」の意義

教授：ずいぶん「生産」がらみの話で時間をとっちゃいましたね。答案
　　ではたいして触れなくてもよかったところなのに……。そろそろ次の
　　ステップに移りましょう。Y リモコンがいずれも X の特許製品の生
　　産に用いられるものであるとして、これらの販売が特許法 101 条 1 号
　　の間接侵害に該当するためには、これらが X の特許製品の生産に
　　「のみ」用いられるものでなければならない。ここでいう「生産にの
　　み」とはどういうことを指すのでしょうか。

B：特許法 101 条 1 号や 4 号にいう「のみ」というのは、被疑侵害物件
　　が社会通念上経済的・商業的・実用的な他の用途を有しない場合に肯
　　定され、単に別の用途に用いられる可能性があるということをいうだ
　　けでは「のみ」の否定には十分ではないとされています（大阪地判昭
　　和 54・2・16 無体集 11 巻 1 号 48 頁、東京地判昭和 56・2・25 無体集 13 巻
　　1 号 139 頁ほか多数）。

教授：そうですね。その基準でいくと、Y リモコンはどうなりますか？

B：Y リモコン 1 は、コントローラの一部として使用する以外の用途が
　　ありませんから、「のみ」要件を満たすと思います。A くんの買った
　　Y リモコン 2 のほうは、テレビのリモコンとしても便利に使えてい
　　るそうですから、要件を満たさないことになると思います。

教授：そうですね。

B：でも先生、Yリモコン2のほうは本当に「のみ」とはいえないので
しょうか。たしかに、「社会通念上実用的な他の用途」があるかとい
われれば、一眼レフカメラ事件（前掲東京地判昭和56・2・25）などに
照らしても、肯定せざるをえないのでしょうが、基準が厳しすぎやし
ないでしょうか。テレビのリモコンとして使えるといっても、主用途
はどう考えてもコントローラとして使うことで、テレビのリモコンと
して使うために買うわけではありません。「ドリームボックス」を持
っていない人は絶対Yリモコン2なんて買わないですよ。

教授：製パン器事件（大阪地判平成12・10・24判タ1081号241頁［特百
〔4版〕72］）では、多機能品であっても「特許発明を実施しない機能
のみを使用し続けながら、当該特許発明を実施する機能は全く使用し
ないという使用形態が、当該物件の経済的、商業的又は実用的な使用
形態として認められない限り」、「のみ」要件を充足するものとされて
いるね。

　この事件の原告の特許発明は製パン方法に関するもので、被告の製
造販売する製パン器のタイマー機能を使用してパンを焼く場合には特
許発明にかかる方法を使用することになるけど、タイマー機能を使わ
ずにパンを焼く場合にはそうではない。また、被告製パン器にはパン
生地だけを作る機能もあって、この場合も特許発明にかかる方法を使
用するものではない。で、この製パン器を使ってタイマーを使わずに
パンを焼き上げることやパン生地だけを作ることが「経済的、商業的
又は実用的な用途」といえるのかどうかが争われたんだけど、判決は
さっきいったような基準のもとで、タイマー機能や焼成機能をもつ被
告製品をわざわざ選んで買った者が、それらの機能を使わない方法に
のみ被告製品を用い続けることは実用的な使用方法とはいえない、と
結論したんだ。このような考え方によれば、あるいはYリモコン2
についても「のみ」が肯定されることになるのかもしれないね。

　しかし、この判決は要するに、被告製品は「タイマー機能を使わな
いでパンを焼く方法にのみ用いる物とはいえない」から、「タイマー

機能を使ってパンを焼く方法にのみ用いる物」にあたる、といっていることになるけど、その理屈でいくと、複数ある用途のうちの1つが特許発明の実施に使われるような物であっても、その物を買った者が、問題の用途にその物を「使うことがある」といえさえすれば「のみ」要件は充足されることになってしまう（参照、前田健「判批」判時2157号192〜193頁（2012））。そもそも製パン器事件は、間接侵害規定が「のみ」型のものしか存在していない時代のもので、当時は「のみ」が肯定できないと被告に特許権侵害責任を負わせることができなかったという事情に留意すべきです。最近の判決で、特許法101条4号の「のみ」要件について製パン器事件と同様の解釈論を採用したもの（知財高判平成23・6・23判時2131号109頁）があるけれど、このような解釈は、多機能品について別途特許法101条5号（物の発明については同2号）が設けられている趣旨を没却させることになりかねないので、今日では採用するべきでないと思う。……ところで、話をYリモコン1に戻してもいいかな？　いま言ったことをふまえて、改めてYリモコン1が「のみ」要件を満たすかどうかを検討しよう。

A：いいですけど、Bくんが言ったとおり、Yリモコン1が「のみ」要件を満たすということにはほとんど議論の余地が無いのではないでしょうか。

教授：結論から言うとそうだけど、さっき言いそびれていたことがある。私はゲームに詳しくはないので、素人質問で恐縮ですが、手の動きの情報が必要なゲームってそんなにたくさんあるんでしょうか？

A：先生、ゲームにめちゃくちゃ詳しいのにいつから素人になったんですか。……そんなにたくさんはないと思います。手の動きの情報がいらないゲームのほうが多いです。

教授：そうすると、Yリモコン1を買った人が必ず手の動きの情報が必要なゲームをするわけではないことになる。それでも、Yリモコン1は「のみ」要件を満たすのでしょうか。

B：Yリモコン1をわざわざ買っておきながら手の動きの情報が必要なゲームをしない人もいないような気もしますけど、この理屈はさっき

Yリモコン2のところで出てきたのと同じやつですね……。あれ？じゃあ、Yリモコン1のほうも「のみ」にならないんですか？

教授：落ち着いて、もう一度101条1号の文言を確認してみよう。「特許が物の発明についてされている場合において……その物の生産にのみ用いる物の生産」となっている。X発明は物の発明ですよね。特許請求の範囲はどうなってましたっけ？

A：「部品 α と部品 β から構成されるゲーム機用遠隔操作装置」です。

B：あっそうか。Yリモコン1と部品 β を組み合わせればこの「部品 α と部品 β から構成されるゲーム機用遠隔操作装置」が必ず生産されることになるから、この「遠隔操作装置」が実際にどう使われようが「その物の生産にのみ用いる物」といえるということですね。

教授：そのとおり。そもそも物の発明の直接侵害については、クレームで特定された物の構造を有している物であれば、実際その物特有の機能が使われないことがあったとしてもそのこと自体は侵害の成否に影響しない。101条1号にいう「その物の生産にのみ用いる物」の「その物」かどうかも同様に理解すべきだろう。カプコン対コーエーテクモ事件（知財高判令和元・9・11平成30年（ネ）第10006号等）でもそのような判断がされている。

この事件では、問題となった原告（控訴人）の特許発明の1つはゲーム内のキャラクターが特定の状況に陥ったときにコントローラを間欠的に振動させる「遊戯装置」についてのもので、被告（被控訴人）のゲームソフトがこの「遊戯装置」の「生産にのみ用いる物」に該当するかどうかが問題となった。被告（被控訴人）側は、ユーザーがコントローラの振動機能をオフにしてプレイすることもあるので「のみ」品にならない旨主張したんだけど、判決は被告のゲームソフトはゲーム機本体に装填されて使用される以外の用途はなく、被告のソフトを装填したゲーム機がこの特許発明の技術的範囲に属するものである以上は、「生産にのみ用いる物」に該当すると判断している（この点も含め、この判決および原審判決に関連する間接侵害の様々な論点については、朱子音「判批」知的財産法政策学研究54号219頁以下（2019）お

よび前田健「判批」L ＆ T93 号 66 頁以下（2021）を参照）。

B：さっきの製パン器事件でも、問題の特許発明が方法の発明ではなくて「タイマー機能を有する製パン器」という物の発明だったら、タイマー機能をユーザーが実際に使うかどうかはそもそも問題にならなかったということですね。

4………不可欠性要件と非汎用品要件

教授：ということで、Y リモコン 2 の製造販売行為が特許法 101 条 2 号に該当するかどうかについて議論しましょう。この規定で間接侵害が成立するためには、Y リモコン 2 が「その物の生産に用いる物……であつてその発明による課題の解決に不可欠なもの」といえなければなりません。Y リモコン 2 が X 特許製品の生産に用いるものであることはすでに検討したからいいとして、問題は、これが X 発明の「課題の解決に不可欠なもの」といえるかどうかです。A くん、この規定にいう「不可欠」とは、具体的にはどのような意味なのでしょうか。

A：特許庁の解説では、「それを用いることにより初めて『発明の解決しようとする課題』が解決されるような部品、道具、原料等が『発明による課題の解決に不可欠なもの』に該当する」となっていまして、「発明の構成要素以外にも、物の生産や方法の使用に用いられる道具、原料なども含まれ得る」一方で、「請求項に記載された発明の構成要素であっても、その発明が解決しようとする課題とは無関係に従来から必要とされていたものは」含まれない、とのことです（特許庁総務部総務課制度改正審議室編『産業財産権法の解説　平成 14 年改正』27 頁（発明協会・2002））。

教授：うん。特許庁のこの見解は、「発明による課題の解決に不可欠なもの」イコール発明の本質的部分——ただし、クレームに記載のない原料などについては本質的部分の生産にかかわるものということになるのだろう——ととらえる趣旨だと理解されているようですね。このような立場は「本質的部分説」と呼ばれています。これ以外に学説は

ありませんか？

B：学説の中には、「それを欠くことにより特許発明の直接実施ができ
なくなるもの」が、それが本質的部分かどうかにかかわらず、不可欠
性要件を充足するとするものがあります（田村善之「多機能型間接侵害
制度による本質的部分の保護の適否」知的財産法政策学研究 15 号 209 頁
（2007））。これだけ聞くと、ずいぶん広く間接侵害の成立を認める立
場のように思われますが、実はそうでもありません。この説の特徴は、
特許法 101 条 2 号かっこ書の「日本国内において広く一般に流通して
いるものを除く」という要件——非汎用品要件——の解釈にあります。
つまり、この説は、「特許発明の実施用の機能を他用途から分離して
除去、停止することが容易」ではないものについては、非汎用品要件
を充足しないと解しています（同 212〜215 頁）。この説は、「差止適格
性説」と呼ばれています。

教授：そうですね。ちなみに、本質的部分説による場合、非汎用品要件
はどのように理解されるのでしょうか。

A：先ほどの特許庁解説によりますと、「市場において一般に入手可能
な状態にある規格品、普及品」ではないものが非汎用品要件を充足す
るとされてまして、そのような「規格品、普及品」の具体例としては
「ねじ、釘、電球、トランジスター」が挙げられています（特許庁総
務部総務課制度改正審議室・前掲 28 頁）。

B：その見解は一太郎事件でも採用されているよね。「一太郎」自体は
「日本国内において広く一般に流通している」といえそうなものだけ
れど、判決は、問題となった「一太郎」の機能が特許発明の実施用途
にしか使えない機能だったことに着目して、「汎用品」ではないと結
論してるよね。……この事件では、差止適格性説によったとしても、
「一太郎」から問題の機能を除去するのは容易だから、結論は変わら
なかっただろうけど。

教授：……ということで、整理しましょうか。A くん、本質的部分説
と差止適格性説とでは、どのように違うのですか？

A：本質的部分説は、「不可欠」部分を本質的部分に限定していますが、

非汎用品要件については、「ねじ、釘」レベルのもの以外は非汎用品になることから、こちらの解釈は緩やかになっています——あるいは、「汎用品」性について厳格解釈しているといったほうがいいのかな。他方、差止適格性説は、不可欠性要件については特に限定的に解することはない代わりに、非汎用品要件の解釈は限定的——「汎用品」性の解釈についていえば緩やか——になっています。そして、その限定する基準においては、本質的部分かどうかということではなく、差止めを肯定するのが相当がどうかということを問題としています。

教授：よくまとめたね。Aくんの言うとおり、本質的部分説も、差止適格性説も、間接侵害の成立範囲に何かしらの限定を加えるものといえる。つまり、どちらの説も、「不可欠性」を字義どおりに解したうえで、「ねじ、釘」レベルのもの以外は「非汎用品」になるとの運用をしてしまうと、間接侵害の成立範囲が不当に広くなってしまうのではないかという危惧が出発点になっているのでしょうね。では具体的にどう限定するかということが問題になるわけだけど、本質的部分説のほうは要するに主として「特許権者にどこまで利得させてよいか」という発想に立脚して、差止適格性説のほうは主として「どこまでが被疑侵害者にとって酷でないか」という発想に立脚して、それぞれ限定しようとするものといえるだろうね。……もともと非汎用品要件自体は、差止適格性説のような発想に基づいて設けられたものなのだろうけど、同説の論者によれば、特許庁解説のような解釈ではその役割を十分に果たせていないということなのだろうね。

B：つまり、本質的部分説は「本質的部分以外から特許権者が利得することを認めるべきではない」という価値判断に基づいていて、差止適格性説は「特許発明の実施用の機能を他用途から分離して除去、停止することが容易なものについては差止めを認めても酷ではない」という価値判断に基づいているということですね。なんだか、どちらも正しいように思えますね。

教授：そうだね。その2つの価値判断はお互いに矛盾するというものでもなさそうですからね。現に、不可欠性要件の解釈に、本質的部分説

と差止適格性説の両方の考え方を盛り込む説も存在します。この説に
よれば、不可欠性要件は、本質的部分か否かということと、差止めの
適否との両面から判断されることになる（吉田広志「多機能型間接侵害
についての問題提起」知的財産法政策学研究 8 号 169〜172 頁（2005））。
これを「併用説」とでも呼びましょうか。では、判決についてはどう
ですか？

A：クリップ事件（東京地判平成 16・4・23 判時 1892 号 89 頁）が不可欠
性要件について詳しく述べていますが、そこで述べられていることは
基本的には特許庁の解説と同じでしたので、本質的部分説をとってい
ると思います。判決によりますと、「従来技術の問題点を解決するた
めの方法として、当該発明が新たに開示する、従来技術に見られない
特徴的技術手段について、当該手段を特徴付けている特有の構成ない
し成分を直接もたらす、特徴的な部材、原料、道具等が」不可欠なも
のにあたり、「したがって、特許請求の範囲に記載された部材、成分
等であっても、課題解決のために当該発明が新たに開示する特徴的技
術手段を直接形成するものに当たらないものは」不可欠なものではな
い、となっています。

教授：では、その基準によると、Y リモコン 2 はどうなりますか？

A：Y リモコン 2 が「課題解決のために当該発明が新たに開示する特徴
的技術手段を直接形成するもの」といえるかどうかが問題になると思
います。X 発明は要するに受信部を工夫することで進歩性を獲得し
たものですから、X 発明の特徴的部分は受信部であって、リモコン
部ではありません。したがって、Y リモコン 2 は不可欠性の要件を
満たさないのではないかと思います。

教授：なるほど。B くんはどう思う？

B：先ほどの差止適格性説によれば、不可欠性要件を問題なく満たすこ
とになると思います。そして、非汎用品要件についても充足すること
になると思います。Y は普通のテレビのリモコンを生産すればよい
だけですから。……そもそもこの規定自体、従来の「のみ」型の規定
では一眼レフカメラ事件のようなケースに対応できないことがわかっ

てきたということもあって、作られたものですよね？ だとすると、一眼レフカメラ事件とよく似た本件のようなケースで間接侵害が否定されるというのはおかしいと思います。

教授：差止適格性説によると、侵害になるというのはまず間違いないだろうね。本質的部分説によるとどうなりますか？

Ｂ：Ｘ発明がその受信部の特徴ゆえに、進歩性が認められたということなのであれば、本質的部分説によると、Ａくんの言うようにＹリモコン２は不可欠ではないということになるような気がしますが、しかしそんなふうに考えると、リモコン部単独で特許になるようなケースでないと、特許法 101 条 2 号の間接侵害は成立しないことになってしまうようにも思えます。本質的部分説というのはそんなに厳格なのでしょうか。

教授：均等論でいう「本質的部分」というのは、他の物に置換すると課題の解決原理が異なってしまうような部分のことだよ（参照、知財高大判平成 28・3・25 判時 2306 号 87 頁［特百 9］〔マキサカルシトール事件控訴審〕。その考え方からすると、本件のリモコン部は本質的部分ということになるだろうね。Ｘ発明で、開発が困難であったのは受信部であるとしても、その受信部はリモコン部の作用効果を前提に作られていて、両者の組み合わせがあって初めて「リモコンを持つ手の動きをゲーム画面に反映させるコントローラの実現」という課題が解決されるわけで、別のリモコンを使って課題を解決しようとすると異なった技術思想によることとなるだろうから、少なくともリモコン部全体が「非本質的部分」とはいえないだろうね。もちろん、クレームのリモコン部の記載に、リモコン部の作用効果に関係がないような限定があれば、その限定にかかる部分は非本質的部分になるけど。

Ｂ：間接侵害の場合の「本質的部分」も同様に考えてよいのでしょうか。

教授：少なくとも、君たちが考えるほど厳格なものではないでしょうね。特許庁の解説を見ても、「発明にとって重要な部品等」が不可欠性要件を満たすとは書いてあるけれども（特許庁総務部総務課制度改正審議室・前掲 27 頁）、「進歩性が認められる直接の原因となっている部分に

限る」というようなことは書いていない。

A：しかし、そうだとしますと、本件だと部品 α を充足するリモコン部自体は従来存在していなかったものですから問題ないのかもしれませんが、たとえば普通のテレビのリモコンをゲームのコントローラとして使えるようにするというような発明の場合、クレームにそのリモコンについての記載があったら、普通のテレビのリモコンも「本質的部分」ということになってしまいますが、それでいいのでしょうか。

教授：本質的部分説をとっているとみられるある論者によれば、そもそも差止めの適否については、特許法101条の問題ではなく、差止請求一般の問題として考えるべき問題であるとのことだ（三村・前掲106頁）。そうなのだとすると、普通のテレビ用のリモコンのようなものを販売する行為が本質的部分説の下で仮に同法101条2号に該当しても、それに対し販売の差止めや問題のリモコンの廃棄を認めることが被告にとって酷であったり、第三者の既存の利益を害することとなる場合については、同法100条1項の差止請求や同条2項の廃棄請求は認められないということとなるだろう。

B：ということは、本質的部分説でも、差止適格性の見地からの「歯止め」は考えられているということなのですね。

教授：どこにその「歯止め」をもってくるかの違いはあるけどね。

　　そうすると、「どこかで差止めの適否について考慮すべき」という点については、本質的部分説も差止適格性説も併用説も一致しているということになるわけだから、大きな問題になるのは「本質的部分」だね。間接侵害の対象を本質的部分に限定することの必要性自体、議論が尽くされているともいえない状況なので、よくよく考えたらこのような限定は不要だった、ということもありうる。現に、近時では、不可欠性要件を条文に忠実に「それがなければ、発明による課題の解決を行うことができない、課題解決手段を実行できないという関係にあること」と理解しつつ、差止めの適格性については非汎用品性要件ではなく差止請求の制限の問題として考える、という説（愛知靖之『特許権行使の制限法理』（商事法務・2015）311〜319頁）も登場している。

B：結局、どの説が最も優れているのでしょうか。

教授：現時点では何ともいえないね。判決を見ても、Aくんがさっき述べてくれたように、クリップ事件は本質的部分説に立っているように見えるけれども、そもそもこの事件で間接侵害のほうで問題になったクレームのクリップに関する記載は抽象的で、クリップの具体的な構成は示されていなかったんだ。そして、従来技術として出願前から存在していたプリント基板用治具に使われているクリップもそのような抽象的な特徴にあてはまる。だから判決は「クリップ自体は」不可欠でないと結論しているんだよ。つまり、結局のところこの判決は、特許庁のいうような「発明が解決しようとする課題とは無関係に従来から必要とされていたもの」について保護を否定したものであるともいえるので、そうだとすればどの説によって判断されたとしても同じ結果になっただろうね。要するに、どの説によるかで結論が異なるような事案はまだ登場していない。判例・学説ともに今後の展開が注目されるところだね。

5⋯⋯⋯⋯独立説と従属説

教授：だいぶ時間がなくなってきた。特許法101条2号のその他の文言については、後は自分たちで考えてもらうことにして、最後に独立説と従属説の問題について検討しておこうか。具体的には、「ドリームボックス」が家庭内でしか使用されないという事情をどう考えるかということだけど、Aくん、どうですか？

A：家庭内の使用であれば、業としての使用ではありませんので、ユーザーがYリモコンを使用する行為は直接侵害になりません。間接侵害の成立には直接侵害を要するとする従属説によれば、本件のケースは間接侵害にならないことになります。他方、直接侵害を要しないとする独立説によれば、間接侵害になります。

教授：うん。ただしそれは、それぞれの説の基本的な考え方を貫徹して、いっさい例外を認めないとした場合の結論ですよね。

A：そのとおりです。学説をみると、独立説をとるものも、従属説をと

81

るものも、一定の例外を認めています。

教授：判決は？

A：判決にも、独立説に立っているように見えるものと、従属説に立っているように見えるものの両方があります。裁判所はどちらかの説に立っているというよりも、個別の事案に応じて妥当な解決を図っていると評されています（中山・前掲 461 頁など参照）。

B：そういう記述はよく見かけますよね。結局、どちらの説によっても無理が生じてくるので、個別的に判断していくしかない、みたいな。でもその場合、何を基準に判断すればよいのでしょうか。

教授：まず確認しておかなければならないのは、条文上は、間接侵害の成立にとって直接侵害は必要ではない、ということだ。つまり、特許法 101 条 1・2・4・5 号のどれをとってみても「侵害に（のみ）用いる物」という規定ぶりではなく、「物の生産に（のみ）用いる物」とか「その方法の使用に（のみ）用いる物」という規定ぶりになっていて、業としての生産や使用であることすら要求されていない。2 号や 5 号の主観的要件に関する部分も「発明の実施に用いられることを知りながら」となっていて、ここでも業としての実施であることは要求されていない。さらにそのうえ、同条の柱書には「侵害するものとみなす」と書いてある。

B：規定ぶりは、明らかに独立説に有利ですね。

教授：そう。しかし問題になるのは、この条文に該当する行為類型のうち、許されるものはないのだろうか、ということなんだ。純粋な独立説というのは、許される行為類型はいっさいないとする立場といえるけれど、これは硬直すぎるだろうね。たとえば……A くん、ステップ用具事件（大阪地判平成 14・11・26 平成 12 年（ワ）第 7271 号）は調べた？

A：はい、一応。

教授：間接侵害に関係するところだけ簡単に紹介してくれる？

A：ええと……この事件は実用新案権に関するもので、問題となったのは「ステップ用具」という名称のタラップに関する考案で、タラップ

本体と受金具によって構成されるものです。被告が受金具を製造販売する行為が間接侵害に該当するか否かが争われました。判決は、当初原告のタラップを購入した者が、後になって被告の受金具を購入して原告タラップ本体と組み合わせることが原告の実用新案権の直接侵害となるかという点について検討しています。そのうえで、直接侵害を構成しないとして間接侵害の成立も否定しています。

教授：そうですね。この受金具は建設現場の鉄柱とかに溶接されて使われる物で、それとタラップ本体を結合することで鉄柱を登れるようになる。タラップ本体の方は、受金具から取り外し可能なので何度でも再使用できるけど、受金具のほうは溶接されるので再使用できず、使い捨てされるという事情がある。判決は具体的には何と言って直接侵害を否定したのですか？

A：判決は、「実用新案の実施品の一部分で、考案の構成要件の一部を構成する部分が、実施品全体に比べて耐用期間が明らかに短く、容易に交換できるように設計されている場合は、そのような部分を耐用期間の経過により交換する行為は、形式的には考案に係る物の『製造』……に当たり、考案の実施に当たるように見えるが、実用新案権はもはや目的を達したものとして消尽しており、このような行為は実用新案権の侵害とはならない」としたうえで、受金具がタラップ本体に比べて明らかに耐用期間が短く、容易にタラップ本体から取り外して交換できるように設計されており、さらに受金具自体が「考案の本質的部分を構成する主要な部分」とまではいえないとして、直接侵害は成立しないとしています。

B：この事件は、権利者の販売する特許製品の一部と組み合わせて使用する物をサードパーティが提供する行為が問題になっているという点で、本件とよく似ていますね。

教授：そう。しかし本件と違うのは、ステップ用具事件で問題になった受金具は使い捨て品だということだね。消尽については、来週のゼミでやることなので今は詳しくは説明しないけど、判決が直接侵害を否定した裏には、特許製品の一部が消耗品として交換して使用されるこ

とがそもそも予定されているものの場合、特許権者はそのことを計算して特許製品の対価を決定できるのだから、特許製品の最初の譲渡の際に権利者の利得機会は保障されているという考えがあったのだろうと思う。つまり、最初の特許製品の譲渡の際に、消耗品部分が繰返し交換され使用されることの対価を得る機会があったのだから、——現にその対価を得たかどうかにかかわりなく——その後にその消耗品部分から利得するところまで権利者に対して法的に保障してやる必要はない、ということだろうね。そのような多重利得不要論によれば、その消耗品が権利者の製品に使用されるものである限り、その消耗品を交換して使用する者との関係では直接侵害は否定されるべきであるし、その消耗品を提供する者との関係では間接侵害は否定されるべきだ、ということになるんでしょうね。

A：判決は受金具が「考案の本質的部分を構成する主要な部分」とはいえないとして、その交換が実用新案法上の「製造」にあたることを否定しています。僕が最初のほうで言った、壊れたコントローラを交換する場合は「生産」にあたるか、という論点はここに関係してくると思うのですが、製造や生産かどうかの判断は、本質的部分かどうかを基準にしてなされるということなのでしょうか。

教授：インクタンク事件最高裁判決（最判平成 19・11・8 民集 61 巻 8 号 2989 頁［特百 22]）は、「製造」か否かを判断するにあたって本質的部分を構成する部材の加工であることを重視しているね。近時の判決の中には、この「製造」と同様の基準で生産該当性を判断しようとするものも登場している（知財高判平成 27・11・12 判時 2287 号 91 頁［特百 23]〔生海苔共回り防止装置事件〕）。しかしこの判決をもって、インクタンク事件最高裁判決のいう「製造」と特許法上の「生産」が同様の概念だといい切ってしまうのは早計のように思えるね。仮にそういえるのだとして、このような「生産」概念の解釈と従来学説でいわれていた「特許製品の重要部分の修理は生産にあたる」ということとどう異なるのかについては興味深いけれども、これ以上話すと長くなってしまうので、このへんでやめておこうか。

B：いずれにしても、本件のリモコン部は本質的部分ということですし、「製品の重要部分」ともいえそうですね。

教授：ということで本題に戻ると、このように、消耗品の提供が問題となる場合、その消耗品が権利者自身の販売する特許製品の一部として交換・使用されるのであれば、間接侵害の成立について否定すべき場合が生じてくる。そうすると独立説を貫徹するのは具合が悪くなるわけだ。しかしだからといって、ステップ用具事件のような判決から、「間接侵害の成立には直接侵害の成立を要する」というような一般論を導き出すのは誤っている。判決はこのような一般論を前提に判断したわけではなく、直接侵害が否定されるべき具体的な理由に基づいて判断しただけで、別の理由で直接侵害が否定されるようなケースについては考慮していないとみるべきだ。教科書に「裁判所は個別的に判断している」などとよく書いてあるのは、そういう趣旨だよ。

B：わかりました。そうすると、直接侵害が否定される類型に応じて考えていかなければならないということですね。考えられる類型としては、消尽が成立する——あるいは、そもそも生産にあたらない——ケースのほか、試験・研究のための実施として許されるケース、外国での実施のケース、そして本件のように「業として」の実施にあたらないケース、ぐらいでしょうか。

教授：その他、直接実施者が実施権原を有している者であるケースなども考えられますかね。これらのケースのうち、直接実施が外国でなされるケースについては、いくつか判決がありますね。

A：たしか、製パン器事件（前掲大阪地判平成12・10・24）がそうでしたね。外国に販売される物について間接侵害の成立を認めると、外国での実施を禁止する効果をもちうることになって、特許権の不当な拡張になってしまうというような理由で、間接侵害を否定したんですよね。

B：平成18年の特許法改正で、2条3項の「実施」に「輸出」が加えられたのに対して、間接侵害の規定である102条1・2・4・5号には「輸出」が含まれなかったことからも、外国向けに部品を製造販売することなどは、間接侵害の成立を否定してよさそうですね。

教授：ところが例によってこれにも議論の余地がある。たしかに、今君たちが言ったとおりの理由から、このようなケースで間接侵害を否定する立場が通説であるといえる（鈴木將文「判批」L＆T 39号42〜43頁（2008）など）。しかし、さっき「生産」について議論しているときに出てきた、「ノックダウン生産」のケースを考えてみてほしい。

B：あ、そうか。完成品を輸出したら直接侵害になるので、それを回避するためにあえてバラバラにして輸出する。このような行為を間接侵害に問えないのはまずいのではないか、ということですね。

教授：そう。今日では完成品を輸出すると直接侵害になっているのに、他方で、海外で組み立てられる未完成品の生産や輸出については、完成品の輸出に近い効果をもつにもかかわらず、通説によれば非侵害となってしまう。このような不公平を問題視する論者もいます（参照、岩坪哲「判批」知財管理58巻2号217頁（2008））。

A：確かに、脱法を許すような解釈をしたくないですね。……先生は通説を支持しないのですか？

教授：まあ、なんでも掘り下げれば難しい問題が出てくるということですね。……いよいよ時間がなくなってきたので、本件について検討しましょうか。本件についてはどうですか？

B：特許権の効力が「業として」の実施にのみ及ぶことの趣旨が問題になるんですよね。この趣旨は、単に個人的、家庭的な実施を除外するだけのものとされています（中山・前掲338頁など）。現に、最終的に家庭内で使用される物の生産や譲渡であっても、直接侵害ならば問題なく成立します。間接侵害の規定によって最終的に家庭内で使用される物について侵害の成立を認めたところで、問題となっているのはあくまでもその物の業としての生産・譲渡等の行為で、家庭内での行為を直接禁止するものではありませんから、先ほど述べた法の趣旨には反しないと思います。

A：間接侵害を肯定すると今後Yリモコン2が入手できなくなるわけだから、結果的には、家庭内での実施を制限していることになるんじゃないかなあ。

B：それは仕方がないだろう。そんな理由で間接侵害が否定されるのなら、本件では受信部とリモコン部に分けて売ることで、簡単に侵害を回避できるようになってしまって、特許権を与えた意味がほとんどなくなってしまうぞ。

教授：そうですね。家庭内の行為が直接侵害を構成しないのは、その前段階の市場に製品を置く行為については侵害に問えるので、特許権者の利益を不当に害するものではないと考えられるからだろうと思います。Bくんの言うように、特許製品が家庭内でしか使用されないような物の場合、部品に分けて売れば侵害にならないことにしてしまうと、権利者の利益を甚だしく害することになるだろうから、家庭内の行為を非侵害にした趣旨にかえって反することとなるだろうね。従属説をとる学説を見ても、家庭内実施に向けられた物の製造等については、結論として間接侵害の成立を肯定する立場が大勢を占めています。

A：ダメか……。便利なリモコンなんだけどなあ……。

解答例

　本件では、Yリモコン1および2のいずれについても、X発明の構成要件の一部しか充足しない物であり、Yの行為が直接侵害を構成する余地はない。そこで、間接侵害の成否について検討する。具体的には、X発明は物の発明であるので、特許法101条1号または同条2号の間接侵害の成否が問題となる。

　(1)　特許法101条1号について

　特許法101条1号の間接侵害は、特許製品の生産にのみ用いる物を業として生産・譲渡等する場合に成立する。設問より、YがYリモコン1および2を業として製造販売していることは明らかである。したがって、Y各リモコンがXの特許製品の「生産にのみ用いる物」といえれば、同法101条1号の要件は充足されることにな

るので、以下、この要件について検討する。

　まず、Y各リモコンを受信部と組み合わせることは、その行為によってX発明の特許請求の範囲に記載された構成要件を充足するコントローラが新たに構成されることになるので、当該行為は「生産」にあたる。なお、下記(2)に述べるとおり、X発明にとってリモコン部は本質的部分であるので、本件では上記組み合わせ行為が生産にあたらないものとする余地はない。したがって、Y各リモコンはいずれもX発明に係る物の生産に用いられるものといえる。

　次に、Y各リモコンが生産に「のみ」用いられるものといえるか否かについて検討する。ここでいう「のみ」とは、社会通念上経済的・商業的・実用的な他の用途を有しないことをいい、被疑侵害物件が単に別の用途に用いられる可能性があるということをいうだけでは「のみ」の否定に充分ではない。Yリモコン1については、X発明の実施に用いることのほかには、社会通念上経済的・商業的・実用的な用途がないので、X発明の生産にのみ用いるものということができる。他方、Yリモコン2については、テレビのリモコンとしても便利に使えているのであるから、社会通念上経済的・商業的・実用的な他の用途があるといえるので、X発明の生産にのみ用いるものということができない。以上より、YによるYリモコン1の製造販売行為については、特許法101条1号所定の要件を充足するが、Yリモコン2の製造販売行為については充足しない。

　(2)　特許法101条2号の間接侵害について

　上記(1)で述べたように、Yリモコン2の製造販売行為については特許法101条1号に該当しないので、同条2号該当性について検討する。同条2号は、特許製品の生産に用いる物で、(i)発明による課題の解決に不可欠なものであり、(ii)その物が日本国内で一般に流通しているものではなく、(iii)その物がその発明の実施に用いられることを知りながら、(iv)業としてその物を生産・譲渡等する行為を間接侵害とする。YがYリモコン2を業として製造販売していることは明らかであるので、上記(i)から(iii)の各要件について検討する。

　まず(i)について、特許法101条2号にいう「発明による課題の解決に不可欠なもの」とは、当該発明に特有の解決手段にとって不可欠なものをいい、請求項に記載された発明の構成要素であっても、その発明が解決しようとする課題とは無関係に従来から必要とされ

ていたものは含まれない。設問によれば、X発明の部品αそれ自体は進歩性がないものの、そのような部品αをリモコン部として用いることを前提に部品βが作られており、両者の組み合わせがあって初めて「リモコンを持つ手の動きをゲーム画面に反映させるコントローラの無線化」という課題が解決されることとなり、別のリモコンを使って課題を解決しようとすると異なった技術思想によることとなると考えられるので、X発明にとってリモコン部全体は本質的部分であり、したがってX発明に特有の解決手段にとって不可欠なものといえる。また、Xコントローラと同種のコントローラは従来存在しなかったのであるから、Yリモコン2はX発明が解決しようとする課題とは無関係に従来から必要とされていたものともいえない。したがって、Yリモコン2は(i)の要件を充足する。

　次に(ii)について検討する。この要件は、ネジ、釘などのように市場において広く普及している汎用品について間接侵害の成立を認めると取引の安全を害するという趣旨から設けられているものである。設問によれば、従来同種のコントローラは存在していなかったので、Yリモコン2が上記のような汎用品であるとは認められない。したがって、Yリモコン2は、(ii)の要件も充足する。

　最後に(iii)について検討する。この要件の判断基準時は、差止請求との関係では、事実審の口頭弁論終結時である。Yは訴訟の進行により、遅くともこの時点までにはこの要件を充足する状態になるといえる。したがって、(iii)の要件も充足される。

　以上より、YによるYリモコン2の製造販売行為については、特許法101条2号所定の要件を充足する。

　(3)　「ドリームボックス」がもっぱら家庭内でのみ使用されるものであるという事情について

　本件で「ドリームボックス」がもっぱら家庭内でのみ使用されるものであるとのことなので、Y各リモコンの最終購入者の行うX発明にかかる物の生産・使用行為は業としての実施に該当せず、Xの有する特許権の直接侵害を構成しない。そうすると、間接侵害の成立に直接侵害の存在を要するとする、いわゆる従属説の立場からは、本件では間接侵害が否定されることになる。

　しかし、直接侵害の存在しない場合に一律に侵害を否定するのは妥当ではなく、直接侵害が否定される個別の類型ごとにその否定される理由に即して、間接侵害の成否について判断すべきである。特

許法が特許権の効力範囲を「業として」の実施範囲に限定しているのは、個人的・家庭的になされる実施行為を除外するためである。本件で間接侵害の成立を肯定したとしても、差し止められるのはYによる業としての行為であり、個人的・家庭的な実施行為自体を侵害に問うこととは異なっているので、上記趣旨に反するものではない。かえって、従属説により直接実施行為が家庭内でなされる場合に一律に間接侵害の成立を否定することは、特許製品が家庭内で使用される物である場合には、パーツごとに販売することで容易に特許権侵害を回避できることとなってしまう。このような解釈は、特許権者の利益を著しく害することとなり、上記趣旨に反する帰結をもたらすばかりか、特許権の効力を補完するという間接侵害制度の趣旨にも反しており、不当である。したがって、「ドリームボックス」がもっぱら家庭内でのみ使用されるものであるという事情により、間接侵害の成立が否定されるべきではない。

　(4) 結論

　以上検討したとおり、Xは、YによるYリモコン1の製造販売行為については、当該行為が特許法101条1号に該当することにより、Yリモコン2の製造販売行為については、当該行為が101条2号に該当することにより、同法100条1項に基づき、これら各行為を差し止めることができる。

関連問題

1. 外国向け部品の製造・輸出

　設問のケースで、YはYリモコン1については、製造した全量を外国のQ社向けに輸出しているとする。さらに、YはYリモコン1を製造している工場とは別の工場で部品βの要件を充足する部品を製造し、その全量をQ社向けにYリモコン1とは異なる経路で輸出しているとして、XはYに対していかなる請求をなしうるか。

2. 実施権原を有する者への部品の提供

　設問のケースで、YはYリモコン1については、製造した全量をR社に納入し、R社がYリモコン1と部品βの要件を充足する部品とを

セットで販売しているとする。実は X 発明は S によって R 社に在職中に発明されたもので、R 社との関係で職務発明に該当するものであったが、R 社は X 発明について特許を受ける権利を S から承継することをしなかった、という事情があった。この場合、X はその特許権に基づき、Y による Y リモコン 1 の製造販売を差し止めることができるか。

3. 本質的部分と差止適格性

　設問のケースで、X 発明の特許請求の範囲が「2 つ以上の部品 α と（単一の）部品 β から構成されるゲーム機用遠隔操作装置」であるとする。部品 α をリモコン部とする、「リモコンを持つ手の動きをゲーム画面に反映させる無線式のコントローラ」は従来から存在していたが、そのようなコントローラでは、複数のリモコン部を同時に使用することが不可能であったところ、これを実現した点に X 発明の特徴があるとして、X はその特許権に基づき、Y による Y リモコン 1 の製造販売を差し止めることができるか。

参 考 文 献

（本文中に掲げたもののほか）
中山信弘＝小泉直樹編『新・注解 特許法（中）〔第 2 版〕』1713 頁〔渡辺光〕（青林書院・2017）
橘雄介「特許権の間接侵害の理論(2)」知的財産法政策学研究 52 号 151 頁（2018）

（宮脇正晴）

6. 部品の交換と特許権侵害

設問　機械メーカー甲は、研磨装置の発明についての特許権Pを有している。Pにかかる特許請求の範囲は、「α部と、β部と、γ部とを備えたことを特徴とする研磨装置」という1つの請求項からなる。また、Pにかかる発明（本件特許発明）の、従来技術にはみられなかった技術的特徴は、対象物の形状の違いにかかわらず厳密に制御された一定の圧力で研磨を可能にする点にあり（その旨がPにかかる明細書の「発明の詳細な説明」において説明されている）、これは特許請求の範囲に記載された構成要件のうちα部の機能による効果である。

　甲は、本件特許発明の技術的範囲に含まれる研磨装置Aを製造、販売している。研磨装置Aは、部品a、bおよびcからなっており、それらの部品はそれぞれ特許請求の範囲におけるα部、β部およびγ部に対応する。部品aと部品bは通常の使用で10年間程度の耐久性があるのに対し、部品cは1年程度の使用で磨耗して交換が必要になる。しかし、部品cは部品bと溶接されているため、通常のユーザーは、自分で部品cを交換することは手間がかかることから、部品cが磨耗するたびに甲のサービス部門に依頼して部品cの交換（甲が製造した純正部品cへの交換）の有料補修サービスを受けている。

　以上を前提として以下の問に答えなさい。なお、問題中の乙および丙の行為は、いずれも特許権Pの成立後に開始されたものであり、甲の許諾を受けていないとする。

❶機械メーカー乙は、自社の事業のために、甲が製造・販売した研磨装置Aを1台購入し、これを使用している。乙は、Aの部品cが磨耗した後は、cをその代替部品dに交換してAの使用を継続している。部品dは、乙自身が製造しているものである。また、乙は、溶接関連の事業も行っているため、cからdへの交換を容易

に行うことができるという事情がある。この場合の乙の行為について、特許法の観点から、特許権 P との関係でどのような法的評価をすることができるかを論じなさい。なお、部品 c に代えて d を取り付けた研磨装置も、P にかかる特許発明の技術的範囲に含まれるとする。

❷機械メーカー丙は、新型研磨装置 B を開発し、その製造・販売を開始した。研磨装置 B は、部品 e、f および g からなっており、本件特許発明との関係では、部品 f は β 部、部品 g は γ 部にそれぞれ該当するものの、部品 e は α 部にあたるとはいえない。しかし、研磨装置 B の技術的特徴は、対象物の形状の違いにかかわらず厳密に制御された一定の圧力で研磨を可能にする点にあり、このような効果をもたらしている技術は、本件特許発明とアイデアとしては同一といえるものである。この場合において、丙の行為について、特許権 P との関係でどのような法的評価をすることができるかを論じなさい。

解　説

1 ⋯⋯⋯概　観

(1)　設問のねらい

　本設問は、特許権の効力の及ぶ範囲およびその制限を扱うものである。具体的には、特許権の消尽と均等論が主なテーマである。いずれも特許制度の根幹にかかわる重要な論点である。本設問では、比較的単純な事例を用いて、基本的な事項を身につけることをねらっている。読者におかれては、問題の事実関係に変化を加えて検討し、応用力も養ってほしい。

　なお、消尽に関する論点については、平成 19（2007）年にインクタンク事件最高裁判決が出ている。この判決に示された判断基準は、種々の要素を総合的に考慮して判断するという、抽象的・概括的なものであるため、具体的な事案にどのように適用すべきかは、今後の課題として残されている。また、同最判の意義を理解し、さらに、今後のあるべき解

釈論を考えるためには、同最判の原審である知財高裁の大合議判決やそれに先立つ主要な下級審判決についても知っておくことが有益である。参考文献を手掛かりにして下級審判決にも触れつつ、理解を深めてほしい。

（2）取り上げる項目

► 特許権の消尽

► 消尽後の特許製品の再利用と特許権侵害の成否

► 均等論（均等侵害）

2 ⋯⋯⋯⋯特許権の消尽、消尽後の特許製品の再利用

教授：ではゼミを始めましょう。さっそく設問❶について、旭山さんから報告してください。

旭山：はい、設問❶は特許権の消尽と消尽後の特許製品の再利用を扱う問題だと思います。まず前提として、この論点についての一般論を検討したいのですが、これについては、有名なインクカートリッジの事件——判決の表現に合わせてインクタンク事件と呼ぶことにします——で、最高裁が判断を示したところです。この判決に至るまでの、原審の知財高裁の判決をはじめとする裁判例について、ある程度知っておくべきと思われるので、簡単なメモを用意しました。これに沿って報告します。

【旭山さんのメモ】

1. **特許権の消尽（国内消尽）とは**

　(1) 消尽の意義

　　　特許製品が適法に流通に置かれた後、業としてそれを使用、譲渡等する行為は、形式的には「業として特許発明の実施をする」行為（特68条）にあたりうる。

　　→　しかし、「特許権者又は特許権者から許諾を受けた実施権者……が我が国において特許製品を譲渡した場合には、当該特許製品については特許権はその目的を達成したものとして消尽し、もはや特許権の

効力は、当該特許製品の使用、譲渡等……には及ばず、特許権者は、当該特許製品について特許権を行使することは許されない」。（最判平成 19・11・8 民集 61 巻 8 号 2989 頁［特百 22］〔インクタンク事件〕）。

＊この考え方は、すでに最判平成 9・7・1 民集 51 巻 6 号 2299 頁［特百 26］〔BBS 事件〕で示されていた（ただし傍論）。

(2) 消尽を認める根拠

インクタンク事件最判は次の 2 点を挙げる。

①特許製品の円滑な流通の確保の必要性：特許製品について譲渡を行う都度特許権者の許諾を要するとすると、市場における特許製品の円滑な流通が妨げられ、かえって特許権者自身の利益を害し、ひいては特許法 1 条所定の特許法の目的にも反することになる。

②特許権者の利得確保の機会が保障されていること：特許権者は、特許発明の公開の代償を確保する機会がすでに保障されているものということができ、特許権者等から譲渡された特許製品について、特許権者がその流通過程において二重に利得を得ることを認める必要性は存在しない。

2. 特許製品の再利用の問題

(1) 問題の所在

いったん特許権が消尽したと認められる特許製品について、修理、加工等が特許権の侵害となる場合があるか、その判断基準いかん。

＊以下では物の発明にかかる特許を前提とする（方法の発明にかかる特許について独自の問題があるが、省略）。

(2) 諸説（インクタンク事件知財高判以前）

①「生産」概念を基準とする考え方（生産アプローチ）

・特許権の消尽といっても、特許権の効力のうち生産する権利については消尽はありえないとの前提のもとに、生産にあたるか否かを基準とする考え方。消尽は、特定の具体的特許製品について認められるものであり、製品としての同一性が認められない別の特許製品にかかる実施行為に特許権が及ぶのは当然、との考え方。

・主要裁判例

―東京高判平成 13・11・29 判時 1779 号 89 頁〔アシクロビル事件第 2 審〕

　　　—東京地判平成 16・12・8 判時 1889 号 110 頁〔インクタンク事件第
　　　1 審〕

　②一定要件のもとで消尽を否定する立場（消尽アプローチ）

　②—1 「特許製品が効用を終えた後」および「特許発明の本質的部分
　　　を構成する主要な部材の交換・加工」の場合に消尽を否定する立場

　　　—東京地判平成 12・8・31 判工［2 期］1725 の 20 頁〔写ルンです
　　　事件〕

　　　—東京地判平成 13・1・18 判時 1779 号 99 頁〔アシクロビル事件第 1
　　　審〕

　②—2 社会通念上想定される範囲を超える態様の実施行為につき権
　　　利行使を認める立場

　　　—東京地決平成 12・6・6 判時 1712 号 175 頁〔フィルム一体型カメ
　　　ラ事件〕

(3) インクタンク事件知財高判（大合議判決）

＊知財高判平成 18・1・31 判時 1922 号 30 頁［特百 24］。(2)の②—1
説をより精緻化した立場といえる。

（消尽が否定される 2 類型）

　　次の 2 類型のいずれかに該当する場合、特許権は消尽せず、特許権
者は、当該特許製品について特許権に基づく権利行使をすることが許
される。

①第 1 類型：当該特許製品が製品としての本来の耐用期間を経過して
　その効用を終えた後に再使用または再生利用がされた場合。特許製
　品が判断基準（経済的基準）。

　(a)部材の物理的摩耗、成分の化学的変化等により当該製品の使用が
　実際に不可能となった場合

　(b)保健衛生等の観点から使用回数・使用期間が限定されている製品
　（たとえば、使い捨て注射器や服用薬など）について当該使用回数・使
　用期間を経た場合（社会通念上効用を終えたと評価される場合）

②第 2 類型：当該特許製品につき第三者により特許製品中の特許発明
　の本質的部分を構成する部材の全部または一部につき加工または交
　換がされた場合。特許発明が判断基準（技術的基準）。

(4) インクタンク事件最判

＊総合考慮説。生産アプローチといえる（？）。

①特許権者等がわが国において譲渡した特許製品につき加工や部材の交換がされ、それにより当該特許製品と同一性を欠く特許製品が新たに製造されたものと認められるときは、特許権者は、その特許製品について、特許権を行使することが許される。

②特許製品の新たな製造にあたるかどうかについては、当該特許製品の属性、特許発明の内容、加工および部材の交換の態様のほか、取引の実情等も総合考慮して判断するのが相当。当該特許製品の属性としては、製品の機能、構造および材質、用途、耐用期間、使用態様が、加工および部材の交換の態様としては、加工等がされた際の当該特許製品の状態、加工の内容および程度、交換された部材の耐用期間、当該部材の特許製品中における技術的機能および経済的価値が考慮の対象となる。

③（本事案へのあてはめ）Y製品の製品化の工程における加工等の態様が、単にインクを補充しているというにとどまらず、印刷品位の低下やプリンタ本体の故障等の防止のために構造上再充てんが予定されていないインクタンク本体をインクの補充が可能となるように変形させるものであるとともに、本件発明の本質的部分に係る構成を欠くに至ったものにつきこれを再び充足させて本件発明の作用効果を新たに発揮させるものであることのほか、インクタンクの取引の実情などの事情を総合的に考慮すると、Y製品は、加工前のX製品と同一性を欠く特許製品が新たに製造されたものと認められ、Xは、本件特許権に基づいて、Y製品の輸入、販売等の差止めおよび廃棄を求めることができる。

教授：まず、消尽論の基本については、どんな教科書にも書かれているから、よろしいですね。ちょっと問題から離れて確認しますが、誰が譲渡——旧法の用語を使って「拡布」ともいわれます——した特許製品について、消尽が認められるのだろうか。たとえば、先使用に基づく実施権（特79条）や、職務発明について使用者に認められる実施権（同35条1項）のような法定実施権をもつ者が製造し、譲渡した特許製品については、消尽が認められるのだろうか。

上野：法定実施権者が譲渡した特許製品も、円滑な流通を図るべきことは当然ですから、特許権はもちろん消尽すると思います。

旭山：でも、最高裁は「特許権者又は特許権者から許諾を受けた実施権者」と述べていますね。それに、消尽の根拠のうち、利得の機会保障論の方は、無償の法定実施権についてはあてはまらないんじゃないでしょうか。

教授：そうですね。最高裁のいう特許権の消尽は、少なくとも無償の法定実施権者が譲渡した特許製品については、成り立たないように思えますね。もっとも、そのような特許製品についても、譲渡後に特許権が及ぶとしてしまっては、法定実施権を認めた趣旨が損なわれますから、消尽論によらずとも、法が実施権を認めた趣旨を根拠として、特許権の効力が及ばないと説明すればよいのでしょう。

　　それから、旭山さんが今、利得の機会保障論と呼んだ、消尽の根拠の２点目の趣旨は、わかりますか。

上野：消尽を認めないと、権利者は、特許製品が譲渡されるたびに対価を得ることができるようになるが、そのような二重の利得を認めるべきでない、ということではありませんか。

教授：うーん、理解が少し不正確ですね。最高裁判決の表現に注意してください。この根拠について、二重の利得禁止論、と表現する人がいますが、最高裁は二重の利得が「禁止」されているとはいっていません。権利者は、最初の譲渡の際に、発明公開の代償としての利得を確保する機会を保障されていること、そして、二重の利得を認める必要はないことが指摘されていますね。私は、前者の理由だけで十分であり、後者は念のための説示と理解すればよいと思っています。しかも、後者の説明は、厳密には少しおかしいとも思っています。というのは、もしも、転々流通する特許製品の購入者たちと権利者が対等な立場で交渉できると仮定した場合、消尽が否定されると、権利者は、確かに、特許製品が譲渡されるたびに、許諾の対価（実施料）を取ろうとするでしょう。しかし、例えば第一購買者は、第二購買者に転売する際に、権利者に払った対価を転嫁しようとするでしょうから、第二購買者は、

権利者に対して、自分だけが対価を払うわけではない、第一購買者や、さらに転売が想定されるならば第三購買者等々が負担する対価を勘案した額とすべきであると主張するでしょう。要するに、権利者が、特許製品の譲渡のたびに、対価を何回も重ねて丸々取得できることにはならないでしょう。したがって、二重の利得不要論は、そもそも前提が怪しいともいえると思います。

　さて、特許製品の再利用の問題に入ろうか。実務的には、インクタンク事件最高裁判決が出て一応の決着がついたわけだが、最高裁判決の位置づけ、特に同一事件の知財高裁判決との違いについてはどう理解すればよいのかな。

旭山：実は、その点について、調べてみるといろいろな見方があるようで、ちょっと迷っています。まず、インクタンク事件知財高判について、私は説得力を感じていました。第1類型というのは、製品に着目して、製品が効用を終えた後、すなわち特許権者が製品の販売から回収した利得に対応する範囲を超えてその製品が使用される場合には、特許権の効力を及ぼして対価回収の機会を与えるべきだという考えに基づくものだと思います。また、第2類型については、特許権が与えられるのは、従来技術で解決できなかった課題の解決手段を社会に提供したという点にあって、その解決手段を支える技術的思想の中核をなす部分、すなわち発明の本質的部分が交換されたら、特許の観点からは別の製品に変わったといわざるをえないということだろうと思います。これに対して、最判は、特許権が消尽した製品と同一とは認められない、別の製品が製造されたら、特許権が及ぶことになるとするもので、基本的には、従来生産アプローチと分類されている考え方を採用するものだと思うのですが……。

上野：インクタンク事件最判は生産アプローチそのものじゃないの。僕は、生産アプローチがわかりやすくていいと思っていますので、最判に賛成です。旭山さんは、さっきのメモで「生産アプローチといえる（？）」と書いているけど、なぜ「？」なんですか。

旭山：いくつか文献を調べたんですけど、そもそも生産アプローチと消

尽アプローチという分類をすることに懐疑的な立場もあるようです。それから、この分類法をとりつつ、最判は基本的に消尽アプローチをとるものととらえる説もあります。たとえば、横山先生は、最判が「生産」といわずに「製造」としている点に着目して、これは、知財高裁判決のいう第1類型と同様に、特許製品への加工や部材交換がクレームに関わるか否かを問わずに、その加工・交換によって当該特許製品と同一性といえない製品が製造されたと評価できれば権利行使を認めるという趣旨であろうとされ、その意味で消尽アプローチをとるものととらえておられます（横山・後掲参考文献29頁参照）。

教授：たしかにさまざまな見解がありますね。生産アプローチと消尽アプローチという分類については、それぞれ狭義と広義のそれがあるという、参考文献に挙げた田村先生の分析が参考になるでしょう。狭義では、いったん特許権が消尽した特許製品に関して、「生産」以外の実施態様にも権利侵害を認めるかどうかという点についての違いであり、広義では、「生産」という概念を権利侵害の成否を分かつ基準として用いるかどうかという点についての違いということです。

上野：僕は、インクタンク事件最判は狭義でも広義でも生産アプローチをとったものと思います。「製造」という用語を使っていることから消尽アプローチに結びつける説もあるとのことですが、「当該特許製品と同一性を欠く特許製品が新たに製造された」場合とは、特許法2条3項1号の定める実施の概念との関係では、「物の生産」がなされた場合を意味するのだと思います。「生産」でなく「製造」という語を用いたのは、知財高判が、生産アプローチについて、本来の用語法に従えば「生産」にあたるのに、権利行使を否定するために「生産」にあたらないとする場合があり、これは「生産」概念を混乱させるなどと批判していたことを考慮したためではないでしょうか。

教授：私も、そのように理解するのが素直だろうと思います。裁判例でも、インクタンク事件最判が示した「特許製品の新たな製造」と認めるための判断基準をそのまま「生産」と認めるための基準としているものがあります。[1] ただ、同最判の理解について、学説が分かれている

　　ことは、一応知っておくとよいと思います。

旭山：私は、理論的な問題はさておいて、せっかく知財高裁が、かなり
　　明確な2つの基準を提示してくれたのに、最判の基準は漠然としすぎ
　　ていて予測可能性の点で問題があるように思うのですが。実際の結論
　　においてあまり違いがないなら、知財高裁の基準の方が優れていたと
　　いえませんか。

上野：いや、僕のように生産アプローチを支持する者からみると、知財
　　高判の基準にはちょっとどうかなと思うところがあったよ。最判の基
　　準は、そこに修正を加えたものとして評価できると思う。

旭山：具体的にはどんなことなの。

上野：まず、知財高判の第1類型については、特許製品に物理的変更を
　　加えていなくても「社会的効用」が消滅したとして権利行使の可能性
　　を認める点について、予見可能性が低いなどの理由で批判がありまし
　　た。自分が購入したまま使い続けている製品が、「社会的効用」を維
　　持しているかどうかなんて、客観的に決まらないですよね。なお、最
　　判は、「加工や部材の交換」による「製造」を権利行使の前提として
　　いることから、物理的変更を加えない場合は消尽の効果が否定される
　　ことはないと思われます。

　　　また、知財高判は、第2類型において、特許発明の本質的部分に加
　　工等を加えれば常に消尽が否定されるとしていたのに対し、最判は、
　　交換された部材の「特許製品中における技術的機能」を「製造」の認
　　定のおける考慮要素の1つにすぎないとしていることから、特許発明
　　の本質的部分に係る加工・交換であることだけで常に権利行使を認め
　　るという立場ではないと思われます。

教授：私も、その点は上野君と同感です。一般論はこの位にして、設問
　　❶の検討にいきましょうか。

旭山：はい。インクタンク事件最判の基準を前提にして考えると、当該
　　特許製品の属性、特許発明の内容、加工および部材の交換の態様のほ

---

[1]　知財高判平成27・11・12 判時 2287 号 91 頁［特百 23］〔生海苔共回り防止装置事件〕等。

101

か、取引の実情等も総合考慮して特許製品が新たに製造されたと評価できるかどうかを検討することになります。部品 c は A の他の部分に比べて耐用期間が短い、典型的な消耗品であり、c だけ交換して研磨装置自体は使用を続けるのが通常のようですし、c は特許発明の本質的部分に対応するわけでもないようですので、乙が部品 c を部品 d に取り換えた装置は、甲が販売した特許製品と同一性を欠き、新たに製造された特許製品とはいえないと考えます。したがって、乙の行為は甲の特許権を侵害しないと解します。

教授：細かな点だけど、部品 c が部品 b に溶接されていたという点はどう評価するかな。

旭山：研磨装置がどのようなものかはよく知らないのですけど、溶接してある必然性はないんじゃないでしょうか。本来ユーザーが部品 c を自由に交換できるようにしてもおかしくないのに、甲が自社の純正部品やサービスを買わせるためにあえて溶接しているようにも思えます。まあ意図はどうであれ、溶接してあっても現に部品 c だけ交換して A 全体としては続けて利用されているのが通例ということですから、溶接の事実は考慮しなくてよいと思います。

教授：では、仮に、溶接してあることによって通常は c の交換ができず、研磨装置全体を買い替えることが通例になっていた場合に、乙があえて c を d に交換したというケースではどうだろうか。

上野：c が消耗品であることや特許発明の本質的部分でないという事情は、特許発明の内容、それから加工および部材の交換の態様という考慮要素との関係では、新たな特許製品の製造を否定する方向で評価できますので、他の考慮要素がどう評価されるかにもよりますが、やはり権利侵害を否定してよいケースが多いと思います。

旭山：知財高裁も、第 1 類型について論じる中で、「特許製品において、消耗部材や耐用期間の短い部材の交換を困難とするような構成とされている（例えば、電池ケースの蓋が溶着により封緘されているなど）としても、当該構成が特許発明の目的に照らして不可避の構成であるか、又は特許製品の属する分野における同種の製品が一般的に有する構成

でない限り、当該部材を交換する行為が通常の用法の下における修理に該当すると判断することは妨げられないというべきである」と述べていました。その前提として、特許権の消尽は特許権者の意思によって妨げることはできないという点が強調されていたように思います。

教授：今言及のあった、消尽の効果は特許権者の意思によって妨げることはできないという点は、わが国の国内消尽論の重要なポイントですね。わが国の、といったのは、異なる考え方もあり得るためです。現に、米国では、かつて、特許権者が、特許製品の購入者に対し、販売後の使用方法や転売について制約を課し、購入者がそれに反した場合には消尽が否定されるという趣旨の判決もありました。もっとも、その後の連邦最高裁判決は、日本と同様、特許権者の意思で消尽の効果を排除できない旨の判断を示しています[2]。

　それから国境をまたがる取引、いわゆる並行輸入と特許権との関係では、消尽論とは異なる考え方がとられている点にも注意しましょう。すなわち、BBS 事件最判は、特許権者がその製品の販売先等から日本を除く旨を製品の譲受人と合意したうえそれを製品に明確に表示していれば、特許権の行使は可能としていますね。

3⋯⋯⋯⋯均等論

教授：では設問❷に行きましょう。

上野：こちらは、均等論が論点だと思います。丙が製造・販売している研磨装置Bは、部品eが特許権Pにかかるクレーム中のα部という構成要件を充足していない以上、丙の行為はPの文言侵害となりません。そこで、均等侵害が成立するかどうかが問題になります。均等侵害の成否については、最高裁（最判平成10・2・24民集52巻1号113頁［特百8］〔ボールスプライン事件〕）が示した5要件に照らして判断するという運用が、実務で定着しています。5要件とは、①相違点が特許発明の本質的部分でないこと、②置換可能性、つまり相違点を置

---

[2]　Impression Prods. v. Lexmark Int'l, Inc., 137 S. Ct. 1523 (2017).

換しても特許発明の目的を達することができ、同一の作用効果を奏すること、③置換容易性、つまりそのような置換に当業者が侵害行為時に容易に想到することができたこと、④公知技術との同一性または容易推考性がないこと、⑤対象製品等が特許出願において意識的に除外された等の特段の事情がないこと、です。

教授：そうですね。均等論の意義は何でしょうか。

旭山：はい、最高裁判決が述べていることを要約すると、先願主義のもとで出願人に将来のあらゆる侵害態様を予想してクレームを記載することを期待するのは酷である一方、特許発明の実質的価値がクレームに記載された構成から容易に想到できる技術に及ぶことを第三者は予期すべきと考えられることから、発明の実効性ある保護と第三者の利益のバランスを確保しつつ、侵害を認める法理ということだと思います。

教授：では、設問についてどう考えますか。

旭山：Pのクレームの構成要件の中で、α部分が本件特許発明の本質的部分と考えられますから、研磨装置Bがその構成要件を充足しない以上、第1要件が認められないと思います。

教授：ボールスプライン事件最判の、「特許請求の範囲に記載された構成中に対象製品等と異なる部分が存する場合であっても、……右部分が特許発明の本質的部分でなく」という文言を素直に読むと、旭山さんのような説明になりそうですね。

上野：旭山さんのように、クレームの構成要件を本質的部分にあたるものとそうでないものに分けて、前者が置き換えられている場合には第1要件を否定するという考え方は、構成要件区分説などと呼ばれていて、そのような考え方をとる裁判例と学説も確かにあるようです。しかし、裁判例と学説では、解釈原理同一説などと呼ばれる考え方の方が多数のようです。たとえば、知財高裁の大合議判決（知財高大判平成28・3・25判時2306号87頁［特百9］〔マキサカルシトール事件〕）は、解釈原理同一説に立って、次のように述べています。

　すなわち、まず「特許発明における本質的部分とは、当該特許発明

の特許請求の範囲の記載のうち、従来技術に見られない特有の技術的思想を構成する特徴的部分であると解すべきである」と述べた上で、「上記本質的部分は、特許請求の範囲及び明細書の記載に基づいて、特許発明の課題及び解決手段（特36条4項、特許法施行規則24条の2参照）とその効果（目的及び構成とその効果。平成6年法律第116号による改正前の特許法36条4項参照）を把握した上で、特許発明の特許請求の範囲の記載のうち、従来技術に見られない特有の技術的思想を構成する特徴的部分が何であるかを確定することによって認定されるべきである。すなわち、特許発明の実質的価値は、その技術分野における従来技術と比較した貢献の程度に応じて定められることからすれば、特許発明の本質的部分は、特許請求の範囲及び明細書の記載、特に明細書記載の従来技術との比較から認定されるべきであ」るとしています。さらに、「第1要件の判断、すなわち対象製品等との相違部分が非本質的部分であるかどうかを判断する際には、特許請求の範囲に記載された各構成要件を本質的部分と非本質的部分に分けた上で、本質的部分に当たる構成要件については一切均等を認めないと解するのではなく、上記のとおり確定される特許発明の本質的部分を対象製品等が共通に備えているかどうかを判断し、これを備えていると認められる場合には、相違部分は本質的部分ではないと判断すべきであり、対象製品等に、従来技術に見られない特有の技術的思想を構成する特徴的部分以外で相違する部分があるとしても、そのことは第1要件の充足を否定する理由とはならない」とも述べて、構成要件区分説を否定し、解釈原理同一説に立つことを明らかにしています。

教授：そうですね。第1要件については、ボールスプライン事件最判の文言を少しアクロバティックに解釈するのが主流の考え方になっているので、注意してください。ちなみにボールスプライン事件最判を担当された最高裁調査官は、判例解説で、解釈原理同一説による解釈を主張されています（三村量一・最判解民事篇平成10年度（上）112、141頁）。さて、上野君、結論を述べてもらえますか。

上野：第1要件について、私は先ほどの知財高判のような解釈原理同一

105

説に賛成しますので、これを前提とすると、本件では、従来技術にみ
られない特有の技術的思想を構成する特徴的部分が共通していると評
価できそうですので、第1要件は充足すると思います。第2要件は、
問題文から断言はできないものの、充足するといってよさそうです。
第3要件以下は、問題文からはわからないので、仮にこれらを充たせ
ば、均等侵害が成立するということだと思います。

教授：各要件の主張立証責任はどう考えるのかな。

上野：あ、その点も先ほどの知財高裁大合議判決が触れていましたね。
第1要件から第3要件までは均等侵害を主張する側が、第4要件と第
5要件は均等侵害を否定する側が、それぞれ主張立証責任を負うとし
ています。

教授：学説も、そのように考えるのが多数説と言ってよいと思いますが、
第4要件について特許権側が主張立証責任を負うとする有力説もあり
ます。[3]

　それから、均等論をめぐっては、ほかにも多くの論点がありますが、
第5要件について少し触れておきましょう。第5要件の意識的除外に
関しては、出願時同効材、すなわち出願時から存在しており、容易に
想到し得た技術をクレームに含めなかった場合の扱いについて、異な
る考えが主張されてきました。均等論はクレームの記載の不備を救う
制度ではない旨を強調して、出願時同効材について当然に意識的除外
を認める、つまり出願時同効材に置換された物に対しては均等論を認
めない立場がある一方、当然に意識的除外を認めるわけではない立場
もあります。この点につき、最高裁（最判平成29・3・24民集71巻3
号359頁［特百10］〔マキサカルシトール事件〕）は、後者の立場を採用
しました。すなわち、「出願人が、特許出願時に、特許請求の範囲に
記載された構成中の対象製品等と異なる部分につき、対象製品等に係
る構成を容易に想到することができたにもかかわらず、これを特許請
求の範囲に記載しなかった場合であっても、それだけでは、対象製品

---

[3]　田村善之『知的財産法〔第5版〕』254頁以下（有斐閣・2010）。

等が特許発明の特許出願手続において特許請求の範囲から意識的に除外されたものに当たるなどの特段の事情が存するとはいえない」としました。ただし、そのような場合において、「客観的、外形的にみて、対象製品等に係る構成が特許請求の範囲に記載された構成を代替すると認識しながらあえて特許請求の範囲に記載しなかった旨を表示していたといえるときには、対象製品等が特許発明の特許出願手続において特許請求の範囲から意識的に除外されたものに当たるなどの特段の事情が存するというべきである」とも述べています。

　第5要件については、その他、補正や訂正によりクレームが減縮され、除外された技術につき、意識的除外による特段の事情が認められるかという論点があります。この点については、下級審判決の判断が分かれていて、学説でも両説あるところです。

4⋯⋯⋯関連問題について

教授：もう時間が来ましたね。並行輸入と消尽の関係、それから、特許権者が部品を譲渡した場合の当該部品を用いた行為に対する権利行使の可否について、関連問題として出題しておきます。前者については、すでに言及のあったBBS事件最判、後者については、インクタンク事件知財高判と、標準必須特許をめぐるアップル対サムスン事件知財高判（知財高大判平成26・5・16判時2224号146頁①事件［特百25］）が論じているので、それらを検討しておいてください。

旭山：並行輸入の問題について質問ですが、インクタンク事件知財高判では国際消尽が認められるという前提で議論がされています。しかし、文献によっては、BBS事件の最高裁判決は国際消尽を否定したと書かれていて頭が混乱しています。

教授：BBS事件最判は、いわゆる黙示的許諾説により並行輸入は原則として特許権の侵害とならないとしていますね。この結論をとらえて国際消尽を認めたと表現されることがありますが、他方で、権利行使を否定する論拠が国内消尽の場合とは異なることから、この判決は国際消尽を否定したと表現されることもあります。私自身は、理論的観

点から後者の用語法の方がよいと思います。国内の事案について、アップル対サムスン事件の知財高判は消尽と黙示的許諾論を明確に区別していますので、並行輸入の事案でも、BBS事件最判の考え方を国際消尽と呼ばない方がよいと思います。

　それから、今回は特許権の消尽問題を扱いましたが、他の知的財産権、すなわち著作権、商標権、意匠権などについては、同様の問題について、権利によって根拠、要件、効果などが異なりますので、一度横断的にみて整理しておくことを勧めます。

　では今日の議論をふまえて、旭山さんが中心になって答案を作成し、提出してください。

解答例

設問❶
　(1)　特許権とは、業として特許発明を実施することについての独占的・排他的権利である（特68条）。したがって、正当な事由なく特許発明を業として実施する行為は特許権を侵害する（直接侵害）。また、一定の類型に該当する行為は、特許権を侵害するものとみなされる（間接侵害。同101条）。

　本問において問題となる乙の行為は、①購入したAを使用する行為、②Aの部品cをdに交換する行為、③cをdに交換した装置を使用する行為、である。また、丙については、部品dを製造および販売する行為が問題となる。以下、それぞれについて、特許権Pの侵害の成否を検討する。

　(2)　まず①（Aの使用）については、特許権Pにかかる発明が物の発明であるところ、その物の使用をする行為（特2条3項1号）を業として行うものであることから、形式的にはPの侵害にあたるようにみえる。しかし、本件のAのように、特許権者（特許権者から許諾を受けた実施権者も同様）がわが国国内で譲渡した特許製品

については、特許権は当該製品については目的を達したものとして消尽し、特許権者はその後の当該製品を業として使用、譲渡等する行為に対して差止請求権等を行使することはできないと解するべきである（消尽論）。

なぜならば、(i)特許製品について譲渡を行うつど特許権者の許諾を要するとすると、市場における特許製品の円滑な流通が妨げられ、かえって特許権者自身の利益を害し、ひいては特許法1条所定の特許法の目的にも反することになるからであり、また、(ii)特許権者は、特許発明の公開の代償を確保する機会がすでに保障されているものということができ、特許権者がその流通過程において二重の利得を得ることを認める必要性は存在しないからである。最高裁のインクタンク事件判決をはじめ、多くの裁判例もこの法理を認めている。したがって、①の行為は特許権Pを侵害しない。

(3) 次に、上記のとおり特許権の消尽が認められるとしても、特許権の行使が制限されるのはあくまで特許権者等がわが国において譲渡した特許製品そのものに限られるものであるから、(i)当該特許製品につき加工や部材の交換がされ、それにより当該特許製品と同一性を欠く特許製品が新たに製造されたものと認められるときは、特許権者は、その特許製品について、特許権を行使することが許されると解するべきである。そして、(ii)特許製品の新たな製造にあたるかどうかについては、当該特許製品の属性、特許発明の内容、加工および部材の交換の態様のほか、取引の実情等も総合考慮して判断するのが相当である。ここで、当該特許製品の属性としては、製品の機能、構造および材質、用途、耐用期間、使用態様が、加工および部材の交換の態様としては、加工等がされた際の当該特許製品の状態、加工の内容および程度、交換された部材の耐用期間、当該部材の特許製品中における技術的機能および経済的価値が考慮の対象となると解する。

以上を前提として、本件乙の②（部品cの交換）の行為について検討すると、部品cはAの他の部分に比べて耐用期間が短い、典型的な消耗品であって、cだけ交換して研磨装置自体は使用を続けるのが通常であり、また、cは特許発明の本質的部分に対応するものではないと解されること等から、乙が部品cを部品dに取り換えた装置は、甲が販売した特許製品と同一性を欠く、新たに製造された特許製品とはいえないと考えられる。したがって、乙の②の行

為は甲の特許権を侵害しないと解する。また、以上により、③（部品交換後の使用）も、甲が譲渡した特許製品を使用する行為にすぎないことから、特許権を侵害しない。

設問❷

　上述した特許権の直接侵害は、正当な権原を持たない者が、特許発明の技術的範囲に含まれる物または方法について実施行為（特2条3項）を業として行う場合に認められる。ここで、特許発明の技術的範囲は特許請求の範囲（クレーム）の記載に基づいて定めるところ（同70条1項）、具体的には、クレームに記載された構成要件のすべてを充足する物または方法が特許発明の技術的範囲に属するとされる（オールエレメンツ・ルール。この場合を文言侵害という）。しかし、特許出願の際に将来のあらゆる侵害形態を予想してクレームを記載することは極めて困難であり、相手方がクレームに記載された構成の一部を他の物質・技術等に置き換えることによって、特許権の行使を容易に免れることができるとすれば、発明の実効的な保護、ひいては特許法の目的に反し、また、社会正義に反し、衡平の理念にもとる結果となる。そこで、クレームに記載された構成中に、相手方の対象製品等と異なる部分が存する場合であっても、①同部分が特許発明の本質的部分でない、②置換可能性（相違点を置換しても特許発明の目的を達することができ、同一の作用効果を奏する）、③置換容易性（そのような置換に当業者が侵害行為時に容易に想到することができた）、④公知技術との同一性または容易推考性がない、⑤対象製品等が特許出願において意識的に除外された等の特段の事情がない、という5要件を充たす場合には、同対象製品等は、クレームに記載された構成と均等なものとして、特許発明の技術的範囲に属するものと解するのが相当である（均等論。ボールスプライン事件最判参照）。

　本件において、研磨装置Bは、本件特許発明にかかるクレームの構成要件「α部」を充足しないことから、丙の行為は文言侵害とならない。そこで均等侵害の成否が問題となる。

　まず、第1要件に関し、特許発明における本質的部分とは、当該特許発明の特許請求の範囲の記載のうち、従来技術に見られない特有の技術的思想を構成する特徴的部分であると解すべきところ、Pにかかるクレームおよび明細書によれば、本件特許発明の特徴は、対象物の形状の違いにかかわらず厳密に制御された一定の圧力で研

磨を可能にするという課題に対する解決手段と効果を実現している点にあり、そして研磨装置Bにおいては、本件特許発明と同一の課題に対し同様の技術的思想をもって解決手段と効果を実現していると認められることから、結論として第1要件を充足すると解される。

　第2要件以下の充足可能性については、問題文にあらわれた事情から断定することは困難であるが、仮にそれらの要件も充たされれば、丙が研磨装置Bを製造・販売する行為は特許権Pに対する均等侵害を構成することになる。その場合、甲は丙に対し、当該行為の差止め（特100条）、損害賠償（民709条、損害額の推定につき特102条）等を求めることができる。

関連問題

1　並行輸入と特許権侵害の成否

　(1)　設問において、甲は研磨装置AをF国に輸出し、甲の現地法人を通じてF国内で販売している。また甲は、わが国における特許権Pに対応する特許権をF国でも有している。わが国の商社のXは、F国内でAの中古品を買い付け、日本に輸入して販売する事業を開始した。またYは、わが国において部品cの代替品eを製造、販売するとともに、部品cをeに取り替えるサービスも開始した。この場合のXおよびYの行為について、特許法の観点から、特許権Pとの関係でどのような法的評価をすることができるかを論じなさい。

　(2)　上記(1)で、甲がF国ではPに対応する特許を有しない場合は、結論に違いがあるか。

2．特許権者により販売された部品を用いて特許発明実施品を製造する行為の評価

　設問において、仮に、甲が研磨装置Aではなく部品aのみを販売しており、乙が、これを購入、利用して研磨装置（本件特許発明の技術的範囲に属するとする）を組み立て、業として販売した場合、乙の行為は

特許権 P を侵害するか。この場合において、甲の特許権が、物の発明のほか、研磨装置を生産する方法の発明、および研磨装置の製造工程で用いられる検査の方法の発明（単純な方法の発明）についても成立しており、乙がそれらの方法を使用していたとき、乙の行為は甲の特許権の侵害となるか。

参｜考｜文｜献

中山信弘＝小泉直樹編『新・注解特許法（中）〔第 2 版〕』1154 頁〔鈴木將文〕（青林書院・2017）

長谷川浩二「その余の抗弁——消尽」髙部眞規子編『特許訴訟の実務〔第 2 版〕』（商事法務・2017）

田村善之「費消済みインクタンクにインクを再充填する行為と特許権侵害の成否——インクカートリッジ最高裁判決の意義（上）（下）」NBL 877 号 12 頁、878 号 22 頁（2008）

横山久芳「特許権の消尽——キヤノンインクタンク事件最高裁判決を素材として」知財研フォーラム 72 号 24 頁（2008）

飯村敏明「完成品に係る特許の保有者が部品を譲渡した場合における特許権の行使の可否について」中山信弘先生古稀記念論文集『はばたき——21 世紀の知的財産法』336 頁（弘文堂・2015）

田中孝一「判例解説」（マキサカルシトール事件最判）曹時 69 巻 12 号 187 頁（2017）

鈴木將文「均等論の第 5 要件——マキサカルシトール事件」小野昌延先生追悼記念『続・知的財産法最高裁判例評釈大系』328 頁（青林書院・2019）

（鈴木將文）

7. 言うことをきかないライセンシー

設問　A' 発明にかかる特許権でそこそこの利益を稼ぎ、しかも、B 特許権でかなりの利益を上げた大石（「2. 苦闘する貧乏技術者」参照。結局、B 特許権についての無効審決は取り消され、同権利は維持された）。しかし、大学ではいつまでたっても「助教」のままだったので、バカらしくなった大石は思い切って大学を辞め、一念発起して上記の稼ぎを元手に会社（電機メーカー）を設立した。会社名はビッグストン。

　ビッグストンは、自己の従業員がした業務用冷蔵庫の発明（D）および空気清浄機の発明（E）について特許を受ける権利を承継し、それぞれ特許出願をして特許権の設定登録を受けた（以下、D にかかる特許権を「D 特許権」、E にかかる特許権を「E 特許権」という）。

　ビッグストンは、レストランを経営する会社 8 ＆ i より注文を受け、出願手続中に、D を実施した業務用冷蔵庫を製造し、同社に納入した（以下、ビッグストンが製造販売した当該冷蔵庫を「ビッグ製品」という）。8 ＆ i の社長は、何をかくそう大石の旧友・上杉であった。この取引には、大石の再出発を祝福する意味もあった。

　しかし 8 ＆ i は、ビッグ製品を 1 年間使用したのち、他のレストランを経営する会社に譲渡しようとしたのである。理由は、上杉がビッグ製品の性能にいまいち納得できなかったからであった。

　驚いた大石は、上杉と居酒屋アタミで面会することにした。ビッグ製品の販路が狭まることを懸念した大石は、ビッグストンが製品を引き取るので、8 ＆ i が他者に譲渡しないように申し入れようとしたのである。

上杉「で、なんぼで引き取ってくれんねん？」
大石「せやな、20 万円で手ぇ打とか。」
上杉「じょ、冗談やろ（半ばひっくり返りつつ）、こちらが購入した

　　　ときの代金は2000万やで?! 500万円で買うてくれるいうとこも
　　　あるんや。20万じゃ、新車一台買えんがな。」
大石「なあ（上杉の背中をなでつつ）、友達やないか。ウチとしては
　　　新品をあちこちに売りたいんや。今がウチにとって大事な時やけ
　　　んなあ。」
上杉「そやかて、こっちも商売やっとるんや。いくら友達かて、無理
　　　は通らんがな。」

　結局、交渉はグダグダになり、上杉は大石の提案を受け入れること
はなかった。ビジネスの世界とは、かくも友情？が通じない世界なの
か。店を出たときの大石の眼は据わり、彼の腹の底には冷たい炎が燃
えていた。そう、彼は特許権を行使しても、上杉に言うことをきかせ
ようと思ったのだ。

❶　ビッグストンは、８＆ｉに対し、ビッグ製品を他の者に譲渡する
　のをやめるよう、Ｄ特許権に基づいて請求することができるか。

　時は流れ、ビッグストンは、なぜか大手電機メーカーであるアコー
電機（以下、「アコー」という）と取引関係をもつにいたった。ビッ
グストンは、（各方面に知られ始めた大石のちょっとアレな性格も響
いて）その営業力に限界がみえるなか、アコーの営業力にあやかるこ
とで利益を得ようとしたのである。しかし、例によって短気な大石は、
次に述べるように、アコーの顧客たちを特許権侵害で訴えはじめる。
結果、アコーとの良好な関係も雲散霧消してしまうのだが……。

❷　ビッグストンは、アコーに対し、Ｄ特許権に基づいて関東地域
　にかかる独占的通常実施権を設定していた。アコーは、Ｄを実施
　した業務用冷蔵庫を埼玉県で製造販売したところ、レストランを経
　営する会社仙石屋がこれを購入し、その使用を開始した（以下、ア
　コーが製造販売した当該冷蔵庫を「アコー製品１」という）。
　⑴　仙石屋のレストランが静岡県に所在する場合、ビッグストンは、
　　　仙石屋に対して当該冷蔵庫の使用の差止めおよび損害賠償を請
　　　求することができるか。
　⑵　上記事案とは異なり、アコーがアコー製品１を静岡県で製造販
　　　売し、仙石屋のレストランが埼玉県に所在する場合、ビッグス

トンは、仙石屋に対し、アコー製品1の使用の差止めおよび損害賠償を請求することができるか。

❸ ビッグストンは、アコーに対し、E特許権に基づいて通常実施権を設定していた。その際に交わした契約書には、Eに技術的改良を施した場合には、直ちにビッグストンに報告する義務が定められていた。

アコーは、Eに技術的改良を施したもの（E'）を開発するに至ったが、半年たってもそのことをビッグストンに報告することはなかった。そしてアコーは、鉄道会社である東山鉄道から大口の注文を受け、鉄道車両用の空気清浄機でE'を実施したものを製造し、同社に納品した（以下、アコーが製造販売した当該空気清浄機を「アコー製品2」という）。

一方、大石は、ひょんなことからE'がEに技術的改良を施したものであることを知った。ビッグストンは、東山鉄道に対し、アコー製品2の使用の差止めおよびその廃棄を請求することができるか（E'は、なおEの技術的範囲に属するものとする）。

解　説

1 ………… 概　観

(1)　設問のねらい

本設問では、特許権の消尽に絡めて、特許権侵害と契約違反の調整問題について問うており、消尽についてのいっそう深い理解を得ることを目的としている。消尽は、特許権を行使することによって起こるとされる法現象であるが、特許を受ける権利を行使した場合にも同様の効果が発生するのか——また、ライセンス契約中の各条項のうち、そもそも「特許権の行使」にあたるといえるものは、一体どれなのか——いずれも本設問に含まれる論点であるが、特に後者の論点は本設問の事案に限定されない、膨らみのある論点である。関連問題も含めて、皆で広く議論してもらえたらと思う。

（2）　取り上げる項目
- ►特許を受ける権利の行使と特許権の消尽
- ►ライセンスの地域的制限と特許権の消尽
- ►技術的改良報告義務違反と特許権の消尽

2…………特許を受ける権利の行使と特許権の消尽

　判例は、特許製品を国内譲渡した特許権者は、発明公開の代償を確保する機会が少なくとも 1 回は保障されていたのだから、この者に二重に利得する機会を与える必要はないとして、特許権が消尽することを認めている（最判平成 9・7・1 民集 51 巻 6 号 2299 頁［特百 26］〔BBS 事件〕、最判平成 19・11・8 民集 61 巻 8 号 2989 頁［特百 22］〔インクタンク事件〕）。しかし、特許権の設定登録前に実施品を譲渡した場合には、出願人は特許を受ける権利の行使として製品を譲渡したのであって、特許権を行使したわけではない。事後に成立する特許権は、これによる影響を受けないとも考えられるので、問題となる。

　学説上は、特許成立前の譲渡であっても、出願人は販売利益を得ることができることにかわりはないから、消尽を肯定してよいとする見解がある。確かに、ここで得られた利益は、いまだ発明実施について独占状態を確保していない段階で得られた利益ではあるが、販売時期を早めたのは出願人自身の判断なのだから、その点を重視する必要はないというのである。またそのような結論をとることで、消尽のもう 1 つの妥当根拠である特許製品の円滑な流通が確保されるということも指摘できるだろう。

　なお、傍論であるが、出願人が自ら製造・譲渡した製品について、事後成立した特許権の行使は権利消尽を理由に許されないとした裁判例がある（大阪地判平成 18・7・20 判時 1968 号 164 頁）。ただし、この判決では詳細な理由づけはなされていない。

3…………ライセンスの地域的制限と特許権の消尽

　特許権は第一譲渡によって消尽するものであるため、第一譲渡が適法

にされた場合、その後の特許製品の転々流通については特許権を行使できない。ゆえに、設問❷(1)における仙石屋の行為は、ビッグストンのD特許権を侵害しないと解される。消尽の効果はあくまで関東地域でのみ生じ、仙石屋の（静岡県における）アコー製品1の使用については、D特許権は消尽していないとの解釈も考えられなくはないが、そのような解釈を採用すると特許製品の流通が（同一国内のそれであるにもかかわらず）過度に阻害されることになり、妥当ではないだろう。消尽の根拠に照らしても、設問❷(1)のような場合には消尽を認めるべきであろう。

　他方で、第一譲渡までの行為が特許権を侵害するものである場合、特許法が保障した形での発明公開の代償を確保する機会が存在しなかったことになるので、たとえそれがライセンシーによる第一譲渡であったとしても、特許権は消尽しない。ライセンス契約上のどの条項に違反した場合に（ライセンシーは）特許権を侵害したことになるのかについては縷々議論があるが、一般論としては、当該条項が特許権の本質に関わるもので、まさに特許権の行使に当たるといえる場合に、その違反によって侵害が成立すると考えられているようである（大阪地判平成14・12・26平成13年（ワ）第9922号）。

　そもそも特許制度とは、特許発明にかかる市場を権利者に独占させることで、新たな発明およびその公開へのインセンティブを与えようとする制度である。ライセンスに地域的な制限に付する条項は、特許権者が自らに留保する独占の範囲を直接コントロールする条項であるといえるから、特許権の本質に関わるものとみてよいだろう。

　そうすると、設問❷(2)の事案、すなわちアコーが静岡県でアコー製品1の製造販売を行ったとすれば、その行為はビッグストンのD特許権を侵害することになる。よって、D特許権はいまだ消尽していないことになり、ビッグストンが仙石屋に対しアコー製品1の使用差止めを請求することは可能であろう。

　ただ、過去の使用について損害賠償請求も可能か否かについては、さらに一考を要しよう。特許権侵害の場合、特許法103条によって過失が推定されることになるが、現実問題として、特許製品の製造者（メーカ

ー）ではない単なる転売者や使用者（ユーザー）が侵害の有無を調査するということは期待できない。ユーザーにそうした注意義務を課すことが本来妥当でないとすれば、単なるユーザーについては同条の推定は覆滅されるという解釈も考えられよう。一方で、同条があくまで特許保護の観点から設けられた規定であるということを踏まえれば、ユーザーであることの一事をもって同条の推定が覆滅されると解することには無理がある、との考え方もありえよう[1]（この問題はメーカー等との契約によって対処すべきとする見解もある）。そのほか、ユーザーについても同条の推定は働くが、通常は同法102条5項所定の軽過失にあたるとしたうえで、賠償額に反映させるべきとの解釈も考えられよう。

4………技術的改良報告義務違反と特許権の消尽

　設問❸では、ライセンス契約中、技術的改良の報告義務を定めた条項が特許権の本質に関わるものといえるかが問題となる。

　すでに述べたように、特許法の目的に即して考えれば、特許権者が自らに留保した市場独占の範囲に関わる条項は、特許権の本質に関わるものといえ、優に「特許権の行使」にあたるということができよう。逆に、当該条項がそのような性質を有しないのであれば、それは「特許権の行使」にはあたらず、その違反は（契約違反の問題を生ぜしめるのみで）特許権侵害の問題を生ぜしめないと解すべきである。

　技術的改良の報告義務を定めた条項は、実施権に付する地域的な制限や時間的な制限のように、特許権者が特許発明にかかる市場の独占をどの程度自らに留保するかといった事柄を直接定めたものではない。たしかに、改良技術が用いられることによって、ライセンシーの新製品が特許権者（ライセンサー）の旧製品の市場を侵食するということは考えられるが、報告さえしておけばライセンシーは新製品を問題なく製造販売できるのであるから、ライセンサーとライセンシーは初めから競争関係

---

[1]　東京地判昭和59・10・31判タ543号200頁は、「被告は食堂業等を営む会社であることが認められるけれどもそれが故に特許権の存否等につき一般に要求される調査義務が軽減されるいわれは全くない」として麺類の連続茹上方法の発明にかかる特許権の侵害に基づく損害賠償請求を認めている。

にあるのであって、当該条項はライセンサーが自らに独占を留保する性質のものではない。むしろ、ライセンシーが改良発明について特許権を別に取得することができたような場合には、ライセンサーは、改良の報告を受けたからといって、当該発明を自由に実施することはできなくなるのである（特72条参照）。

　したがって、技術的改良の報告義務を定めた条項は、「特許権の行使」にはあたらないと解すべきであろう。ゆえに、ライセンシーがこれに違反したとしても、それによって特許権の侵害が成立するわけではない（契約違反の問題を生じさせるのみである）。設問❸の事案に即していえば、技術的改良を報告することなくアコー製品２を製造販売したアコーは、それによってＥ特許権の侵害行為を行ったわけではないので、同製品につきＥ特許権はすでに消尽したものと評価されることになろう。

解答例

設問❶

　一般に、特許権者または実施権者が国内において特許製品を譲渡した場合には、当該製品について特許権は消尽し、その使用や譲渡等の行為については、もはや特許権の効力は及ばないと解すべきである。特許製品が転々譲渡されるたびに特許権の行使が可能となれば、当該製品の円滑な流通が妨げられ、かえって特許権者自身の利益を害することになる一方、特許権者においても、最初の譲渡の際に発明公開の代償を確保する機会が保障されていたといえるので、その流通過程において二重に利得することを認める必要は存しないからである。

　仙石屋が売却しようとしているビッグ製品は、いずれもＤ特許権の成立前にビッグストンによって譲渡されたものであるが、やはりＤ特許権の消尽を認めてよいと解する。出願手続中に譲渡された製品であっても、その円滑な流通を確保する必要があることには変わりがなく、また、出願人が有する特許を受ける権利は、事後成

立する特許権と連続的な関係にあるといえるから、前者の行使によってすでに発明実施品の譲渡から利得している場合に、後者の行使によって重ねて利得することを認める必要はないからである。

以上から、ビッグストンは、8＆iに対し、ビッグ製品を他の者に譲渡するのをやめるよう、D特許権に基づいて請求することはできない。

設問❷

(1)　既述のように、特許製品が適法に第一譲渡された場合には、当該製品について特許権は消尽すると解すべきである。もっとも、設定された実施権に地域的な制限が付されている場合に、実施権者の第一譲渡によって生じる消尽の効果もまた当該地域内に制限されるか否かが問題となる。

結論からいえば、消尽の効果は、国内に関する限り地域的に無制限のものであるべきである。なぜなら、実施権の地域的な制限に応じて消尽の効果もまた地域的に制限されるとすると、実施権者が当該地域内で第一譲渡したとしても、その外における特許製品の流通およびその業としての使用は、（容易にそれが行われうるにもかかわらず）特許権の侵害となってしまい、市場における特許製品の円滑な流通を過度に阻害することになるからである。また、特許権者は、実施権を設定する際に発明公開の代償を確保しうることに変わりはなく、当該地域の外における流通を考慮した実施料を設定することも可能であるから、それ以上に特許権者に利得の機会を与える必要はない。

問題文によれば、アコー製品1はアコーが埼玉県で製造販売したものであるから、ビッグストンが設定した実施権に付された地域的制限（関東地域内）の範囲内で製造販売したものである。すなわち、アコー製品1は適法に第一譲渡されたといえる。よって、アコー製品1についてD特許権は消尽し、既述の理由から、その効果は地域的に制限されることがない。静岡県に所在する仙石屋のレストランが、アコー製品1を業として使用したとしても、その行為はD特許権を侵害しない。

以上から、ビッグストンは、仙石屋に対し、アコー製品1の使用の差止めおよび損害賠償を請求することはできない。

(2)　たとえ実施権者による特許製品の第一譲渡であっても、特許権を侵害する形で行われた場合には、当該権利を消尽せしめるもの

ではない。そこで、ライセンス契約中のいかなる条項の違反が特許権の侵害となるかが問題となる。

この点、当該条項が、まさに特許権の行使にあたるといえるのであれば、その違反は特許権の侵害を成立させるというべきである。逆にいえば、そのような性質の条項でない限り、その違反は、特許権の侵害を成立させない。なんとなれば、特許法が保障する形での発明公開の代償を受ける機会が特許権者に確保されれば十分であって、それ以外の場合にまで（特許法上）特許権者を保護する必要はないからである。

そして、ライセンス契約中の特定の条項が特許権の行使にあたるか否かは、それが、特許権者が自らに留保した市場独占の範囲を直接決定するものか否かに応じて判断すべきである。特許制度は、特許発明の市場を（特許権を通じて）権利者に独占させることで発明およびその公開へのインセンティブを確保しようとするものであるから、市場独占の範囲を直接決定する条項こそは特許権の本質に関わるものであって、優にその行使にあたるといえるからである。

アコーが、アコー製品1を静岡県で製造販売した場合には、アコーに実施権が設定された際に付された地域的な制限に違反したことになる。このような制限は、特許権者が自らに留保した市場独占の範囲を直接決定するものであるといえる。よって、アコー製品1はD特許権の侵害によって製造販売されたものであり、アコー製品1についてD特許権はいまだ消尽していない。仙石屋のレストランがアコー製品1を業として使用する行為もまた、D特許権を侵害するというべきである。

以上から、ビッグストンは、D特許権の侵害を理由として、仙石屋に対し、アコー製品1の使用の差止めおよび損害賠償を請求することができる。

ただし、アコー製品1の使用がD特許権の侵害行為であることを仙石屋が知るべき相当の理由を有するに至るまでの期間については、ビッグストンは、損害賠償を請求することができないと解する。問題文には、仙石屋の過失の存在をうかがわせるような事情は特に示されていないからである。たしかに、特許権の侵害に対しては特許法103条が過失を推定する旨定めているが、仙石屋のような特許製品の単なるユーザーについては、同条の推定は覆されると解すべきである。侵害の有無を調査してから業としての使用を開始するこ

121

とをユーザーに期待するのはおよそ現実的ではなく、そのような注意義務をこの者に課すことは妥当でないからである。

設問❸

既述のように、ライセンス契約中の特定の条項に違反したとしても、それが特許権の行使といえないもの、すなわち特許権者が自らに留保した特許発明に係る市場独占の範囲を直接決定するものでない限り、それは契約違反の問題を生じさせるのみであって、特許権の侵害が成立することはないと解すべきである。

このような観点からすると、技術的改良を報告する義務を定めた条項は、上記の意味における特許権の行使にはあたらないと解される。報告さえしておけば実施権者は改良発明を実施できるので、当該条項は、特許権者が自らに留保する市場独占の範囲を決定する性質のものとはいえないからである。

そうすると、アコーによる当該契約条項の違反は、ビッグストンのE特許権行使を妨げるものではなく、東山鉄道が使用しているアコー製品2についてE特許権はすでに消尽したものと解される。ビッグストンは、東山鉄道に対し、アコー製品2の使用の差止めおよびその廃棄を請求することはできない。

関連問題

1. 製造数量制限と特許権の消尽

物の発明 α について特許権を有する者甲が乙と締結したライセンス契約には、α を実施した製品の製造数について、月産100個までとする条項が存在していたとする。そして丙が乙から購入した特許製品は、当該条項に違反して製造されたものであったとする。乙の当該義務の不履行を知るに至った甲は、丙に対して、当該製品の業としての使用の差止めを請求することができるか。

2. 権利留保表示の抹消と並行輸入

フィンランドのタイヤメーカー・丁は、タイヤのアルミホイールのデザインについてわが国で登録意匠の出願をし、意匠権を取得していた。また、欧州でも、同じデザインのアルミホイールについて共同体意匠の[2]

出願をし、その登録を得ている（これにより、EU 加盟国全域について意匠権を取得した）。

丁はドイツの工場で当該意匠にかかるアルミホイールを製造し、同国で販売したところ、同製品はアイルランドにも輸入され、日本の株式会社である戊が大量にこれを購入した。そして戊がこれを日本に輸入し、同じく日本の株式会社で自動車用品の販売店を経営する己が同製品を複数の店舗において販売し始めた。

丁は、日本の意匠権に基づいて己に対して当該製品の販売の差止めを求めた。

なお、丁がドイツで製造販売したアルミホイールの包装上には、「この製品は知的所有権で保護されており、EU 域外での販売・使用を禁じます」という注意書きが見やすいところに英語で書かれていたが、戊がアイルランドで購入したときには包装が差し替えられており、当該注意書きに相当する記載は見当たらない状況であった。丁が己に、当該注意書きの（何者かによる）抹消を伝えたのは、己が当該製品の戊から買い付けた後であった。

はたして丁の請求は認められるか。

┃参┃考┃文┃献

小泉直樹「数量制限違反の特許法上の評価」牧野利秋判事退官記念『知的財産法と現代社会』347〜359 頁（信山社出版・1999）

小泉直樹「ライセンス契約による制限の違反と特許権侵害の成否」別冊ジュリスト 209 号（特許判例百選〔第 4 版〕）188〜189 頁（2012）

島並良「判批」L＆T 39 号 52〜59 頁（2008）

中山信弘＝小泉直樹編『新・注解 特許法（中）〔第 2 版〕』2113 頁以下〔吉田和彦〕（青林書院・2017）

---

[2] EU 加盟国全域に権利の効力が及ぶ単一の意匠制度であり、登録意匠制度と無登録意匠制度がある（後者はわが国の不正競争防止法と似た制度である）。登録意匠の場合、その登録は欧州連合知的財産庁（EUIPO：European Union Intellectual Property Office）で行われる。

平嶋竜太「特許ライセンス契約違反と特許権侵害の調整法理に関する一考察」中山信弘先生還暦記念『知的財産法の理論と現代的課題』233〜264頁（弘文堂・2005）

（駒田泰土）

8. 売買はライセンスを破らない

設問　A 社は、A スマートフォン搭載の半導体（以下「A 半導体」）に関する特許権（以下「A 特許権」）およびスマートフォン用画像処理ソフトウェア A（以下「A ソフトウェア」）に関する著作権（以下「A 著作権」）を保有しており、電器メーカー B 社に、A 特許権に関する独占的通常実施権を設定するとともに、A ソフトウェアの利用（複製および譲渡）を独占的に許諾していた。その後、A 社は、資金不足を解消するため、A 特許権および A 著作権を B 社の競合メーカーである C 社に譲渡した。以下の問に答えよ。

❶ B 社は A 特許権および A 著作権が C 社に移転した後も A 半導体および A ソフトウェア（以下一括して「B 製品」）の製造販売を継続していたところ、C 社は、B 社に対し、B 製品の製造をやめるよう警告状を送付した。B 社は、C 社の要求に対してどのような反論を行うことができるか。

❷ B 社は A 特許権および A 著作権が C 社に移転した後も B 製品の製造を国内で独占的に継続していたところ、C 社は、B 社に対し、今後、D 社に A 特許権の通常実施権および A ソフトウェアの利用（複製および譲渡）を許諾する旨通告してきた。B 社は、C 社の上記通告に対してどのような反論を行うことができるか。

❸ E 社が、A 特許の技術的範囲に属する携帯電話（E 製品）を C 社には無断で製造販売したため、C 社は、E 社を相手取り、E 製品の製造販売について A 特許侵害に基づく損害賠償請求訴訟を東京地裁に提起した。E 社は、調査の結果、A 特許に無効理由を発見したため、特許庁に対して A 特許の無効審判を請求するとともに、東京地裁の訴訟において、A 特許には無効審判により無効とされるべき事由があるとの抗弁を行った。東京地裁はこの抗弁を認めず、C 社の請求を認容し、判決は確定した。一方、半年後、特許庁に

おいて無効審決が下され、審決は確定した。C 社は、東京地裁による損害賠償の支払命令に基づく強制執行を行うことは可能か。差止判決の効力についてはどうか。

解　説

1 ………… 概　観

(1)　設問のねらい

本問は、いわゆる当然対抗（特 99 条、著 63 条の 2）と、再審の訴えにおける主張の制限（特 104 条の 4）について扱うものである。

(2)　取り上げる項目

► 当然対抗（特 99 条、著 63 条の 2）

► 当然対抗における当然承継説と非承継説

► 再審の訴えにおける主張制限（特 104 条の 4）

2 ………… 当然対抗（設問❶）

(1)　特許法 99 条

特許権者は、その特許権について他人に通常実施権を許諾（ライセンス）することができる（特 78 条 1 項）。通常実施権者は、特許法によりまたは設定行為で定めた範囲内において、業としてその特許発明の実施をする権利を有する（同条 2 項）。

通常実施権の発生原因としては、契約（許諾）によるもの、特許法上法定されているもの（特 35 条 1 項・79 条など）、および裁定によるもの（同 83 条・92 条）がある。

通常実施権の法的性質は、「単に特許権者に対し……実施を容認すべきことを請求する権利」すなわち特許権者に対して差止請求等を行使しないように求める不作為請求権にすぎない。[1]特許権侵害訴訟において、実施権の存在は抗弁として主張できる。

---

[1]　最判昭 48・4・20 民集 27 巻 3 号 580 頁 [特百 100]。

通常実施権者は、登録を要さずに、特許権の譲受人に対抗できる（特99条）。当然対抗制度と呼ばれる。

本問では、B社は、A特許権について通常実施権を有していることを新特許権者C社に対して主張できる。

(2) 著作権法63条の2

著作権者は、他人に対し、その著作物の利用を許諾することができる（著63条1項）。許諾を得た者は、その許諾に係る利用方法および条件の範囲内において、その許諾に係る著作物を利用することができる（同条2項）。利用権（著63条1項の許諾に係る著作物を同条2項の規定により利用することができる権利）は、著作権者の承諾を得ない限り、譲渡することができない（同条3項）。

令和2年著作権法改正により、特許法99条と同様に、著作権についても、利用権は、登録等の対抗要件を要さずに、当該利用権に係る著作物の著作権を取得した者その他の第三者に対抗することができることが規定された（著63条の2）。利用権を対抗することができるとは、利用を継続することができるという意味である。「著作権を取得した者その他の第三者」には、著作権の譲受人・相続人・破産管財人・差押債権者が含まれる。

本問では、B社は、A著作権についての利用権を譲受人C社に対して主張できる。

3…………当然対抗における当然承継説と非承継説（設問❷）

(1) 特許法

通常実施権の種類としては、①単に実施を許諾するにとどまるもの、②特許権者と通常実施権者との間に、当該通常実施権者のみに実施権を付与する旨の約定があるもの（独占的通常実施権）、さらに、③当該通常実施権者のみに実施権が与えられ、かつ、特許権者自身も自己実施しない旨定めたもの（完全独占通常実施権）、がある。

通常実施権が新特許権者に対して対抗可能な場合、特許権の譲渡人と通常実施権者の間のライセンス契約関係までもが特許権の譲受人と通常

実施権者との間に承継されるかについては、改正法においては明確な規定は置かれておらず、個々の事案に応じて判断されるべきものとされている。平成23年特許法改正に先立ち、産業構造審議会知的財産政策部会「特許制度に関する法制的な課題について」4頁（2011）は、「ライセンス契約においては、通常実施権の許諾の合意そのもののみならず、ライセンス料の支払い、技術情報やノウハウの提供等、様々な債権・債務に関する合意がなされている。また、包括ライセンス契約や、クロス・ライセンス契約等、多種多様な契約形態が見られる。そのため、通常実施権が特許権の譲受人（第三者）に対抗可能な場合に、通常実施権者と特許権の譲渡人との間のライセンス契約関係が通常実施権者と特許権の譲受人（第三者）との間に承継されるか否かについては、個々の事案に応じて判断されることが望ましいと考えられる」と整理していたところである。

　この点、学説上は、大別して、ライセンス契約関係も当然に承継されるとする説（当然承継説）と、承継されないとする説（非承継説）とがある。

　本問については、A社とB社との間のライセンス契約において独占性が定められていた場合、当該条項がそのままC社とB社の間に承継されるかが問題となる。

　当然承継説によれば、C社がD社に通常実施権を設定する行為はC社とB社との間の独占性に関する定めに反するものであり、債務不履行となる。

　一方、非承継説に立てば、B社は、C社のD社に対する設定行為に対して異議を唱えることは困難となろう。

(2)　著作権法

　著作権法についても特許法と同様に、利用権が新著作権者に対して対抗可能な場合、著作権の譲渡人と利用権者とのライセンス契約関係が新著作権者と利用権者の間に承継されるかについて、大別して、ライセンス契約関係も当然に承継されるとする説（当然承継説）と、承継されないとする説（非承継説）の対立がある。

令和2年法改正によって当然対抗制度が導入されるのに先立ち、文化審議会著作権分科会報告書（2019）は、「利用許諾契約全体を一律に承継させることとすると、ライセンサーの交代が利用者に不利益を与える場面も想定されるため、利用許諾契約全体を一律に承継させる制度を採用するのは妥当ではないと考えられる」（同127頁）、「利用許諾に係る権利の対抗に伴う契約の承継に関しては、一定の基準を法定して契約が承継されるか否かが決定される制度を設けることは妥当ではないものと考えられ、契約が承継されるか否かについては個々の事案に応じて判断がなされるのが望ましいと考えられる」（同128頁）とする一方、「当然対抗制度の導入が、利用許諾に係る権利が非独占的であって、譲受人に与える不利益が小さいことを前提として正当化されていることを踏まえれば、利用許諾に係る権利の当然対抗に伴い、契約条項のうち独占条項（利用者以外の者には利用させない旨の合意）が承継されることはないものと考えられる」（同124頁）と指摘しており、少なくとも、独占条項については、承継されないとの解釈を示していたところである。

この見解によれば、B社は、C社に対し、利用許諾の独占性を対抗できず、C社は、D社への利用許諾を行うことが許されよう。

(3) 債権法改正との関連

関連して、平成29年に施行された改正債権法の中には、契約上の地位の移転について、次のような条文が置かれた。まず、原則として、契約の当事者の一方が第三者との間で契約上の地位を譲渡する旨の合意をした場合において、その契約の相手方がその譲渡を承諾したときは、契約上の地位は、その第三者に移転する（民539条の2）。特許、著作権の許諾契約にあてはめると、移転のためには、契約当事者である譲渡人（本問ではA）と譲受人（本問ではC）との間で、ライセンス契約の契約上の地位を移転する旨の合意をし、そのうえで、当該契約の相手方であるライセンシー（本問ではB）の承諾が必要ということになる。この原則によると、本問では、譲受人CはAB間の通常実施権設定契約上の地位、利用許諾契約上の地位の移転に合意をしていないため、移転は認められないことになろう。

　一方、改正債権法では、不動産の賃貸借について、例外が認められており、賃借人が対抗要件を備えている場合、その目的物たる不動産が譲渡されたときは、その不動産の賃貸人の地位は譲受人に移転するという当然承継ルールが採用されている（民605条の2）。さらに、賃借人が対抗要件を備えていない場合であっても、譲渡当事者間の合意によって賃借人の承諾を要することなく、賃貸人の地位を移転することができるとされている（同605条の3）。右規定は賃貸借に関する特則であり、特許権、著作権に関する契約には適用されないが、かりに特許権、著作権に関する契約について民法605条の3の考え方を本問に類推できるとすると、Cの合意がなくても、契約上の地位の移転が認められることになろう。

　この点について、松田俊治『ライセンス契約法』は、「賃貸者契約と比較して考えると、特許権や著作権のライセンス契約においては、ライセンサーに課された付随義務（例えば、ノウハウ提供や著作者人格権不行使）を履行する能力を備えているか、又はライセンシーに課された義務（例えば、改良技術へのアクセス・グラントバックやロイヤルティの算定の基礎としてのライセンシーの売上情報の提供など）を履行する相手方として、ライセンシーの営業秘密にライセンサーが接する可能性を許容できるかといった観点から、ライセンサーの個性が問題になる場合が多いと考えられるので、ライセンス契約全般について、承諾なく当然承継されると考えるべきではなく、民法の原則にかえって、当然承継されないのが原則となろう」と指摘している（松田・後掲参考文献163頁）。

4⋯⋯⋯⋯**再審の訴えにおける主張制限**

　侵害訴訟認容判決確定後に特許庁において無効審決が確定した場合、侵害訴訟認容判決確定後に特許庁で訂正審決が確定した場合、侵害訴訟棄却判決確定後に訂正認容審決が確定した場合、民事訴訟法338条1項8号にいう再審となるかが問題となる。平成23年改正によって、侵害訴訟等の判決が確定した後に、無効審決、訂正審決、延長登録無効審決が確定しても、当該訴訟の当事者であった者は、当該確定判決に対する

再審の訴えにおいて当該確定後の無効審決の主張ができないこととなった（特104条の4）。

　侵害訴訟において、当事者は、特許の有効性および範囲について互いに攻撃防御を尽くす十分な機会を与えられており、侵害訴訟の判決確定後に無効審決、訂正審決が確定した場合であっても、紛争の蒸し返しを認めるべきではないというのが再審理由の主張制限の趣旨とされる。

　確定判決の既判力は、再審の訴えによって同判決が取り消されない限り失われないところ、特許法104条の4第1号によると無効審決が確定ことを理由とする再審の請求は認められず、損害賠償請求に係る認容判決の既判力は失われない。また、認容判決が再審によって取り消されない以上、判決効の1つである執行力も無効審決の確定によって失われないから、その後に損害賠償請求の支払命令に基づく強制執行を行うことも許されよう。なお、被告が支払わなかった事情や、原告が判決確定後に強制執行を行ったのかなどの事情を考慮したうえで、場合によっては強制執行が権利濫用と認められ、請求異議の訴え（民執35条）を提起することを検討してもよいという指摘もある（清水・後掲参考文献64頁）。

　同じく、特許法104条の4により、差止判決の既判力も失われない。A特許の無効が確定することにより、同特許はさかのぼって消滅し（特125条）、本来ならば何人もA特許の対象であった発明を自由に実施できるところ、E社のみが実施できないという結論については批判もある（北原・後掲参考文献84頁は、無効審決確定後の実施は禁止されないと解すべきであるとして、実施を認める理論構成として、①無効審決の確定が請求異議事由となる見解、②無効審決の確定が請求異議事由であると解することは困難であるが、無効審決の確定により特許が対世的に無効となった後において、特許権者が差止判決を執行することは権利濫用に該当し、これが請求異議事由になるとの見解、③差止めを命じる判決の趣旨は、当該特許権が有効に存続する限り実施行為を禁止するというものであるから、無効審決が確定し当該特許権が無効となった以上、請求異議訴訟を経るまでもなく、確定判決に基づく強制執行は認められないとする見解などが考えられると指摘したうえで、私見として、上記①説を支持している）。

解答例

設問❶

　通常実施権者は、登録を要さずに、特許権の譲受人に対抗できる（特 99 条）。当然対抗制度と呼ばれる。本問では、B 社は、A 特許権について通常実施権を有していることを新特許権者 C 社に対して主張できる。

　利用権は、登録等の対抗要件を要さずに、当該利用権に係る著作物の著作権を取得した者その他の第三者に対抗することができる（著 63 条の 2）。B 社は、A 著作権についての利用権を譲受人 C 社に対して主張できる。

設問❷

　本問については、A 社と B 社との間のライセンス契約において独占性が定められていた場合、当該条項がそのまま C 社と B 社の間に承継されるかが問題となる。

　当然承継説によれば、C 社が D 社に通常実施権を設定し、利用許諾を行う行為は C 社と B 社との独占性に関する定めに反するものであり、債務不履行となる。

　一方、非承継説に立てば、B 社は、C 社の D 社に対する設定行為に対して異議を唱えることは困難となろう。

設問❸

　侵害訴訟認容判決確定後に特許庁において無効審決が確定した場合、当該訴訟の当事者であった者は、当該確定判決に対する再審の訴えにおいて当該確定後の無効審決の主張ができない（特 104 条の 4）。確定判決の既判力は、再審の訴えによって同判決が取り消されない限り失われないところ、特許法 104 条の 4 第 1 号によると無効審決が確定したことを理由とする再審の請求は認められず、損害賠償請求に係る認容判決の既判力は失われない。また、認容判決が再審によって取り消されない以上、判決効の 1 つである執行力も無効審決の確定によって失われないから、その後に損害賠償請求の支払命令に基づく強制執行を行うことも許されよう。ただし、事情によっては権利濫用に該当し、請求異議事由の訴えが可能となる場合もあろう。

> 　差止判決についても、無効審決の確定によってもその既判力は失われないが、無効審決の確定が請求異議事由に該当するとみる余地もあろう。

関連問題

　特許庁「特許・実用新案審査基準第 III 部第 2 章第 2 節進歩性」によると、進歩性（29 条 2 項）の判断は以下のように行われる。

「3.　進歩性の具体的な判断

　審査官は、先行技術の中から、論理付けに最も適した一の引用発明を選んで主引用発明とし、以下の(1)から(4)までの手順により、主引用発明から出発して、当業者が請求項に係る発明に容易に到達する論理付けができるか否かを判断する。

(1)　審査官は、請求項に係る発明と主引用発明との間の相違点に関し、進歩性が否定される方向に働く要素に係る諸事情に基づき、他の引用発明（以下この章において「副引用発明」という。）を適用したり、技術常識を考慮したりして、論理付けができるか否かを判断する。

(2)　上記(1)に基づき、論理付けができないと判断した場合は、審査官は、請求項に係る発明が進歩性を有していると判断する。

(3)　上記(1)に基づき、論理付けができると判断した場合は、審査官は、進歩性が肯定される方向に働く要に係る諸事情も含めて総合的に評価した上で論理付けができるか否かを判断する。

(4)　上記(3)に基づき、論理付けができないと判断した場合は、審査官は、請求項に係る発明が進歩性を有していると判断する。上記(3)に基づき、論理付けができたと判断した場合は、審査官は、請求項に係る発明が進歩性を有していないと判断する。……

3.1　進歩性が否定される方向に働く要素（抜粋）

3.1.1　主引用発明に副引用発明を適用する動機付け主引用発明（A）に副引用発明（B）を適用したとすれば、請求項に係る発明（A＋B）に到達する場合には、その適用を試みる動機付けがあることは、進歩性が否定される方向に働く要素となる。

　主引用発明に副引用発明を適用する動機付けの有無は、以下の(1)から(4)までの動機付けとなり得る観点を総合考慮して判断される。審査官は、

いずれか一つの観点に着目すれば、動機付けがあるといえるか否かを常に判断できるわけではないことに留意しなければならない。

（1）　技術分野の関連性　　主引用発明の課題解決のために、主引用発明に対し、主引用発明に関連する技術分野の技術手段の適用を試みることは、当業者の通常の創作能力の発揮である。例えば、主引用発明に関連する技術分野に、置換可能又は付加可能な技術手段があることは、当業者が請求項に係る発明に導かれる動機付けがあるというための根拠となる。

（2）　課題の共通性　　主引用発明と副引用発明との間で課題が共通することは、主引用発明に副引用発明を適用して当業者が請求項に係る発明に導かれる動機付けがあるというための根拠となる。

（3）　作用、機能の共通性　　主引用発明と副引用発明との間で、作用、機能が共通することは、主引用発明に副引用発明を適用したり結び付けたりして当業者が請求項に係る発明に導かれる動機付けがあるというための根拠となる。

（以下略）」

　Xは、特許請求の範囲を「アドレス帳の宛先を通信頻度に応じて並べ替える電話装置」（X発明）とする特許出願を行い、現在、審査係属中である。出願前、「アドレス帳の宛先をユーザが設定した重要度に応じて並べ替える電話装置」（A発明）、および、「アドレス帳の宛先を通信頻度に応じて並べ替えるファクシミリ装置」（B発明）が公知であった。X発明の進歩性に関して以下の問に答えなさい。

（1）　審査官は、主引用発明、副引用発明としてどれを選択すべきか。
（2）　X発明と主引用発明との間の相違点は何か。
（3）　主引用発明と副引用発明の共通点は何か。
（4）　主引用発明から出発して、当業者がX発明に容易に到達する論理付けは可能か。

参　考　文　献

清水節「再審の訴えに関する特許法改正」ジュリスト1436号64頁（2012）
松田俊治『ライセンス契約法』（有斐閣・2020）
北原潤一「再審」ジュリスト1438号84頁（2012）

（小泉直樹）

9. 懐もあたた懐炉

設問

個人発明家のX氏は、とにかく寒いのが苦手である。そんなX氏、このほど北国に移り住むことになったのをきっかけに、カイロ（懐炉）の研究開発を進めていた。開発のための設備等も限られていたのであるが、2年にわたる試行錯誤の結果、ついに新型カイロ「ネオカイロ」の発明に成功したというのだから、たいしたものである。従来のカイロは使い捨てタイプのものが多かったが、このネオカイロは、いったん使用した後、水に濡らして電子レンジで加熱するだけで何度でも再生可能という画期的なものである。

発明を完成させたX氏、2021年1月に、これを特許庁に特許出願した。その後、早期公開を請求し、同年7月には出願公開された。

祈りながら待つこと1年半、X氏のもとに特許査定が届いた。こうしてX氏は、2022年12月1日に、めでたく特許権を取得したのである。

❶ ところが、2022年10月1日の時点で、Y社は「あたた懐炉」と称するカイロ（Y製品）を売り出していた。実はY社、X氏の発明が出願公開されたのを見て、これをそのまま実施して、Y製品を製造販売したのである。どうせ特許査定はもらえないだろう、というのがY社の目論見だったようである。他方、X氏は北国で別の研究に没頭するあまり、このことにしばらく気づかなかった。ところが、この冬はことのほか冷え込んだため、2023年1月になると、街中でもY製品を使用する人が目につくようになり、ついにX氏もこれを知るところとなった。憤慨したX氏は、Y社に対して、2022年10月1日から2022年11月末日までの2か月間における実施行為について、金銭を支払うよう請求した。さて、この請求は認められるか？

❷ Y社は、2022年12月1日に本件発明が特許登録されたのを知って驚いた。しかしY社は、それ以降も、どさくさにまぎれて2023

年3月末日までY製品の製造販売を継続していた。具体的にいうと、この4か月間に、Y社はY製品を定価1000円（1個につき500円の利益を得ていた）で1か月当たり4万個販売していた。他方、X氏は個人発明家であるため自己の特許発明を実施するための設備や資金を持ち合わせておらず、これを実施することはできずにいた。このような状況で、X氏は、Y社に対して、この4か月間に被った損害の賠償を請求した。さて、X氏は、どのような額を損害として賠償請求できると考えられるか？

❸ ❷において、X氏が個人発明家でなく会社（X社）であり、2022年10月以降、現に本件特許発明を実施した商品「ネオカイロ」（X製品）を定価1500円（1個当たり700円の利益を得ていた）で1か月当たり5万個を製造販売していたという場合、2022年12月1日から2023年3月末日までの4か月間について、X社はY社に対して、どのような額を損害として賠償請求できると考えられるか？　なお、X社は大規模な工場を持っており十分な生産能力を有していたとする。ただ、Y社がこの期間中にY製品を1か月当たり4万個販売できたのは、Y製品が安価であることや、"懐もあたた懐炉"のキャッチフレーズ（ちょっと使い方を間違っている気もするが）を用いてテレビCMに人気タレントを起用したことに起因するものであり、たとえY社による販売行為がなかったとしても、X社が販売できたのは1か月当たりせいぜい7万個だったとする。

※なお、本問において、1個当たりに得た「利益」とは、純利益ではなくいわゆる限界利益を指すものとする。

解　説

1 ………… 概　観

（1）　設問のねらい

　本問は、特許権侵害に対する損害賠償請求に関する論点を中心に出題したものである。損害賠償をめぐっては、とりわけ損害額の算定をめぐって、非常に多くの論点がある。これは実務上も重要性が高いものであ

る。そこで、損害賠償に関する基本的な論点を学ぶのが本問のねらいである。

(2) 取り上げる項目
► 出願公開の効果としての補償金請求権
► 特許権侵害を理由とする損害賠償請求
► 特許権侵害による損害額の算定

2‥‥‥‥‥出願公開の効果としての補償金請求権

設問❶は、出願公開の効果としての補償金請求権（特65条）に関する問題である。

(1) 出願公開制度

特許出願は、当該出願日から1年6か月経過すると公開される（特64条1項）。これを出願公開制度という。技術開発および審査の効率化に資するというのがその趣旨である。

また、特許出願人は自ら出願公開を請求できる（特64条の2第1項）。この請求がなされたときには、1年6か月の期間満了前であっても出願が公開される（同64条1項後段）。これを早期公開制度という。出願人にとってみれば、出願の内容はできるだけ長く公開されないままいられる方が有利であるとも考えられるが、出願人は、早期公開により、次の補償金請求権の発生時期を早めることができるというメリットがある。

(2) 出願の効果としての補償金請求権

特許権は、審査終了後、登録されて初めて発生する（特66条1項）。そのため、出願が公開されて、たとえ第三者がその発明内容を知るに至っても、登録されるまではいまだ特許権が存在しない状態である。

とはいえ、出願人は、その出願が特許要件を満たすようなものである限り、すでに特許権を受ける資格を有していることには変わりがない。にもかかわらず、登録までの間は、当該発明を誰が実施しても自由であるということになってしまうと、本来であれば、せっかく特許発明を他者に先駆けて独占的に実施することによって利益を得ることができる時期において、十分な利益を得ることができなくなってしまう。

　とはいえ、逆に、登録前の段階というのは、審査が終わるまで特許が与えられるかどうか未確定の段階である。したがって、この時期において、すでに特許権が与えられたのと同じ地位を出願人に認めることはできない。

　そこで、特許法は次のような条件の下で出願人に補償金請求権を与えている。

　すなわち、出願人は、①出願の公開があった後に、②特許出願にかかる発明の内容を記載した書面を提示して警告をしたときは、その警告後で、かつ特許権の設定登録前の時期において、業としてその発明を実施した者に対し、その発明が特許発明である場合にその実施に対し受けるべき金銭の額に相当する額の補償金の支払を請求することができるのである（特65条1項）。また、実施者が悪意の場合（すなわち、出願公開がされた特許出願にかかる発明であることを知ってその発明を実施した場合）は、警告をしなくても、同様の取扱いとなる（同項後段）。

　これによって、出願人は、第三者の実施行為を禁止することはできなくても、金銭的な補償を受けることができるのである。

　ただし、この補償金請求権は、「特許権の設定の登録があった後でなければ、行使することができない」ものと規定されている（特65条2項）。したがって、実際に請求できるのは特許権の設定登録後ということになる。

　また、出願公開後に、特許出願の放棄や取下げ等、あるいは拒絶査定や無効審決が確定するなどして、何らかの理由により特許権が発生しなかったことになる場合、この補償金請求権も「初めから生じなかったものとみなす」ものと規定されている（特65条5項）。

　本問においては、出願人であるX氏は、2023年1月になるまでY社による実施行為を知らなかったというのであるから、Y社に対して警告を行っていない。しかし、Y社は、出願公開されたX氏の発明であることを知って実施を行っており、これは悪意であるといえる。したがって、X氏は補償金請求権を取得し、2022年12月1日の特許権設定登録後、Y社に対してこれを行使することができる。

3⋯⋯⋯⋯特許権侵害による損害額の算定

設問❷は、特許権侵害を理由とする損害賠償請求における損害額の算定に関する問題である。

権利者は、故意または過失により特許権等を侵害した者に対して損害賠償を請求することができる（民709条）。そして、特許権侵害については、過失があったものと推定されるため（特103条）、実際に問題となるのは損害額の算定が中心となる。

特許権侵害による損害額を算定することは必ずしも容易でない。というのも、損害額としての逸失利益の算定にあたっては、売上の減少という損害が侵害行為によって生じたという因果関係を立証することが必要となるが、売上の減少には市場におけるさまざまな要因が影響すると考えられるため、その立証は一般に困難なのである。そこで、特許法には損害額の算定を支援するための規定が設けられている（特102条）。

(1) 譲渡数量に基づく損害額の算定

第1に、譲渡数量に基づく損害額の算定である（特102条1項）。この規定によれば、侵害者が侵害組成物（侵害品）を譲渡していたという場合、基本的に侵害者が譲渡した物の数量（譲渡数量）に、当該侵害行為がなければ権利者が販売することができた物の「単位数量当たりの利益の額」を乗じて得た額を、権利者が受けた損害額とすることができるというものである。

① 控除　もっとも、侵害者の譲渡数量のすべてを権利者が販売できたとは限らない。そこで、この額は、権利者の実施「能力」および権利者が販売できない「事情」という2つの観点から控除される。

（a）能力　まず、特許法102条1項1号は「特許権者又は専用実施権者の実施の能力に応じた数量（⋯⋯『実施相応数量』⋯⋯）を超えない部分」と規定しているため、権利者の製造・販売等の実施能力が考慮されることになる。権利者の実施能力を超える部分については、侵害行為がなければ権利者が販売できたとはいえないからである。

（b）事情　次に、特許法102条1項1号かっこ書は「その全部又は一部に相当する数量を当該特許権者又は専用実施権者が販売すること

ができないとする事情があるときは、当該事情に相当する数量（……『特定数量』……）を控除した数量」と規定している。例えば、侵害者が自らの営業努力によって格段に大きな利益を上げた場合や、市場に代替品が存在した場合は、たとえ侵害行為がなかったとしても権利者が侵害者の譲渡数量と同じ数量を販売できたといえない場合がある。このような事情がある場合は、これに応じた部分を損害額から割合的に控除することになる。

　そのため、ここでいう事情には、消費者が侵害品を購入した際の動機づけになったと考えられる侵害品固有の特徴（例：優れたデザインや機能、安い価格）、侵害者自身の営業努力やブランド力、市場における競合品・代替品の存在などが含まれると考えられる。

　このように、権利者の実施能力を超えるとして控除された数量部分や、権利者が販売できない事情があるとして控除された数量部分について、実施料相当額の支払いをあわせて請求できるかどうかが問題となる。かつては102条1項と同条3項の併用問題として議論されてきたが、令和元年改正により、同条1項に基づいて損害額を算定する場合、①侵害者の譲渡数量に基づいて算出される額（同項1号）に加えて、②当該譲渡数量のうち、実施相応数量を超えるとして控除された数量部分（同号）や、権利者が販売できない事情があるとして控除された数量部分（特定数量〔同号かっこ書〕）について、実施料相当額（同条1項2号）を損害額とすることができるものと定められた（同項柱書）。ただ、同項2号かっこ書において、特許権者または専用実施権者がライセンスすることができたと認められない場合を除くものと規定されている。例えば、特許権者の特許発明が侵害製品の付加価値全体の一部にのみ貢献している（例：製品の10％）ときに、このことを譲渡数量の「全部又は一部に相当する数量を当該特許権者又は専用実施権者が販売することができないとする事情」にあたるとして、これに応じた割合（例：譲渡数量の90％）を特定数量として控除して同項1号の損害額とする場合、これに加えて当該特定数量について実施料相当額の請求を認めることは、特許発明が貢献していない部分について損害の塡補を認めることとなり適切でない

ため、同項2号に基づく実施料相当額の請求は認められないと説明されている（特許庁総務部総務課制度審議室編『令和元年特許法等の一部改正産業財産権法の解説』18頁（発明推進協会・2020）参照）。

② 利益の額　特許法102条1項1号に基づく損害額の算定においては、権利者側の利益額が基準となる。ただ、ここでいう利益額については、権利者側の売上額からどこまでの経費が控除されるべきか問題となる。この点については、さまざまに議論されてきたが、最近では、売上額から固定的な一般管理費を含めたすべての経費を控除した純利益ではなく、売上額から権利者側の変動経費のみを控除した限界利益とする考え方（権利者限界利益説）が一般的である（知財高大判令和2・2・28判時2464号61頁〔美容器事件控訴審〕、中山信弘『特許法〔第4版〕』400頁（弘文堂・2019）、高林龍『標準特許法〔第7版〕』297頁注6（有斐閣・2020）等参照）。これによれば、仮に侵害品の販売数量に対応する数量の正規品を権利者が追加的に販売したとすれば、当該追加販売のために必要となる原材料費等の費用（変動経費）のみが控除されることになる。他方、たとえば、権利者が当該特許発明を完成させるために要した研究開発費等は、同号に基づく利益の額を算定する際に控除される経費の対象にならないことになる。

③ 「侵害の行為がなければ販売することができた物」と特許実施品

特許法102条1項1号にいう「侵害の行為がなければ販売することができた物」とは、被侵害特許権の対象たる特許発明の実施品である必要があるかという論点がある。

従来の議論においては、同号の規定は、市場における侵害品と特許製品との補完関係を擬制したものであるとの理解に基づき、権利者が販売する物は特許発明の実施品である必要があるという見解もある（東京地判平成14・4・25平成13年（ワ）第14954号〔生海苔の異物分離除去装置事件〕、三村量一「損害(1)──特許法102条1項1号」牧野利秋＝飯村敏明編『新・裁判実務大系(4)知的財産関係訴訟法』301頁（青林書院・2001）等参照）。

これに対して、特許法102条1項1号の「侵害の行為がなければ販売

することができた物」という文言からしても、侵害品と代替性のある製品であれば、必ずしも当該特許発明を実施した製品である必要はないという見解が多数である（前掲知財高大判令和 2・2・28〔美容器事件〕、田村善之「損害賠償に関する特許法等の改正について」知財管理 49 巻 3 号 332 頁（1999）、中山・前掲 398 頁、中山信弘＝小泉直樹編『新・注解 特許法（中）〔第 2 版〕』1833 頁〔飯田圭〕（青林書院・2017）、小泉直樹『知的財産法』106 頁（弘文堂・2018）、横山久芳「特許権侵害による損害賠償請求と特許法（特許法 102 条各項）」大渕哲也ほか編『特許訴訟〔上巻〕』362 頁以下（民事法研究会・2012）等参照）。

　設問❷において、特許権者である X 氏は個人発明家であり、特許発明を実施できずにいたというのであるから、実施の能力がないと解されよう。他方、設問❸においては、X 社は十分な実施能力を有している反面、さまざまな事情から、たとえ Y 社による侵害行為がなかったとしても、X 社が販売できたのはせいぜい 1 か月当たり 7 万個（X 社が現実に販売した 5 万個プラス 2 万個）であったというのである。したがって、Y 社は 4 万個を販売したといっても、そのうち 2 万個については、侵害行為がなかったとしても X 社が販売することができなかった事情があるとして、この部分が控除されることになろう。

（2）　得た利益による推定

　次に、侵害者が得た利益による損害額の推定である。つまり、侵害者が「その侵害の行為により利益を受けているときは、その利益の額は、特許権者又は専用実施権者が受けた損害の額と推定」される（特 102 条 2 項）。

①　利益の額　　特許法 102 条 2 項の適用における侵害者の得た利益について、侵害者の売上額からどこまでの経費を控除してよいかは問題となる。この点をめぐってもかねてから議論されてきたが、最近では、売上額から固定的な一般管理費を含めたすべての経費を控除した純利益ではなく、売上額から、侵害者が侵害品を実施するために追加的に必要となった変動経費のみを控除した限界利益とする考え方（侵害者限界利益説）が有力といえる（知財高大判令和元・6・7 判時 2430 号 34 頁〔炭酸パ

ック事件控訴審〕、知財高判平成 17・9・29 平成 17 年（ネ）第 10006 号〔液
体充填装置におけるノズル事件〕、中山・前掲 411 頁以下等参照）。

② 推定覆滅事情　とはいえ、特許法 102 条 2 項はあくまで推定規定
である。したがって、この規定があるからといって、本来であれば権利
者が得られるはずのない利益を、権利者の損害額と認めることはできな
いと考えられる。

　この点、炭酸パック事件の知財高裁大合議判決は、同項の「規定は推
定規定であるから、侵害者の側で、侵害者が得た利益の一部又は全部に
ついて、特許権者が受けた損害との相当因果関係が欠けることを主張立
証した場合には、その限度で上記推定は覆滅される」とした上で、推定
覆滅事情の例として、①特許権者と侵害者の業務態様等に相違が存在す
ること（市場の非同一性）、②市場における競合品の存在、③侵害者の営
業努力（ブランド力、宣伝広告）、④侵害品の性能（機能、デザイン等特許
発明以外の特徴）を挙げた（前掲知財高大判令和元・6・7〔炭酸パック事
件〕）。このように、同判決は「一部又は全部」としているため、同項に
基づく推定の一部覆滅が認められることになる。また、同判決は、特許
発明が侵害品の部分のみに実施されている場合についても、これを推定
覆滅事情として考慮することができ、その際には、特許発明が実施され
ている部分の侵害品中における位置づけや、当該特許発明の顧客誘引力
等の事情を総合的に考慮すべきものと判示した。

　また、従来の議論においては、権利者が自ら特許発明を実施していな
かったという場合には、侵害行為がなければ侵害者が得た利益と同額の
利益を権利者が得られたとはいえないとして、同項の推定は覆滅すると
されることが少なくなかった（東京高判平成 11・6・15 判時 1697 号 96 頁
［特百〔4 版〕83〕〔スミターマル事件控訴審〕、大阪地判平成 13・10・18 平
成 12 年（ワ）第 2091 号〔掘進機事件〕等参照）。他方、たとえ権利者が特
許発明を実施していなくても、侵害品と競合する製品を製造販売してい
る場合など、侵害行為と競合する行為を行っていた場合には、同項の適
用を認める見解もある（名古屋高金沢支判平成 12・4・12 平成 9 年（ネ）
第 31 号〔新規芳香族カルボン酸アミド誘導体事件〕、田村善之「特許権侵害

に対する損害賠償額の算定に関する裁判例の動向」同『特許法の理論』378頁（有斐閣・2009［初出 2005］）、横山・前掲 372 頁以下等参照）。

　そのような中、知財高裁は大合議判決によって、特許権者が当該特許発明を実施していることは同項適用のための要件ではなく、特許権者に、侵害行為がなかったならば利益が得られたであろうという事情が存在する場合には、同項の適用が認められるとした（知財高大判平成 25・2・1 判時 2179 号 36 頁［特百 39］〔ごみ貯蔵機器事件控訴審〕）。

（3）　実施料相当額

　第 3 に、実施料相当額である。権利者が侵害者に対して損害賠償請求を行う場合、「その特許発明の実施に対し受けるべき金銭の額に相当する額の金銭を、自己が受けた損害の額としてその賠償を請求することができる」と規定されている（特 102 条 3 項）。

　実施料というのは、本来であれば、特許発明の実施に際して権利者に支払われるべき金銭である。したがって、たとえ侵害者が侵害行為によって利益を得ていない場合や、特許法 102 条 2 項の規定の適用を受けられない場合であっても、権利者は侵害者に対して、実施料相当額の支払いだけは請求できるのである。そのような意味で、同条 3 項に基づく損害額の算定は最低限の保護といわれることが少なくない。そのため、同項に基づく実施料相当額を超える損害の賠償の請求は妨げられないと規定されている（同条 5 項前段）。ただ、侵害者が軽過失にとどまる場合、裁判所は、実施料相当額を超える損害額の算定に関してそうした事情を参酌することができる（同項後段）。

　もっとも、たとえ実施料相当額の損害賠償請求が認められても、あらかじめ許諾を得て実施料を払うのと変わらないのであれば、侵害者にとって "侵害し得" の状態になってしまいかねない。そこで、かつては「通常受けるべき金銭の額」という文言が用いられていた特許法 102 条 3 項（改正前 2 項）の規定から、平成 10 年改正によって「通常」の文字が削除された。これにより、業界における一般的な実施料相場や、特許権者が過去に与えた実施料率に必ずしも拘束されることなく、当事者間の具体的な事情や発明の技術的・経済的価値を参酌した妥当な損害額の

認定が可能になったとされる（特許庁編『工業所有権法（産業財産権法）逐条解説〔第21版〕』341頁（発明推進協会・2020）参照）。炭酸パック事件の知財高裁大合議判決も、「特許権侵害をした者に対して事後的に定められるべき、実施に対し受けるべき料率は、むしろ、通常の実施料率に比べて自ずと高額になるであろうことを考慮すべき」とした上で、「実施に対し受けるべき料率は、①当該特許発明の実際の実施許諾契約における実施料率や、それが明らかでない場合には業界における実施料の相場等も考慮に入れつつ、②当該特許発明自体の価値すなわち特許発明の技術内容や重要性、他のものによる代替可能性、③当該特許発明を当該製品に用いた場合の売上げ及び利益への貢献や侵害の態様、④特許権者と侵害者との競業関係や特許権者の営業方針等訴訟に現れた諸事情を総合考慮して、合理的な料率を定めるべきである」と判示している（前掲知財高大判令和元・6・7〔炭酸パック事件〕）。実際のところ、同事件においては、①実際の実施料率は現れていないものの、当該特許の技術分野が属する分野の平均的実施料率（国内企業のアンケート結果では5.3％、司法決定では6.1％）、原告（被控訴人）の保有する同分野の特許権侵害に関する解決金を売上高の10％とした事例があること、②「本件発明……は相応の重要性を有し、代替技術があるものではないこと」、③「本件発明……の実施は被告各製品の売上げ及び利益に貢献するものといえること」、④「被控訴人と控訴人らは競業関係にあること」などを考慮して、「特許権侵害をした者に対して事後的に定められるべき、本件での実施に対し受けるべき料率は10％を下らない」とされた。

　そして、令和元年改正は、特許発明の実施の対価について、「当該特許権又は専用実施権の侵害があつたことを前提として当該特許権又は専用実施権を侵害した者との間で合意をするとしたならば、当該特許権者又は専用実施権者が得ることとなるその対価を考慮することができる」とする規定を設けた（特102条4項）。これは、特許権侵害の事実、特許権者の許諾機会の喪失、侵害者が無制約で実施したこと等の事情を実施料相当額の増額要因として考慮できることを定めたものとされる。したがって、同項は上記のような解釈を明確化した規定と理解されよう。

145

したがって、設問❷において、特許法 102 条 2 項による推定を受けられない場合であっても X 氏は、同条 3 項に基づき実施料相当額の損害賠償を請求することができよう。

解答例

設問❶

　Y 社は、X 氏の発明が出願公開されたのを見て、これをそのまま無断で実施している。とはいえ、特許権は設定登録されることによって発生する（特 66 条 1 項）。本件発明について特許登録がなされたのは 2022 年 12 月 1 日であるため、同年 10 月 1 日から同年 11 月末日までの 2 か月間は、特許権が存在しなかった。したがって、この期間中に行われた Y 社の実施行為について、X 氏は、Y 社に対して、特許権侵害を理由として、何らかの金銭の支払を請求することはできない。

　とはいえ、X 氏はその特許発明について早期公開を請求しており、2021 年 7 月に当該出願公開がなされている。出願公開がなされると、その効果として、出願人は補償金請求権を取得することがある。すなわち、特許法 65 条 1 項によれば、特許出願人は、出願の公開があった後に、特許出願にかかる発明の内容を記載した書面を提示して警告をしたときは、その警告後で、かつ特許権の設定登録前の時期において、業としてその発明を実施した者に対し、その発明が特許発明である場合にその実施に対し受けるべき金銭の額に相当する額の補償金の支払を請求することができる。また、実施者が悪意の場合は、警告をしなくても同様である（同項後段）。

　本問においては、出願人である X 氏は、2023 年 1 月になるまで Y 社による無断実施行為を知らなかったというのであるから、Y 社に対して警告を行っていないが、Y 社は、出願公開された X 氏の発明であることを知って実施を行っていることから、X 氏は Y 社に対して補償金請求権を有する。

　ただし、この補償金請求権は、「特許権の設定の登録があつた後でなければ、行使することができない」ものと規定されている（特

65条2項)。本問においては、2023年1月にはすでに特許権の設定登録が完了しているため、X氏は、Y社に対して、補償金請求権を行使して、当該特許発明の実施に対し受けるべき金銭の額に相当する額の支払いを請求することができる。

設問❷

　X氏は、Y社に対して、2022年12月1日から2023年3月末までの4か月間におけるY社の実施行為について、損害賠償を請求している。2022年12月1日にはすでに本件特許権が発生しているのであるから、Y社がY製品の製造販売を行うことは本件特許権の侵害にあたる。ここでは、どのような額を損害として賠償請求できるかが問題となる。

　(1)　特許法102条1項　　まず、特許法102条1項においては、譲渡数量に基づく損害額の算定が規定されている。これは、侵害者が侵害組成物を譲渡したときは、基本的に、侵害者が譲渡した物の数量（譲渡数量）に、当該侵害行為がなければ権利者が販売することができた物の「単位数量当たりの利益の額」を乗じて得た額を、権利者が受けた損害額とすることができるというものである。しかし、権利者の能力その他の事情からして譲渡数量の全部を実施または販売できないと認められるときは、その限りで減額される。

　本件において、特許権者であるX氏は個人発明家であるため、特許権者の「実施の能力」がないものと解される。特許法102条1項1号は、「特許権者……の実施の能力に応じた数量……を超えない部分」に適用されるのであるから、本件においては、同項に基づく賠償額の算定はできないものと考えられる。

　(2)　特許法102条2項　　次に、特許法102条2項によれば、侵害者が得た利益が損害額と推定される。たしかに、たとえ権利者自身が実施行為を行っていないとしても、権利者に侵害行為がなかったならば利益が得られたであろうという事情が存在する場合には、同項の適用が認められる。

　しかし、本問において、特許権者であるX氏は、自己の特許発明を実施するための設備や資金を持ち合わせておらず、これを実施できずにいたというのであるから、特許法102条2項の推定は覆滅すると考えられる。

　(3)　特許法102条3項　　特許法102条3項によれば、特許発明の実施に対し受けるべき金銭の額を損害額として請求できる。この

　規定は、たとえ特許権者が不実施であっても適用されると解されており、特許権者は侵害者に対してライセンス料の請求をすることはできることになる。

　そうすると、本件においても、Ｘ氏は、同項に基づき実施料相当額の損害賠償を請求することができることになる。

設問❸

　Ｘ社は、十分な生産能力を有していたというのであるから、Ｙ社に対して、特許法102条1項に基づく損害賠償を請求することが考えられる。これにより、もし侵害行為がなければ、Ｙ社の譲渡数量（4万個×4か月＝16万個）のすべてについてＸ社が販売できたといえれば、この数量にＸ社側の利益の額（1個当たり700円）を乗じた額（1億1200万円）を損害額とすることができる。

　しかし、本問においては、Ｙ社がこの期間中にＹ製品を1か月当たり4万個販売できたのは、Ｙ製品が安価であることや、テレビCMに人気タレントを起用したことに起因するものであり、たとえＹ社による販売行為がなかったとしても、Ｘ社が販売できたのは1か月当たりせいぜい7万個だったというのである。つまり、Ｙ社の1か月当たりの譲渡数量（4万個）のうち2万個については、Ｘ社が販売することができない事情があることになり、この部分は特許法102条1項1号かっこ書により控除される。したがって、同項に基づく損害額は、2万個×4か月×700円＝5600万円ということになる。

　また、Ｙ社の1か月当たりの譲渡数量（4万個）のうちＸ社が販売することができなかった事情があるとして控除された部分（2万個）については、特許法102条1項1号に基づく損害額とは別に、同項2号に基づく実施料相当額を請求できる。したがって、Ｘ社は、同条1項1号に基づく先述の損害賠償に加えて、Ｙ社による8万個（2万個×4か月）の製造販売についても、実施料相当額の賠償を請求することができる。

関連問題

1．補償金請求権の帰趨

設問❶において、仮に、Y社がX氏に金銭を支払った後、当該特許権について無効審決が確定した場合、Y社はX氏に対して、支払った金銭の返還を請求できるか。

2．102条1項1号の「侵害の行為がなければ販売することができた物」と特許実施品

設問❸において、X社のネオカイロは、必ずしも本件特許発明を実施したものではなかったという場合はどうか。

3．市場における競合品

設問❸において、まったく同じ時期に、別のZ社も、X社の特許発明とは異なり、熱湯で茹でる方法で効果を再生させる「スーパー懐炉」（Z製品）を定価1000円で1か月当たり2万個を製造販売していたという場合、X社はY社に対して、どのような額を損害として賠償請求できると考えられるか。

参考文献

田村善之＝時井真＝酒迎明洋『プラクティス知的財産法Ⅰ　特許法』163頁以下（信山社・2020）

（上野達弘）

10. おまけのフィギュアの写真

設問

K堂は菓子のおまけのフィギュアを制作販売している会社であり、自社のウェブサイトでフィギュアコレクションの写真データベースを公開している。これは、フィギュアをシリーズやそのカテゴリー別に分類したものである。

Aは、フィギュアを収集しており、集めたコレクションの写真を撮ってデータベースを作成し、自身のホームページで公開している。Aの趣味は、主としてK堂が制作した実物に忠実な物のフィギュアであり、Aのデータベースに掲載されているフィギュアの分類は必ずしもおまけが発売されたシリーズ別ではなく、A独自の分類に従っている。また、いくつかのフィギュアを組み合わせて物語の情景を作ったものの写真も含まれている。

Bは、Aのデータベースの写真の中から、単体で写っている写真を抜き出し、これを発売年月日順に分類したデータベースを作成し、自分のホームページで公開した。

❶K堂は、A、Bに対して著作権侵害を主張できるか。
❷AはBに対して著作権侵害を主張できるか。

解　説

1 ………… 概　観

（1）　設問のねらい

　著作権の保護対象は著作物であり、著作物の創作と同時に著作権が発生する。したがって、何が著作物に該当するかは著作権法の重要な問題の1つである。著作権法は、著作物の定義を「思想又は感情を創作的に表現したものであつて、文芸、学術、美術又は音楽の範囲に属するも

の」（著 2 条 1 項 1 号）と規定するが、分野によっては著作物該当性の判断が難しいものもある。なかでも、実用品に美術の感覚や技法を応用した応用美術や、情報の集合物である編集著作物、写真の著作物については特有の問題点を有するため、これらについて考えることを通じて著作物とは何であるかについて理解を深めてほしい。

本設問は、応用美術の論点に関しては大阪高判平成 17 年 7 月 28 日判時 1928 号 116 頁［著百〔5 版〕16］を参考にして作成している。

(2) 取り上げる項目
►応用美術の著作物性
►写真の著作物性
►編集物（データベース）の著作物性
►編集著作物（データベース）の著作権侵害

2⋯⋯⋯⋯応用美術の著作物性

春田：今日の設問で問題になるのは、応用美術、写真、データベースについてです。応用美術については私、写真は夏川くん、データベースは秋山くんが報告します。

---

① 問題の所在

K 堂が A、B に著作権侵害を主張できるかについては、A も B も K 堂のフィギュアの写真を利用しているので、まず、菓子のおまけのフィギュアが著作物として認められ K 堂がこれにつき著作権を主張できるかどうかを検討する。

著作物とは、著作権法 2 条 1 項 1 号に定義する「思想又は感情を創作的に表現したものであつて、文芸、学術、美術又は音楽の範囲に属するもの」であり、他の著作物の模倣ではなく個性があるもので、文化的な領域に属するものであれば、著作物として認められる。

しかし、工業製品のデザインについては、意匠法が保護するため、これについて著作権による保護を与えてよいかどうかが問題となる。

② 意匠法と著作権法との交錯

　意匠法は、工業上利用可能で、新規性、創作非容易性のある意匠、すなわち、物品の形状、模様等について、特許庁への出願、審査を経て意匠権を付与する。意匠権は、絶対的独占権として客観的に同一、類似の意匠の業としての実施を禁止する効力をもつ点では、著作物に依拠した者にしか及ばない著作権より強力であるが（意匠23条）、出願し、厳しい要件をクリアしていると審査で認められて登録されないと意匠権は発生せず（同20条）、存続期間も出願日から25年（同21条）と短い点では、著作権による保護は創作と同時に認められ、原則として著作者の死後70年存続するので（著51条）、著作権のほうが権利者にはありがたい場合も多い。

　したがって、工業製品のデザインを著作権でも保護できるとすれば、意匠法の規律の意義が失われるのではないかという問題がある。

③　著作権法の「美術工芸品」の解釈

　著作権法2条2項は、「『美術の著作物』には美術工芸品を含む」と規定するが、その意味については争いがある。まず、美術工芸品とは、美的表現が施されている実用品である応用美術のうち、一品製作のものをいうとする説と、一品製作のものに限らないとする説がある。そして、2条2項は美術工芸品が著作物に含まれることを確認的に規定したものであって、美術工芸品以外、すなわち量産される応用美術も著作物に該当する場合があると解する例示説と、美術の著作物として保護される応用美術は美術工芸品に限ると考える限定説がある。現在では、美術工芸品を一品製作のものとした上で限定説をとる考え方は少なく、多数説では、量産されるもののうち何が著作物に該当するかという基準が問題になる。

④　判例の基準

　判例は、純粋美術と同視しうる程度の美的鑑賞性があるものを著作物とするという基準を用いている。博多人形を著作物として認めた長崎地佐世保支決昭和48年2月7日無体集5巻1号18頁［著百〔3版〕11］、仏壇彫刻についての神戸地姫路支判昭和54年7月9日無体集11巻2号371頁［著百〔5版〕15］、菓子のおまけのフィギュアについて大阪高判平成17年7月28日判時1928号116頁［著百〔5版〕16］などがこの基準によっている。この基準とともに、実用的要素により、美的表現の追求に制約を受けているか、あるいは実用面から独立した美的価値があるかという観点から判断する判決もある。Tシャツの図柄について美の表現に実質的制約を受けていないとして著作物性を肯定した東京地判昭和56年4月20日判時

1007 号 91 頁、椅子のデザインにつき実用面および機能面を離れ、それ自体完結した美術作品としてもっぱら美的鑑賞の対象とされるものではないとして著作物性を否定した最判平成 3 年 3 月 28 日平成 2 年（オ）第 706 号［著百〔2 版〕14］〔ニーチェアー事件〕、帯の図柄としての実用性の面を離れてもなお 1 つの完結した美術作品として美的鑑賞の対象となりうるほどのものではないとした京都地判平成元年 6 月 15 日判時 1327 号 123 頁［著百〔3 版〕12］、菓子のおまけのフィギュアにつき、大量に製造され安価で頒布される小型のおまけであるから、一定の限界の範囲内での美的表現にとどまることも考慮した大阪地判平成 16 年 11 月 25 日判時 1901 号 106 頁、ファッションショーのモデルの化粧や髪型、衣服やアクセサリーの選択とコーディネートにつき、実用目的に必要な構成と分離して美的鑑賞の対象となる美的特性を備えている部分を把握できるかという基準を用いて著作物性を否定した知財高判平成 26 年 8 月 28 日判時 2238 号 91 頁［著百 6］、ピクトグラムにつき、実用的機能を離れて美的鑑賞の対象となり得るような美的特性を備えているとして著作物性を肯定した大阪地判平成 27 年 9 月 24 日判時 2348 号 62 頁などがある。

　しかし、このように応用美術について他の著作物と異なる基準で著作物性を判断することを批判する学説も有力であり、幼児用の椅子のデザインについて、知財高判平成 27 年 4 月 14 日判時 2267 号 91 頁［著百 7］〔TRIPP TRAPP 事件〕は、従来とは異なり、他の表現物と同様に、表現に作成者の何らかの個性が発揮されていれば創作性があるとして、著作物性を認めた。すなわち、応用美術に一律に適用すべきものとして、高い創作性の有無の判断基準を設定することは相当ではなく、個別具体的に、作成者の個性が発揮されているか否かを検討すべきであるとする。その根拠としては、実用的機能に係る部分とそれ以外を区別できないものについて常に著作物性を認めないと考えれば、実用品自体が応用美術であるものの大半は著作物性を否定されかねず相当でないこと、「美的」という概念は、主観的で判断基準になじみにくいこと、著作権法と意匠法とは、趣旨、目的を異にし、いずれか一方のみが排他的または優先的に適用される合理的根拠もなく、一定範囲の物品に限定して両法の重複適用を認めることによって、意匠法の存在意義や意匠登録のインセンティブが一律に失われるといった弊害が生じることも考え難いから、意匠法を根拠として、著作物としての認定を厳格にすべき合理的理由もないこと、応用美術は、実用、産

業上の利用目的の機能を実現する必要から、表現に制約があり作成者の個
性が発揮される選択の幅が限定されるため、通常、創作性を認められる余
地が狭く、著作物性を認められても、その著作権保護の範囲は比較的狭い
ものにとどまるから、応用美術につき何らかの個性が発揮されていれば創
作性があるとして著作物性を認めても、一般社会における利用、流通に関
し、実用目的または産業上の利用目的の実現を妨げるほどの制約が生じる
事態を招くことはないことを挙げている。

　しかし、このように一般の著作物と区別しない基準で判断する考え方を
採る判決は、「TRIPP TRAPP」事件以降は、同じ裁判長による 2 件（加
湿器に関する知財高判平成 28・11・30 判時 2338 号 96 頁、ゴルフシャフトに関
する知財高判平成 28・12・21 判時 2340 号 88 頁）のみであり、「TRIPP
TRAPP」事件の半年あまり前に知財高裁が「ファッションショー」事件
で判示した、従来型の「実用的構成と分離して美的鑑賞の対象となる美的
特性を備えていること」（純粋美術同視説の中の分離可能性説）という基準
が、近年の裁判例の主流となっている。最近では、知財高判令和 3 年 12
月 8 日令和 3 年（ネ）第 10044 号（原審・東京地判令和 3・4・28 令和元年
（ワ）第 21993 号）〔タコの滑り台事件〕においても分離可能性説に基づき美
術の著作物に該当しないと判示した。その規範としては、「実用目的を達
成するために必要な機能に係る構成と分離して、美的鑑賞の対象となり得
る美的特性である創作的表現を備えている部分を把握できるものについて
は、当該部分を含む作品全体が美術の著作物として、保護され得る」と述
べ、また、「美的鑑賞の対象となり得る」ことは著作権法 2 条 1 項 1 号の
「美術の範囲に属する」ことであると解し、「美的特性」は「創作的表現」
であることを明らかにしている。しかし、当てはめとしては、分離すべき
「実用目的を達成するために必要な機能」として、滑り台としての機能の
他に遊具としての利用を挙げており、議論を呼んでいる。

⑤　本設問へのあてはめ

　A が集めたフィギュアは、実物に忠実な物であるから、菓子のおまけ
のフィギュアについて判断した上記大阪高判平成 17 年 7 月 28 日によれば、
制作した造型師の独自の解釈やアレンジといった個性が強く表出されてお
らず、純粋美術と同視し得る程度の美的鑑賞性を具備しているとはいえず、
著作物には該当しない。

春田：以上です。K堂のフィギュアの実物を2、3ここに持ってきたので回覧します。

教授：はい、ありがとう。実物まで持ってきてもらって助かります。へえ、なかなか精巧なものですね。

冬野：私もK堂のフィギュアを集めてるんですけど、棚に並べて鑑賞してます。立派な美術だと思うんですけど。ニューヨークの自然史博物館とか、いろんな美術館にも展示されてると聞きます。

夏川：僕も著作物としていいと思います。大阪高裁判決では、フィギュアのうち「妖怪シリーズ」は制作者の個性が強く出ているからといって著作物に該当するとしてますけど、同じおまけなのに動物の実物に忠実なら著作物でないという区別がよく分かりません。実物そっくりの絵って美術館にあるし、実物そっくりな彫刻だってあるじゃないですか。そういうのは美術になるのに、おまけだったら実物そっくりだとダメなんですか。釈然としない。

冬野：犬や猫のかわいさをどう表現するか、って立派な「思想、感情の創作的表現」って思いますけど。実際の犬の表情やポーズなんていろいろなんだから、それをいかにかわいいものに作るかって大変な創作行為じゃない。

春田：「思想、感情の創作的表現」っていう著作権法2条1項1号のレベルの著作物性はクリアしているんですよ。だけど応用美術だから、それだけでは足りなくて、「純粋美術と同視しうる美的鑑賞性」が要るってことだと思います。

夏川：なんでそういう二重の基準ていうか、差別されるんですか。小学生の描いた絵だって著作物だっていうのに。すべての応用美術に著作権を認めると意匠制度の存在意義が失われるっていう主張については、もしそんな程度の存在意義なんだったら、意匠制度なんてなくても別に困らないんじゃないでしょうか。僕は、意匠制度の存在意義が失われることはないといっている「TRIPP TRAPP」事件判決に共感します。

教授：皆さん、どうでしょう。意匠制度との関係をどう考えますか。

秋山：意匠法は著作権法と趣旨が違うと思います。意匠法は、斬新でユニークなデザインの製品は売れる、ってことから、デザインに資本投下した者、つまり、デザイナーやデザイナーにお金を払ってデザインしてもらった人が、他人がそんな投資をしないで真似することから保護してもらう制度でしょ。斬新でユニークなところが売りなんだから、「真似してないから」といっても客観的に同じか類似の意匠だったら止めさせることができるのが著作権と違う強みで……。

夏川：投下資本の保護って、不競法じゃなかった？　意匠法は創作者の保護で、著作権法と同じじゃないの？

秋山：もちろん意匠法は創作者を保護するものだけど、意匠法は産業財産権法で、意匠法１条にいうように意匠の創作の奨励により産業の発達に寄与することが目的でしょ。コンメンタールにも、「意匠は消費者の嗜好に訴えて購買に誘う強力な訴求力を発揮し、商品の付加価値を高め、投下資本の回収収得を可能にする潜在力を有する」（満田・後掲参考文献６頁）って書いてあるよ。不競法２条１項３号の商品形態の模倣の禁止は、ただ乗り行為から市場先行の利益を保護するもので、創作の成果物としての意匠自体に保護価値を認めて保護する意匠法とは観点が違う。

教授：日本の意匠法はパテントアプローチを採っているところが特徴で、特許法との共通点も多いね。19世紀の欧州で、特許制度の趣旨が議論されたとき、発明者に対するインセンティブだという論に対して、実際に特許権が付与されるのは発明者ではなく、その使用者である会社等だと批判されたことへの反論として、発明者に投資をすることへのインセンティブでもあると言われました。意匠にもあてはまり、デザイナーへの投資の保護は、デザイナーの保護につながりますよね。

秋山：だから、意匠権は、産業財産権として、著作権にはない強みがある。

夏川：そんな強みがあるんだったら、意匠権がほしい人は意匠制度を利用するだろうから、著作権が認められたら意匠制度の存在意義がなくなるなんて心配は要らないんじゃないの？

秋山：だけど、意匠権は出願から25年で切れて、その後は真似できる。なんで早く切れるかというと、デザインも進化するからじゃないかな。優れたデザインを利用してより斬新なデザインに発展させるためには、著作者の死後70年も利用できない著作権はまずいでしょ。

春田：商品開発は基本的に自由競争で、特に他人の権利を侵さないかぎりは真似できる。だから、意匠権がなければ、いいデザインは真似していいってことで、それを著作権があるからダメだといわれたら困る。

夏川：だけど、「純粋美術と同視しうる」ものだったら、著作権があるからダメだというんだよな？

冬野：私はね、二重の基準自体は合理性があると思うのよ。だけど、あてはめの問題として、K堂のフィギュアは誰が見たって飾っておくための美術で著作権があると思うわけ。

秋山：おまけフィギュアの大阪地裁判決のほうで考慮した「大量に製造され安価で頒布される小型のおまけだから、一定の限界の範囲内での美的表現にとどまる」っていう基準、他の判決でもときどきいわれている「実用品としての制約」というのも考えるべきなんじゃない？　人の美的基準なんていろいろだから、冬野さんみたいに棚に飾ってる人もいるだろうけど、やっぱ所詮おまけという制約があるものなんだから、事業者が見たら、意匠権がなかったら真似していいものなんだよ。

夏川：だったら妖怪シリーズはどうなる？　同じおまけだよ。

春田：妖怪はすごーく個性的だから、美的鑑賞性があって違う。

夏川：あんまり説得的ではないね。「TRIPP TRAPP」事件判決がいうように、表現に制約があるものは創作性を認められる余地が狭いから、著作物性を認めてもその著作権保護の範囲も狭いということで、バランスをとれば問題ないと思うけどな。

秋山：いくら狭くしたって、デッド・コピーには著作権が及ぶとせざるを得ないじゃない。「TRIPP TRAPP」事件判決みたいに個性さえあればいいってことにしたら、そこらの椅子を写真に撮ったらいちいち著作権侵害なんて、やってられないと思う。

教授：たしかに、二重の基準をやめる場合は、デッド・コピーの場合を

どうするかが問題になりますね。「ファッションショー」事件判決のように、実用的機能と分離した美的鑑賞性を要求する立場はどうですか。

冬野：私がいいたかったのは、それだと思います。フィギュアにはそもそも実用的機能はないから、分離して美的鑑賞の対象となる美的特性があって著作物だといえるってことですね。

秋山：え、逆じゃない？　美的鑑賞性を分離できないから著作物ではないんでは？

教授：議論は尽きませんが、応用美術はこのぐらいにして、夏川くん、写真の問題の報告をお願いします。

3⋯⋯⋯⋯写真の著作物性

① 問題の所在

設問❶については、A は K 堂のフィギュアを写真に撮ってこれを公衆送信、あるいは送信可能化し、B はこの A の写真を公衆送信等している。フィギュア自体が著作物であるとすれば、写真は少なくともその複製物と考えられ、K 堂はフィギュアの著作権に基づいて複製権（著 21 条）、公衆送信権等（同 23 条）の侵害を主張しうる。しかし、フィギュアに著作権が認められない場合は、K 堂がウェブサイトで公開しているフィギュアの写真の著作権に基づいて侵害を主張しえないかが問題となる。また、設問❷については、B は A の写真を複製、公衆送信等しているので、A がこの写真の著作権を主張できるかが問題となる。

写真は著作物の 1 つとして法に例示されているが（著 10 条 1 項 8 号）、写真の著作物性については特別な問題がある。

② 写真の著作物性

写真は、実在する被写体をカメラの技術により撮影するものであるから、絵画等の他の美的表現物に比較して表現の自由度が低く、創作性を認められる余地が狭いという特徴がある。たとえば、単純な物品を忠実に写しただけの写真はその物品の複製にすぎず、著作物とはいえない。

写真の著作物の創作性は、構図やアングルの決定、露光やシャッター速

度の調整等の撮影技法や、現像の手法について独自の精神作業が行われるところに認められることには、異論がない。しかし、被写体の選択を創作的表現と解するかどうかについては争いがある。被写体の選択も創作的表現であると解すると、他人の写真に依拠しているが別個に撮影した写真も著作権侵害にあたりうる。

　東京高判平成 13 年 6 月 21 日判時 1765 号 96 頁［著百〔5 版〕56］では、被写体の決定自体に著作権法上の保護に値する創作性があるとして、その再製や改変は許されないとされた。本件では、半分に切ったスイカの上に扇形に切ったスイカを並べ、周囲に真丸や楕円球のスイカや籐かごを置いた原告写真について、類似した被告写真が翻案権侵害にあたるかが問題となった。しかし、被写体の決定自体は表現ではなくアイデアであるとして、これに反対する見解もある。上記東京高裁判決の第 1 審である東京地判平成 11 年 12 月 15 日判時 1699 号 145 頁［知判 413］はこのような見解に立ち、被写体の独自性は写真の創作性を基礎づける本質的特徴部分とはいえないと判示している。知財高判平成 23 年 5 月 10 日判タ 1372 号 222 頁［著百 54］では、同一の廃墟を被写体とした写真の翻案権等侵害について、被写体が既存の廃墟建造物であって、撮影者が意図的に被写体を配置したり、撮影対象物を自ら付加したものでないことを理由として、撮影対象自体に表現上の本質的特徴があるといえないとしており、人為的被写体の場合は創作性判断の対象となりうるとの趣旨と考えられる。

③　本設問へのあてはめ

　設問❶で問題となる K 堂のウェブサイト上の写真は、フィギュアを忠実に写したものであってフィギュアの複製であり、写真の著作物には該当しないと考えられる。また、仮に K 堂の写真が著作物に該当し著作権が発生すると考えても、A は K 堂とは別個に撮影しているので、撮影技法や現像手法等は異なると考えられる。被写体の選択を表現の要素と解する説に立っても、K 堂の本件フィギュアの写真に被写体の選択の独自性があるとは考えられないから、いずれにしても A の写真が K 堂の写真を複製または翻案したものとはいえず、A に対して K 堂の写真の著作権侵害を主張することはできない。

　設問❷については、A の写真のうちフィギュア単体の写真は、K 堂の写真と同様に著作物には該当しない。ただし、フィギュアを組み合わせて物語の情景を作ったものの写真については、単なる忠実な複製としての写

真ではないから、著作物に該当すると考えられる。しかし、B は単体の写真のみを利用しているため、A は B に対して著作権侵害を主張することはできない。

夏川：以上です。K 堂のウェブサイトの写真を持ってきたので回覧します。K 堂のフィギュアの宣伝やカタログのような意味で載せている写真ですから、写真の著作物とはいえないと思いました。

冬野：忠実に写した写真は著作物でないんですか？　それはおかしいと思います。だって、写真ってたいていは忠実なものじゃないですか。そんなこと言ったら、フォトギャラリーに展示してあるような特別な芸術写真以外の写真は著作物ではないってこと？　ウェブに載ってる他人の写真パクったら著作権侵害になるのが普通の感覚だと思うけど。

秋山：忠実に写したものは複製、っていうのは、平面物の複製写真を念頭においていわれていることだと思います。ミレーの絵をそのまま写真に撮った人が、その写真に自分の著作権を主張するのはおかしい、ってことでしょう。つまり、被写体自体の創作性以外の創作性が入る余地がないからだと思います。版画写真についての判決（東京地判平成 10 年 11 月 30 日知的裁集 30 巻 4 号 956 頁［著百〔5 版〕11]）もありました。だから、フィギュアみたいな立体の写真であれば、撮り方によって写真は随分変わってくるから、もはや「忠実」とはいえなくて著作物になると思う。

春田：写真が特殊だっていっても要は、誰が撮っても同じようなものになるものには創作性は認められないっていう著作権法 2 条 1 項 1 号の著作物該当性の判断基準と同じということじゃないかな。撮り方に創作性が認められれば著作物になる。でも、このフィギュアの写真は、立体だっていっても誰が撮っても似たようなものになるから著作物でないと思うんだけど……。

夏川：でもその基準でいくと、ミレーの絵の写真を忠実に撮るのって大変じゃない？　誰が撮っても同じにはならないよ。撮影技法や現像手法の創意工夫ってすごく大きいと思う。もちろん、ミレーの絵の写真

に著作権が発生するとは思わないから、もっと別の理由じゃないかな
あ。

教授：忠実に撮るための工夫というのは、自分の思想・感情の表現のた
めの工夫とは違うのではないですか。撮影による表現自体に創作性が
あるかどうかが問題ですね。

冬野：写真の場合、誰が撮っても似たようになる、と言いだしたらそう
いう写真が多くて著作権があるものはすごく少なくなるような気がし
ますが、それでいいのでしょうか？ さっきの「ミレーの絵の写真」
みたいなケースは別として、原則として著作物になるのではないです
か。たとえば、桜の木を写したら誰でも似たような写真になる、と言
っても、その桜の木に美を見出してその構図を選んで写したことに感
情の創作的表現があるのではないでしょうか。

教授：そうですね。平面的な物の写真以外であれば、どのような写真で
もその構図で撮ったというところには表現の創作性を認めてよいでし
ょうね。「桜の木に美を見出して」というのは「被写体の選択の創作
性」につながる話ですけど、これについてはどうですか。

春田：それを認めるとたとえば、「雪化粧した金閣寺」の写真を新聞で
見た人が、自分もこのような写真を撮りたいと思って出かけて撮った
らダメだということになりますよね？ 写真集を見て勉強すればする
ほど、自分で撮れる写真の被写体が少なくなるなんて、変なことにな
りません？

秋山：風景や建物みたいな、そこに最初からあるものを写す場合と、自
分で被写体を作った場合は違うと思います。「廃墟写真」事件判決が
人為的被写体の場合を区別する判示をしていることに納得します。風
景や自然物などについては、アイデア自体であって、独占させるべき
ではないけど、自分でユニークな物や物の組合せを作った場合は、そ
の創作性を表現として認めていいと思う。

冬野：そういう被写体が必ず著作物になるわけではないよね。夏川くん
のレジュメで、フィギュア単体の写真なら著作物でないとしながら、
フィギュアを組み合わせて物語の情景を作ったものの写真は著作物だ

っていうのは、この組合せに創作性があるからだよね？　でも、フィ
ギュアを組み合わせて並べたものは著作物ではないと思う。

春田：そうしたら、被写体の創作性って何ですか？　被写体に創作性は
あるけど著作物ではない、でもその創作性が写真の創作性になるって、
なんだか分からなくなってきた。

教授：写真を撮るために被写体を自分で作ったり配置したりする作業は、
写真を撮る行為の一部と考えられないでしょうか。たとえば物の配置
を工夫することは、構図を工夫することと似た意味をもっていますよ
ね。そう考えると、被写体の工夫は写真の表現の創作性の一要素とな
りうるという立場も成り立つように思われます。

春田：でも、画家が静物画の素材を独特に並べて絵を描いた場合に、他
の画家が同じように素材を並べて絵を描いたとすると、もし素材の並
べ方が絵の表現の創作性の要素だとしたら、二次的著作物になるって
ことでしょうか？　それはおかしくないですか。

秋山：絵の場合は手で描くから、その描き方の表現が人によって全く違
って、そこにこそ本質的な特徴があるから、素材の工夫なんて埋もれ
てしまうと思う。写真とは違う気がする。

春田：そうすると結局、本質的特徴がどこにあるかという問題なの？
被写体の工夫はアイデアか表現かという問題で、たとえ本質的特徴で
あったとしてもアイデアだったらダメだという話ではないんでしょう
か。

教授：時間もないので、そろそろデータベース、編集著作物に移りまし
ょう。秋山くん、お願いします。

4............編集物（データベース）の著作物性と著作権侵害

① 　問題の所在
　A、B、K堂ともに、フィギュア写真を素材とするデータベースを公衆
送信等している。データベースでその情報の選択または体系的な構成によ
って創作性を有するものは、素材とは別個に著作物として保護されるので
（著12条の2）、フィギュア自体あるいはその写真について著作権を主張で

きない場合であっても、データベースの著作権を主張できる場合がある。ここで検討すべきことは、当該データベースが著作物にあたるかどうかという著作物性の問題と、著作物であると認められた場合に著作権侵害が成立するかどうかという2つの問題に分けられる。

② データベースの著作物性

データベースの創作性は、素材である情報の選択または体系的な構成について認められなければならない。データベースは、編集物の一種であるが、データベース以外の編集著作物の創作性は素材の選択または配列について判断される（著12条）のに対し、データベースは「配列」ではなく「体系的な構成」について判断する点が異なる。データベースとは、情報をコンピュータにより検索できるように体系的に構成したもの（同2条1項10号の3）であり、情報を分類し情報間の整合性や統一性を図ったりキーワードを付したりするなどの情報の体系づけが、コンピュータ検索を可能にするためのデータベースの本質的な要素だからである。

したがって、情報の選択や体系的な構成に創作性が認められないデータベースは、著作物ではない。たとえば、東京地中間判平成13年5月25日判時1774号132頁［著百15］〔自動車データベース（翼システム）事件〕では、実在するすべての自動車の車検証記載事項のデータベースを複製された事件について、情報の選択にも、古い順に配列しただけである体系的構成にも創作性がないから著作物ではないと判断した。

③ データベース著作物の権利侵害

データベース著作物の創作性は、情報の選択や体系的な構成にあるから、著作権侵害が成立するためには、この選択や体系的構成の創作性のある部分が再製されていることが必要である。データベース全体を利用していれば侵害の成立は明白であるが、データベースの特性上、一部のデータだけを抜き出して利用する形態が多い。抜き出して利用した利用態様に、なお元の著作物の情報の選択、体系的構成の創作性が認められれば侵害は成立するが、個別のデータのみの抽出であったり、利用者が独自に分類し直し体系的構成が変化しているような場合は、元のデータベースの著作権は及ばない。

④ 本設問へのあてはめ

設問❶ K堂のデータベースは、フィギュアをシリーズやそのカテゴリー別に分類したものであり、独自の体系的構成をとっていると考えられ

るので、データベースの著作物と認められる。そこで、A のデータベースの公衆送信等が K 堂のデータベースの著作権を侵害するかどうかを検討すると、A のデータベースは、おまけが発売されたシリーズ別ではなく A 独自の分類に従っている。したがって、A 独自にフィギュアを組み合わせて物語の情景を作ったものの写真について侵害にならないのみならず、単体のフィギュアの写真についても、A と K 堂のデータベースは体系的構成が異なるため侵害にはあたらない。B のデータベースの分類は発売年月日順であり、K 堂の構成とは異なるため、やはり侵害にはあたらない。また、A は自己のコレクションについてデータベースを作成しているので、そもそも K 堂のデータベースに依拠していないともいえる。

設問❷　A のデータベースも、上でみたとおり独自の体系的構成をとっているため著作物に該当する。しかし、発売年月日順である B のデータベースは体系的構成が異なるので、A のデータベースの著作権を侵害していない。

秋山：以上です。自分で報告しておいて言うのもなんですけど、あんまり納得できません。データベースの著作権の侵害についてなんですけど、データを抜き出して体系を変えるのは自由というのはおかしい気がしました。ヨーロッパではそういう場合にも権利が及ぶというデータベースの特別な権利が認められているという話がありました。

教授：ありがとうございます。そのヨーロッパの権利についても聞かせてもらえますか？

秋山：ええーっと、……EU で、1996 年 3 月の EC ディレクティブにより、これスイ・ジェネリス（sui generis）って読むんですかね、そういう独自の権利を与えるということになったと、書いてあったんですが、すみません、詳しく調べたわけではありません……。

教授：いえ、いいんです。もしせっかく調べたならと思っただけで。

冬野：私も秋山くんに同感です。たとえば、膨大な資料を集めてすごいデータベース作ったのに、他人が資料を集める苦労もしないでデータだけ抜き出して構成を変えて利用できるって、不当だと思います。

春田：「額の汗は保護しない」って話じゃないですか。資料を集める苦労って、著作権法の保護対象ではないから仕方ないと思います。著作権法の目的は労に報いるというのでなくて、あくまで創作性の保護なんだから。

冬野：苦労が報われない社会って間違ってると思います！

夏川：報われなくていいっていうんじゃなくて、著作権法とは違うってことで。だからヨーロッパでは別の権利を作ったんだろうね。

教授：日本でもデータの抽出にも権利が及ぶようなデータベースの特別な立法をしてはどうかという意見もありますが、どう思いますか。

春田：事実を集めたデータベースって、研究の資料ということが多いと思います。研究は先行の研究に積み重ねていくものだから、人がすでに調べたデータを、また一から自分で調べなさいというのでは研究は発展しないんじゃないでしょうか。たとえば、総選挙結果の市町村別得票数とかのいろんなデータを集めたデータベースを売っていく、政治学の研究に役に立つって聞いたけど、このデータを抽出して利用することができなかったら、もったいないよねえ、せっかくあるのに。

夏川：そういう研究に利用するような場合は、著作権の場合だったら正当な引用として許されるんじゃないの。「データベースの特別な権利」だってそういう制限はあると思う。

春田：でも、どんな場合でも引用の要件、主従関係とか認められるかな？

秋山：たとえば候補者別得票数のデータベースがあったとして、他の人が候補者の政策を調べた結果と合わせて政策別得票数の資料を作るために使ったとしたらどう？　論文に使うとかじゃなくて、資料として出しただけだったら、引用とか言えないんじゃないかな。

冬野：たしかにその資料は価値があるかもしれないけど、だからって、候補者別得票数のデータベースを勝手に利用していいってことにはならないと思うけど。

春田：でも得票数なんて事実じゃないですか。事実に独占権っておかしいと思います。

夏川：ただの事実じゃないんでは？ データベースにしてコンピュータ
で利用できるようにしたってところに価値があるんで。

教授：難しい問題ですね。データベースの経済的価値は大きいので、保
護の要請もありますが、一方で下手に保護すれば事実の独占になりか
ねません。不法行為法によりどこまで保護が可能か、また、何か立法
措置をとるとしても、不正競争防止法による保護という選択肢もあり
ます。実際、AI の発達に伴うビッグ・データの利活用を促進するた
め、2018（平成 30）年の不競法改正により、限定提供データ保護の制
度が新設されました。ID・パスワード等により管理しつつ、相手方
を限定して提供するデータを、不正に取得・使用・開示する行為を不
正競争とするものです。

　では、時間が来ましたので今日はこれで終わりましょう。

解答例

設問❶

　K 堂が A、B に対して著作権侵害を主張する方法としては、フィ
ギュアの著作権、フィギュアの写真の著作権、データベースの著作
権に基づく 3 通りが考えられる。

　まず、フィギュア自体に著作権が発生するかどうかについて検討
する。フィギュアは、菓子のおまけとして大量生産される工業製品
であり、応用美術である。美的表現が施された実用品である応用美
術のうち、一品製作のものである美術工芸品は美術の著作物に含ま
れると規定されている（著 2 条 2 項）が、量産されるものは意匠法
によっても保護されうる対象であるので、著作物としても認められ
るかどうか問題となる。著作権を無制限に認めるとすれば、意匠権
の発生には出願、審査、登録を要する意匠法の規律の意義を失わせ
ることになるからである。裁判例では、純粋美術と同視しうる程度
の美的鑑賞性がある場合は著作物として認めるという基準を用いる
ものが多く、近年では、実用的機能から分離して美的鑑賞の対象と

なる美的特性を備えているかという基準による判決が主流である。

　本設問では、Aが集めたフィギュアは実物に忠実な物であるから、K堂の制作者の独自の解釈やアレンジといった個性が強く表出されておらず、実用的機能から分離して純粋美術と同視しうる程度の美的鑑賞の対象となる美的特性を具備しているとはいえないから、著作物には該当しない。したがって、K堂はフィギュア自体の著作権を主張することはできない。

　次に、K堂がウェブサイトで公開しているフィギュアの写真の著作権について検討する。A、Bが公衆送信あるいは送信可能化している写真は、Aが撮影したものではあるが、被写体がK堂のフィギュアでありK堂が公開している写真とほぼ同一であるため、K堂の写真の著作権も問題になるのである。K堂の写真に著作権が発生するかどうかを判断するにあたり、写真の著作物の創作性とは、構図やアングルの決定、露光やシャッター速度の調整等の撮影技法や、現像手法において独自の精神作業が行われている場合に認められると解される。しかし、平面的な物の写真でないかぎりは、構図を決めて撮影した写真には創作性があると考えられ、K堂の写真にも著作権が発生する。

　そこで、Aの写真がK堂の写真の著作権を侵害するかどうかを検討する。Aの写真はK堂のものとは別個に撮影されているので、撮影技法や現像手法は異なっていると考えられる。被写体の選択の創作性を写真の創作性の要素として認めるかどうかについては争いがあるが、本設問においては、これを認める説に立ったとしても、単なるフィギュアを被写体とすることに創作性があるとは考えられないので、Aの写真が被写体を共通にしていることによりK堂の著作物の創作的表現の再製があるとはいえず、侵害にはあたらない。したがって、Aの写真を利用しているBに対しても、K堂は写真の著作権侵害を主張できない。

　最後に、K堂のデータベースの著作権に基づく主張を検討する。データベースが著作物に該当するためには、素材である情報の選択または体系的構成について創作性が認められなければならない（著12条の2）。また、データベースの著作権の侵害が成立するためには、この情報の選択や体系的構成の創作性のある部分が再製されていることを要する。本設問では、K堂のデータベースは、フィギュアをシリーズやカテゴリー別に分類した点で独自の体系的構成を

とっているため、著作物として認められるが、Aのデータベースは情報の選択も異なり、体系的構成についてもA独自の分類に従っているため、K堂のデータベースの著作権の侵害にはあたらない。Bのデータベースの分類もK堂のものとは情報の選択、構成が異なるため侵害にはあたらない。

設問❷

AがBに著作権侵害を主張する方法としては、写真の著作権、データベースの著作権に基づく2通りが考えられる。Aの写真は、Aが独自に撮影したものであるから、上で検討したとおり撮影技法等に創作性を有し著作物として認められる。Bは単体のフィギュアの写真のみを利用しているが、単体の写真であっても創作性を有することに変わりはない。BはAの写真自体を利用しているため、複製権（著21条）、公衆送信権、および送信可能化権（同23条）の侵害に該当する。

次に、データベースの著作権であるが、Aのデータベースは情報の選択および分類すなわち体系的構成に独自性を有するので、創作性を有し著作物にあたる。しかし、Bのデータベースの分類はAのそれとは異なるため、データベースの著作権の侵害にはあたらない。

関連問題

1. 応用美術の著作物性

(1) 清水焼の陶芸家が創作した一品製作の抹茶茶碗は著作物であるか。桜の花びらをかたどった箸置きで、清水焼の職人が手塗りで仕上げたが量産されているものはどうか。

(2) ジグソーパズルを製造するために描かれた絵は著作物であるか。

2. 写真の著作権の侵害

写真スタジオで、カメラマンが子どもの七五三の写真を撮影するため、おもちゃや冗談で子どもの気を引きながらベストショットを狙っている後ろから、親がその子どもの写真を撮った場合、カメラマンの写真の著作権侵害にあたるか。

3. データベースの著作権の侵害

(1) A研究所は、社会問題に関する文献情報をウェブで公開しており、これは1930年から現在に及ぶすべての文献の所在情報をカテゴリー別に分類したデータベースである。労働問題を専門とするB研究所は、1950年の設立以降の文献情報については独自に作成したデータベースを有しているが、1930年から1949年までの文献情報については、Aのデータベース中の「労働問題」というカテゴリーに入っているものをそっくりコピーして取り入れた。また、C大学のD教授は、B研究所が公開しているこのデータベースのなかから、自分の研究テーマに該当する文献情報をコピーして自分のホームページ中の文献情報データベースに取り入れており、この中にはAのデータベースに掲載されていた文献情報も含まれている。Bは、Aのデータベースの著作権を侵害しているか。DはA、Bのデータベースの著作権をそれぞれ侵害するか。

(2) 上の解説レジュメで触れた東京地中間判平成13年5月25日判時1774号132頁［著百15］〔自動車データベース（翼システム）事件〕では、原告のデータベースを著作物とは認めず、著作権侵害を否定したが、他人の車両データベースのデータを自らの車両データベースに組み込み販売した行為は、取引における公正かつ自由な競争として許される範囲を甚だしく逸脱し、法的保護に値する他人の営業活動を侵害するものとして不法行為を構成するとされた。この事案では、原告は本件データベースの開発に5億円以上、維持管理に年間4000万円もの費用を支出しており、また、原告と被告は、ともに自動車整備業用システムを開発しこれを全国的に販売しており、自動車整備業用システムの販売につき競業関係に立つことが認定されていた。では、同事案において、次の事実関係であった場合にも、不法行為は成立するか。最判平成23年12月8日民集65巻9号3275頁［著百104］〔北朝鮮映画事件〕を参照して述べなさい。

① 原告と被告は、ともに自動車整備業用システムを開発・販売する業者であるが、原告は関東圏で営業し、被告は関西圏で営業している場合。

②　原告は、自動車整備業用システムを開発し、全国的に販売する業者であるが、被告は、全国の自動車流通事情に関し調査、統計を行う業者であり、原告データベース中のデータを複製して、被告の統計に利用した場合。

参　考　文　献

野一色勲「判批」知財管理 55 巻 9 号 1265 頁（2005）

奥邨弘司「判批」判例評論 678 号 39 頁（判例時報 2259 号 150 頁）（2015）

井上由里子「判批」ジュリスト臨時増刊 1492 号 266 頁（2016）

小泉直樹「判批」判例評論 520 号 46 頁（判例時報 1779 号 208 頁）（2002）

茶園成樹「判批」著作権研究 25 号 209 頁（1999）

三浦正広「判批」コピライト 46 号 43 頁（2006）

谷川和幸「判批」知的財産法政策学研究 39 巻 343 頁（2012）

上野達弘「判批」判評 529 号 21 頁（判例時報 1806 号 183 頁）（2003）

松村信夫「判批」知財管理 53 巻 6 号 981 頁（2003）

満田重昭＝松尾和子編『注解　意匠法』3 頁〔満田〕（青林書院・2010）

（井関涼子）

11. 芸術オンザボンネット

設問　剛田はロック歌手矢川永一の熱狂的なファンである。「信者」といってもよい。あるとき、剛田は自分の愛車のボンネットに「矢川命」という文字を入れることを思いつき、どうしてもそのアイデアを実行したくなった。そこで、剛田は書家である友人の骨川に頼んで、愛車のボンネットに「矢川命」と書いてもらうことにした。

　矢川にはまるで興味のない骨川にとって、剛田の要望は理解に苦しむものであり、剛田との付き合い方を考え直さなければならないと思いさえしたが、剛田の異様な目つきに気圧されて骨川はつい依頼を引き受けてしまった。剛田は、通常の墨と同じ感覚で自動車の車体に文字等を描くことのできる特殊な塗料をどこからか入手し、骨川はその塗料を用いて剛田の愛車のボンネットに筆で「矢川命」と書いた（この文字を「本件文字」とし、本件文字の書かれた剛田の自動車を「本件自動車」とする）。本件文字は、（和紙に書かれた）骨川のこれまでの作品と比しても遜色ない出来栄えであり、本件文字の書としての芸術性の高さに骨川は満足した。

❶本件文字が著作物といえるか否かについて論じなさい。

　それからしばらくして、骨川のもとに剛田から1枚のハガキが届いた。そのハガキには本件自動車の写真がプリントされており（この写真を「本件写真1」とする）、本件文字も大きく鮮明に写っている。そして、その写真の下のスペースには、剛田の文字で「このあいだはありがとう！　おかげで俺のクルマは仲間にも大好評だぜ‼　あまりにも好評なので、この写真入りハガキがファンクラブから発売されることになったのでヨロシク‼‼」と書かれていた。骨川は驚き、ハガキに書かれていたことが事実かどうか確かめるべく、矢川のファンクラブのウェブサイトを探し当てていろいろ調べた結果、本件写真1がプ

リントされたハガキ（これを「本件ハガキ１」とする）がすでに販売されていることが判明した。さらに、本件ハガキ１以外にも、本件文字が写っている写真入りのハガキがあることもわかった（このハガキを「本件ハガキ２」とし、そこにプリントされている写真を「本件写真２」とする）。ただし、本件写真２は、矢川ファンの「集会」の様子を伝えることに主眼があるもののようであり、本件文字は隅に小さく写っているのみで、ピントも本件文字にあっているわけではなく、「矢川命」と書いてあることをかろうじて読み取ることができる程度である。

❷自分の芸術作品が絵ハガキに使われたことに腹を立てた骨川は、剛田に電話して抗議したところ、「俺のクルマなんだから絵ハガキ作ろうが何しようが俺の勝手だろ」との回答が返ってきた。この回答が、「本件自動車の所有者であるわたしは、本件文字の複製につき許諾（または禁止）する権利を有している」という趣旨の主張であると理解されるとして、剛田のこの主張の当否について簡潔に論じなさい。

❸本件文字が骨川の著作物であるとして、矢川のファンクラブ（以下「Y」とする）による、本件ハガキ１および本件ハガキ２を作成する各行為が、著作物の複製に該当するか否かについて論じなさい。

さらにその後、骨川は書店で、ある写真集（「本件写真集」とする）において使用されている写真に、本件自動車が写っているのを発見した（この写真を「本件写真３」とする）。本件写真３は本件自動車が信号待ちをしているところを写したものであり、本件写真３の中央部分においては、本件文字が大きく鮮明に写っている。本件写真集は「都会の風景」をテーマにしたもので、さまざまな都会の風景を写した写真が多数収録されており、本件写真もその中の１つである。本件写真の掲載態様は、上記テーマとの関係で特に不自然なものではない。

❹Ｘは本件写真集の発行元であるゼータ出版（以下「Ｚ」とする）に対し、著作権侵害訴訟を提起することにした。Ｚの行為がＸの著作物の複製に該当するものであることを前提に、これが著作権の

制限規定に該当するか否かについて論じなさい。

解　説

1 ………概　観

(1)　設問のねらい

　本設問は、後にも紹介するように、東京高判平成 14 年 2 月 18 日判時 1786 号 136 頁［著百 53］〔雪月花事件〕および東京地判平成 13 年 7 月 25 日判時 1758 号 137 頁［著百 76］を下敷きにしたものであり、他人の著作物を写真撮影した場合に生じうる複雑な問題について考察することで、著作権法の理解を深めることをねらいとするものである。また、所有権と著作権との関係の問題についてもあわせて扱う。

(2)　取り上げる項目

- ►著作物性（書の著作物性，応用美術）
- ►所有権の限界
- ►類似性（創作的表現の再生）
- ►付随対象著作物の利用にかかる制限（著 30 条の 2）
- ►公開の美術の著作物等の利用にかかる制限（著 46 条）

2 ………所有権と著作権

　設問❷（便宜上この設問の解説から始める）は、有体物の所有者が、その有体物の影像の利用を法的にコントロールすることができるかという問題に関するものである。

　物の影像の利用行為について、これが所有権の対象となるかのように述べる下級審裁判例がいくつか存在し（東京高判昭和 53・9・28 東高時報 29 巻 9 号 206 頁、高知地判昭和 59・10・29 判タ 559 号 291 頁、神戸地伊丹支判平成 3・11・28 判時 1412 号 136 頁）、他人の所有物を無断で写真撮影することを所有権の侵害とする学説（辻正美「所有権と著作権」斉藤博 = 牧野利秋編『裁判実務大系 27　知的財産関係訴訟法』400 頁（青林書院・1997））も存在する。

　しかしながらこの問題について、いわゆる顔真卿自書建中告身帖事件最高裁判決において、最高裁は、「所有権は有体物をその客体とする権利であるから、美術の著作物の原作品に対する所有権は、その有体物の面に対する排他的支配権能であるにとどまり、無体物である美術の著作物自体を直接排他的に支配する権能ではないと解するのが相当である」と判示している（最判昭和59・1・20民集38巻1号1頁［著百1］）。その理由の1つとして同判決は、仮に美術の著作権の存続期間満了後も複製物の所有権を通じてその無体的側面をコントロールすることができるのであれば、保護期間を限って著作物に排他権を認めている著作権法の趣旨が没却されることを挙げている。また、かえでの木の影像の利用行為が当該かえでの木の所有権を侵害する行為といえるかが争われた事案において、「所有権は有体物をその客体とする権利であるから、本件かえでに対する所有権の内容は、有体物としての本件かえでを排他的に支配する権能にとどまるのであって、本件かえでを撮影した写真を複製したり、複製物を掲載した書籍を出版したりする排他的権能を包含するものではない。そして、第三者が本件かえでを撮影した写真を複製したり、複製物を掲載した書籍を出版、販売したとしても、有体物としての本件かえでを排他的に支配する権能を侵害したということはできない」と述べる判決（東京地判平成14・7・3判時1793号128頁）もある。

　これらの判決のように、所有権の効力は物の無体的側面には及ばないとする考え方のほうが、現在では一般的となっており（たとえば、中山信弘『著作権法〔第3版〕』297～299頁（有斐閣・2020）参照）、上記の顔真卿自書建中告身帖事件最高裁判決の所有権の効力に関する一般論は、その後の最高裁判決（最判平成16・2・13民集58巻2号311頁）においても（傍論においてではあるが）確認されている。このような考え方に従えば、設問❷にいう「本件文字の複製」とは、本件自動車の無体的側面の利用にほかならないから、これに剛田の所有権は及ばず、剛田の主張は失当ということとなる。

3⋯⋯⋯本件文字の著作物性

設問❶は、本件文字が著作権法2条1項1号にいう著作物に該当するかどうかに関するものであるが、特に留意すべき点として、①書の創作性、および②実用品のデザインの「美術の著作物」該当性、の2点が挙げられる。

①について、文字の基本的な骨格は創作性を欠くので、本件文字が創作的表現といえるためには、筆の勢い、文字のくずし方、色の濃淡等において、誰が書いても同様の結果とはならないような特徴を備えていることが必要となる。問題文によれば、本件文字は書家の手によるものであり、「骨川のこれまでの作品と比しても遜色ない出来栄え」なのであるから、本件文字は上記のような特徴は有しているものと考えられる。

②は、本件文字のような、自動車のデザインとして作成されたものが美術の著作物といえるか否かという点が問題となる（いわゆる応用美術問題）。この点の詳細については、10. おまけのフィギュアの写真の解説に譲るが、本件文字が「通常の墨と同じ感覚で自動車の車体に文字等を描くことのできる特殊な塗料」を使用することで、特に制約を受けることなく作成されたものであると考えられることから、現在有力視されている分離可能性説や、それ以外の基準のもとでも、著作物性が肯定される余地は十分にあるといえよう。

4⋯⋯⋯Yの行為の複製該当性

著作物の複製とは、著作物を有形的に再製することであるが（著2条1項15号）、その前提として、既存の著作物に依拠していることが必要である（最判昭和53・9・7民集32巻6号1145頁［著百42］）。この要件を依拠性要件という。また、複製といえるためには、依拠性だけでなく、既存の著作物の創作的表現が再生されている必要がある。この要件を類似性要件という。著作権法は、思想または感情の創作的な表現を保護するものであるから（同項1号）、既存の著作物に依拠して創作された著作物が思想、感情もしくはアイデア、事実もしくは事件など表現それ自体でない部分または表現上の創作性がない部分において、既存の著作物

と同一性を有するにすぎない場合には、複製にあたらないと解するのが相当である（翻案についてであるが、最判平成 13・6・28 民集 55 巻 4 号 837 頁［著百 44］参照）からである。これらの要件（依拠性、類似性）は、複製権だけでなく、著作権侵害に共通する要件でもある。

　設問❸のケースでは、本件各写真には本件自動車が写っているのであるから、依拠性要件の充足性については明らかであるが、問題は類似性要件の充足性である。本件文字の創作的表現部分が感得されない写真は本件文字を複製したものであるとはいえない。東京高判平成 14 年 2 月 18 日判時 1786 号 136 頁［著百 53］〔雪月花事件〕は、照明器具のカタログ写真に書が写り込んでいた事案についてのものであるが、判決は「書を写真により再製した場合に、その行為が美術の著作物としての書の複製に当たるといえるためには、一般人の通常の注意力を基準とした上、当該書の写真において、上記表現形式を通じ、単に字体や書体が再現されているにとどまらず、文字の形の独創性、線の美しさと微妙さ、文字群と余白の構成美、運筆の緩急と抑揚、墨色の冴えと変化、筆の勢いといった上記の美的要素を直接感得することができる程度に再現がされていることを要するものというべきである」との基準のもとで判断し、複製権侵害を否定した原判決を維持した。本件写真 2 についても、「矢川命」と書いてあることがかろうじて読み取ることができる程度の写り具合であることからすると、本件文字の創作的表現が再生されたものであるとはいいがたいであろう。

5………付随対象著作物の利用（「写り込み」に対応する権利制限規定）

　ところで、一般に、他人の著作物が偶然写真等に写り込むことはありうることである。上記東京高判は、類似性を否定することで解決しているが、これを否定できないようなケースもあるだろう。そのようなケースの中には、常識的には著作権侵害を肯定すべきでないと考えられるようなものもあると思われる。このような「写り込み」問題に対処するため、著作権法の平成 24 年改正で 30 条の 2 が新設された。この規定はその後、令和 2 年改正によって適用範囲が拡大されている。

　この規定によれば、写真や動画の撮影や放送等により事物（著作物である必要はない）の影像や音を複製したり、複製を伴わずに伝達する行為（複製伝達行為）を行うに当たり、付随して対象となる事物または音に係る著作物で、「付随対象著作物」と評価されるものについては、一定の場合に、当該複製伝達行為に伴って利用することができる。「付随対象著作物」かどうかは、当該複製伝達行為により作成され、または伝達されるもの（作成伝達物。著作物である必要はない）のうち問題となる著作物が軽微な構成部分となるか否かで判断され、「軽微な構成部分」といえるかについては、「〔作成伝達物〕のうち当該著作物の占める割合、当該作成伝達物における当該著作物の再製の精度その他の要素に照らし」判断される。また、利用できる範囲については、「正当な範囲」であり、著作権者の利益を不当に害さない限りは、いかなる方法でも利用できる。この「正当な範囲」かどうかは、「当該付随対象著作物の利用により利益を得る目的の有無、当該付随対象事物等の当該複製伝達対象事物等からの分離の困難性の程度、当該作成伝達物において当該付随対象著作物が果たす役割その他の要素に照らし」判断される。

　この規定が適用される典型的なシチュエーションとしては、写真を撮影したところ、本来意図した撮影対象だけでなく、背景に小さくポスターや絵画等の美術の著作物が写り込んだ場合や、屋外で録音や録画をした際にたまたま流れていた音楽が録り込まれたような場合等が挙げられる。この規定の制定当初においては、このようなシチュエーションを念頭に、付随対象著作物と認められるための要件として「撮影等の対象とする事物又は音から分離することが困難であるため付随して対象になる事物又は音」についてのものであることが条文上求められていた。しかし、このような分離可能性を要件とすることについては硬直的にすぎるとの批判があり（例えば、子供を撮影する際に意図的にぬいぐるみを抱かせたような場合には分離困難性が否定される可能性がある。中山・前掲379頁等参照）、令和2年改正により現在の形に改められた。現行の規定では分離困難性は要件となっておらず、上記の通り、分離困難の程度が「正当な範囲」かどうかを判断する一要素にとどめられている。

1 7 7

このように、現行の30条の2は、諸要素を総合的に考慮することで妥当な結論を出せるように設計されているといえるが、「軽微な構成部分」であることを要件とする以上、設問❹のケースのように、他人の著作物が中央部分に大きく鮮明に写ってしまっている場合には、「付随対象著作物」に該当するとの主張には無理があるように思われる。このようなケースにおいて侵害を免れるためには、別の権利制限規定によるほかないように思われる。

6⋯⋯⋯⋯公開の美術の著作物の利用の制限

設問❹のケースで問題となる権利制限としては、著作権法46条の公開の美術の著作物等の利用にかかる制限が挙げられる。東京地判平成13年7月25日判時1758号137頁［著百76］は、路線バスの車体に描かれた絵画が、「はたらくじどうしゃ」を幼児に紹介する趣旨の書籍に掲載された事案に関するものであるが、この事件では、被告による上記掲載行為が著作権法46条により権利制限を受けるものであるか否かが主に争われた。同条柱書は、美術の著作物でその原作品が「街路、公園その他一般公衆に開放されている屋外の場所又は建造物の外壁その他一般公衆の見やすい屋外の場所」（著45条2項）に「恒常的に設置されている」ものであることを要求しており、形式的に考えれば、特定の場所に据え付けられているわけではなく、市内を循環し、しかも夜間には車庫に収納されるバスが、屋外の場所に「恒常的に設置」されたものとはいいがたいであろう。しかし判決は、著作権法46条が屋外の場所に恒常的に設置された美術の著作物について一般人による利用を原則的に自由としているのは、①一般人の行動の自由の尊重、②社会的慣行（同規定に該当する行為には、一般人による自由利用を許すのが社会的慣行に合致していること）、③著作者の通常の意思（多くは著作者の意思にも沿うと解して差し支えないこと）等の点を総合考慮した結果であるとして、このような同条の趣旨を考慮すると、本件のバスも屋外の場所に「恒常的に設置」されたものといえるとしている。

また、著作権法46条4号該当性については、同号の趣旨を「仮に、

178

専ら複製物の販売を目的として複製する行為についてまで、著作物の利用を自由にした場合には、著作権者に対する著しい経済的不利益を与えることになりかねないため、法46条柱書の原則に対する例外を設けたものである」としたうえで、「46条4号に該当するか否かについては、著作物を利用した書籍等の体裁及び内容、著作物の利用態様、利用目的などを客観的に考慮して、『専ら』美術の著作物の複製物の販売を目的として複製し、又はその複製物を販売する例外的な場合に当たるといえるか否か検討すべき」との一般論を示し、被告書籍の目的（幼児向けに、写真を用いて、街を走る各種自動車を解説する目的で作られた書籍であること）、問題となった掲載方法が被告書籍の目的に照らして、格別不自然な態様とはいえないこと等を考慮して、同号該当性を否定し、結論として著作権侵害を否定している。

　この判決のような考え方によれば、設問❹のＺの行為についても、著作権法46条により許される可能性がある。ただし、この判決と設問❹のケースとでは、前者が路線バスのデザインであるのに対し、後者は一般の乗用車である（と考えられる）点が異なっている。路線バスが街中の一定のルートを循環するものであるという事情を重視して、一般の乗用車のケースと区別するという考え方もありえようが、（車庫等に入庫されたままではなく）屋外を走るものである点では共通しており、一般人の行動の自由や著作者の合理的意思等の諸要素を考慮すると一般の乗用車の場合でも同条柱書にいう「屋外の場所に恒常的に設置されているもの」に該当するとする考え方もありうるだろう。

　著作権法46条柱書該当性が肯定された場合、Ｚの複製行為が同条4号のケースに該当するか否かについても検討が必要となる。この点についても、本件写真集に特に教育目的があるとは考えられないこと等の点で上記東京地判のケースと異なる点があり、このような相違点を重視して、設問のケースでは権利制限は認められないとする考え方もありえよう。他方で、上記東京地判において教育目的に言及されているのは、単に被告書籍の目的が原告の絵画の経済的価値の利用にあるのではないことをいうためにすぎないと解することもできる。そのように解するので

あれば、本件写真3の掲載態様は「さまざまな都会の風景」という本件写真集のテーマとの関係で特に不自然な掲載態様でないのであるから、本件写真3が多数収録された写真の1枚にすぎず、骨川への経済的不利益も大きいとはいえないと考えられることからすると、設問のケースでも46条4号該当性を否定することは可能であろう。

解答例

設問❶

　著作物とは、「思想又は感情を創作的に表現したものであつて、文芸、学術、美術又は音楽の範囲に属するもの」である（著2条1項1号）。「創作的」表現とは、その表現の独占を許しても同一のアイデアに基づく他の表現の選択の幅が十分に残されているものをいい、同一のアイデアに基づけば誰がやっても同様の表現となるようなものは創作的表現ではないと解される。文字の基本的な骨格自体は他に選択の余地がなく、創作的とはいえないが、書に見られる字のくずし方、色の濃淡やかすれ具合などの表現については、誰がやっても同様の結果となるものとはいえず、したがって創作性があるものといえる。本件文字は「通常の墨と同じ感覚で自動車の車体に文字等を描くことのできる特殊な塗料」を用いて描かれたものであり、その出来栄えも書家である骨川のこれまでの作品と比して遜色ないものであるとのことであるから、本件文字は上記のような書としての創作性は備えているものと考えられる。

　次に、本件文字が「美術」の範囲に属するか否かについて検討する。本件文字は、本件自動車という実用品の模様として作成されたものであるところ、実用に供されることを目的とする美的創作物（応用美術）については、美術工芸品（著2条2項）以外については明文の規定は存在しない。しかし、実用目的の応用美術であっても、実用目的に必要な構成と分離して、美的鑑賞の対象となる美的特性を備えている部分を把握できるものについては、2条1項1号に含まれることが明らかな「思想又は感情を創作的に表現した（純粋）

美術の著作物」と客観的に同一なものとみることができるのであるから、当該部分を上記2条1項1号の美術の著作物として保護すべきであると解すべきである。

本件文字は、それ自体は自動車の実用目的とは無関係であり、その具体的な表現についても、「通常の墨と同じ感覚で自動車の車体に文字等を描くことのできる特殊な塗料」により自動車の車体に描くことについて特有の制約もほぼ受けていないと考えられることから、自動車の車体と分離して把握することが可能であるといえる。

以上より、本件文字は著作物であるといえる。

設問❷

所有権は有体物をその客体とする権利であるから、本件自動車に対する所有権の内容は、有体物としての本件自動車を排他的に支配する権能にとどまるものであり、その無体的側面の利用についての排他的権能を包含するものではない。設問にいう「本件文字の複製」とは、本件自動車の無体的側面の利用にほかならないから、このような行為に剛田の所有権は及ばない。したがって、剛田の主張は失当である。

設問❸

著作物の複製とは、著作物を有形的に再製することであるが（著2条1項15号）、そのような有形的再製があるといえるためには、既存の著作物の創作的表現が再生されていること（類似性）が必要である。著作権法は、思想または感情の創作的な表現を保護するものであり（同1号）、既存の著作物に依拠して創作された著作物が思想、感情もしくはアイデア、事実もしくは事件など表現それ自体でない部分または表現上の創作性がない部分において、既存の著作物と同一性を有するにすぎない場合には、複製にあたらないと解するのが相当だからである。この類似性要件のほか、著作物の複製に該当するためには、既存の著作物に依拠していること（依拠性）も必要である。設問のケースでは、本件各写真には本件自動車が写っているのであるから、依拠性要件の充足性については明らかであるので、以下では類似性要件の充足性について検討する。

本件文字の創作的表現とは、設問❶の解答で述べたとおり、文字の基本的な骨格ではなく、字のくずし方、色の濃淡やかすれ具合などの表現にあると考えられるから、そのような表現が写真において再生されている場合に、類似性要件が充足されることとなる。本件

写真1においては、本件文字が大きく鮮明に写っているのであるから、上記の創作的表現が再生されているものと考えられる。他方、本件写真2においては、かろうじて文字を読むことができる程度（換言すれば、創作性のない字の骨格がかろうじて判別できる程度）の写り具合なのであるから、創作的表現の再生はみられないと考えられる。したがって本件写真1は類似性要件を充足するが、本件写真2は類似性要件を充足しない。

　以上より、本件写真1は著作物の複製に該当するが、本件写真2は該当しない。

設問❹

　Zの行為に適用される可能性がある権利制限規定としては、著作権法30条の2および同46条が考えられる。以下、順番に検討する。

　(1)　著作権法30条の2該当性

　本件写真3は、同条にいう「写真等著作物」に該当する。しかし、本件文字は本件写真3の中央部分において大きく鮮明に写っていることから、本件文字は本件写真3において「軽微な構成部分」とはいえない。したがって、本件文字は同条にいう付随対象著作物に当たらないため、Zによる本件文字の複製が、同条に該当することはない。

　(2)　著作権法46条該当性

　まず、同条柱書該当性について検討する。同条柱書は、美術の著作物でその原作品が「街路、公園その他一般公衆に開放されている屋外の場所又は建造物の外壁その他一般公衆の見やすい屋外の場所」（著45条2項）に「恒常的に設置されている」ものであることを要求している。形式的に考えれば、特定の場所に据え付けられているわけではない本件自動車はこの要件を充足しないこととなろう。しかし、46条が屋外の場所に恒常的に設置された美術の著作物について一般人による利用を原則的に自由としているのは、①一般人の行動の自由の尊重、②社会的慣行、③著作者の通常の意思等の点を総合考慮した結果なのであるから、本件自動車が屋外の場所に恒常的に設置されているか否かについては、このような同条の趣旨をふまえて検討すべきである。本件自動車の通常の使用法は一般道路を走るというものであると考えられ、本件文字もボンネットという外部から見やすい位置に描かれていることから、本件文字は本件自動車の通常の使用状態において一般公衆に容易に認識可能なものと

なるのであり、このような創作的表現については（著46条各号に該当する行為でないかぎり）一般公衆による写真撮影などの利用を認めることが、一般人の行動の自由の見地からは望ましく、社会的慣行にも合致するように思われる。また、自動車のボンネットに書を書く場合、その書が当該自動車の通常の使用状態において一般公衆の目にさらされることになることは容易に想定可能であり、当該書について不特定人が写真撮影などの利用を行うこともまた容易に想定可能であるから、そのような書を書くことを承諾した著作者は上記のような不特定人による当該書の利用についても、原則として認めているものと考えることが合理的である。以上より、本件自動車は46条にいう「屋外の場所」に「恒常的に設置されている」ものと解するべきであり、Ｚの行為は同条柱書に該当する。

　次に、Ｚの行為の著作権法46条4号該当性について検討する。同号の趣旨は、仮に、同号に該当するような著作物の利用を自由にした場合には、著作権者に対する著しい経済的不利益を与えることになりかねないため、同条柱書の原則に対する例外を設けたというものである。そして、同条4号に該当するか否かについては、著作物を利用した書籍等の体裁および内容、著作物の利用態様、利用目的などを客観的に考慮して、「専ら」美術の著作物の複製物の販売を目的として複製し、またはその複製物を販売する例外的な場合にあたるといえるか否か検討すべきである。本件写真集は「さまざまな都会の風景」というテーマの写真を多数収録したものであり、本件写真3の掲載態様は上記テーマとの関係で特に不自然なものではなく、したがってＺによる本件写真3の利用目的は本件写真3の経済的価値を利用することにあるとは考えがたいこと、また、本件写真3は多数収録された写真のうちの1枚にすぎず、Ｘへの経済的不利益は少ないと考えられることを考慮すれば、Ｚの行為は「専ら」本件写真の複製物の販売を目的とするものとはいえない。したがって、Ｚの行為は同号に該当しない。

　以上より、Ｚの行為は著作権法46条の権利制限規定に該当する。

関連問題

1. 書の創作性

本件自動車が矢川ファンの間で好評であることから、Yは本件文字をプリントしたステッカーの作成を企画したが、本件ハガキの件で骨川からクレームがきていたためこれを断念し、かわりにYの会員で書道五段のAに本件文字とそっくりな文字を書かせて、それを原版としてステッカーを作成することとした。Yから依頼を受けたAは、できるかぎり本件文字に似せるように試行錯誤を重ねて、ついに本件文字に「そっくり」と思える「矢川命」の文字を完成させた(この文字を「A文字」とする)。本件文字が骨川の著作物であるとして、AによるA文字の作成行為が翻案に該当するか否かについて論じなさい。

2. 「専ら」美術の著作物の複製物の販売を目的とする複製

(1) 本件ハガキ1を作成する行為が骨川の著作物の複製となることを前提に、これが著作権の制限規定に該当するものであるか否かについて論じなさい。

(2) 骨川がYのサイトをさらに調べたところ、矢川ファンの「集会」の写真(本件写真2とは別物)の特大ポスター(B1サイズ)も販売されており、その写真にも本件文字が写っていることが判明した(このポスターを「本件ポスター」とし、本件ポスターに使用されている写真を「本件写真4」とする)。本件写真4において、本件文字は隅に写っており、写真全体のごく一部を占めるにすぎないものであるが、写真全体のサイズが大きいため、本件写真1における本件文字と同程度の大きさで写っており、また、その写り具合も本件文字の色の濃淡や筆の勢い等が感得できる程度の鮮明さとなっている。Yが本件ポスターを作成する行為が骨川の著作物の複製となることを前提に、これが著作権の制限規定に該当するものであるか否かについて論じなさい。

参 | 考 | 文 | 献

（本文中に掲げたもののほか）
村井麻衣子「アクセス可能な著作物に対する公衆の利用の自由──はたらく
　じどうしゃ事件」知的財産法政策学研究 10 号 247 頁（2006）

（宮脇正晴）

185

12. ときめき知財ゼミ

設問　　Aは、ゲームプログラマー志望の21歳男子、Bは、アニメーター志望の20歳男子である。2人は甲国の国籍を有しており、親友であった。

　Cは、ゲームソフトの製作・販売等を業とする株式会社である。

　AおよびBは、観光ビザで2度来日し、わが国に滞在している間、Cのゲーム開発プロジェクトに参加することになった。AおよびBは、Cの社員であるDから企画の提示を受け、事実上、A1人がプログラミングを行い、B1人がアニメーション関連の仕事（原画の作成、そのデジタル化およびアニメーション効果に関する演出等）を行った。

　上記プロジェクトが開発目標としていたゲームソフトは、ある架空の大学の法学部知的財産法ゼミを舞台に、プレイヤーが同学部の男子学生となって、お目当ての女子学生から卒業式の日に告白されることを目的として努力を積み重ねるという内容の恋愛シミュレーションゲーム（以下、「本件ゲームソフト」という）であった。

　AおよびBがDから提示された企画書（以下、「本件企画書」という）には、本件ゲームソフトと類似するゲームソフトの分析や本件ゲームソフトに対する需要がどの程度見込めるかに関する分析に加えて、本件ゲームソフトの基本コンセプトおよびおおまかな開発日程が記されていた。AおよびBは、Cのオフィスに通って作業をすること、1週間ごとに作業経過をDに報告することが義務づけられていた。Dは、AおよびBから要請を受けると、Cの経営陣に諮ったうえで新たな機器やソフトを購入し、彼らの作業が円滑に進展するよう、これを支援した。

　また、Dは、フリーのミュージシャンであるEに対し、本件ゲームソフトのオープニングのための主題歌（以下、「本件主題歌」という）および各種効果音の作成を依頼し、Eは、この依頼に応じて本件

主題歌等を作成した。Cは、Eに対する報酬のほか、本件主題歌等の作成に要する費用をすべて支払っていた。なお、Eは、Cに本件主題歌等の音源を納入するさい、「本件主題歌等にかかる著作権を全部譲渡する」「本件主題歌等の改変、利用につき、いっさい著作者人格権を行使しない」との文言が記載された契約書をCと交わし、相当額の対価の支払をCから受けた。

このようにして本件ゲームソフトは完成し、Cの制作名義のもとでパッケージソフトとして販売されるに至った。

ところでCは、AおよびBと雇用契約書を交わしてはおらず、AおよびBは、就業規則を提示されたことの確認書を提出していなかった。また、タイムカードや欠勤届による勤務管理もされていなかった。彼らは毎月基本給名目で12万円の支給を受けたが、雇用保険料、所得税等の控除はされていなかった。ただし、内訳を明記した給料支払明細書が、彼らに毎月交付されていた。

本件ゲームソフトにおいては、プレイヤーの能力値として9種類の表パラメータ（体調、文系、理系、芸術、運動、雑学、容姿、根性および知的財産法）および3種類の隠しパラメータの初期値（データ）が設定されていた。これらの能力値が一定程度上昇すれば、お目当ての女子学生から告白してもらえるが、最も効率よくパラメータの数値を上昇させることができたとしても、通常は、卒業間近の時点で特定少数のパラメータを高い数値にするのが限度であった。

他方、有限会社Fは、本件ゲームソフト用のメモリーカード（以下、「本件メモリーカード」という）を製造、販売した。Fが本件メモリーカードの宣伝にあたり強調したのは、本件メモリーカードが有するある特殊な機能である。すなわち、本件メモリーカードをゲーム機に挿入して、そのブロック1〜11のデータを使用すると、ゲーム開始直後から知的財産法以外のほとんどの表パラメータがきわめて高い数値となるほか、入学当初では登場しないはずの水泳を趣味とする同じゼミの男子学生が登場した。また、そのブロック12または13のデータを使用すると、ゲームスタート時点がいきなり卒業間近の時点に飛び、やはり知的財産法以外のすべての表パラメータが高い数値に置き換えられ、必ずあこがれの女子学生から愛の告白を受けることができるようになっていた。なお、本件メモリーカードは、以上の機能を

除くと、格別の機能や用途を有しないものであった。

　本件におけるすべての問題について適用される法律は日本法であるとして、次の問題に答えなさい。

❶ Cは、（視聴覚的表現物としての）本件ゲームソフトの著作者といえるか。

❷ Cは、同一性保持権の侵害を理由として、Fに対し、本件メモリーカードの販売差止めを請求できるか。❶の解答のいかんにかかわらず、Cが本件ゲームソフトの著作者であるという前提で答えなさい。

❸ AおよびBは、その後また来日し、今度はCのライバル会社であるGで働くことになった。Dは、Aが作成した本件ゲームソフトの仕様書およびシステム設計書（以下、「本件仕様書等」という）並びに本件企画書のコピーがG内で複製され、関係部署において配布されていることを知った。これらの著作物は、Cでは部外秘の資料として扱われていたものであり、その公表はいっさい予定されていなかった。Cは、本件企画書および本件仕様書等のGにおける複製を理由として、複製権侵害に基づく請求をすることができるか。

❹ Cは、本件ゲームソフトをバージョンアップしたゲームソフト（以下、「本件ゲームソフトⅡ」という）を従業員に作成させ、Cのオフィシャルウェブサイトから不特定多数のユーザー向けにダウンロード可能としたほか、パッケージソフトとしても市販した。本件ゲームソフトⅡには、Eが作成した本件主題歌（しっとりとした曲調の曲）をリズムビートの効いたアップテンポの曲に改変した主題歌が使用されていた。Eは、Cに対して、同一性保持権、編曲権および編曲物の利用に関する著作権の侵害に基づく訴訟上の請求を行ったが、Cは、それらの権利がすべてEではなくCに帰属していること、および著作者人格権不行使特約の存在を主張して争っている。

⑴ EのCに対する同一性保持権侵害に基づく請求は認められるか。

⑵ EのCに対する編曲権および編曲物の利用に関する著作権の侵害に基づく請求は認められるか。

12

解　説

1 ………概　観

(1)　設問のねらい

　本問は、職務著作の要件のうち特に重要と思われる業務従事者および公表名義について問うている。そして、これに加えて、いわゆるときめきメモリアル事件で問題になった同一性保持権侵害の惹起に関する問題等が盛り込まれたものである。

　本問をめぐっては2件の最高裁判例が公表されている。そこで、この設問を通じて著作権法に関する重要なポイントをおさえるというのが、本問のねらいである。

(2)　取り上げる項目

►職務著作の要件（とりわけ業務従事者、公表名義）

►同一性保持権侵害の惹起

►映画の著作物の著作者

►著作権譲渡における特掲要件

►同一性保持権の不行使特約

2 ………職務著作

　設問❶においては、本件ゲームソフトの著作者性が問われている。Cが本件ゲームソフトの著作者になるためには、AおよびBが作成した本件ゲームソフトにつき職務著作が成立しなければならない。そこで、まずは職務著作の要件についてみていこう。

　では、どのような要件で職務著作は成立するのか。

　著作権法15条1項によると、「法人その他使用者……の発意に基づきその法人等の業務に従事する者が職務上作成する著作物……で、その法人等が自己の著作の名義の下に公表するものの著作者は、その作成の時における契約、勤務規則その他に別段の定めがない限り、その法人等とする」ものと規定されている。

　これを分解すると5つの要件が抽出される。すなわち、①法人等の発

意、②業務に従事する者、③職務上、④公表名義、⑤別段の定めがない
こと、である（ただし、プログラムの著作物については、④公表名義の要件
が必要ない（著15条2項））。

　職務著作が成立すると使用者である法人等が著作者になるため、著作
者の権利（著作権および著作者人格権）は、すべて法人等に帰属する。し
たがって、職務著作が成立するかどうかは重要な問題である。

　そこで、以下その要件を順に検討していこう。

① 　法人等の発意

　第1に、「法人その他使用者……の発意に基づ」くことが必要である。
「法人その他使用者」は法人のみならず自然人でもよい（例：自然人が自
然人を雇用する場合）。

　ここで「発意」とは、「著作物作成の意思が直接又は間接に使用者の
判断にかかっている」ことといわれている（加戸・後掲参考文献152頁）。

　本問において、本件ゲームソフトを開発することはCのプロジェク
トだというのであるから、本件ゲームソフトの作成はCの発意に基づ
くものと認められる。

② 　業務に従事する者

　第2に、「その法人等の業務に従事する者が」作成することが必要で
ある。

　典型的には、法人等との間に雇用契約を締結している従業員がこれに
あたる。これに対して、外部の者に著作物の作成を依嘱したにすぎない
ような場合は、「法人等の業務に従事する者」にあたらない。たとえば、
ある会社が広告代理店に宣伝ポスターの作成を注文したような場合、こ
の広告代理店は、この会社の「業務に従事する者」にあたらない。この
ような場合、当該広告代理店は基本的に独立して著作物を作成している
からである。

　もっとも、この要件をめぐっては、「法人等の業務に従事する者」と
いうのは雇用関係がある場合に限られるかどうかという点が問題となる
（上野・後掲参考文献（2004）135頁以下も参照）。

　(a)　限定説　　1つ目に、雇用関係がある場合に限定すべきとする伝

統的見解がある（斉藤・後掲参考文献（2007）126頁）。これは、わが国の
職務著作制度というものが法人さえをも「著作者」としてしまうという
点で大陸法系の著作権法制度からすればきわめて「特異な」制度である
と主張し、これをできるだけ厳格に解釈適用すべきという考えに基づく。

　(b)　非限定説　　2つ目に、必ずしも直接の雇用関係がある場合に限
定しない見解がある。たとえば、少なくとも派遣労働者については派遣
先との関係で「法人等の業務に従事する者」であることを肯定する見解
（加戸・後掲参考文献153頁等）、「形式上、委任や請負という形を採って
いたとしても、実態において、法人等の内部において従業者として従事
している者と認められる場合」を別論とする見解（田村・後掲参考文献
381頁）、さらには、たとえ雇用関係になくても実質的な「指揮監督関
係」がある場合にはこの要件を満たすとする見解（半田・後掲参考文献
66頁以下）がある。

　このような議論の中、RGBアドベンチャー事件の最高裁判決（最判平
成15・4 11判時1822号133頁［著百23］）は、「法人等の業務に従事す
る者」について一定の判断基準を示した。すなわち、①「法人等の指揮
監督下において労務を提供するという実態にあ」ること、②「法人等が
その者に対して支払う金銭が労務提供の対価であると評価できる」こと、
という2点である。このような判断基準は、職務著作に関する従来の学
説および裁判例には見られないものであり注目される。

　もっとも、本件はあくまで雇用関係に基づく職務著作が主張された事
案であり、本判決は雇用関係に基づく職務著作を否定した原判決を破棄
したものにすぎない。したがって、雇用関係にない者が「法人等の業務
に従事する者」にあたる場合があるかどうかについて、本判決が何らか
の立場を明示したとは必ずしもいえないと評価すべきであろう（上野・
後掲参考文献（2004）132頁参照）。

　本問において、AおよびBは、Cと雇用契約書を交わしてはいない
が、Cのオフィスに通って作業をすることや、1週間ごとに作業経過を
報告することが義務づけられていたこと、そして、毎月基本給名目で
12万円の支給を受けていたことなどからして、AおよびBはCの「業

務に従事する者」に該当するものと解されよう。

　他方、Eはフリーのミュージシャンだというのであるから、Cの「業務に従事する者」には該当しないと解すべきであろう。

③　職務上作成する著作物

　第3に、「職務上作成する著作物」であることが必要である。これは、その著作物作成が従業者の直接の職務内容としてなされたことを要するものと解されている。

　たとえば、新聞記者が執筆する新聞記事は「職務上作成する著作物」にあたる。これに対して、職務とは無関係に作成された著作物はこれに含まれない。たとえば、大学教官が書く論文や教科書は、直接の職務に関連して派生的に作成された著作物にすぎないことから、「職務上作成する著作物」にはあたらないものとされる。

　本問において、AおよびBは、Cのオフィスに通って作業をすることが義務づけられていたというのであるから、この要件を満たすものと認められる。

④　公表名義

　第4に、「その法人等が自己の著作の名義の下に公表するもの」であることが必要である。

　たとえば、ある会社が自社の案内パンフレットを作成し、当該会社の名義で公表した場合はこれにあたる。他方、新聞のコラムとして論説委員の個人名義で掲載されている社説部分は、その者の名義が著作名義として表示されている以上、法人等の著作の名義のもとに公表されているとはいいがたく、これについては職務著作が成立しないものと解される（加戸・後掲参考文献154頁）。

　本件ゲームソフトはCの制作名義のもとで公表されたというのであるから、この要件を満たすものと認められる。

　もっとも、設問❸で問題になる本件企画書および本件仕様書等は、Cにおける部外秘の資料として扱われていたため、この要件を満たすかどうかが問題となる。

　この点、著作権法15条1項の文言は「公表するもの」とあるため、

少なくとも、未公表であっても、法人等の著作名義で公表が予定されていたものも含むものと解されている（加戸・後掲参考文献 154 頁）。そして、公表が予定されていない内部資料であっても、「仮に公表されるとすれば法人等の名義で公表されるもの」もこの要件を満たすものと解されている（東京高判昭和 60・12・4 判時 1190 号 143 頁［著百 26］〔新潟鉄工事件〕参照）。これは、「官庁や企業で外部に出さない内部文書としてつくられたものが、かえって作成した個人の著作物になってその者が排他的な権利をもつということは不合理であ」るという考えに基づく（加戸・後掲参考文献 154 頁）。

　もっとも、この見解に対しては、「著作権法の文言を無視」しているとの批判や（中山・後掲参考文献 41 頁参照）、「公表を予定しない著作物について、仮に公表するとすれば、という仮定をすることは極めて不自然である」としたうえで、「端的に、創作時に、法人等が著作物を自由に利用・処分する権利を有するものとして取り扱っていたかどうかを問えば十分である」とする見解も見られるところである（茶園・後掲参考文献 461 頁参照）。

　本問においても、本件企画書および本件仕様書等については、上記のような議論をふまえたうえで、自らの論理を展開することになろう。

⑤　別段の定め

　第 5 に、「その作成の時における契約、勤務規則その他に別段の定めがない」ことが要件となる。

　たとえば、著名なフリージャーナリストが新聞社の従業員として雇用されることになった場合、そのジャーナリストが執筆するすべての記事については特別にジャーナリスト個人を著作者とする、というような契約を締結することが考えられる。この場合、他の要件を満たすとしても、その限りで職務著作は成立しないことになる。

　本問においては、そのような定めがあるとは認められないことから、この要件も満たすものと認められる。

3…………同一性保持権

さて、職務著作の成立によりＣが著作者であると認められると、Ｃは同一性保持権を有することになる。設問❷においては、Ｃは、Ｆに対し、同一性保持権の侵害に基づく請求をすることができるかが問われている。

同一性保持権は、著作物の改変に反対できる権利である（詳しくは、**19. あの日きみに贈った詩**参照）。たとえば、小説家が出版社と出版契約を締結したとしても、出版社がその原稿に無断で修正を加えると、同一性保持権の侵害となるのである。

このように、著作物の改変は同一性保持権の侵害となるが、本問において、Ｆは本件ゲームソフトそのものに改変を加えているわけではない。すなわち、Ｆが製造販売した本件メモリーカードは特定の数値が入力されており、これを使用することによって、ゲームソフトのストーリーが本来予定された範囲を超えて展開され、ストーリーの改変をもたらすことになるというわけである。

これと同様の事案において、判例は、そうしたメモリーカードの使用がゲームソフトの改変にあたり、同一性保持権を侵害するものであるという理解のもとに、当該メモリーカードを頒布する行為が不法行為にあたると判断した。いわゆるときめきメモリアル事件の最高裁判例がそれである（最判平成 13・2・13 民集 55 巻 1 号 87 頁［著百 33]）。

この判決は、たしかに請求を認容したが、判決が直接に認めたのは、あくまでメモリーカードを輸入頒布した者（上告人）の責任にすぎず、本判決はプレイヤーの責任を直接に判示したものではないといえよう。ただ、本判決は、「本件メモリーカードの使用は……同一性保持権を侵害する」と述べるとともに、「上告人は、他人の使用による本件ゲームソフトの同一性保持権の侵害を惹起した」と判示している。また、本判決は「本件メモリーカードを購入した者が現実にこれを使用した」と述べている。そうすると、本判決においては、同一性保持権侵害の主体はプレイヤーであるという考えが前提とされているものと解するのが自然であろう。そのため、プレイヤーの私的な領域における著作物の改変が

同一性保持権侵害にあたると解すべきかという点など、盛んな議論が展開されているところである（詳しくは、上野・後掲参考文献（2002）739頁参照）。

　本問に関しても、上記のような議論をふまえたうえで、自らの論理を展開することになろう。もっとも、ときめきメモリアル事件の最高裁判決が認容したのは損害賠償請求にすぎないのに対して、設問❶において問われているのは、本件メモリーカードの販売差止請求の可否である。従来の議論によれば、差止請求（著112条1項）が肯定されるためには、相手方が同項にいう「著作者人格権……を侵害する者又は侵害するおそれがある者」に該当する必要があると解されてきた。

　そうすると本問においては、上記のように判決を理解するかぎり、本件メモリーカードを製造販売するにすぎないFが「著作者人格権……を侵害する者」に該当すると評価することは難しいであろう。

　もっとも、同項に関する一般論としては、直接侵害者にあたらない主体に対しても差止請求を行うことができるという見解もある。これは、著作権法におけるいわゆる「間接侵害」にかかわる問題である（詳しくは、上野・後掲参考文献（2015）52頁以下参照）。しかし、たとえ本件メモリーカードが「専ら本件ゲームソフトの改変のみを目的とする」という意味でいわば侵害専用品であると評価できても、著作権法には、特許法101条と同様の間接侵害規定が設けられていないことから、本問においても、やはり差止請求を肯定することはできないと解するのが無難であろう。

　ただ、ときめきメモリアル事件の最高裁判決の調査官解説によれば、同判決は、「ユーザー説に立って、改変のための本件メモリーカードを提供したYは、専ら侵害を生じる装置を提供した者であり、ユーザーの侵害行為の幇助として共同不法行為責任を負う（民法719条2項）と解したものと理解することが可能である。又は、装置提供者説に立って、輸入販売業者自身が、ユーザーを手足とする侵害の主体であると解したものと理解することも可能であり、いずれの理解も可能であると思われる」としている（髙部・後掲参考文献126頁）。これに従うならば、本問

においても、Fを同一性保持権の侵害主体と評価して、これに対する差止請求を肯定することも考えられよう。

4………映画の著作物の著作者

設問❹においては、Eが作成した本件主題歌が改変して使用されていることについて、EのCに対する同一性保持権侵害に基づく請求が問題になっており、Eが本件主題歌の著作者といえるかが問題となる。先にみたように、Eはフリーのミュージシャンだというのであるから、EはCの業務に従事する者に該当しないものと解され、CとEとの間には職務著作が成立しないと認められる。

ところで、本件主題歌は本件ゲームソフトのために作成され、その一部を構成するものであるが、著作権法における両者の関係が問題になるので、次にその点についてみてみよう。

(1) 映画の著作物

まず、本件で問題になっているゲームソフトというのは、著作権法では「映画の著作物」に該当する。著作権法2条3項によれば、「この法律にいう『映画の著作物』には、映画の効果に類似する視覚的又は視聴覚的効果を生じさせる方法で表現され、かつ、物に固定されている著作物を含むものとする」と規定されているため、従来の裁判例においても、動画的要素を有するゲームソフトは映画の著作物に該当すると解されているのである（東京地判昭和59・9・28判時1129号120頁［著百〔5版〕10］〔パックマン事件〕、最判平成14・4・25民集56巻4号808頁［著百62］〔中古ゲームソフト事件〕）。

本件ゲームソフトは、その具体的内容が必ずしも明示されてはいないが、「映画の著作物」に該当すると考えて差し支えなかろう。そして、Cは、本件ゲームソフトの製作に発意と責任を有するといえるから、著作権法上は「映画製作者」にあたるということもできよう（著2条1項10号）。

(2) クラシカル・オーサーとモダン・オーサー

そうすると、このゲームソフトの作成に携わった者は、主題歌の作曲

者である E も含めて、すべてゲームソフトという「映画の著作物」の著作者になるかというと実はそうではない。

　著作権法 16 条によると、映画の著作物の著作者は、「その映画の著作物において翻案され、又は複製された小説、脚本、音楽その他の著作物の著作者を除き、制作、監督、演出、撮影、美術等を担当してその映画の著作物の全体的形成に創作的に寄与した者とする」ものと規定されている。

　そのため、映画の著作物に用いられた原作や脚本、音楽などの著作者（「クラシカル・オーサー」と呼ばれる）は映画の著作物それ自体の著作者（「モダン・オーサー」と呼ばれる）には含まれないということになる。つまり、映画は、そのもとになっている原作があり、それをもとにした脚本があり、他方、映画の中で用いられる音楽もある。それらは一見すると、映画作品の中に一体として含まれているように見えるが、映画の著作物それ自体ではなく、それらの著作物の著作者は映画の著作物の著作者ではないのである。

　同様のことがゲームソフトと主題歌にもあてはまる。すなわち、本件主題歌は、本件ゲームソフトという「映画の著作物において複製されている著作物」だということになる。そのため、本件主題歌は「映画の著作物」それ自体ではなく、「映画の著作物」とは独立した単独の著作物ということになる。そのように考えると、本問において、E は本件主題歌の著作者ということになり、単独で著作権および著作者人格権を取得するということになる。E が映画の著作物の著作者であれば、著作権法 29 条 1 項に基づいてその著作物の著作権は C に帰属したといえるであろうが、本件の場合、そのようなことは生じないということになる。

5⋯⋯⋯⋯**著作者の権利に関する契約**

　もっとも、E は C との間で、「本件主題歌等にかかる著作権を全部譲渡する」「本件主題歌等の改変、利用につき、いっさい著作者人格権を行使しない」という契約を締結している。そのため、設問❹における E の C に対する請求が認められるか否かは、この契約の解釈次第という

ことになる。

(1) 著作権譲渡と特掲要件

まず、E は「本件主題歌等にかかる著作権を全部譲渡する」という契約を締結している。もしこの契約によってすべての著作権が E から C に移転しているのであれば、E は著作権をまったく有しないことになる。

もっとも、著作権法 61 条 2 項によれば、「著作権を譲渡する契約において、第 27 条又は第 28 条に規定する権利が譲渡の目的として特掲されていないときは、これらの権利は、譲渡した者に留保されたものと推定する」と規定されている。そのため、たとえ「すべての著作権を譲渡する」という契約を締結したとしても、翻案権等（著 27 条）および二次的著作物利用権（同 28 条）については「特掲」されていなければ、譲渡の対象に含まれていないものと推定されるのである。

本問においては、このような特掲がなされていないことから、これらの権利については E に留保されたものと推定されることになる。もっとも、この規定は推定規定にすぎないため、契約の解釈によりこの推定が覆滅することもありうる。そうすると、本問において、あくまで本件ゲームソフトに用いるためだけに E が C に著作権を譲渡したにすぎないのか、それともゲーム会社である C が事後的にバージョンアップすることも（そして、それに伴い本件主題歌を改変することも）想定して E が C に著作権を譲渡したと解釈できるのか、といった点を考慮して、E が C に本当にすべての著作権を譲渡するつもりだったと解釈できるかどうかが問題になろう。

(2) 著作者人格権の不行使特約

また、E は「本件主題歌等の改変、利用につき、いっさい著作者人格権を行使しない」という契約も締結している。これは、著作者人格権の不行使特約と呼ばれるものである。

そもそも「著作者人格権は、著作者の一身に専属し、譲渡することができない」ものと規定されている（著 59 条）。そのため、実務においては、著作者人格権の不行使特約が広く用いられているようである。

もっとも、著作者人格権の不行使特約というものは、従来の議論にお

いて、常に有効と解されてきたかというとそうでもない。むしろその有効性を疑問視する声も決して小さくなかった。たしかに、不行使特約を締結してしまったために、どのような著作物の改変や氏名表示等がなされても、著作者がいっさい著作者人格権を行使できないというのも疑問が残る。そこで、従来の学説においては、著作者人格権の不行使特約——とりわけ包括的な不行使特約——について、その有効性を認めない見解が少なからず見受けられる（斉藤・後掲参考文献（1997）167頁等参照）。

　これに対して、より明示的に著作者人格権の不行使特約の有効性を肯定する見解も少なからず見られる（田村・後掲参考文献411頁、内藤・後掲参考文献167頁以下等参照）。さらに、著作者人格権の「放棄」を承認する見解もある（田村・後掲参考文献412頁）。

　そこで、本問においても、以上のような議論をふまえて、自らの論理を展開することになろう。

解答例

設問❶
　Cは、（視聴覚的表現物としての）本件ゲームソフトの著作者といえるか。
　著作権法15条1項によれば、次の5要件がすべて充足される場合に職務著作が成立する。すなわち、問題となる著作物について、その作成が法人その他使用者（以下、「法人等」という）の発意に基づくこと（①）、法人等の業務に従事する者が作成するものであること（②）、その者が職務上作成するものであること（③）、法人等が自己の著作の名義のもとに公表するものであること（④）、そして、その作成の時における契約、勤務規則その他に別段の定めがないこと（⑤）である。
　問題文によれば、本件ゲームソフトを開発することはCのプロ

ジェクトだというのであるから、同ソフトの作成はCの発意に基づくといってよいだろう。ゆえに、①の要件は充足される。

②の要件の解釈についてはさまざまな見解があるが、同項所定の法人等と作成者との間に雇用関係が存するのであれば、この要件はひとまず充足されるという点に争いはない。そして、かかる意味での雇用関係の存否を判断するうえでは、作成者が法人等の指揮監督下において労務を提供するという実態にあり、法人等がその者に対して支払う金銭が労務提供の対価であると評価できるか否かが決め手になるというべきである。

この点につき、問題文には、AおよびBが観光ビザで来日したことや、Cと雇用契約書を交わしていないなどの事実が摘示されているが、Cのオフィスに通って作業をすることや、1週間ごとに作業経過をDに報告することが義務づけられていたことからすると、AおよびBは、いずれにしてもCの指揮監督下において労務を提供していたといえる。また、CがAおよびBに対し基本給名目で支払っている金銭（月額12万円）の性格は、本件プログラムの作成というAおよびBの労務提供の対価と優に評価できるものである。したがって、AおよびBについて②の要件は充足されるというべきである。

また、AおよびBは職務上本件ゲームソフトを作成したことは明白であるから、③の要件も充足される。

同ソフトはCの製作名義のもとに公表されているから、④の要件も充足される。

問題文によれば、本件ゲームソフトの作成時、Cを著作者としないような契約または勤務規則等が存在していたことをうかがわせる事情は存しない。したがって、⑤の要件も充足される。

以上によれば、Cは本件ゲームソフトの著作者ということができる。

設問❷

著作権法112条1項によれば、著作者は、「著作者人格権……を侵害する者」に対して侵害の停止を請求することができる。本件メモリーカードを使用して本件ゲームソフトの視聴覚的表現を直接改変していると見うるのはユーザーであり、Fはそのような行為を物理的に行ってはいないが、それでもなお、同項にいう「著作者人格権……を侵害する者」にあたるといえ、その侵害行為（本件メモリ

ーカードの販売）の停止をＣが請求できるかが問題となる。

本件と同様の事案に関する判例は、同一性保持権の侵害惹起を理由に、メモリーカードの輸入・販売を行った業者の損害賠償責任を肯定している。しかし、当該判例は、同一性保持権の侵害主体を明示していないため、ユーザーを侵害主体とみたうえで、当該業者の共同不法行為責任を肯定したにすぎないとも解しうるものである。

この点、自らは物理的に改変を行っていないとしても、その管理または支配のもとで当該改変を実現するための枢要な行為をしているなどの事情があれば、当該行為者を規範的に改変主体と解することは妨げられないと思料するが、本件メモリーカードの場合は、ユーザーの家庭内におけるその使用を制御する手段をＦは有していないから、Ｆの管理または支配下で当該使用が行われていると評価することは困難である。したがって、このような観点から、Ｆの侵害主体性を肯認することはできない。

ところで、問題文によれば、本件メモリーカードには、プレイヤーの能力値を引き上げてゲームの展開に重大な影響を及ぼす以外に格別の用途がない。この点を重視して、Ｆは、本件ゲームソフトにかかる同一性保持権を直接に侵害する者ではないが、間接侵害者であると構成できないかが問題となる。そもそも本件メモリーカードを家庭内で使用するユーザーの行為が同一性保持権の侵害となるかについては縷々議論が存するところであるが、同種の規定である特許法101条1号は、家庭内で特許発明が実施される場合（直接侵害が成立しない場合）でも適用可能というのが通説的見解であり、参考になる。しかし、差止めというものが私人の行動の自由に対し重大な制限をもたらすものであるという点に鑑みると、明文の規定の根拠なく、いわば条理によって、かような侵害類型を導く解釈は厳に慎むべきであろう。

以上から、ＣのＦに対する本件メモリーカードの販売差止めの請求は、認められない。

設問❸

Ｃが、本件企画書および本件仕様書等に係る複製権の侵害に基づく請求を行うためには、Ｃがそれらの著作物について複製権を有していなければならない。以下、本件企画書および本件仕様書等について、職務著作が成立するか否かについて検討する。

本件仕様書等は、Ｃの発意のもとで開発された本件ゲームソフト

に付随する著作物であるから、その作成はやはりCの発意に基づくものといえる（既述の①の要件）。また、すでに述べたように、AはCの業務に従事する者といえ（②の要件）、当該著作物は、Aの職務上作成されたものといえる（③の要件）。問題文からは、当該著作物についてCを著作者としないような契約または勤務規則等が存在するという事情もうかがえない（⑤の要件）。以上は、Dが作成した本件企画書についてもあてはまる。

　しかし、本件企画書および本件仕様書等はCにおいて部外秘の資料とされていたため、これらが果たして「法人等が自己の著作の名義の下に公表するもの」（④の要件）といえるかが問題となる。一般に、未公表であっても、法人等の著作名義のもとで公表が予定されていたものは④の要件を充足すると解されているが、本件企画書および本件仕様書等のように、そもそも公表が予定されていない性格のものについては縷々議論が存するところである。

　思うに、公表が予定されていないものであっても、仮に公表するとすれば法人等の著作名義で公表するといえるものに関しては、④の要件を充足すると解すべきである。けだし、企業が一定の資本を投下して従業者に作成させた内部文書等の著作物が、公表を予定していないことの一事をもって当該従業者の著作物となり、この者に公表権や公の利用に関する著作権が帰属するという解釈は、いかにも不合理であるといわざるをえないからである（なお、このように解した場合、プログラムの著作物は企業内で未公表のまま利用されることが少なくないという実態に配慮して④の要件を除外した著作権法15条2項の立法は、いわば確認的な立法ということになる）。

　本件企画書および本件仕様書等は、仮に公表を予定していたとすれば、Cの著作名義のもとで公表されるものと認められる。すなわち、④の要件を充足するといえるから、Cがこれらの著作物の著作者である。

　よって、Cは、Gに対し、本件企画書および本件仕様書等にかかる複製権の侵害に基づく請求をなすことができる。

設問❹

（1）同一性保持権の侵害に基づく請求について

　Eが標記の請求を行ったところ、Cは同一性保持権を含むすべての権利が自己に帰属している旨を主張したというのであるから、Cは自らが本件主題歌の著作者であることを主張していると考えられ

る。

　しかし、Eはフリーのミュージシャンであり、本件主題歌等の作成がCの指揮監督下で行われたといえるような事情はうかがえない。ゆえに、EはCの業務に従事する者に該当しない（既述の②の要件を充足しない）と解され、CとEとの間には職務著作が成立しないと認められる。

　そうすると、本件主題歌の著作者はEであり（著2条1項2号）、その同一性保持権はEに帰属していることになる。もっとも、標記の請求が認められるか否かを判断するにあたっては、Cが援用する著作者人格権不行使特約の有効性についても、検討しなければならない。

　この点、同一性保持権の人格権としての性質を重んじて、包括的な不行使特約を有効と認めない見解もある。しかし、同一性保持権は、著作物に係る人格権である以上、生命・身体に係る人格権等とこれを同列に論じることはできない。当事者の力関係に鑑みて著しく酷であるとか、著作物の改変が著作者の名誉・声望を害するような例外的な場合を除いて、その包括的な不行使特約も有効と認めてよい。その結果、著作物の利用が円滑なものとなり、かえって著作者の保護に資する場合も少なくないと思われる。

　本件の場合、かかる例外的な事情に相当するような事情は問題文からはうかがえないので、EのCに対する標記の請求は認められないことになる。

　(2)　編曲権（著27条）および編曲物利用権（同28条）の侵害に基づく請求について

　Eが標記の請求を行ったところ、Cは、標記の著作権が自己に帰属している旨を主張している。その主張の内容は明らかではないが、既述の本件主題歌の著作者であるという主張を除けば、著作権法29条1項による著作権の自己への帰属、または契約により当該著作権が自己に移転したことを主張していると考えられる。

　たしかに、本件ゲームソフトには映画の著作物（著2条3項・10条1項7号）としての性格が認められ、Cは、本件ゲームソフトの製作について発意と責任を有する者であることから、映画製作者としての地位を有していると評価できる（同2条1項10号）。しかし、本件主題歌は、いわば本件ゲームソフトという映画の著作物に複製されている音楽の著作物であるといえるから、著作権法16条に従

い、Eは、当該映画の著作物の著作者とはいえない。したがって、同法29条1項に基づいて本件主題歌の著作権がCに帰属することはない。

では、Cは、契約によって標記の著作権を取得したといえるか。

この点、EがCと事前に交わした契約書には、「本件主題歌等にかかる著作権を全部譲渡する」との文言が記載されているのみで、著作権法27条および同法28条所定の著作権が特掲されていない。同法61条2項によれば、このような場合、それらの著作権はEに留保された旨の推定が働くことになる。

しかし、Eが、同一性保持権を含む著作者人格権をいっさい行使しない旨をも約していることからすると、Eは、Cと契約した時点で、本件主題歌にかかる権利をすべてCに譲渡するつもりであったと認めるのが相当である。

したがって、Cが当該事実を主張立証することにより、著作権法61条2項による推定は覆滅されると解される。その結果、EのCに対する標記の請求は認められないことになる。

関連問題

1. K市の市勢映画と未編集フィルム

映画プロダクションA（著2条1項10号にいう映画製作者に該当する）と埼玉県K市との間で同市の歴史・文化や市勢を映画化する映画製作業務委託契約が締結され、Bはこの契約に基づき製作される市勢映画の製作に映画監督として参加することを約し、Bによる撮影が進められた。しかし、その後、事情の変更により同映画の製作は中止され、同映画のために撮影されたフィルム（以下、「α」とする）が未編集の状態のまま残った。Bは、αに収録された映像の著作権が自己に帰属する旨の確認を求め、Aはこれを争った。

(1) αに収録された映像の著作権は、Bに帰属するか。

(2) 上記の事案において、K市の市勢映画の製作が中止されず、同映画が無事完成したとする。同映画では使用されなかった未編集フィル

ム（以下、「β」とする）に収録された映像の著作権は、A、Bいずれに帰属すると考えられるか。

2. 外国の英雄譚の和訳に関与した者の共同著作者性

Aは、X国の出身であり、Jリーグに所属するチームの選手として長年働いている。日本を愛し、日本人の女性と結婚し、ついには日本国籍まで取得した。しかもAは、ボールを蹴ることしか能がない人間ではなく、深い教養と高い知性の持ち主であった。Aは、X国のことをもっと日本人に知ってもらいたいと考え、長い歴史を有するX国の伝承である英雄譚（以下、「γ物語」とする）を日本語に翻訳し、日本で出版することを志した。

Aは早速、試合や練習の合間を縫って翻訳作業を開始した。当初、自らの日本語力に自信をもっていたAであったが、しかし、実際にやってみると、どうしてもこなれた日本語に翻訳することができない。

そこでAは、生粋の日本人である国語教師の友人Bに、助力を仰ぐことにした。Aは、γ物語をひとりで日本語に翻訳したものをリープロ原稿にしてBに手渡し、Bは、その訳文の文法上の間違いや用語を訂正し、日本語としてぎこちなかったり堅苦しかったりする部分や、退屈で平板であると思われる部分を自らが適当と考えた日本語に変更した。そして、変更部分について、Aが原典であるγ物語の内容をBに説明し、両者で再検討を加えたうえ、最終的にAが訳文を決定した。

このような地道な作業の結果、3年を経過して、翻訳が出版されるに至った。出版された本（以下、「本件書籍」とする）の末尾には、Bの協力に対するAの謝意が簡単に述べられているものの、翻訳者としてはひとりAの氏名のみが掲げられていた。

この事実に怒り心頭に発したBは、本件書籍における翻訳物はAとBとの共同著作物であることの確認請求を行った。この請求は認められるだろうか。

なお、Bは、X国の言語に関する知識をまったく有していないものとする。

参│考│文│献

斉藤博「情報のデジタル化と著作者人格権」山畠正男先生・五十嵐清先生・藪重夫先生古稀記念『民法学と比較法学の諸相（2）』157〜182頁（信山社・1997）

茶園成樹「著作権法15条における公表名義の要件」阪大法学49巻3・4号449〜470頁（1999）

中山信弘「ソフトウェアの社外持出し——「新潟鉄工」事件」別冊ジュリスト91号（著作権判例百選〔初版〕）40〜41頁（1987）

田村善之『著作権法概説〔第2版〕』（有斐閣・2001）

上野達弘「メモリーカードの使用と著作者の同一性保持権侵害等」民商法雑誌125巻6号739〜755頁（2002）

上野達弘「職務著作における『法人等の業務に従事する者』」民商法雑誌130巻1号132〜141頁（2004）

加戸守行『著作権法逐条講義〔7訂新版〕』（著作権情報センター・2021）

上野達弘「著作権法における差止請求の相手方」判例タイムズ1413号47頁（2015）

斉藤博『著作権法〔第3版〕』（有斐閣・2007）

内藤篤『エンタテインメント契約法〔第3版〕』（商事法務・2012）

半田正夫『著作権法概説〔第16版〕』（法学書院・2015）

吉田広志「職務著作(3)——公表する」別冊ジュリスト231号（著作権判例百選〔第5版〕）70〜71頁（2016）

前田健「同一性保持権(1)——ときめきメモリアル事件：上告審」別冊ジュリスト242号（著作権判例百選〔第6版〕）68〜69頁（2019）

高部眞規子「判解〔最判平成13年2月13日〕」『最高裁判所判例解説 民事篇平成13年度（上）』106〜134頁（法曹会・2004）

（駒田泰土・上野達弘）

13. 漫画化された小説「法学部 X 教授」

設問　小説家として身を立てることを志す大学生 A は、長編小説「法学部 X 教授」を執筆し、ある同人雑誌に掲載した。同小説は、知的財産権法を専攻する架空の人物 X 教授が学部の同僚と織りなす人間模様を通じて、日本の大学、法学部ひいては法学部教授の思考パターン等を風刺するものであった。上記雑誌は、寒風吹く中、東京都の日比谷公園で露天売りされたが、ネタに悩んでいた漫画家 B が偶然これを入手し、漫画化することを決め、A の許諾を得て、小説「法学部 X 教授」のストーリーを細部まで再現した漫画「法学部 X 教授」を作成した（以下、小説「法学部 X 教授」を「A 小説」、漫画「法学部 X 教授」を「B 漫画」という）。

以上の事例につき、次の問いに答えなさい。

❶ A 小説には、X 教授が創作したという設定の詩「コンパのうた」（以下、「X 詩」という）が掲載されている（実際には A が創作したものである）。X 詩は、B 漫画にもその全部が掲載されている。外食業を営む株式会社 C の社長がひょんなことから B 漫画を入手し、X 詩を気に入り、X 詩を複製したポスターを制作し、C の各店舗（居酒屋）内に貼り出すことを決めた。B は、自己の著作権に基づいて、C による X 詩の複製を差し止めることができるか。なお、X 詩は、短い詩ではあるが、その著作物性は問題なくこれを認めることができるものとする。

❷ B 漫画が販売されたところ人気を博したので、B は、書店業を営む株式会社 D に対して、B 漫画の 1 コマに描かれた X の肖像（以下、「X 肖像」）を読書用しおりの挿絵図柄として利用することを許諾した。A は、自己の著作権に基づいて、かかる商品化のための D による X 肖像の複製を差し止めることができるか。なお、A 小説には、X 肖像ほか身体的特徴に関する直接的表現は、いっさ

い含まれていないものとする。

❸ B 漫画が販売されたところ人気を博したので、放送事業者である E がこれをテレビドラマ化することを決定し、B 漫画固有の表現法や情景描写を活かし、そのストーリーを細部まで再現したテレビドラマ（以下、「E ドラマ」という）を製作した。

(1) 仮に B が A に無断で B 漫画を作成したとして、B は B 漫画について著作権を取得し、E による E ドラマの製作および放送に対して当該著作権を主張できるか。

(2) 仮に B が A に無断で B 漫画を作成したとして、A は、自己の著作権に基づいて、E による E ドラマの放送を差し止めることができるか。

解　説

1 ⋯⋯⋯⋯概　観

(1) 設問のねらい

本設問は、「二次的著作物」をめぐる著作権法の規律を問うている。二次的著作物に関する法構造、その権利関係は、著作権法において最も理解が難しいところの 1 つであり、特に当該著作物の利用に関する原著作者の権利の働き方については、学界でも一時期活発な議論が行われた。読者においてきちんとした整理がなされていることが望ましいと考え、その手助けとなるような問題を作ってみた。以下の解説^[1]と照らし合わせつつ、演習仲間等とより発展的な議論をしていただければと思う。

(2) 取り上げる項目

▶翻案の成否（二次的著作物の成否）

▶二次的著作物において原著作物と共通し、その実質を同じくする部分に、二次的著作物の著作権は及ぶか

---

[1] 二次的著作物を含む著作物概念に関しては、「個数論」という複雑な議論があり、本設問は当該の議論に発展していく可能性のある問題である。しかし、本解説は体系書ではなく演習書におけるものであるので、当該の議論に関する筆者の立場を抑えて一般的な記述の仕方に終始した。興味をもたれた方は、駒田・後掲参考文献を参照されたい。

- ►二次的著作物の著作者独自の創作性のみが発揮されている部分に、原著作者の著作権は及ぶか
- ►原著作物の著作権を侵害して作成された二次的著作物に、著作権は成立するか
- ►二次的著作物をさらに翻案して作成された物の利用について、原著作者の著作権は及ぶか

2 ⋯⋯⋯⋯翻案とは何か

　著作物はまったくの無から創作されるわけではなく、先人の著作物から何らかのヒントを得て作成されるものである。それがアイデア、ヒントのレベルにとどまっていれば、新しく創作された著作物は完全に独立した著作物であって、著作権侵害責任を問われることはない。

　しかし、自ら創作した著作物であっても、既存の作品における創作的表現を利用していると認められる場合には、当該著作物は「二次的著作物」にとどまるものと評価され、場合によっては、既存の著作物（「原著作物」）の著作者（「原著作者」）から著作権の行使を受ける。

　小説をもとに、脚本を作成する行為（「脚色」）や、映画の著作物を作成する行為（「映画化」）は、著作権法2条1項11号にいう「翻案」であり、二次的著作物を創作する行為の1つに該当する。この場合、依拠された小説のストーリーがこれらの著作物に利用されているといいうるからである。

　このように、依拠した作品の基本的内容を保持しつつ、その表現形式を変えたり、独自の精神作業を付加して新たな著作物を創作する行為を翻案という。既存の作品に改変を加えることが前提であるが、そのようにして作成された著作物には、既存の作品における創作的表現と新たに付加された創作的表現の交錯がみられることになる。判例（最判平成13・6・28民集55巻4号837頁［著百44]）の言い方では、「既存の著作物に依拠し、かつ、その表現上の本質的な特徴の同一性を維持しつつ、具体的表現に修正、増減、変更等を加えて、新たに思想又は感情を創作的に表現することにより、これに接する者が既存の著作物の表現上の本質

的な特徴を直接感得することのできる別の著作物を創作する行為」が翻案にあたる。[2]

本設問の問題文においては、Ｂ漫画はＡ小説のストーリーを細部まで再現した漫画とされている。そうであるとすれば、Ｂ漫画は、Ａ小説を翻案した結果作成されたものであり、Ａ小説を原著作物とする二次的著作物であるということができるだろう。

3⋯⋯⋯⋯翻案行為および翻案物の利用にかかる著作権

著作者は、二次的著作物を創作する権利（著 27 条）を享有するほか、自己の著作物に依拠して創作された二次的著作物を利用することについても、当該二次的著作物の著作者が有するものと同一の種類の権利を享有する（同 28 条）。二次的著作物の著作者も著作者（同 2 条 1 項 2 号）である以上、著作権法 21 条以下の著作権を享有するので（同 17 条 1 項）、論理的に、原著作者も、二次的著作物の利用に関して同法 21 条以下の著作権を享有することになる。

本設問の事案でいえば、Ａは、自己の著作物であるＡ小説を漫画化すること、その結果作成されたＢ漫画を利用することについて著作権を有していることになる。したがって、Ｂは、Ｂ漫画を作成するにあたり原則としてＡから許諾を得なければならないし、Ｂ漫画を複製するなどして利用しようとする第三者も、Ａから許諾を得なければならない（著 63 条 1 項・2 項）。Ｂもまた、Ｂ漫画の著作者としてその利用に関する著作権を有しているから、当該第三者はＢからも許諾を得る必要がある。

4⋯⋯⋯⋯二次的著作物において原著作物と共通し、その実質を同じくする部分に、二次的著作物の著作権は及ぶか

たとえば、甲が創作した著作物を乙が翻案して新たに著作物を創作したところ、乙の著作物の一部が丙によって複製されたが、その部分には

---

[2]　正確にいえば、最高裁は、「言語の著作物」の翻案についてこのように述べたものである。もっとも、その後の下級審の裁判例は、この判断基準を広く使用している。

甲の創作的表現が感得されるのみで、乙の創作的表現はいっさい含まれていなかったとする。このような場合に、当該複製に対して乙の著作権の効力が及ぶと解してよいだろうか。

著作物の一部ではあっても、それ自体が著作物といいうるような創作的表現であれば、その利用について著作権の効力が及ぶということは一般に認められている。しかし、利用された二次的著作物の当該部分には原著作者の創作的表現のみが感得され、二次的著作物の著作者の創作的表現がいっさい含まれていないという場合にも、当該二次的著作物の著作権を及ぼしてよいのであろうか。

この問題につき判例（最判平成 9・7・17 民集 51 巻 6 号 2714 頁［著百78]）は、「二次的著作物の著作権は、二次的著作物において新たに付与された創作的部分のみについて生じ、原著作物と共通しその実質を同じくする部分には生じない」と論じて、消極に解している。

学説上、この問題はあまり議論されていないが、当該部分に二次的著作物の著作権を及ぼすべきではないとする見解が散見される。自己が創作した表現に著作権が与えられるという著作権法の基本原則に照らせば、他人が創作した表現と実質を同じくする部分の利用について、著作権を行使しうるというのは相当でないからである。

本設問の事案では、Ｘ詩はＢ漫画に掲載され、Ｂ漫画の一部を構成する創作的表現部分であるといいうるが、Ｘ詩自体はＡの創作によるものであり、もともとＡ小説に掲載されていたものである。いわばＸ詩はＢ漫画において複製されている関係にある。上記の考え方に従えば、Ｂ漫画からＸ詩を抽出し、これを複製してポスターを制作するＣの行為に対しては、Ｂは著作権を行使できないと解すべきことになろう。

5⋯⋯⋯⋯二次的著作物の著作者独自の創作性のみが発揮されている部分に、原著作者の著作権は及ぶか

たとえば、甲が創作した著作物を乙が翻案して新たに著作物を創作したところ、乙の著作物の一部が丙によって複製されたが、その部分には今度は乙の創作的表現が感得されるのみで、甲の創作的表現はいっさい

含まれていなかったとする。このような場合に、当該複製に対して甲の著作権の効力が及ぶと解してよいだろうか。

　二次的著作物の一部であれ、その著作者の創作的表現が感得されるものである限り、当該著作者はその利用について著作権を行使することができる。そして著作権法 28 条によれば、原著作者は、二次的著作物の著作者が有するのと同一の種類の権利を享有するのであるから、当該部分の利用について原著作者も同様に著作権を行使できるということになりそうである。

　しかし、自ら創作したものに著作権が与えられるという既述の著作権法の原則に鑑みると、同条の文理に拘泥せず、より実質的な観点から、当該部分の利用について原著作者の著作権の効力は及ばないと解すべきではないかとも考えられる。

　この問題を検討するうえで参考になるケースがある。少女漫画雑誌に連載された漫画「キャンディ・キャンディ」の原作原稿を執筆した作家が、当該漫画のコマ絵や作画家が描き下ろしたキャラクター図柄について自らの著作権を主張できるかが問題となったケースである。

　最高裁は、当該漫画は原作原稿を原著作物とする二次的著作物であると認めたうえで、単純に著作権法 28 条の文言を援用して、原著作者である上記作家は著作権を主張できると判示した（最判平成 13・10・25 判時 1767 号 115 頁［著百 49］）。

　これに対し、結論を同じくする原審は、著作権法 28 条の解釈について興味深い判示をしている。それによると、「二次的著作物は……原著作物の創作性に依拠しそれを引き継ぐ要素（部分）と、二次的著作物の著作者の独自の創作性のみが発揮されている要素（部分）との双方を常に有する」が、「著作権法が……上記両要素（部分）を区別することなく規定しているのは、1 つには、上記両者を区別することが現実には困難又は不可能なことが多く、この区別を要求することになれば権利関係が著しく不安定にならざるを得ないこと、1 つには、二次的著作物である以上、厳格にいえば、それを形成する要素（部分）で原著作物の創作性に依拠しないものはあり得ないとみることも可能であることから、両

者を区別しないで、いずれも原著作物の創作性に依拠しているものとみなすことにしたものと考えるのが合理的」であるというのである（東京高判平成 12・3・30 判時 1726 号 162 頁）。

　この原審の立場は、著作権法 28 条みなし規定説とでもいえようか。そして、このような解釈をする理由としては、上記両要素の区別が往々にして困難であること（要素区別困難論）、厳格にいえば、二次的著作物のいかなる形成要素も原著作物の創作性に依拠しているとみうること（要素不可分論）の 2 点が挙げられているとまとめることができよう。

　学説は、キャンディ・キャンディ事件控訴審判決の上記解釈論に（著作権法 28 条をみなし規定とまでいうかはともかく）賛成する論と反対する論に二分している。

　賛成側の論者は、原著作物が存在して初めて二次的著作物の創作が可能となっており、また、原著作者から許諾を得ない二次的著作物の創作は原著作物の著作権の侵害となることから、原著作者にそこまで広範な著作権を認めることには合理性があること、著作権法 28 条の文言は単に「二次的著作物の利用に関し」となっており、ここでいう「二次的著作物」とは同法 2 条 1 項 11 号に定義されるそれと同義に解すべきであって、原著作物の創作的表現を再製した部分というように狭く解することは許されないことを指摘している。

　これに対し反対側の論者は、既述の著作権法の基本原則を崩してまで、自己が創作した表現とは異なる表現について権利行使を認める必要はないこと、前掲最判平成 9 年 7 月 17 日は、二次的著作物の著作権を主張しうる範囲に関しては、要素の区別を要求している（原著作物と共通し、その実質を同じくする部分には主張できない）のに、原著作物の著作権に関しては、要素の区別を否定するというのは背理であること、原著作物における創作的表現の再製の有無を問わず著作権法 28 条所定の著作権が行使できるとすると、翻案が繰り返されるたびに無限連鎖的に原著作者の著作権主張が可能となってしまい、妥当ではないこと等を指摘している。

　そのほかにも種々の見解が主張されており、実務上はともかく、学問

的にはいまだ議論が落ち着いていない状況であるといえよう。

　本設問の事案でいえば、A 小説には、X の肖像ほか身体的特徴に関する直接的表現はいっさい含まれていないというのであるから、X 肖像は、B 漫画において B の創作性のみが発揮されている表現部分といえよう。そして上記の賛成説に立てば、A は D による X 肖像の複製を差し止めることができようし、反対説に立てば、A は差し止めることができないということになろう。

　もちろん、読者諸氏が答案を書く際の結論はどちらでもよいのであるが、筆者自身は、反対説のほうに分があると考えている。著作権法 28 条所定の著作権といえども、原著作者の創作的表現（原著作物）を客体とする権利であると解されること（保護期間について原著作物のそれが妥当するといわれるのも、このゆえであると解されること[3]）、同条に「二次的著作物の利用に関し」とあるのは、権利の働き方を示したものであり、二次的著作物自体を客体とする趣旨ではないと解されること、このように解したとしても、利用者は二次的著作物を介してそこに再製されている原著作物にアクセスするのであるから、依拠性の侵害要件は充足されること、原著作者・二次的著作物の著作者双方の創作的表現要素を区別することが必ずしも一般的に困難であるとはいえないこと、厳格にいえば両要素を区別できないとする論は、結局アイデア保護を説くものであり、妥当でないことなどがその理由である。

6⋯⋯⋯⋯原著作物の著作権を侵害して作成された二次的著作物に、著作権は成立するか

　二次的著作物は原著作物に依拠して創作されるが、当該行為が原著作物の著作権を侵害する行為に相当する場合に、なお二次的著作物に著作権が成立することを認めるべきかという議論がある。適法に創作された二次的著作物と同列に扱うのは、一般国民の正義感情に照らしても好ましくないので、その創作が適法とはいえない二次的著作物に関しては、

---

[3]　著作権法 28 条所定の著作権の保護期間が、二次的著作物の著作者の死亡起算であるということになると（著 51 条 2 項）、その創作のたびに原著作者の相続人等が保護され続けることになる。

著作権は成立しないと解する少数説もある。

　しかし著作権法においては、そのような場合に二次的著作物について著作権が成立することを妨げる規定はない。また、著作権侵害責任と当該二次的著作物を創作して文化の発展に寄与したということは別であるから、当該責任を負う著作者の創作になる二次的著作物について著作権の成立を認めてもよいように思われる。

　実質的な観点からしても、侵害行為によって作成された二次的著作物について著作権が成立しないとすると、その「著作者が有するものと同一の種類の権利」がないことになり、著作権法 28 条所定の著作権を原著作者は享有できないことになる。また、被告侵害者は原告著作物が他人の著作権を侵害しているという抗弁を提出できることになるが、これにより、裁判所が当該他人の著作物の創作性や原告著作物との類似性の判断を迫られることになり、原告の権利行使に多大な支障が生じるといったデメリットが生じかねない。

　結論として、二次的著作物にかかる著作権の成立に関しては、原著作物の著作権を侵害しないことという適法性要件を課す必要はないというべきである。本設問の事案でいえば、仮に B が A に無断で B 漫画を作成したとしても、B は同漫画について自己の著作権を享有することになろう。

7…………二次的著作物をさらに翻案して作成された物の利用について、原著作者の著作権は及ぶか

　二次的著作物をさらに翻案して作成された物の利用についても、原著作者は著作権を主張しうる。その際の理論構成の仕方としては、次の 2 つの考え方がある。

　その第 1 は、原著作者は著作権法 28 条により二次的著作物の著作者が有するのと同一の種類の著作権を享有すべきところ、二次的著作物の著作者はやはり同条によりその著作物の翻案物の利用について著作権を有するのであるから、原著作者も当該翻案物の利用について著作権を享有するという考え方である。いわゆる「積み重ね方式」である。

　ただし、無限に積み重ねが可能なのではなく、原著作物の創作的表現が利用されているといえる限りにおいて、という留保が付されるべきであろう。その理由は、二次的著作物の部分利用にかかる原著作者の著作権に関して、すでに述べたところと同様である。

　その第2は、外形上、二次的著作物を翻案したといえる場合でも、原著作物の創作的表現が再製される限りにおいて、それは当該二次的著作物を通して原著作物に依拠したのであって、結局は当該原著作物を直接翻案したといえ、ゆえに、当該翻案物の利用に関しては著作権法 28 条を 1 回適用すればよい（2 度読む必要はない）とする考え方である。いわゆる「ストレート方式」である。

　本設問の事案でいえば、B 漫画をもとに制作された E ドラマは、A 小説を原著作物とする二次的著作物（B 漫画）をさらに翻案して作成されたものといえる。B 漫画は A 小説のストーリーを細部まで再現したものであり、E ドラマは B 漫画のストーリーを細部まで再現したものであるから、いずれにせよ E ドラマにおいて A 小説の創作的表現は再製されているといえるだろう。「積み重ね方式」、「ストレート方式」、どちらの理論構成によるとしても、A は自己の著作権に基づいて E ドラマの放送を差し止めることができよう。

解答例

設問❶

　B は、B 漫画を作成するにあたり A 小説のストーリーを細部まで再現したものであるが、独自の精神作業を付加して A 小説を翻案することにより、二次的著作物を創作したということができる。ゆえに B は、二次的著作物の著作者（著 2 条 1 項 2 号）として、B 漫画を複製する権利等を専有することができる（同 17 条 1 項）。

　しかし、二次的著作物の一部をなすものであっても、原著作者の

創作的表現と同一またはその実質を同じくする部分に関しては、当該二次的著作物の著作権の効力は及ばないというべきである。著作権法は、思想または感情を創作的に表現したもの（著2条1項1号）について、その創作者に著作権の専有を認めることを原則とするが、当該部分は二次的著作物の著作者が創作したものということはできず、その著作権の効力が当該部分にも及ぶと解することは相当でないからである。

　これを本件についてみるに、Ｘ詩はＢ漫画の一部を構成するものであるが、もともとはＡが創作し、Ａ小説に掲載されていたものである。すなわち、Ｂ漫画におけるＸ詩は、Ａの創作的表現そのものであるといえる。したがって、Ｃが、Ｂ漫画からＸ詩を抽出してこれを複製しようとしたとしても、Ｂは、Ｂ漫画について有する自己の著作権を主張できないというべきである。

　以上から、Ｂは、自己の著作権に基づいて、ＣによるＸ詩の複製を差し止めることができない。

設問❷

　既述のように、Ｂ漫画はＡ小説を原著作物とする二次的著作物であるということができるから、Ａは、Ｂ漫画の利用に関してＢが有するものと同一の種類の権利を専有する（著28条）。

　Ｘ肖像はＢ漫画の1コマに描かれたものではあるが、Ｂによる創作的な表現として、その複製等につきＢは著作権を有するものといえる。そして、ＡがＢ漫画の利用に関してＢと同一の権利を有するとされる以上、Ａは、Ｘ肖像の複製等について自己の著作権を主張しうると解することができそうである。

　しかし、二次的著作物においてその著作者の創作性のみが発揮された部分の利用については、原著作者が有する著作権の効力は及ばないと解すべきである。自己が創作した表現について著作権が与えられるという既述の著作権法の基本原則に照らせば、同法28条所定の著作権も原著作物を客体とする権利と解すべきであり、ゆえに当該権利の効力を原著作者の創作的表現を含まない部分の利用に及ぼすことはできないと解されるからである。

　この点につき、二次的著作物において、その著作者の創作性のみが発揮された部分と、原著作物の創作性に依拠し、これを引き継ぐ部分とを区別するのが困難な場合があるとの批判もありえようが、かかる困難は一般化されるべきではない。

　なお、著作権法 28 条が「二次的著作物の利用に関し」原著作者に著作権の専有を認めているのは、当該著作権の効力が及ぶ利用方法を特定する趣旨であって、二次的著作物を当該著作権の客体とすることを意味しないと解すべきである。

　問題文の事実関係によれば、A 小説には X の肖像ほか身体的特徴に関する直接的な記述は含まれておらず、また B と A がともに X 肖像を創作したことを推認させる事情も存しないから、X 肖像は B 独自の創作的表現であると認められる。B 漫画のこのような部分については、A は、著作権法 28 条所定の著作権を主張できないと解すべきである。

　以上から、A は、自己の著作権に基づいて、D による X 肖像の複製を差し止めることができない。

設問❸

（1）　B が A に無断で B 漫画を作成したのであれば、A が有する翻案権（著 27 条）を侵害して B 漫画を作成したということになる。適法に作成された二次的著作物と原著作物の著作権を侵害して作成された二次的著作物を同列に扱うべきではないから、後者については著作権は成立しないとする見解があり、この見解に従うならば、B は B 漫画について著作権を取得しないことになる。

　しかし、このような考え方をとると、侵害物である二次的著作物の利用について、その著作者が有するものと同一の種類の権利（著 28 条）が存しないことになり、かえって原著作者の保護に欠けることになる。

　二次的著作物にかかる著作権の成立について、上記の適法性要件を課す条文上の根拠も存しないことからすれば、原著作物の著作権を侵害して作成された二次的著作物についても、問題なく著作権は成立するというべきである。ゆえに、B は、B 漫画について著作権を取得する。

　問題文によれば、E ドラマは B 漫画固有の表現法や情景描写を活かして製作されたものであり、E は B 漫画を翻案したということができる。すなわち、E ドラマは B 漫画の二次的著作物にあたり、B 漫画は E ドラマの原著作物にあたる。

　以上から、B は、E による E ドラマの製作および放送に対して、翻案権（著 27 条）および翻案物の放送にかかる著作権（同 28 条・23 条 1 項）を主張できる。

　(2)　問題文によれば、B 漫画は A 小説のストーリーを細部まで再現したものであり、E ドラマは B 漫画のストーリーを細部まで再現したものであるから、E は、B 漫画に再製されている A の創作的表現（A 小説のストーリー）に依拠し、これを翻案して E ドラマを製作したと認めることができる。すなわち、E ドラマは A 小説の二次的著作物にあたり、A 小説は E ドラマの原著作物にあたる。

　以上から、A は、E による E ドラマの放送に対して、翻案物の放送にかかる著作権（著 28 条・23 条 1 項）に基づいて、E ドラマの放送を差し止めることができる。

関連問題

1.　小説の後半部分におけるストーリーの大幅改変を伴うアニメ化

　日本人作家甲は、某国で暮らす画家を夢見る貧しい少年についての小説を書いた。この小説の筋書きは、次のようなものである。

　少年は貧しいながらも朗らかな性格であり、彼の画才を尊敬する近所の少女と時々仲良く遊んだりしていたが、自作の絵を出品したコンクールで惜しくも 2 位となったこと、彼を養っていた祖父が病死したことのダブルショックから、ある晩雪原に迷い出て、そのまま栄養失調気味の愛犬とともに凍死してしまう。

　この小説は、映像制作会社乙によってアニメーション化され、DVD 2 巻本として出荷されることとなった（各巻の再生時間はトータル 200 分）。ところが乙は、甲小説の前半部分のストーリーについてはこれを忠実にアニメ化したが（DVD 第 1 巻）、同小説の後半部分のストーリーについては大幅に改変しており、少年が出品した絵はコンクールで 1 位となり、憧れの外国に留学して祖父と暮らす資金を得ることになるが、愛犬は近所の少女が引き取るというハッピーエンドになっていた（DVD 第 2 巻）。なお、第 2 巻のパッケージには、登場人物と第 1 巻のあらすじを約 150 文字で紹介する文章が記載されている。

　甲は、乙に対し、DVD 第 1 巻および第 2 巻の複製、販売の差止めを請求したが、この請求は認められるだろうか。

2. 著作権法 65 条 3 項の類推適用

　解説に示したように、二次的著作物を第三者が利用するには、原著作者と二次的著作物の著作者双方の許諾が必要である。では、二次的著作物の著作者が乗り気であるとしても、原著作者が「単に気が進まない」などの理由によって許諾を拒んだとき、どうするか。前掲キャンディ・キャンディ事件控訴審判決は、共有著作権の行使に関する著作権法 65 条 3 項の「活用」により妥当な解決を求める可能性について言及しているが、同項のそのような類推適用を認めてよいか。同項の類推適用が認められるとして、二次的著作物の利用を望む側は、具体的にはどういう手続をすべきか。また、正当な理由なく許諾を与えない著作者が（原著作者ではなく）二次的著作物の著作者であった場合でも、同項の類推適用を認めてよいか。

参 考 文 献

愛知靖之「原著作物の二次的著作物に対する保護範囲」別冊ジュリスト 242 号（著作権判例百選〔第 6 版〕）100〜101 頁（2019）

斉藤博『著作権法〔第 3 版〕』99〜104 頁、186〜188 頁（有斐閣・2007）

田村善之『著作権法概説〔第 2 版〕』56〜57 頁、111〜116 頁（有斐閣・2001）

小泉直樹「二次的著作物について」半田正夫先生古稀記念『著作権法と民法の現代的課題』172〜192 頁（法学書院・2003）

駒田泰土「著作物と作品概念との異同について」知的財産法政策学研究 11 号 145〜161 頁（2006）

（駒田泰土）

14. 法学論文ランキング

設問　出版社 X 社は、『明治・大正期の法学論文ベスト 20』なる論文集（以下「X 論文集」という）の出版を企画した。これは、わが国の明治・大正期におけるすべての法学論文からベスト 20 を選び、順位をつけたうえで収録するというものである。具体的な選定作業は、X 社の従業員である編集者 A および B に加えて、社外の法学者 C および D の合計 4 名が、初冬のある日、京都に集合して行った。数年後、この本は出版された。なお、本書の奥付には、「編集作業は、小社編集部および C 教授および D 教授によって行われた」との記述がある。

　　以上を前提として、次の各問に答えよ。

❶　それから 20 年後。X 論文集に収録されている個々の論文の著作権が、存続期間の満了によりすべて消滅した。これに目をつけた大手出版社 Y_1 社は、X 論文集の復刻をしたいと考えた。この頃、すでに出版事業を縮小していた X 社は、Y_1 社が X 論文集を復刻出版してくれることを歓迎した。また、B と D も快諾した。

　　ところが、A（すでに X 社を定年退職している）および C がこの企画を頑なに拒んでいる。もっとも、A と C が企画に反対しているのは、高齢になった 2 人が単に頑固なだけというのが実情のようである。

　　さて、Y_1 社が X 論文集を復刻出版するために、X 社、B および D は、A と C のうち誰に対してどのような請求をすべきか？　そして、それは認められるか？

　　また、Y_1 社が、X 社、B および D から許諾を得た場合、X 論文集を復刻するために、A と C の誰に対してどのような請求をすることが考えられるか？

❷　同じ頃、以前から X 論文集を愛読していた若手法学者 Y_2 も、同様の論文集の作成を検討していた。ただ、Y_2 は、X 論文集におい

て、ある法学論文がランキング1位とされていることがかねてから
疑問でならなかった。そこで、Y₂は、もともとX論文集では3位
にランキングされていた論文と1位にランキングされていた論文と
を入れ替えたうえ、さらにX論文集では10位にランキングされて
いた論文と8位にランキングされていた論文とを入れ替え、こうし
てできあがった新論文集（以下「Y₂論文集」という）を印刷製本
した（「Y₂編『明治・大正期の法学論文ベスト20』」と表示した）。
そして、近々これを学会で著名学者20人に対して無料配布しよう
としている。

　これを耳にしたAとCはひどく気を悪くした。そこで、AとC
は、Y₂に対して、Y₂論文集の配布をやめるように請求した。さて、
この請求は認められるか？

❸　その後、学会会場でたまたまY₂論文集を入手した若手法学者Y₃
は、自分の勉強のつもりで、その収録論文の要約をすべてドイツ語
で作成した。その後、せっかく作成したドイツ語要約版をネット上
で発表したいと思うに至り、20論文すべてのドイツ語要約をY₂論
文集におけるランキングどおりに並べたウェブサイト「〈ドイツ語
要約版〉明治・大正期の法学論文ベスト20」をインターネットに
掲載した。なお、このサイトにおいては、「ランキングは、Y₂編
『明治・大正期の法学論文ベスト20』に従った」と記載されている。

　これを偶然見つけたY₂は、Y₃に対して、このサイトの削除を請
求した。さて、この請求は認められるか？

解　説

1 ┄┄┄┄┄概　観

（1）　設問のねらい

　本問は、法人等の従業者と外部の人間とが共同して作成した編集著作
物の利用等をめぐって、さまざまな論点を問うものである。そこでは、
編集著作物の創作性、職務著作および共同著作の要件、共有著作権の行
使における「正当な理由」、さらには共同著作物の著作者人格権の行使
に関する知識と理解が問われている。一般論としては、何らかのかたち

で複数人が登場する事例が司法試験で出題される可能性は低くないと思われる。そこで、本問を通じて、こうした論点に関する基本的および応用的な知識を確認していただきたい。

(2) 取り上げる項目

►編集著作物（著12条）

►共同著作物（著2条1項12号）

►共有著作権の行使（著65条）

►共同著作物の著作者人格権の行使（著64条）

2………編集著作物

(1) 編集著作物の成立

編集著作物とは、「編集物……でその素材の選択又は配列によつて創作性を有するもの」であり、これは著作物として保護される（著12条1項）。たとえば、重要と考えられる判例を集めた判例集や、お気に入りの曲を集めたCDなどが挙げられる。そこには、多数の「素材」が存在するなかで、どれを「選択」し、どのように「配列」するか、について創作性があるからである。

ここで「素材」となるのは著作物であってもなくてもよい。つまり、複数の著作物を編集したもの（例：詩集）だけでなく、複数の事実やデータ（非著作物）を編集したもの（例：おすすめレストランの住所と電話番号リスト）も編集著作物たりうる。また、同項の文言が「素材の選択又は配列」（傍点筆者）となっていることから、創作性は「選択」または「配列」のどちらかにあればよい。したがって、収録すべき判例の「選択」にだけ創作性があり、「配列」は創作性がない（年代順に並んでいる）という判例集も編集著作物たりうるし、また、収録すべき電話番号の「選択」には創作性がないが、「配列」には創作性がある職業別電話帳のようなものも編集著作物たりうるのである。

本問においても、「わが国の明治・大正期におけるすべての法学論文からベスト20を選び、順位をつけたうえで収録」したというのであるから、この論文集は編集著作物となる。

（2） 編集著作物の利用

編集著作物は、このように素材の選択または配列に創作性があるため、他人の編集著作物を無断で利用する行為が著作権侵害になるかどうかは、当該他人の編集著作物における創作的表現（つまり選択または配列における創作性）を利用したといえるかどうかによって決まる。したがって、編集著作物である詩集から1編だけを抜き出して利用しても、編集著作物の著作権を侵害することにはならない。これに対して、その詩集における詩の選択と配列における創作性が残るような程度のまとまりを利用した場合は、著作権侵害になるのである。

設問❷においては、Y_2 が X 論文集のランキングを2か所だけ変更したものを作成したというわけであるので、これは基本的に著作権侵害にあたると考えてよかろう。

そして、Y_2 によるこの2か所の変更が新たな創作性を有するものといえれば、Y_2 論文集は X 論文集を翻案した二次的著作物ということになる（そうすると、Y_2 は二次的著作物としての Y_2 論文集の著作者となる）。

他方、設問❸においては、Y_3 が Y_2 論文集と同一の選択と配列でそのドイツ語要約版を作成したというのであるから、Y_2 論文集が二次的著作物といえる限りにおいて、Y_2 の著作権の侵害にあたる。

3⋯⋯⋯⋯共同著作物／共有著作権の行使

設問❶は、共同著作物および共有著作権の行使（著65条）に関する問題である。

（1） 共同著作物

共同著作物とは、「二人以上の者が共同して創作した著作物であって、その各人の寄与を分離して個別的に利用することができないものをいう」と定義されている（著2条1項12号）。これにより、①2人以上の者の創作的関与、②共同性、③分離利用不可能性、の3つが要件となる（要件の具体的内容については、上野達弘「著作者(1) 総論」法学教室 329 号 135 頁以下（2008）、島並良＝上野達弘＝横山久芳『著作権法入門〔第3版〕』（有斐閣・2021）87 頁以下〔上野〕参照）。

　ここでいう「二人以上の者」にいう「者」には法人も含まれるものと解されている（加戸守行『著作権法逐条講義〔7訂新版〕』52頁（著作権情報センター・2021）参照）。したがって、法人の従業者と外部の個人とが共同して著作物を作成し、前者について職務著作（著15条）が成立する場合は、法人と個人との共同著作物となる。同様に、法人Aの従業者と法人Bの従業者とが共同して著作物を作成し、両者について職務著作が成立する場合は、法人Aと法人Bとの共同著作物となる。

　設問❶においても、「具体的な選定作業は、X社の従業員である編集者AおよびBに加えて、社外の法学者CおよびDの合計4名が、初冬のある日、京都に集合して行った」というのであるから、X論文集は、X社、CおよびDの3者による共同著作物ということになろう。

(2)　共有著作権の行使

　このように共同著作物となると、その著作権は共同著作者間の共有となる。このような共有著作権は準共有（民264条）に該当し、原則として民法249条以下の共有に関する規定が準用されると考えられるが、著作権法は次のようにその特則を定めている（なお、著作権法65条は、共同著作物のみならず、共有著作権全般を対象にしている点に注意が必要である。つまり、単独の著作物であっても共同相続や共同承継によって結果として著作権が共有状態になった場合も含まれるのである）。

　まず、共有著作権の持分譲渡について、「各共有者は、他の共有者の同意を得なければ、その持分を譲渡し、又は質権の目的とすることができない」とされている（著65条1項）。

　このような制限が課されているのは、著作権法65条2項において、「共有著作権は、その共有者全員の合意によらなければ、行使することができない」と規定されていることと関係している。つまり、持分が譲渡されると、これを譲り受けた者は、その共有著作権の行使についていわば拒否権を有することになる。そのため、あらかじめすべての共有著作権者が同意した者だけを仲間に入れるというルールにしたものと説明できる。

　ここでいう「行使」とは、「著作権の内容を具体的に実現する積極的

な行為」を意味するものとされ（加戸・前掲 519 頁参照）、典型的には、第三者に対する利用許諾がこれにあたる。したがって、たとえば、共有著作権に係る著作物を出版社から出版するためには、その共有著作権者全員の合意による必要があることになる。

設問❶においても、「Y₁ 社が X 論文集を復刻出版する」ことを許諾するというのであるから、X 社、C および D が有する共有著作権の行使にほかならない。

(3) 正当な理由

ただし、著作権法 65 条 3 項によれば、「各共有者は、正当な理由がない限り、第 1 項の同意を拒み、又は前項の合意の成立を妨げることができない」と規定されている。したがって、共有著作権者が共有著作権の行使に合意したくない場合は、たとえば、複製の許諾を与えようとする出版社の財政状態が悪いため印税支払が焦げつくおそれがあるといった「正当な理由」を立証しなければならないとされている（加戸・前掲 520 頁参照）。

従来の裁判例においても、たとえば、経済学に関する書籍の増刷および韓国語での出版について共同執筆者の 1 人である Y が合意を拒んでいる事案において、判決は、諸般の事情を比較衡量したうえで、Y が「過去の業績をそのままの形でもう 1 度世に出すことについては抵抗を感じている」ことや、他方、もう 1 人の共同執筆者である X について、「本件書籍を増刷、韓国語翻訳しなければ X の生活が経済的に脅かされるような事情や、本件書籍を増刷、翻訳することが X の学者としての業績の上で不可欠のものとして求められていることをうかがわせる事情」も認められないことなどから、Y には「正当な理由」があるとしたものがある（東京地判平成 12・9・28 平成 11 年（ワ）第 7209 号［著百〔5版〕89〕［「戦後日本経済の 50 年」事件］参照）。他方、破産者持分の譲渡について「正当な理由」が認められないとしたもの（東京高判平成 12・4・19 平成 11 年（ネ）第 6004 号［著百〔5版〕88〕［イメージボックス事件控訴審］参照）や、共有著作権者による出版契約の更新拒絶について「正当な理由」が認められないとしたもの（大阪地判平成 23・11・24 平成 21 年（ワ）

第 20132 号・平成 21 年（ワ）第 4332 号〔YG 性格検査用紙事件〕）がある。

もっとも、Y が「経済学者として本件書籍の構成を学問的に見直す必要を感じて」いるといった事情は、必ずしも財産的利益に関わるものではないとも考えられるため、これが「正当な理由」となりうるかどうかをめぐっては議論がある。学説のなかには、「この判決は、共有者が共同著作者である事例であるためであろうか、純粋な財産法的考慮だけではなく、著作者人格権の一種である絶版請求権（84 条）に類するような要素をも考慮しているが、64 条は共同著作者の著作者人格権を規定し、65 条で財産権を規定しているのであるから、65 条では財産法的要素だけを考慮すべきである」とする見解もある（中山信弘『著作権法〔第 3 版〕』279 頁注 24（有斐閣・2020）参照）。

設問❶においても、「A……および C がこの企画を頑なに拒んでいる」というのであるから、共有著作権者の 1 人である C に「正当な理由」があるかどうかが問題となる。

(4) 訴訟手続

そして、「正当な理由」がないという場合、共有著作権の行使等を希望する側の共有著作権者は、同意や合意を拒む他の共有著作権者に対して、「同意を求める裁判」として「意思表示を命ずる判決」（民執 174 条［意思表示の擬制］）を提起できる。もっとも、このようなやり方は実務上困難であることを指摘したうえで、共有著作権の行使を希望する共有著作権者と当該著作物を利用する出版社等が原告となり、合意を拒む共有著作権者に対して差止請求権不存在確認請求をする方が有効適切だとする見解もある（三村量一「共同著作物」牧野利秋＝飯村敏明編『新・裁判実務大系 22 著作権関係訴訟法』279 頁（青林書院・2004）参照）。このとき、実際の合意を経ることなく利用行為が開始され、合意の成立を妨げている共有者がこれに対して差止請求を提起したとしても、その者に正当な理由がない限り、この請求は権利濫用として棄却されるという（三村・同 279 頁参照）。

設問❶においては、「Y₁ 社が X 論文集を復刻出版するために、X 社、B および D は、A と C のうち誰に対してどのような請求をすべきか？」

というのであるから、共有著作権の行使を希望する共有著作権である X社およびDは、共有著作権者であるCに対して意思表示を命ずる判決を求める訴訟を提起することになる。

　また、Y₁社は、X社およびDから許諾を得た場合、X社およびDとともに、Cに対して、共有著作権に基づく差止請求権の不存在確認請求を行うことが考えられる。

（5）　保全行為としての差止請求等

　このように、共有著作権の行使は原則として共有者全員の合意を必要とするが、第三者の侵害行為に対して共有著作権に基づく差止請求等を行うことは、保全行為として、単独で可能と解されている（加戸・前掲519頁参照）。このことは、著作権法117条に「共同著作物の各著作者又は各著作権者は、他の著作者又は他の著作権者の同意を得ないで、第112条の規定による請求又はその著作権の侵害に係る自己の持分に対する損害の賠償の請求若しくは自己の持分に応じた不当利得の返還の請求をすることができる」と規定されていることからも明らかである。もっとも、共有著作権の持分に基づく損害賠償請求の額はどうなるかといった点（加戸・前掲923頁は各自の持分に応じた額とするのに対して、田村善之『著作権法概説〔第2版〕』342頁（有斐閣・2001）はこれを否定）や、著作者人格権に基づく損害賠償請求も共同著作者の一部が単独で行うことができるかといった点（加戸・前掲924頁以下は否定するのに対して、田村・前掲369頁等は肯定）をめぐっては議論がある。

　設問❷においても、「AとCは、Y₂に対して、Y₂論文集の配布をやめるように請求した」というのであるから、共有著作権者の一部であるCによる差止請求ができるかどうかが問題になるが、結論としては、単独で可能ということになる。

4……………共同著作物の著作者人格権の行使

　また、「共同著作物の著作者人格権は、著作者全員の合意によらなければ、行使することができない」と規定されている（著64条1項）。したがって、たとえば、未公表の共同著作物について公表するかどうかは、

原則として、共同著作物の著作者全員の合意が必要となる。

　ただし、著作権法 64 条 2 項は「共同著作物の各著作者は、信義に反して前項の合意の成立を妨げることができない」と規定されている。そのため、共同著作者の一部が著作者人格権を行使したいという場合は、たとえば、他の共同著作者が嫌がらせの目的など「信義に反して」合意の成立を妨げていることを立証しなければならないことになる（加戸・前掲 515 頁参照）。

　もっとも、第三者による著作者人格権侵害に対して差止請求権を行使することは、消極的に著作者人格権を保全する行為であるから、著作権法 64 条 1 項にいう「行使」にあたらず、単独で行うことができるとされている（加戸・前掲 514 頁参照）。これも同法 117 条に明記されている。

　設問❷において、著作者人格権に基づく差止請求を行うという場合は、以上の点が一応問題となる。

解答例

設問❶

　X 論文集は、わが国の明治・大正期における法学論文からベスト 20 を選び、順位をつけたものであるから、素材（論文）の選択および配列に創作性のある編集著作物である（著 12 条 1 項）。

　そして、その具体的な選定作業は、編集者 A および B、法学者 C および D の合計 4 名が行ったため、これは「二人以上の者が共同して創作した著作物であつて、その各人の寄与を分離して個別的に利用することができないもの」にあたり、X 論文集は、X 社、C および D という三者による共同著作物ということになる（著 2 条 1 項 12 号）。ここで、編集者 A および B は、X 社の従業員で、その業務として本件編集作業を行ったのであり、しかも、本書の奥付に「編集作業は、小社編集部と C 教授および D 教授によって行われた」という表記があることからすれば X 社が自己の著作の名義の

もとに公表するものといえるため、職務著作（著15条1項）に該当
し、AおよびBの関与については、X社が著作者になるのである。
したがって、X論文集の著作権は共同著作者であるX社、Cおよ
びDの共有に帰属する（同17条1項）。他方、AおよびBは著作者
の権利を有しないため、本問において、AおよびBは何らの主張
もできない。

　このように、著作権が共有されている場合、その「共有著作権は、
その共有者全員の合意によらなければ、行使することができない」
と規定されている（著65条2項）。そのため、原則として、本問に
おいて、「Y₁社がX論文集を復刻出版する」ことを許諾するために
は、X社、CおよびDの全員の合意による必要があるが、Cはこれ
をを拒んでいる。しかし、著作権法65条3項によれば、「各共有者
は、正当な理由がない限り、第1項の同意を拒み、又は前項の合意
の成立を妨げることができない」と規定されているため、Cが合意
を拒むためには「正当な理由」を立証する必要がある。他方、X
社およびDは、Cに対して、Cが正当な理由なく合意の成立を妨
げているとして、意思表示を命ずる判決（民執174条）を求める訴
訟を提起することが考えられる。また、X社およびDから許諾を
得たY₁社は、X社およびDとともに、Cに対して、共有著作権に基
づく差止請求権を有しないことの確認請求を行うことが考えられる。

　これらの請求が認められるかどうかは、Cが合意を拒む「正当な
理由」を有しているかによる。たとえば、出版社であるY₁社の財
政状態が悪いなどの事情があればともかく、本問においては、高齢
になったCが単に頑固なだけだというのであるから、理由として
正当なものとはいえない。

設問❷

　本問において、X論文集の共有著作権者であるCがY₂論文集の
配布をやめさせることができるためには、Y₂論文集がX論文集を
利用したものといえることが必要になる。

　Y₂論文集は、X論文集における20の論文の選択および配列のう
ち2件を入れ替えたものであるから、X論文集における創作的表
現はY₂論文集においても感得できるといえよう。また、このよう
な2か所の入れ替えには新たな創作性が認められる。さらに、Y₂
がX論文集に依拠していたことも明らかである。したがって、Y₂
論文集を作成することはX論文集に係る翻案権（著27条）の侵害

にあたり、その印刷および配布は著作権法 28 条を介して有する複製権（同 21 条）および譲渡権（同 26 条の 2）の侵害にあたる（なお、上記のような変更は共同著作者の 1 人である C の意に反する改変にあたるため、その同一性保持権〔同 20 条〕の侵害にもあたると考えられる。さらに、氏名表示権の侵害にもあたる）。

そうすると、C は、X 論文集の共同著作者および共有著作権者の 1 人でありながら、単独で、Y2 に対して、Y2 論文集の配布をやめるように請求できるかが問題となる。たしかに、著作権法においては、共同著作物の著作者人格権の行使について（著 64 条 1 項）および共有著作権の行使について（同 65 条 2 項）、いずれも全員の合意によらなければならないとしている。しかし、これらの規定にいう「行使」は積極的な行使であり、権利侵害に対する差止請求はこれにあたらない。実際のところ、著作権法 117 条はこのことを注意的に規定している。

したがって、C は Y2 に対して、Y2 論文集の配布が、著作権法 28 条を介して有する譲渡権の侵害にあたるとして、これをやめることを内容とする予防請求ができる（著 112 条 1 項）。

設問❸

本問において、Y2 が Y3 に対して本件ウェブサイトの削除を請求できるためには、まず Y2 が Y2 論文集について著作権を有していなければならない。Y2 論文集は、X 論文集に 2 か所の変更を加えたものにすぎないが、論文のランキングについて 2 か所の入れ替えをすることは、ありふれた変更とはいえず創作性が認められる。したがって、Y2 は Y2 論文集という二次的著作物の著作者となり（著 2 条 1 項 2 号）、これに対して、著作権および著作者人格権を享有する（同 17 条 1 項）。

他方、Y3 のドイツ語要約版は、Y2 論文集における素材（論文）を要約し、これをドイツ語に翻訳したものではあるが、そこに収録されている素材（論文）の選択および配列はすべて Y2 論文集における素材（論文）の選択および配列をそのまま用いたものである。また、Y3 は Y2 論文集に依拠したことも明らかである。

したがって、Y3 がドイツ語要約版をウェブサイトに掲載することは、Y2 論文集について Y2 が有する公衆送信権（著 23 条）を侵害するものである（翻訳権侵害ではない）。そのため、Y2 は、Y3 に対して、このサイトの削除を請求できる。

関連問題

1. 著作権法 65 条 3 項にいう「正当な理由」

設問❶で、A と C が復刻に反対する理由が、X 論文集におけるランキングの内容にいまや疑問をもつに至っており、これをそのまま復刻することに気乗りがしない、というものだった場合はどうか？

あるいは、A と C が復刻に反対する理由が、Y₁ 社からできるだけ高い報酬を得たいというのが真意だった場合はどうか？

2. 共有著作権持分権者／共同著作者による単独の損害賠償請求

設問❷で、A と C が Y₂ に対して損害賠償を請求した場合、どのような内容の請求が認められるか？

3. 編集著作物の素材

設問❸で、Y₃ が、論文の要約をウェブサイトに掲載するのではなく、単に Y₂ 論文集に掲載された論文の書誌データ（著者名・題名・掲載誌等）のみをランキング形式で掲載したという場合はどうか？

参 | 考 | 文 | 献

（本文中に掲げたもののほか）

古城春実「共同著作」斉藤博＝牧野利秋編『裁判実務大系 27　知的財産関係訴訟法』246 頁（青林書院・1997）

村上画里「共有著作権行使に関する考察——アメリカ法から得られる権利行使円滑化の手掛かり」阪大法学 57 巻 5 号 765 頁（2008）

上野達弘「権利者複数の場合における権利行使」法学教室 351 号 118 頁以下（2009）

谷川和幸「共同著作物と共有著作権(1)～(5・完)——著作権法 65 条 3 項を中心に」法学論叢 175 巻 4 号 43 頁、176 巻 4 号 21 頁、179 巻 6 号 19 頁、181 巻 3 号 68 頁、同 6 号 36 頁（2014～2017）

（上野達弘）

15. 外国で盗作された男

設問

　Ｘはわが国では著名なシンガーソングライターである。Ｘは、甲国（外国）を旅行していたとき、偶然ラジオから流れていた歌を聴いて驚愕した。その歌の歌詞は甲国語であったが、その旋律はＸが10年ほど前に作った歌「2012」と瓜二つだったからである。歌っていたのはＡという歌手で、甲国ではそれなりに有名なのだという（Ａは日本ではいっさい活動しておらず、無名である）。帰国後、この件を詳しく調査したところ、次のことが判明した。すなわち、問題の曲のタイトルは「2022」であり、Ａにより最近作曲されたことになっているが、その旋律は「2012」とまったく同一であること、および「2022」はＡの発表したＣＤアルバムの１つ（「A-CD」とする）に収録されており、Ａのライブ映像を収録したＤＶＤ（「A-DVD」とする）においても演奏されていること、である。

　甲国にももちろん著作権法はあり、同国はベルヌ条約にも加盟している（甲国著作権法においては、日本の著作権法で著作権として認められている権利とまったく同内容の権利が認められている）。したがって、偶然の一致ではないかぎり、Ａの行為が甲国におけるＸの著作権を侵害するものであることは明らかである。そして、偶然に「2012」とまったく同一の旋律が生まれるとは、Ｘにはどうしても考えがたかった。

　Ｘの所属事務所がＡ側にコンタクトして事実関係を確認したところ、Ａは盗作を認めた。当時曲作りに行き詰まっていたＡは、以前来日した際に偶然耳にして感銘を受けた曲をつい盗作してしまったのだという。ＡはＸに謝罪し、今後の「2022」の利用についてＸ側とＡ側（Ａおよびその所属事務所・レコード会社）で交渉を進めることとなった。その結果、次のような合意（この合意を「本件合意」とする）に達した。

○ Ａ側はA-CDおよびA-DVDの出荷をいったん停止する。

233

○今後、X は作曲者名を「X」として表示することを条件に、A およびその許諾を得た者が「2022」を甲国内においてあらゆる形態で商業的に利用することを許諾する。

○上記許諾の対価として、X は「2022」の利用により生じる利益の一部の配分を受ける。

その後、A 側は、本件合意に基づき、「2022」の作曲者名表示を「X」に変更したうえで、（甲国内において）A-CD および A-DVD の出荷を再開した。

さらにそれから数年後、X は、日本の最大手の輸入版 CD ストア Y で、A-CD と A-DVD が大量に販売されているのを発見した（これらをそれぞれ「本件 CD」、「本件 DVD」とする）。Y はそれらを甲国で購入し、日本に輸入し販売しているのであるが、本件 CD には、「2022」の作曲者名表示が「A」のままになっているもの（これを「本件 CD_1」とする）と、「X」に変更されているもの（これを「本件 CD_2」とする）とが混在している。

本件 CD_1 は、本件合意前に甲国内において流通におかれたものであるが、本件 CD_2 と本件 DVD については、いずれも甲国内において本件合意後に A の許諾のもと、適法に流通におかれたものである。本件 CD と本件 DVD のいずれも、Y の従業員 B により甲国において、同時期に同じ業者から購入されたものであり、その際その業者は本件 CD_1 と本件 CD_2 とを特に区別して扱っておらず、B は両者をまったく同一のものだと考えていた。

X は Y に対して事情を説明して、本件 CD と本件 DVD の販売を中止するよう要望した。これを受けて、Y は本件 CD_1 についてはただちに販売を中止したが、本件 CD_2 と本件 DVD の販売については中止しなかった。

以上の事実を前提に、以下の問に答えよ。

❶ X は、その著作権に基づき、Y による本件 CD_2 の販売を差し止めることができるか。なお、A は依然として日本では活動しておらず、日本のレコード会社と契約もしていないので、A の CD アルバムのいわゆる「日本版」は存在しないものとする（❷においても同様とする）。

❷ Y の過去における本件 CD₁の販売は、X の著作権を侵害するもの
であったといえるか。

❸ X は、その著作権に基づき、Y による本件 DVD の販売を差し止
めることができるか。なお、DVD については、「リージョンコー
ド」を設定することにより、視聴可能な地域を技術的に制限するこ
とが可能であるが、本件 DVD は「リージョンフリー」といわれる
種類のもので、世界のすべての地域で再生可能である。また、本件
DVD をわが国で再生するにあたり、その他いっさいの技術的障害
はないものとする。

❹ 仮に Y が行っているのが本件 DVD の販売ではなく、これの貸与
だとした場合、X は、その著作権に基づき、Y による本件 DVD の
貸与を差し止めることができるか。

解 説

1 ………… 概 観

(1) 設問のねらい

著作物は「創作的表現」という無体物であるが、多くの場合、それは
有体物（たとえば CD、DVD 等の電磁的記録媒体や紙など）に固定されて
市場に供される。著作物を固定した有体物を、「原作品」または「複製
物」という。有体物である以上、「原作品」や「複製物」を使用したり
処分したりすることは、原則としてその所有者の自由であるということ
となるが、著作権の中には、このような行為を制限できる権利がある。
展示権（著 25 条）、頒布権（同 26 条）、譲渡権（同 26 条の 2）および貸
与権（同 26 条の 3）がそれにあたる。

本設問は、これらのうち頒布権と譲渡権の効力とその制限にスポット
をあて、著作物の複製物の流通に関する著作権法上の規整についての理
解を深めることを目的とするものである。

(2) 取り上げる項目

►譲渡権

►善意者にかかる譲渡権の特例

2 3 5

　►譲渡権の（国際）消尽

　►みなし侵害（著 113 条 1 項・5 項）

　►映画の著作物該当性

　►頒布権（著 26 条 2 項）

　►頒布権の（国際）消尽

　►貸与権

2……………譲渡権の効力とその制限

（1）　譲渡権を認める趣旨

　譲渡権とは、著作物の原作品や複製物（以下、特に問題が多いと思われる複製物に絞って説明する）を公衆に譲渡する行為に対して及ぶ権利であり、後述の頒布権の対象となる映画の著作物等の著作物以外に認められているものである（著 26 条の 2）。そして、著作権法でいう「公衆」には、不特定人のほか、特定多数人も含まれる（同 2 条 5 項）。要するに特定少数人以外に譲渡する行為に譲渡権は及ぶということであり、たとえば、特定の友人 1 人に音楽 CD を売る行為は公衆への譲渡とはいえないが、オークションなどを通じて不特定人に売る行為は公衆への譲渡といえることになる（ただし、市場に適法に流通におかれた CD の再販売行為であれば、後述のように譲渡権侵害にはならない）。

　譲渡権は、平成 11 年の著作権法の改正により導入された権利である（つまり、後述の頒布権のほうが古くから存在している権利なのであるが、便宜上、譲渡権の説明を先にしている）。ただし、それまでに譲渡権が存在しないことによってそれほど不都合があったわけではない。そもそも複製物を作成する行為は複製権の対象となっており、無断複製は権利制限に該当する場合を除き、複製権侵害となる。そして、不適法に作成された複製物を情を知って頒布（譲渡を含む。頒布の定義については後述する）する行為は侵害とみなされる（著 113 条 1 項 2 号）。また、著作権者の許諾を得て複製したものを譲渡する場合、通常は複製の許諾の際に、複製物が譲渡されることも計算に入れられているであろうから、著作権者はそれに見合うだけの対価を得ていると評価できるので、譲渡によって著

作者の経済的利益が害されることはない。さらに、適法に無断で作成された複製物（たとえば、私的使用目的で作成されたもの）であっても、目的外に頒布する行為のうち一定のものについては、その時点で複製がされたとみなされ、多くの場合、複製権侵害に該当することとなる（著49条）。

　このように、譲渡権を設けることで初めて問題が解決されるような局面はそもそも限定されていたのであるが、それにもかかわらずこの規定が設けられたのは、他の先進諸国やWIPO著作権条約との調和を図るという理由によるところが大きい。したがって、譲渡権の創設にあたっては、複製物の流通についてのそれまでの著作権法上の扱いが大きく変更されることのないように、次に述べるような、譲渡権の効力を大幅に制限する規定も同時に設けられている。

(2)　商品の自由な流通に配慮した、譲渡権の効力の制限

　譲渡権の効力は、原則として、複製物の譲渡であれば及ぶことになっているが、この原則を貫き通すと、不都合が生ずる。たとえば、権利者の許諾を得て適法に工場でプレスされ出荷された音楽CDを小売店で販売する場合に、その小売店は著作者に改めて許諾を得なければならないのだろうか。またそのCDが小売店の店頭に上るまでには、複数の流通業者の手を経るのが通常だと思われるが、それら流通業者も、そのCDの譲渡について著作権者に伺いを立てなければいけないのだろうか。これらの質問に対する答えがすべてイエスであるとすると、市場における自由な商品の流通を著しく損なうおそれがある。権利者としても、音楽CDのプレスや出荷を許諾した時点で、それらCDが転々流通することは分かりきったことであるので、これらを計算に入れて許諾し、充分な対価を得ているはずである。また、そもそも、いちいち流通のたびに許諾を求められたらたまったものではない。もちろん、これが海賊版のCDであれば別論であり、そのような違法複製物が譲渡される場合には譲渡のたびごとに権利が及ぶようにして、流通のどの段階であっても権利者がこれを阻止できるようにする必要はあるだろう。しかし、権利者自身が許諾して市場に送り出した商品についてまで同じ扱いをすると、

上記のような問題が生ずる。

　したがって、譲渡権については消尽理論（6. **部品の交換と特許権侵害**参照）が妥当するべきであるということとなり、著作権法 26 条の 2 第 2 項はそれを明文化したものである。すなわち、この規定によれば、権利者の許諾のもとに譲渡された複製物については、最初の譲渡より後の譲渡に対しては譲渡権は及ばないのである。しかも、同項 5 号は、外国において適法に譲渡された複製物についても譲渡権の効力を制限しており、したがって、国際消尽についても認めているのである。

　また、著作権法 26 条 2 項各号に該当しない場合でも、複製物の譲渡を受けたときに、その複製物が同条 2 項各号のいずれにも該当しないことについて善意かつ無過失である者による、その複製物の公衆への譲渡については、譲渡権の侵害でないとみなされる（著 113 条の 2）。この規定からも、自由な商品の流通が尊重されていることがうかがえる（このほか、譲渡権の効力を制限する規定としては、著 47 条の 7 がある）。

（3）　レコードの輸入に関するみなし侵害規定の創設

　上記のとおり、著作権法 26 条の 2 第 2 項 5 号は国際消尽を認めているので、外国において権利者により適法に流通におかれたものをわが国で公衆に譲渡する行為は譲渡権侵害とはならないはずであるが、平成 16 年改正により新たに設けられたみなし侵害規定（著 113 条 5 項）により、国際消尽の妥当する範囲が制限されることとなっている。この規定は、アジア地域で適法に販売されているわが国のアーティストの音楽 CD がわが国に（逆）輸入され、わが国の国内版よりも廉価で販売されるのを防ぐことを念頭に導入されたものである。この規定によると、著作権者がわが国において販売することを目的とする商業用レコード（国内頒布目的商業用レコード）を発行して（あるいは、発行させて）おり、かつ、それと同一の商業用レコードを外国においてもっぱら国外において頒布することを目的として発行している場合に（そのようなレコードを「国外頒布目的商業用レコード」という）、情を知って、当該国外頒布目的商業用レコードを国内において頒布目的で輸入する行為や現に頒布する行為等は、著作権者の得ることが見込まれる利益が不当に害されるこ

ととなる場合に限り、著作権侵害行為とみなされる（同113条10項本文。ただし、国内頒布目的商業用レコードが発行されてから4年を経過した場合はこの限りではない。同項ただし書および著作権法施行令66条）。

（4） 設問❶、❷のポイント解説

以上を踏まえて、設問❶および❷について考えてみよう。問題となっているのはYによる本件CDの販売である。本件CDがXの著作物「2012」の複製物といえるのであれば、Yが不特定の顧客にこれを販売した行為は、著作権法26条の2第1項にいう「譲渡により公衆に提供」する行為に該当する。

しかし、本件CD₂については、「甲国内において本件合意後にAの許諾のもと、適法に流通におかれたもの」なのであるから、著作権法26条の2第2項5号があてはまることとなり、本件CD₂を販売することについては、譲渡権侵害を構成しない。同条同項5号にいう譲渡権に「相当する権利を有する者」としては、AおよびXがそれにあたる。Xとしては本件CD₂が日本で販売されることは想定外であったのかもしれないが、本件合意によれば本件CD₂が甲国内を流通することについてXの許諾があるといえるので、本件CD₂は著作権法26条の2第2項5号に該当することとなるのである。

では本件CD₁についてはどうであろうか。こちらについては、本件合意前に販売されたものなのであるから、その譲渡についてはXの許諾が必要であるところ、それがなされていないので、甲国内における譲渡はXの（甲国における）譲渡権を侵害する。したがって、本件CD₁は著作権法26条の2第2項5号の例外に該当しないので、原則どおり同条1項が妥当することになる。

しかし、だからといってYの本件CD₁の販売が譲渡権侵害に該当するとは限らない。著作権法113条の2により、Yの行為が許される可能性があるからである。Yが甲国で本件CD₁を購入した際に、それが「2022」の作曲者であるXの許諾なしに譲渡されたものであることについて知っていたか、過失により知らないでいたといえるような事情があれば、Yの行為は譲渡権侵害になるが、そうでないのであれば同条に

より侵害でないとみなされることになるからである。問題によると、Yの従業員Bが本件CD₁を購入したときに、これが適法に譲渡されたものでないことにつき知らず、甲国の業者としても特に区別して扱っていなかったのであるから、知らないことにつき過失があるとまではいえないであろう。

また、本件CD₁はそもそもその作成自体がXの甲国における複製権を害するものであり、したがって、著作権法113条1項1号にいう「輸入の時において国内で作成したとしたならば……著作権……の侵害となるべき行為によつて作成された物」といえるが、その頒布が同項2号のみなし侵害に該当するためには、「情を知つて」これを行うことが必要である。この「情を知つて」要件は、権利侵害行為によって作成された複製物であることをもって、その複製物の流通に携わるすべての者にみなし侵害の責任を負わせるのは酷であるとの価値判断に基づき設けられているものであり（加戸守行『著作権法逐条講義〔7訂新版〕』842～843頁（著作権情報センター・2021）参照）、特に複製行為に関与していない流通業者に対しては、この要件の判断は厳格になされるべきであろう。したがって、Xによる指摘を受ける前のYの本件CD₁の販売行為は、著作権法113条1項みなし侵害にも該当しない。

最後に、著作権法113条10項のみなし侵害にあたるか否かについてもチェックしておこう。問題文によれば、AのCDアルバムのいわゆる「日本版」は存在しないとのことなので（すなわち、「国内頒布目的商業用レコード」は存在しない）、Yの行為は同項のみなし侵害にはあたらないことになる。

3⋯⋯⋯頒布権の効力とその制限

（1） 頒布権を認める趣旨

頒布権とは、映画の著作物等に認められる権利であり、映画の著作物の複製物の頒布に対して及ぶ権利である（著26条）。頒布とは、公衆への譲渡と公衆への貸与を含む概念であり、映画の著作物等の頒布権の対象となる著作物（これについては⑵において詳しく述べる）の複製物につ

いては、公衆への提示目的で特定少数人（公衆以外の者）に譲渡や貸与する行為も含まれる（同2条1項19号）。つまり、たとえば映画のフィルムの場合、その上映を行う者に当該フィルムを譲渡なり貸与なりする行為は、その者が特定人であって「公衆」とはいえない場合にも、「頒布」に該当することになるのである。

平成11年の改正で譲渡権が導入されるまでは、複製物の流通に及ぶ著作権としては、頒布権しかなかった。ではなぜ、映画の著作物の流通にのみそのような権利が認められていたかというと、映画ビジネス固有の事情が考慮されたためである。映画の製作には、典型的には、巨大な資本投下を要し、多数の人間の貢献が必要となるが、その結果できるのは、伝統的には、少数のフィルムである。そして、そのフィルムが映画館から映画館へ転々と渡ることで利益を上げ、製作者が資本を回収するというビジネスの構造であった（このような構造を「配給制度」という）。頒布権は、このような取引慣行をふまえて、映画フィルムの流通については流通のたびごとに権利を及ぼすことを可能にするために設けられたものといえる（加戸・前掲205頁参照）。

(2) 先決問題としての、映画の著作物該当性

頒布権が認められるのは、映画の著作物（著26条1項）と、映画の著作物において複製されている著作物（同条2項）である。「映画の著作物において複製されている著作物」の具体例としては、音楽や美術など、映画においてそのままの形で利用されているものが挙げられ、このような著作物の著作者にも、その映画の著作物の複製物の頒布権が認められる。なお、映画において翻案されている著作物（原作の小説など）がある場合、その著作者は、二次的著作物である映画の著作物の原著作者として、映画の著作者と同じ種類の権利を有することとなるので（同28条）、その者にもその映画の著作物の複製物の頒布権が認められることとなる。

では、「映画の著作物」とは何であろうか。「映画」として通常想起される、一般の映画館で上映されるような映画が念頭におかれていることは間違いないが、それ以外の映像作品についてはどうなのであろうか。

著作権法には、「映画の著作物」を定義する規定はないが、著作権法2条3項において「この法律にいう『映画の著作物』には、映画の効果に類似する視覚的又は視聴覚的効果を生じさせる方法で表現され、かつ、物に固定されている著作物を含むものとする」と規定されている。したがって、典型的な「映画」でなくとも、動画という表現方法がとられており、かつ物に固定されているものであれば、著作権法上は「映画」といえるだろう。後述の中古ゲームソフト事件最高裁判決においては、ゲームソフトが「映画の著作物」であることが肯定されている（ただし、いわゆるシミュレーションゲームについて、ゲームの構成画面において静止画像が用いられる場面が動画画像が用いられる場面に比して圧倒的に多いことなどから、当該ゲームが映画ないしこれに類する著作物に該当するということはできないとする、東京高判平成11・3・18判時1684号112頁のような判決があることに注意）。

（3） 頒布権の消尽——中古ゲームソフト事件最高裁判決

(1)で述べたように、頒布権は消尽しないことを前提に設けられている権利であるといえるが、それはあくまでも映画フィルムの伝統的な流通形態を念頭においているからこそ、そのようになっているのである。しかし、(2)で述べたように、著作権法上、典型的な劇場用映画以外の動画コンテンツも「映画」概念に含まれる。そうすると、複製物の流通形態が音楽CDや書籍などと異ならないような著作物であっても、「映画の著作物」である以上は（消尽しない）頒布権を認め、権利者による流通のコントロールを許すべきなのか、という問題が生ずる。

中古ゲームソフト販売が頒布権の侵害にあたるか否かについて、ゲームメーカーと中古販売業者とのあいだで争われた事件においては、まさにその点が1つの重要な論点となった。頒布権はもともとゲームソフトのような流通形態を想定して設けられたものではなく、これに基づき中古ゲームソフトの販売阻止を認めることは、中古音楽CDや古本の販売が譲渡権侵害にならないこととのバランスを失するように思われるので、結論としては侵害を否定すべきであるように思われるが、具体的な解釈論をどのようにするかというのは難しい問題である。この事件は東京と

大阪でそれぞれ争われたが、下級審の態度は一様ではなく、現行制度の
もとでは侵害を肯定せざるをえないとするもの（大阪地判平成 11・10・7
判時 1699 号 48 頁）、ゲームが「映画の著作物」に該当しないことを理由
に侵害を否定するもの（東京地判平成 11・5・27 判時 1679 号 3 頁）、ゲー
ムが「映画の著作物」であることは肯定するが、ゲームソフトを納めた
媒体が著作権法 26 条 1 項にいう「複製物」にはあたらないとして侵害
を否定するもの（東京高判平成 13・3・27 判時 1747 号 60 頁）、および、ゲー
ムが「映画の著作物」であることは肯定するが、その頒布権は適法な
第一譲渡により消尽するとして侵害を否定するもの（大阪高判平成 13・
3・29 判時 1749 号 3 頁）が存在した。

　最高裁（最判平成 14・4・25 民集 56 巻 4 号 808 頁［著百 62］）は、大阪
高裁の立場を採用し、ゲームソフトが「映画の著作物」であることとこ
れに頒布権が認められることを肯定したうえで、その頒布権は「いった
ん適法に譲渡されたことにより、その目的を達成したものとして消尽し、
もはや著作権の効力は、当該複製物を公衆に再譲渡する行為には及ばな
いものと解すべきである」として、侵害を否定した。その理由として、
最高裁は、特許権について国内消尽を（傍論ながら）認めた BBS 事件最
高裁判決（最判平成 9・7・1 民集 51 巻 6 号 2299 頁［特百 26］）の理は、著
作権においても妥当するものであるとしたうえで、映画の著作物の複製
物の頒布権が消尽するか否かについて著作権法が何の定めもしていない
以上、消尽の有無は法解釈に委ねられているものとした。そして、本件
のように公衆に提示することを目的としない家庭用テレビゲーム機に用
いられる映画の著作物の複製物の譲渡については、市場における商品の
円滑な流通を確保するなどの観点から、消尽を肯定すべきであるとした。

（4）　最高裁判決の射程

　このように、中古ゲームソフトの販売に頒布権が及ぶかという問題は、
上記最高裁判決（平成 14・4・25）により実務上決着をみた。では、こ
の判決の射程は、どこまで及ぶのだろうか。

　まず、この判決はゲームソフトの流通形態に着目して判断しているか
ら、同様の流通形態の映画の著作物の複製物の頒布についても、本判決

の理が妥当することは明らかであろう。現に、中古ビデオソフトの販売行為について、上記最高裁判決における権利消尽の原則についての説示がそのまま妥当するとして、頒布権侵害を否定する判決（東京高判平成14・11・28平成14年（ネ）第1351号）がある。

　次に、貸与権との関係について考えてみよう。特許権に関する上記BBS事件最高裁判決（平成9・7・1）によれば、特許製品が権利者により適法譲渡された場合、特許権の効力はそれ以降の使用・譲渡・貸渡しに対して及ばなくなるが、この判決を引用する上記中古ゲームソフト事件最高裁判決は、頒布権のうち、譲渡する権利についてしか述べていない。貸与については、映画の著作物以外の著作物の複製物に関しては、貸与権（著26条の3）があり、これとのバランスを考える必要がある。貸与権はレンタルレコード等のレンタル業の登場により、新盤の販売が減少し、著作者の利益が害されることを防ぐために導入された権利であり、これが消尽しないことは当然の前提となっているものと考えられる（小売店で売られているレコードを購入して公衆に貸与する行為が消尽理論により許されるのであれば、貸与権の規定は実質上無意味になるだろう）。映画の著作物の複製物についても、レンタルにより新盤の販売量が減ることは、一般の著作物の場合と変わりないであろうから、頒布権についても、貸与する権利については消尽を認めるべきではないであろう（髙部眞規子「家庭用テレビゲーム機に用いられる映画の著作物の複製物を公衆に譲渡する権利と複製物の再譲渡」曹時55巻6号1811〜1810頁（2003））。

　最後に、権利者による第一譲渡が外国でなされた複製物が、わが国に輸入され販売される場合について考えてみよう。この問題については、映画のビデオカセットの並行輸入行為を頒布権侵害にあたるとする判決（東京地判平成6・7・1知的裁集26巻2号510頁）が存在するが、上記中古ゲームソフト事件最高裁判決以前のものである。本判決の引用する上記BBS事件最高裁判決は、国外で権利者により譲渡された特許製品が日本に輸入される場合については、最初の譲渡が国内である場合とは同列に論じることはできないとしており、消尽理論とは異なる判断基準を採用しているが、その基準にしても、市場における商品の自由な流通の

確保と権利者の利益の衡量の結果導き出されたものであるので、その点では消尽理論と共通する。したがって、著作権の場合も、（上記 BBS 事件最高裁判決を引用する）上記中古ゲームソフト事件最高裁判決の趣旨に従い、市場における商品の自由な流通の確保と権利者の利益とを衡量して判断するということとなるように思われる。その結果、上記 BBS 事件最高裁判決の基準と同様のものが採用されることになるのか否かについては、著作権法固有の事情がどの程度認められるかによることとなるだろう。

(5)　設問❸、❹のポイント解説

　設問❸は、仮に本件 DVD が映画の著作物の複製物でないのであれば、設問❶の本件 CD₂の販売の場合と同じ問題になり、Y による販売は著作権法 26 条の 2 第 2 項により非侵害となることが明らかであるので、本件 DVD に収録されているライブ映像が映画の著作物といえるか否かについてまず検討する必要がある。このライブ映像が同法 2 条 3 項にいう「映画の効果に類似する視覚的又は視聴覚的効果を生じさせる方法で表現され、かつ、物に固定されている」ものであることは明らかであるが、これが「著作物」といえるかどうかが問題となる。本件のような、演奏を記録したものが「映画の著作物」といえるためには、カメラによる撮影行為が（単なる複製ではなく）創作行為と評価される必要がある（テレビ放映用のスポーツイベントの競技内容の影像につき、カメラワークの工夫などを理由に映画の著作物性を肯定したものとして、東京高判平成 9・9・25 判時 1631 号 118 頁）。この点について、問題文には何ら記述がないので、場合分けが必要になる。ライブ映像を撮影したカメラワークがありふれたものである場合や、他に選択の余地がないものである場合（例：位置が固定された 1 台のカメラで撮影されている場合）には、創作性は否定され、そうでない場合には創作性が肯定されることにより、映画の著作物性も認められることとなろう。

　ライブ映像が映画の著作物であるのであれば、次に問題となるのは頒布権の消尽が認められるか否かである。仮に本件 DVD がわが国において権利者により市場におかれたものであれば、上記中古ゲームソフト最

高裁判決が妥当し、Y の行為は非侵害となるであろうが、本件のようなケースでは、(4)に述べたように、上記中古ゲームソフト事件最高裁判決の趣旨に従い、市場における商品の自由な流通の確保と権利者の利益とを衡量して判断するべきであろう。DVD ソフトの場合、通常はリージョンコードといった制約を設けることで、外国における視聴を技術的に（完全とはいえないにせよ）制限することが可能であるが、A はそのような選択肢をとることなく、世界各国で視聴可能な DVD の作成・流通を許諾しており、これについては本件合意により X も許諾していると解されるから、このような場合にまで著作権者の利益を市場における商品の流通に優先させるべき理由はないと思われる。

　設問❹は、貸与権との関係について問うものである。これについては、上記(4)で述べたとおり、頒布権のうち貸与にかかる部分については消尽しないと解すべきであろう。

解答例

設問❶

　本問で問題となる Y の行為は、本件 CD の販売であり、この行為が X の譲渡権（著 26 条の 2 第 1 項）を侵害するものであれば、X は Y に対して著作権に基づき差止めを求めることができる（同 112 条 1 項）。したがって、Y の行為が譲渡権侵害となるかについて検討する。

　先決事項として、X の著作権について検討する。通常、一定の長さをもった曲であれば、誰が作曲しても同様の曲になるとは考えられず、また、曲全体がありふれたものと評価されることもないであろうから、X の作曲した「2012」は、X の思想・感情が創作的に表現された、音楽の範囲に属するものといえ、したがって著作物といえると思われる（著 2 条 1 項 1 号）。以下、「2012」が著作物であることを前提に論を進める。

　「2012」が著作物であるならば、「2012」とまったく同一の旋律であり、「2012」に依拠して作成されたと認められる「2022」を録音（著2条1項15号）した本件CDは、「2012」の複製物であるといえる。そして、Yは店頭で不特定の客に対して本件CDを販売しているから、この行為は著作権法26条の2第1項にいう、複製物の譲渡により公衆に提供する行為に該当する。

　しかし、本件CD₂については、「甲国内において本件合意後にAの許諾のもと、適法に流通におかれたもの」なのであるから、著作権法26条の2第2項5号があてはまることとなり、本件CD₂を販売することについては、譲渡権侵害を構成しない。26条の2第2項5号にいう譲渡権に「相当する権利を有する者」としては、AおよびXがそれにあたる。両者のうち、本件CD₂の甲国における流通についてAの許諾があることは明白であり、また、本件合意によれば本件CD₂が甲国内を流通することについてXの許諾があるといえるので、本件CD₂は26条の2第2項5号に該当することとなる。

　また、問題文によれば、AのCDアルバムのいわゆる「日本版」は存在しないとのことなので（すなわち、「国内頒布目的商業用レコード」は存在しない）、Yの行為は著作権法113条10項のみなし侵害にはあたらない。

　以上より、XはYによる本件CDの販売を差し止めることはできない。

設問❷

　本件CD₁については、本件合意前に販売されたものなのであるから、その譲渡についてはXの許諾が必要であるところ、それがなされていないので、甲国内における譲渡はXの（甲国における）譲渡権を侵害する。したがって、本件CD₁は著作権法26条の2第2項5号の例外に該当しないので、原則どおり同条1項が妥当することになる。

　しかし、だからといってYの本件CD₁の販売が譲渡権侵害に該当するとは限らない。Yが甲国で本件CD₁を購入した際に、それが「2022」の作曲者であるXの許諾なしに譲渡されたものであることについて知っていたか、過失により知らないでいたといえるような事情があれば、Yの行為は譲渡権侵害になるが、そうでないのであれば著作権法113条の2により侵害でないとみなされること

になるからである。問題によると、Y の従業員 B が本件 CD₂を購入したときに、これが適法に譲渡されたものでないことにつき知らず、甲国の業者としても特に区別して扱っていなかったのであるから、B が知らないことにつき過失があるとまではいえない。したがって、Y による本件 CD₁の販売は、同条により非侵害とみなされることとなる。

　また、本件 CD₁はそもそもその作成自体が X の甲国における複製権を害するものであり、したがって、著作権法 113 条 1 項 1 号にいう「輸入の時において国内で作成したとしたならば……著作権……の侵害となるべき行為によつて作成された物」といえるが、その頒布が同項 2 号のみなし侵害に該当するためには、「情を知つて」これを行うことが必要である。したがって、X による指摘を受ける前の Y の本件 CD₁の販売行為は、113 条 1 項のみなし侵害にも該当しない。

　最後に、著作権法 113 条 5 項のみなし侵害にあたるか否かについて検討しておく。これについては、設問❶と同様に、Y の行為は同条項のみなし侵害にはあたらないことになる。

　以上より、Y の過去における本件 CD₁の販売は、X の著作権を侵害するものであったとはいえない。

設問❸

　まず、本件 DVD に収録されているライブ映像が映画の著作物といえるか否かについて検討する。仮に本件 DVD が映画の著作物の複製物でないのであれば、設問❶と同じ問題になり、Y による販売は著作権法 26 条の 2 第 2 項により非侵害となることが明らかであるからである。

　本件 DVD に録画されたライブ映像が著作権法 2 条 3 項にいう「映画の効果に類似する視覚的又は視聴覚的効果を生じさせる方法で表現され、かつ、物に固定されている」ものであることは明らかであるが、これが「著作物」といえるかどうかが問題となる。本件のような、演奏を記録したものが「映画の著作物」といえるためには、カメラによる撮影行為が（単なる複製ではなく）創作行為と評価される必要がある。仮に、ライブ映像を撮影したカメラワークがありふれたものである場合や、他に選択の余地がないものである場合（例：位置が固定された 1 台のカメラで撮影されている場合）には、創作性は否定され、そうでない場合には創作性が肯定されることに

より、映画の著作物性も認められることとなる。以下、本件 DVD が映画の著作物の複製物であることを前提に論を進める。

　本件 DVD が映画の著作物の複製物であるとすると、本件 DVD において「2022」の旋律すなわち「2012」の旋律が複製されているのであるから、X は、著作権法 26 条 2 項により、「映画の著作物において複製されているその著作物」の著作者として、本件 DVD の頒布を禁止できることとなる。そして、Y は店頭で不特定の客に対して本件 DVD を販売しているから、この行為が頒布（著 2 条 1 項 19 号）に該当することは明らかである。本件のようなケースで頒布権の効力を制限する明文の規定は見当たらないので、以下では、解釈により制限できるか否かについて検討する。

　まず、本件について考える前に、本件 DVD がわが国において権利者により市場におかれた場合について検討する。この場合、本件 DVD を公衆に譲渡する権利は、いったん適法に譲渡されたことにより、その目的を達成したものとして消尽し、もはや著作権の効力は、本件 DVD を公衆に再譲渡する行為には及ばないものと解すべきである。たしかに、頒布権の消尽について明文では定められておらず、それどころか、頒布権はもともと配給制度のもとでの映画フィルムの流通をコントロールするために設けられたものであること、および譲渡については著作権法 26 条の 2 第 2 項において明文で消尽を認める規定が存在することに鑑みると、頒布権は消尽しないと解すべきであるようにみえる。しかし、権利消尽の原則は、①市場における商品の自由な流通の尊重、および②権利者の多重利得（流通のたびに権利を行使して利益を得ること）を認める必要はなく、利得機会は 1 回で充分であると考えられること、の 2 つの根拠から、明文の規定によらずとも認められるべきものである。そして、著作権法が頒布権の消尽について明文の規定を欠いているということは、消尽の有無については法解釈に委ねられているものと解すべきである。本件 DVD は、劇場用映画フィルムとは異なり、公衆に提示することではなく家庭で再生することを目的に譲渡されているものであるから、仮に本件 DVD がわが国において権利者により市場におかれたものであれば、上記①、②の根拠がそのまま妥当するので、消尽を肯定すべきである。

　本件のように、外国で適法に譲渡された映画の著作物の複製物が、わが国の権利者に無断で輸入・販売される場合、わが国の著作権は

いまだに行使されていないと評価でき、上記の根拠②の妥当性に疑問が生ずるので、上記の消尽論がそのまま妥当するとするのは不適切かもしれない。そこで、本件のケースについて改めて、市場における商品の自由な流通の確保と権利者の利益とを衡量して判断することとする。本件において、Aはリージョンコードを設定することで外国における視聴を技術的に制限することが可能であったのにもかかわらず、そのような技術的制限を設けることなく、世界各国で視聴可能なDVDの作成を許諾しており、これについては本件合意によりXも許諾していると解される。そうすると、権利者は甲国以外の国の市場において利得することを放棄しているものと評価できるから、このような場合にまで著作権者の利益を市場における商品の流通に優先させるべき理由はないと思われる。したがって、本件において、Xの頒布権の効力は否定されるべきである。

　以上より、XはYによる本件DVDの販売を差し止めることはできない。

設問❹

　設問❷の解答で述べたとおり、Xは本件DVDを頒布する権利を専有している（著26条2項）。そして、Yは店頭で不特定の客に対して本件DVDを貸与しているから、この行為が頒布（同2条1項19号）に該当することは明らかである。本件のようなケースで頒布権の効力を制限する明文の規定は見当たらないので、以下では、解釈により制限できるか否かについて検討する。

　まず、貸与権（著26条の3）について検討する。映画の著作物以外の著作物の複製物の公衆への貸与については、貸与権がある。貸与権はレンタルレコード等のレンタル業の登場により、新盤の販売が減少し、著作者の利益が害されることを防ぐために導入された権利であり、これが消尽しないことは当然の前提となっているものと考えられる。小売店で売られているレコードを購入して公衆に貸与する行為が消尽理論により許されるのであれば、貸与権の規定は実質上無意味になると考えられるからである。

　映画の著作物の複製物についても、レンタルにより新盤の販売量が減ることは、一般の著作物の場合と変わりないであろうから、頒布権についても、貸与について消尽等の理由により効力を制限することは、権利者の利益を害することとなるので、認めるべきではない。したがって、本件においても、Xの頒布権のうち、貸与にか

かる効力が解釈により制限されることはない。

　以上より、Y は X の頒布権を侵害する者といえるので、X は著作権法 112 条 1 項により、Y による本件 DVD の貸与を差し止めることができる。

関連問題

1．契約違反が介在する商品の頒布（その 1）

　設問のケースで、本件合意に「A 側が今後 A-DVD など、『2022』を収録した DVD を作成・販売する場合、その販売地域を甲国内に限定し、さらに、そのパッケージに甲国内限定販売品である旨を示すラベルを貼付するものとする」という条項が存在していたとする。本件 DVD（ラベルなし）が上記条項に違反して販売されたものである場合、X は、その著作権に基づき、Y による本件 DVD の販売を差し止めることができるか。

2．契約違反が介在する商品の頒布（その 2）

　設問のケースで、本件合意に「A 側が今後 A-DVD など、『2022』を収録した DVD を作成する場合、再生可能地域を甲国内に限定するための技術的措置を講じるものとする」という条項が存在していたとする（なお、関連問題 1．にあるような条項は存在していない）。本件 DVD（リージョンフリー）が上記条項に違反して作成されたものである場合、X は、その著作権に基づき、Y による本件 DVD の販売を差し止めることができるか。

3．上映目的の頒布

　P は、映画の著作物（これを「本件映画」とする）を収録したブルーレイディスク（これを「本件ディスク」とする）を購入した。本件映画の著作権は Q が保有しており、本件ディスクは Q の許諾の下、適法に流通におかれたものである。P から本件ディスクの提供を受けた R は、本件ディスクを使用して、本件映画を営利目的で公に上映することを計画

している（この計画を「R 計画」とする）。以上を前提に、以下の各問に答えなさい。

　(1)　R は P からの貸与により本件ディスクの提供を受けたものであり、P は貸与の際に R 計画について知っていたとして、Q は P に対していかなる請求をなしうるか。

　(2)　R は P からの譲渡により本件ディスクの提供を受けたものであり、P は譲渡の際に R 計画について知っていたとして、Q は P に対していかなる請求をなしうるか。

　(3)　上記問(2)で、R 計画の内容が、本件ディスクを使用して、本件映画を非営利かつ無料で公に上映することであった場合、Q は P に対していかなる請求をなしうるか。

参 ┃ 考 ┃ 文 ┃ 献

（本文中に掲げたもののほか）

蘆立順美「テレビゲームの頒布権」ジュリスト臨時増刊 1246 号（平成 14 年度重要判例解説）246 頁（2003）

髙田公輝「著作権の消尽」牧野利秋ほか編『知的財産法の理論と実務 4〔著作権法・意匠法〕』（新日本法規出版・2007）

（宮脇正晴）

16. ロックに夢中

設問　福岡市在住の六区歌夫は、学生時代、ロック・ミュージシャンとしてプロになることを夢見たが叶わず、その後は銀行員として社会人生活を送ってきた。昨年、定年を機に、再び音楽に携わる仕事がしたいと思うようになり、いろいろ考えた末に、退職金を元手に福岡市内にライブハウスを開設することにした。

　コロナ禍でもあり、プロでさえ苦労している中、プロを夢見る、まだ無名のアマチュアバンドやインディーズバンドはもっと厳しい状況にあった。六区は、彼・彼女らを応援するため、バンドが気軽に利用できるライブハウスを目指した。まず、ライブハウスには、あらかじめステージや演奏用機材などを設置し、出演バンドが希望すればドラムセットやアンプなどの設置された機材を使用することができるようにした。また、会場使用料をとると、バンドにとってライブハウスを利用するハードルが上がることを考えて、会場使用料は徴収せず、その代わり、ライブに集まった客が注文する飲食料金で儲けることとし、入場する客には、必ず飲食チケット1000円分を購入してもらうようにした。客はこのチケットで、1000円分までの飲食の注文ができ、それを上回った場合は追加料金を支払うことになる。一方、注文金額が1000円未満でも、残額は払い戻さないシステムである。もちろん、コロナ対策も充実し、特に、換気については、これまでクラスターを起こしたことがないとされる映画館以上の強力な強制換気システムを整備した。

　なお、六区は、出演を希望するバンドは、空きさえあればすべて受け入れるだけでなく、演奏曲目について意見を述べることはせず、バンドが販売するライブチケットの価格にも全く関与せず、売上げはすべて出演バンドのものとなる。もっとも、観客を増やすために、出演バンドから、ライブの名称や宣伝文、写真などのデータを受領すると、それをライブハウスのホームページに掲載し、また、スケジュールが

印刷されたチラシを店頭においたり、配布したりもしていた。

　充実したバンド支援と安心安全のコロナ対策は、福岡の多くのアマチュアバンドや、インディーズバンドに支持され、皆こぞって六区のライブハウスを利用したため、開業すぐに、六区のライブハウスは繁盛すると共に、関係者の間で有名になった。

　その後しばらくして、楽曲の著作権を管理する団体（著作権等管理事業者）より、六区宛てに、楽曲の（歌唱および楽器による）演奏利用に関する許諾契約を締結することを求める書面が届いた。六区のライブハウスの出演バンドは、オリジナル曲はまず演奏せず、他人の曲をカバー演奏することがほとんどで、それらの曲はすべて前記管理団体が著作権を管理する楽曲であった。

　コンプライアンスに厳しい銀行で働いてきた六区としては、法律上必要ならば利用許諾契約を締結することにやぶさかではなかったが、音楽を演奏しているのは各バンドであり、自身はライブハウスを提供しているだけにすぎないので、契約を締結すべきは各バンドであり、自身にその必要はないと考え、その旨、管理団体に返信した。すると、管理団体から、再度、利用許諾契約の締結を求める書面が届き、そこには、もし、拒否し続ける場合は、六区を相手方として、同団体が管理する楽曲の演奏利用の停止を命じる差止請求を行うつもりである旨が書き加えられてあった。

❶仮にこのまま六区が利用許諾契約の締結を拒否して訴訟となった場合、六区を相手方とする同団体管理楽曲の利用差止請求は認められるか否かを論じなさい。

　福岡市のコミュニティ FM ラジオ局、博多んもん放送は、1日のほとんどの時間を、福岡市内の有名ライブハウス（もちろん、六区のライブハウスも含まれる）からの放送に費やしており、看板番組「ロックに夢中」の熱心なリスナーは少なくない。

　福岡のベンチャー企業ベンチャー博多は、この春、念願の東京進出を果たし、東京に支社を置き、5名を東京に転勤させた。転勤した5名の社員は、いずれも博多んもん放送の熱心なリスナーであり、転勤を命じられた際、皆、博多んもん放送が聴けなくなることを理由にいったんは断ったくらいであった。

　そこで同社では、転勤を承諾させる条件として、博多んもん放送の番組を東京でも聴取できるようにするサービスを始めることにした。具体的には、ラジオ番組をインターネットに転送する市販の装置を同社が購入し、社員に貸与する。この装置は、親機と子機からなり、親機は、アンテナ線から入力された放送波をコンピュータ・データに変換して、インターネット経由で子機に転送する能力を有しており、子機には親機をリモート・コントロールする機能が搭載されている。そのため、この装置のユーザーは子機経由で親機を操作し、聞きたい番組を親機から転送して、子機に接続したスピーカーやヘッドフォンで聴くことができる。親機と子機は、ひも付けされていて、特定の親機から放送を転送できるのは、特定の子機１台だけである。なお、親機にはハードディスクなどの記録媒体が内蔵されていないため、入力された放送波は直ちにデータとしてインターネットに転送されることになる。

　東京駐在社員の５名は、皆単身者で、福岡に留守宅がないため、彼・彼女らの親機（合計５台）は、ベンチャー博多の総務部で預かっていた。したがって、アンテナ線やインターネット回線、電気などは、福岡本社のものを使用し、日常的に総務部社員が、親機の様子をチェックし、トラブルが生じた場合は、すぐに対応していた（以下、本件サービス）。本件サービスは、東京駐在社員に好評で、業務効率もアップし、ベンチャー博多の業績向上に貢献したと評価されている。

❷以上を前提として、博多んもん放送が、本件サービスに関して、自社のラジオ放送を無断で送信可能化状態にすることは、自社の有する著作隣接権を侵害するものであるとして、ベンチャー博多を相手方として、上記侵害行為の停止を請求する訴訟を提起した場合、その請求は認められるか否について論じよ。なお、設問❶で問題となった六区と管理団体との間のトラブルは解決済みとする。また、ラジオ放送に技術的なプロテクトは施されておらず、博多んもん放送はライブをラジオ放送するために必要な権利処理を終えているものとする。

解　説

1 ‥‥‥‥‥ 概　観

(1)　設問のねらい

　本設問は、Live Bar X.Y.Z.→ A 事件（以下、ライブハウス事件）知財高裁判決（知財高判平成 28・10・19 平成 28 年（ネ）第 10041 号［著百 86]）とまねき TV 事件最高裁判決（最判平成 23・1・18 民集 65 巻 1 号 121 頁［著百 83]）をベースにしたものであり、規範的利用（侵害）主体論について理解を深めることをねらいとしている。

(2)　取り上げる項目

- ►差止請求の相手方
- ►手足論
- ►カラオケ法理
- ►（汎用）ロクラク II 事件法理
- ►まねき TV 事件
- ►送信可能化行為としての情報の入力
- ►自動公衆送信装置該当性
- ►受信者の公衆性

2 ‥‥‥‥‥ 差止請求の相手方

　著作権法 112 条 1 項は、「著作者、著作権者、出版権者、実演家又は著作隣接権者は、その著作者人格権、著作権、出版権、実演家人格権又は著作隣接権を侵害する者又は侵害するおそれがある者に対し、その侵害の停止又は予防を請求することができる」と定め、著作権者などに差止請求権を認める。したがって、設問❶において、管理団体が著作権侵害行為の停止を求め、❷において博多んもん放送が著作隣接権侵害行為の停止を求める際の著作権法上の根拠は、著作権法 112 条 1 項となる。

　ところで、同項は、差止請求の相手方について、著作権などを「侵害する者又は侵害するおそれがある者」（以下、侵害主体）とする。したがって、管理団体の六区に対する差止請求または博多んもん放送のベンチ

ャー博多に対する差止請求が認められるためには、それぞれ、六区またはベンチャー博多が著作権などの侵害主体にあたらなければならない。

　この点、侵害主体とは、著作権などの対象となる利用行為を行う者（以下、利用主体）であって、その行為が侵害となる者を意味するから、ある者が侵害主体にあたるか否かを検討するためには、まずその者が利用主体といえるのか否かを検討する必要がある。

3　………演奏の主体

（1）　手足論

　過去の裁判例をひもとけば、物理的に演奏行為を行っていない者を、規範的な観点から、演奏に関する利用（侵害）主体と断じたものを見いだすのは難しくない。なお、物理的には利用（侵害）行為を行っていないが、規範的な視点からは利用（侵害）行為を行っていると評価できる者を、講学上、規範的利用（侵害）主体と呼ぶ。

　規範的利用（侵害）主体に関する裁判例の嚆矢といえるのは、中部観光事件決定（名古屋高決昭和35・4・27下民集11巻49号940頁）であろう。同事件では、キャバレーにおいて楽団が行う演奏について、キャバレー経営者がその主体となることが肯定された。

　中部観光事件の場合、楽団はキャバレー経営者に雇われていた（正確には請負関係）ため、キャバレー経営者と密接な関係にあり、その指示に従わざるを得ない状況にあった。このため、楽団は経営者の手足として演奏していたという評価がなされている（いわゆる手足論〔上野・後掲参考文献49頁参照〕）。一方、設問❶の場合、出演バンドが六区の指示に従わなければならないような状況は見いだしがたく、両者は事案を異にするといえよう。つまり、中部観光事件決定の論理（手足論）では、設問❶の事案を処理できない。

（2）　カラオケ法理

　演奏に関して規範的に利用（侵害）主体を捉えた裁判例として最も有名なのは、クラブキャッツアイ事件最高裁判決（最判昭和63・3・15民集42巻3号199頁［著百81]）であろう。同事件では、スナック内に、

カラオケ装置と原告たる音楽著作権管理団体が管理するカラオケテープとを備え、「ホステス等従業員においてカラオケ装置を操作し、客に曲目の索引リストとマイクを渡して歌唱を勧め、客の選択した曲目のカラオケテープの再生による演奏を伴奏として他の客の面前で歌唱させ、また、しばしばホステス等にも客とともにあるいは単独で歌唱させ、もつて店の雰囲気作りをし、客の来集を図つて利益をあげることを意図していた」という状況を踏まえ、そのような場合、「客は、上告人ら〔筆者注：スナック経営者〕と無関係に歌唱しているわけではなく、上告人らの従業員による歌唱の勧誘、上告人らの備え置いたカラオケテープの範囲内での選曲、上告人らの設置したカラオケ装置の従業員による操作を通じて、上告人らの管理のもとに歌唱しているものと解され、他方、上告人らは、客の歌唱をも店の営業政策の一環として取り入れ、これを利用していわゆるカラオケスナックとしての雰囲気を醸成し、かかる雰囲気を好む客の来集を図つて営業上の利益を増大させることを意図していたというべきであつて、前記のような客による歌唱も、著作権法上の規律の観点からは上告人らによる歌唱と同視しうる」とした。

　これがいわゆるカラオケ法理の出発点であり、「手足論のような密接な支配関係が認められない場合であつても、管理（支配）性および利益性という二要素を中心とする事情に着目して規範的に利用行為の主体と評価する考え方」（上野・後掲参考文献50頁）として定式化されている。（カラオケ法理について詳しくは、**18. 結局「自炊」は高くつく？**参照）

　クラブキャッツアイ事件の状況と設問❶の状況とは、一見よく似ている。敢えて差をあげれば、前者の場合、経営者が用意したカラオケテープの範囲内でしか客は歌唱できないのに対して、後者の場合は、出演バンドが自由に曲を選べるところ、また、機器の操作を前者では従業員が行い、後者では出演バンドが行っているところであろう。端的にいうと、後者の場合、物理的な行為者や行為に対する店側の管理や支配の程度が弱くなっているのである。

　しかしながら、例えば、カラオケ法理がカラオケ以外の文脈にはじめて応用されたファイル・ローグ仮処分事件決定（東京地決平成14・4・9

判時 1780 号 71 頁）では、ファイル交換に必要なインデックスサーバー
をサービス提供業者が管理していたものの、ファイル交換の対象たる楽
曲はユーザーが自由に選び、ファイル交換専用ソフトウェアの操作もユ
ーザーが行っていたにもかかわらず、管理・支配の存在が認められてい
る。つまり、管理・支配といってもあまり厳格なものは求められていな
いようにも思われる。

　一方で、外部の演奏者が主催するライブのために店舗を使用させたレ
ストランカフェについて、演奏の主体となるか否かが問題となったデサ
フィナード事件がある。同事件では、曲目は演奏者が決定し、ライブチ
ケットの作成・販売も演奏者が行い、売上げも演奏者がすべて手にした。
レストランカフェ側は、従業員がチケット代金の徴収事務を代行したり、
例外的に予約を受け付けたりする以外は、ライブに関与しなかった。さ
らに、店舗使用料を受け取ることも、演奏者に出演料を支払うこともせ
ず、ライブの観客が求めた場合に簡素な飲食物を提供するだけであった。
以上のような事実関係を踏まえ、裁判所は、レストランカフェ側のライ
ブに対する管理・支配がなく、また、レストランカフェを営業上の利益
の帰属主体ともいえないとして、演奏行為の主体とは認めなかったので
ある（大阪高判平成 20・9・30 判時 2031 号 132 頁[1]。駒田泰土「判批」速報判
例解説 6 号 263 頁以下（2015）および高林龍「判批」［著百〔5 版〕］204～
205頁）。この事件と設問❶とで、事実関係の違いを探すと、店舗側の従
業員の関与の程度と、店舗側がライブに集まった観客からどの程度確実
に収入を得ることができるかの 2 点となろうが、果たして、このような
差で、裁判例とは異なり、設問❶の場合は六区が演奏の主体となると断
じられるのか疑問なしとはしない。

(3)　（汎用）ロクラクⅡ法理

　このように、設問❶の状況は、カラオケ法理にとって限界事例という
ことができるかもしれない[2]。そのためか、設問❶のベースとなった、ラ

---

[1]　この判決は、カラオケ法理はカラオケの文脈のみで利用するものであり、カラオケの文脈でない
　同事件では「参酌する」と慎重な言い回しを用いるが、他の判決では、カラオケ以外の文脈でも、特
　段躊躇されずに、頻繁に用いられている（18. 結局「自炊」は高くつく？参照）。
[2]　そもそも、デサフィナード事件において、地裁は演奏の主体性を認め、高裁は否定した。

イブハウス事件では、知財高裁は、カラオケ法理を採用せず、「本件店舗において、1審原告管理著作物を演奏（楽器を用いて行う演奏、歌唱）をしているのは、その多くの場合出演者であることから、このような場合誰が著作物の利用主体に当たるかを判断するに当たっては、利用される著作物の対象、方法、著作物の利用への関与の内容、程度等の諸要素を考慮[1]し、仮に著作物を直接演奏する者でなくても、ライブハウスを経営するに際して、単に第三者の演奏を容易にするための環境等を整備しているにとどまらず、その管理、支配下において、演奏の実現における枢要な行為をしているか否かによって判断するのが相当[2]である」（下線および丸数字は筆者）と説示している。

　まず、前記[1]は、ロクラクⅡ事件最高裁判決（最判平成 23・1・20 民集 65 巻 1 号 399 頁［著百 82]）の「複製の主体の判断に当たっては、複製の対象、方法、複製への関与の内容、程度等の諸要素を考慮して、誰が当該著作物の複製をしているといえるかを判断するのが相当である」という説示を踏まえたものであり、同最高裁判決の論理を、複製のみならず支分権に係る利用行為一般に該当するものとして汎用的に捉え直したものといえよう。このような汎用化は、音楽教室事件知財高裁判決（知財高判令和 3・3・18 令和 2 年（ネ）第 10022 号。本稿執筆時点で上告受理申立中）にも見られ、同判決は、「音楽教室における演奏の主体の判断に当たっては、演奏の対象、方法、演奏への関与の内容、程度等の諸要素を考慮し、誰が当該音楽著作物の演奏をしているかを判断するのが相当である」と説示している。

　このようにロクラクⅡ事件最高裁判決の論理を汎用的な規範的利用（侵害）主体法理として捉え直すことについては、肯定的な捉え方（上野「判批」・後掲参考文献 29 頁参照）と否定的な捉え方（［著百 86]175 頁の解説〔安藤和宏〕参照）が存在する。また、汎用化するかしないかで、同最高裁判決の論理とカラオケ法理の関係についての理解も異なってくる。すなわち、汎用化しない場合は、前者は複製権に関する規範的利用（侵害）主体法理であり後者は演奏権に関するそれであると整理されるのに対して、汎用化する場合は、例えば、後者は前者の一具体例と整理され

ることになろう（奥邨・後掲参考文献 106 頁参照）。

　次に、前記②は、同じくロクラクⅡ事件最高裁判決の「サービス提供者は、単に複製を容易にするための環境等を整備しているにとどまらず、その管理、支配下において、放送を受信して複製機器に対して放送番組等に係る情報を入力するという、複製機器を用いた放送番組等の複製の実現における枢要な行為をしており、複製時におけるサービス提供者の上記各行為がなければ、当該サービスの利用者が録画の指示をしても、放送番組等の複製をすることはおよそ不可能なのであり、サービス提供者を複製の主体というに十分であるからである」とする説示を踏まえたものであろう。

　もっとも、先に引用したロクラクⅡ事件最高裁判決の説示は、「放送番組等の複製物を取得することを可能にするサービスにおいて、サービスを提供する者……が、その管理、支配下において、テレビアンテナで受信した放送を複製の機能を有する機器……に入力していて、当該複製機器に録画の指示がされると放送番組等の複製が自動的に行われる場合」に「複製の対象、方法、複製への関与の内容、程度等の諸要素を考慮」した結果に過ぎず、前記場合を超えて通用するものではないと指摘されている（上野「判批」・後掲参考文献 30 頁参照）ので、前記②の妥当性には疑問符がつく。

　また、前記②は、単に著作物を利用する環境を整えるだけではなくて、著作物の利用に枢要な行為を行っている場合、物理的な利用行為を行っていなくても、利用（侵害）主体と捉える。一見するとロクラクⅡ事件最高裁判決と同様であるように思われるが、同最高裁判決の場合は、「放送を受信して複製機器に対して放送番組等に係る情報を入力する」行為が、「複製機器を用いた放送番組等の複製の実現における枢要な行為」と特定されている。しかしながら、ライブハウス事件知財高裁判決の場合は、「そもそも本件店舗が、1 審原告管理著作物の演奏が想定されるライブハウスであり、ライブを開催することで集客を図り、客から飲食代を徴収していること、本件店舗にアンプ、スピーカー、ドラムセットなどの音響設備等が備え付けられていることからすれば、1 審被告

らが現に演奏楽曲を選定せず、また、実演を行っていないとしても、1審原告管理楽曲の演奏の実現における枢要な行為を行っているものと評価するのが相当である。」などと述べるにとどまり、具体的に何が枢要な行為かは特定されておらず（[著百86] 175頁の解説〔安藤和宏〕も参照）、同判決中の枢要行為云々の部分は意味を持たないようにも思われる（枢要行為に基づく議論の難しさは、先述の音楽教室事件の地裁判決〔東京地判令和2・2・28平成29年（ワ）第20502号〕にも見いだされ、同地裁判決の枢要行為論は批判されているところである〔上野「判批」・後掲参考文献30～31頁参照〕）。

（4）小　括

以上を踏まえると、設問❶について、ロクラクⅡ事件最高裁判決の論理を汎用化して解答をまとめるには、諸要素をどう考慮するか自身で一から考えねばならず、また、ライブハウス事件知財高裁判決に倣って枢要行為を持ち出すのは、何が枢要な行為か言及できず、難しいように思われる。そこで解答例では、カラオケ法理を適用して答えを導いている。もっとも、既に述べたように、カラオケ法理でも限界事例ではあるため、演奏主体性を肯定するかどうかは紙一重であろう。解答例では、管理・支配性を緩く解し、演奏会の実施に関するイニシアティブが存在すればそれを肯定する立場（駒田・後掲参考文献266頁参照）でまとめたが、それでも設問❶の場合にイニシアティブがあったというのは強引かもしれない。逆に言うと、管理・支配性を否定する立場もありうるだろう。なお、その場合、六区は演奏の主体ではなくなるが、そこからすぐに六区を相手方とする差止請求は認められない、と結論づけるのは少し気が早い。なぜなら、バンドを演奏の主体とみた場合、六区はその幇助者となり、なおかつ、設問の場合、バンドによる演奏は、著作権侵害であるからだ。つまり六区は、著作権侵害の幇助者として差止請求の相手方となる余地がある（詳しくは、18. 結局「自炊」は高くつく？の8参照）。

ところで、六区が演奏の主体と評価された場合、六区は、管理団体と許諾契約を締結しないままに、公に演奏を行っており（ライブハウスの客は不特定者＝公衆であり、公衆に直接聞かせることを目的としているので、

公に演奏を行っているといえる）、しかもそれは営利目的であるから著作権法38条1項の適用もないため、演奏権の侵害となる。よって、管理団体による演奏利用の差止請求は認められよう。

4………送信可能化の主体

（1）　まねき TV 事件

　設問❷の場合は、ベンチャー博多が送信可能化の主体となるか否かがポイントとなる。

　送信可能化とは、著作物や実演、放送などを自動公衆送信しうるようにすること（著2条1項9号の5）をいう。ここで、自動公衆送信とは、公衆送信のうち、公衆からの求めに応じて自動的に行うものを指す（同項9号の4）から、自動公衆送信における実際の送信は機械によって行われ、人間はその瞬間に物理的には介在しない。逆に言えば、人間が介在するのは、自動公衆送信が実際に生じる前段階までである。この前段階の行為、すなわち自動公衆送信の準備段階の行為が送信可能化となる（まねき TV 事件最高裁判決参照）。

　もっとも、それだけでは、送信可能化行為の外延が定かとならないため、著作権法2条1項9号の5は、そのイとロに、5タイプの行為（公衆送信用記録媒体に記録する行為、公衆送信用記録媒体として付加する行為、公衆送信用記録媒体に変換する行為、自動公衆送信装置に入力する行為、自動公衆送信装置をインターネットに接続する行為）を限定列挙し、そのいずれかの行為による場合のみを送信可能化と定めている。

　しかしながら、インターネットにおける通信を想起すれば容易に理解できるように、装置を用いた送信であるだけに、関与者が複数存在する可能性があるし、装置も複雑であるため、前記記録行為などを行っている者の範囲が拡がりかねないという問題を伴う（駒田・後掲参考文献177～178頁参照）。特に、インターネット通信に必須の役割を担うプロバイダーについて、仮に通信の過程で、プロバイダーの側に、前記5タイプのいずれかの行為が認められるとしても、その場合に、プロバイダーを、送信可能化の主体とするのは問題ありと言わざるをえない（加

戸・後掲参考文献 45 頁参照）。一方で、プロバイダーのように、サーバーなどの装置を設置、管理する者を一律に、送信可能化の主体から除いてよいかといえば、やはりそれも否であろう。

そこで、まねき TV 事件最高裁判決は、「自動公衆送信……の主体は、当該装置が受信者からの求めに応じ情報を自動的に送信することができる状態を作り出す行為を行う者と解するのが相当であ〔る〕」と判示して、一定の限定を行う必要性を示した（山田・後掲参考文献 100 頁および駒田・後掲参考文献 178 頁参照。なお、同最高裁判決の前記引用部分は、自動公衆送信の主体について述べているが、同最高裁判決では、送信可能化を自動公衆送信の準備行為と位置づけており、自動公衆送信の主体と送信可能化の主体を区別していない）。

以上をまとめると、設問の場合に、ベンチャー博多が送信可能化の主体といえるのは、(a)親機が自動公衆送信装置にあたること、(b)ベンチャー博多が、前記 5 タイプの行為のいずれかを行っているといえること、(c)親機が受信者からの求めに応じ放送を自動的に送信することができる状態を作り出す行為をベンチャー博多が行っているといえること、のすべてが満足される場合となる。

なお、放送事業者が有する送信可能化権は、「放送……を受信して……その放送を送信可能化する」^[3]ことに限定されているので（著 99 条の 2）、放送をテープやディスクなどに録音・録画し、それらを元にして送信可能化する場合^[4]は放送事業者が有する送信可能化権の対象外となる（加戸・後掲参考文献 724 頁参照）。この点、設問の場合は、受信した放送そのものを送信しているので、前記送信可能化権でカバーされうる。

(2) 送信可能化行為としての情報の入力

設問のサービスのために使用されている親機を自動公衆送信装置と仮

---

[3] 著作権の場合、送信可能化に関する権利は公衆送信権の一部であるから、送信可能化権という独立の権利は存在しない（著 23 条 1 項）。一方、著作隣接権の場合、実演家および放送事業者に放送および有線放送に関する権利が認められているを除き、公衆送信に関する権利は認められていないため、送信可能化権が独立の権利として存在する（同 92 条の 2・96 条の 2・99 条の 2 および 100 条の 4）。

[4] 受信した放送をそのまま自動公衆送信装置の公衆送信用記録媒体に記録する場合とは異なる。そのような場合は、放送事業者の送信可能化権の対象となる（加戸・後掲参考文献 724 頁参照）。

定した場合、親機には、インターネット回線が接続済みであるため、そのような回線への接続行為を規定する著作権法2条1項9号の5ロは関係なく、また、親機には記録媒体が内蔵されていないため、同号イの規定する行為のうち、公衆送信用記録媒体の存在を前提とする行為も関係がなくなるから、結局、前記5タイプの行為のうち、関係するのは、著作権法2条1項9号の5イが規定する「公衆の用に供されている電気通信回線に接続している自動公衆送信装置……に情報を入力する」行為となる。

　では、ベンチャー博多は上記のような入力行為を行っているといえるのか。この点、設問の場合は、親機にアンテナ線を接続し放送を入力しているのは、ベンチャー博多の総務部社員であるから、イコール同社であり、前記(b)が満足されることになる。

　もっとも、ある者が、前記5タイプの行為のいずれかに該当する行為を行っているように見えても、自動公衆送信「装置が受信者からの求めに応じ情報を自動的に送信することができる状態を作り出す行為を行う者」と評価できなければ、送信可能化の主体に当たらないというのが、まねきTV事件最高裁判決の判示である（前記(c)相当）。

　設問の場合、ベンチャー博多は、アンテナ線を親機に接続したばかりでなく、親機を含む装置を所有し、親機を事務所内に設置し、管理するという行為を行っていることに鑑みると、同社を前記のような「状態を作り出す行為を行う者」といっても差しつかえないように思われる。事実、設問のベースとなったまねきTV事件のサービス提供業者は、ユーザーが購入した市販のテレビ番組インターネット転送装置の親機を、ユーザーから預かって、自身の事務所などに設置し、アンテナ線から放送波を継続的に入力し、親機をインターネット回線に接続し、親機の管理を行っていたところ、送信可能化の主体と認定されている。

(3)　自動公衆送信装置該当性

　自動公衆送信装置とは、「公衆の用に供する電気通信回線に接続することにより、その記録媒体のうち自動公衆送信の用に供する部分……に記録され、又は当該装置に入力される情報を自動公衆送信する機能を有

２６５

する装置」をいう（著2条1項9号の5）。

　設問の親機は、すでにインターネットに接続されており、また入力される情報を送信する機能も有しているから、親機が自動公衆送信装置に該当するかどうかを考えるうえで、一番問題となるのが、「自動公衆送信する機能を有する」か否かという部分である。というのも、設問の親機の場合、特定の子機と1対1でひも付けされているため、送信は特定の子機に対してしか行いえない。もし、先の「自動公衆送信する機能を有する」という部分を、1台の装置が、その装置から公衆に向けて送信する機能を有していることを求めるものだと狭く理解すると、設問の親機は自動公衆送信装置にあたらないとの解釈も生じる。

　事実、まねきTV事件の第1次控訴審判決（知財高判平成20・12・15民集65巻1号353頁）において知財高裁は、設問の親機同様の機能を有するテレビ番組のインターネット転送装置について、特定の単一の機器に対してのいわば1対1の送信を行う機能を有しているにすぎないことを理由として、その自動公衆送信装置該当性を否定した。これに対して最高裁は、「あらかじめ設定された単一の機器宛てに送信する機能しか有しない場合であっても、当該装置を用いて行われる送信が自動公衆送信であるといえるときは、自動公衆送信装置に当たるというべきである」として、自動公衆送信装置該当性を肯定した。

　前記知財高裁の論理は、機器を基準に判断するものであり、最高裁のそれは行為を基準に判断するものであるが、いずれが妥当であろうか。注目すべきはやはり「自動公衆送信する機能を有する」という部分であろう。公衆送信は著作権法が定める支分権の対象となる行為であり、行為は元来、人間が行うものであって機器や装置が行うものではない。とすると、機器を基準にして判断するのはおかしく、やはり行為（送信行為）そのものが公衆送信に当たるか否かを判断すべきであろう。そして、ある送信が、公衆送信であるか否かは、当該送信が公衆によって直接受信されることを目的とするものであるかどうかによるから（著2条1項7号の2）、ポイントは受信者の公衆性ということになる（山田・後掲参考文献99～100頁参照）。

266

（4） 受信者の公衆性

著作権法2条5項は、公衆に特定多数者を含むと定義するのみで、本来の意味での公衆がどのようなものかについては規定していない。一般に、公衆とは社会一般の人々という意味であるから、特定者との比較で言えば、不特定者を意味することになる（作花・後掲参考文献212頁参照）。つまり、著作権法上の公衆とは、不特定者または特定多数者を意味する。

不特定者か特定者かの判断基準については議論があるところであるが、解答例では、著作物などの利用を行う者との間の「事前の人的結合関係の強弱によって区別される」（島並＝上野＝横山・後掲参考文献149頁〔島並〕）との説を採用した。この説によると、たとえば、宗教団体の信者は、宗教団体からみて特定者である（加戸・後掲参考文献76頁参照）一方、誰でも入場できる演奏会の聴衆は、演奏者との間に事前の人的結合関係が存在しないため不特定であるし（作花・後掲参考文献213頁参照）、また契約さえすれば誰でも使用できるサービスのユーザーもサービス提供者からみて不特定者とされる（まねきTV事件最高裁判決参照）。先述の音楽教室事件知財高裁判決も、「『特定』とは、著作権者の保護と著作物利用者の便宜を調整して著作権の及ぶ範囲を合目的な領域に設定しようとする同条〔筆者注：著22条〕の趣旨からみると、演奏権の主体と演奏を聞かせようとする目的の相手方との間に個人的な結合関係があることをいうものと解される」との立場をとる。同判決は、音楽教室の教師による演奏について、その主体は教室であるとした上で、①受講契約を締結すれば誰でもレッスンを受講できること、②受講契約締結に際して生徒の個人的特性は何ら注目されていないことをあげて、受講契約締結時点では教室と生徒の間に個人的結合関係はないとして、教室からみて生徒を不特定者とした。[5]

設問の場合、送信の主体であるベンチャー博多とその東京駐在社員との間には、設問のサービスの前から雇用主と従業員という強い人的結合関係が存在するから、東京駐在社員は特定者と解してよいだろう。

特定者が公衆にあたるのは、多数の場合に限られるが、多数というの

は「不確定概念」「非常に相対的な概念」（加戸・後掲参考文献 77～78 頁）
とされるため、著作物の種類・性質、利用行為の種類・性質・態様など
も勘案して、事案ごとに個別に判断する以外にない（加戸・後掲参考文
献 77～78 頁および作花・後掲参考文献 213 頁参照）。送信可能化権に関し
て言えば、大人数でなければ多数でないとすると、権利が骨抜きになっ
てしまう一方、少人数でも多数になるとすると、権利の対象を公衆によ
って受信される送信に限った意味がなくなるため、その両者のバランス
を考慮する必要がある。なお、特定多数について判断した判決としては、
たとえば中田英寿事件（東京地判平成 12・2・29 判時 1715 号 76 頁［著百
31］。卒業生など 300 名に配布された卒業文集について、公衆に当たる「多数
の者の要求を満たすに足りる部数の複製物が作成されて頒布された」とした）
や選撮見録事件（大阪地判平成 17・10・24 判時 1911 号 65 頁、大阪高判平
成 19・6・14 判時 1991 号 122 頁。マンション内の個室への送信が問題となっ
た事例で、地裁は 10 世帯（入居者は 10 人を超える）で公衆にあたる多数と
し、高裁は 24 戸で公衆にあたる多数と判断した）がある。

　設問の場合、ベンチャー博多に親機を預けている東京駐在社員は 5 名
である（皆単身者なので、視聴者となりうる家族はいない）が、この 5 名
という人数は、たとえば、家庭を構成する人数としても常識的な範囲で
あることに鑑みても、その程度の規模の集団を特定多数すなわち公衆と
して、送信可能化権の行使を認める必要性はないといえよう。よって、
特定少数に対する送信となるから、親機は自動公衆送信装置には該当せ
ず、ベンチャー博多は送信可能化の主体とはならない。

　なお、侵害行為の幇助者を相手方とする差止請求を認める立場に立っ
ても、ベンチャー博多は東京駐在社員の適法行為（駐在社員を転送主体

---

[5]　一般的な小中学校や高校・大学などにおいては、通常、①・②について音楽教室の場合とは事情
　　は異なるし、また、関係性構築の目的は著作物の利用以外に明確に存在するので、人的結合関係の存
　　否についての判断が異なる可能性があろう。例えば、作花・後掲参考文献 213 頁は、学校からみて
　　学生・生徒を特定者と解す。なお、今村・後掲参考文献 19～20 頁は、音楽教室とは異なって、著作
　　物の利用主体が教員と判断される場合も少なくないのではとした上で、その場合、在学契約締結時点
　　ではなくて著作物の利用時点を基準に、（利用主体である）教員と学生・生徒の個人的結合関係を判
　　断することになり、「特定」と言えるか否かについて、学校を利用主体とする場合とは結論が異なり
　　得る点を指摘する。

と捉えた場合、自分で自分に転送している）を幇助しているに過ぎないのでそもそも請求はできない。よってこの点、解答例では触れていない。

解答例

設問❶

　楽曲管理団体が六区に対して、演奏権の侵害を理由に差止請求を行うための根拠となる規定は、著作権法112条1項である。同項は、差止請求の相手方を、著作権などを「侵害する者又は侵害するおそれがある者」（以下、侵害主体）とするから、管理団体の六区に対する請求が認められるためには、六区が侵害主体（利用行為の主体であって、かつ、その利用行為が著作権の侵害にあたる者）といえなければならない。

　この点、著作権の対象となる利用行為を物理的に行う者のみが、侵害主体たりうると狭く考えると、物理的な利用行為（演奏行為）を行っているのは出演バンドであって、六区は、侵害主体にはなりえないという理解になる。

　しかしながら、侵害主体には、物理的には利用行為を行っていないが、規範的な視点からは利用行為を行っていると評価できる者も含むべきであり、演奏権の侵害主体の判断に当たっては、物理的な視点によるだけではなくて、他人による演奏行為を管理・支配し、そこから営業上の利益を受けているか否かに照らして判断すべきである。

　この点、六区は、ライブハウスや設備を貸し出しているが、出演バンドの選定や演奏曲目の決定には関与しておらず、管理・支配の程度は弱いように思われる。しかしながら、六区は、ライブの名称や宣伝文などをライブハウスのホームページに掲載したり、公演スケジュールが印刷されたチラシを店頭においたり、配布したりするなど、ライブの成功に向け、一定のイニシアティブをもって積極的に関与している。特に出演バンドの多くが無名であることを考えれば、六区の関与がライブの寄与するところは大きい。これらを考慮すると、広い意味の管理・支配の存在を認めることができる。

　また、六区は、出演バンドから会場使用料を徴収していないが、飲食チケットの存在により、ライブの観客が増えれば、六区の収入も増えるシステムになっており、ライブハウスとしての「雰囲気を醸成し、かかる雰囲気を好む客の来集を図つて営業上の利益を増大させる」という以上に、営業上の利益を得ている。

　以上から、六区は、ライブハウスにおける演奏行為の主体であると認めることができる。とすると、演奏行為の主体である六区は、不特定者すなわち公衆であるライブハウスの観客に直接聞かせることを目的としているから、歌唱または楽器によって公に演奏を行つていることになる（著22条）。しかも、それは管理団体と許諾契約を締結しないままに無許諾で行われており、営利目的であるから著作権法38条1項の適用もないので、演奏権の侵害となる。よって、管理団体による演奏利用の差止請求は認められる。

設問❷

　博多んもん放送は、放送事業者（著2条1項8号）であるから、その放送について送信可能化権を有する（同99条の2）。放送事業者の有する送信可能化権は、放送を受信して行うものに限定されているが、設問の場合は、放送を受信してそのまま送信しているので、放送事業者の有する送信可能化権の対象となりうる。

　博多んもん放送によるベンチャー博多を相手方とする差止請求が認められる大前提として、ベンチャー博多が送信可能化権を「侵害する者又は侵害するおそれがある者」（以下、侵害主体）にあたることが必要であるのは設問❶でみたとおりである。

　ところで、送信可能化権の侵害主体とは、送信可能化の主体であって、かつ、その送信可能化行為が著作隣接権の侵害にあたる者を意味するから、ベンチャー博多が送信可能化権の侵害主体か否かを判断するためには、先決問題として、同社が送信可能化の主体か否かを検討しなければならない。

　まず、送信可能化とは、著作権法2条1項9号の5に定義される自動公衆送信装置が存在することを前提として、同号に掲げる自動公衆送信装置に対する5タイプの行為のいずれかによって、著作物など（設問の場合は放送）を自動公衆送信しうるようにすることをいうから、前記5タイプの行為のいずれかを行っている者が送信可能化の主体となる。もっとも、送信可能化は、装置を用いた行為であるため、関与者が複数存在しうるから、むやみに拡大しないため

にも、送信可能化の主体は、装置が受信者からの求めに応じ情報を自動的に送信することができる状態を作り出す行為を行う者に限定すべきである。したがって、設問の場合は、(a)親機が自動公衆送信装置にあたること、(b)ベンチャー博多が、前記5タイプの行為の（内、放送をそのまま利用する行為の）いずれかを行っているといえること、(c)親機が受信者からの求めに応じ放送を自動的に送信することができる状態を作り出す行為をベンチャー博多が行っているといえること、のすべてが満足される場合、ベンチャー博多は送信可能化の主体となる。

設問では、ベンチャー博多は、親機を含む装置を所有し、親機を事務所内に設置したうえで、親機にアンテナ線を接続しているから、親機に放送を入力しているのは、ベンチャー博多であるといえる。また、同社の前記各行為に鑑みれば、総合的にみて、親機が受信者からの求めに応じ放送を自動的に送信することができる状態を作り出す行為を同社が行っていると評価できる。よって、前記(b)および(c)はともに満足されるから、次に前記(a)すなわち、親機が自動公衆送信装置にあたるか否かを検討する必要がある。

自動公衆送信装置とは、「公衆の用に供する電気通信回線に接続することにより、その記録媒体のうち自動公衆送信の用に供する部分……に記録され又は当該装置に入力される情報を自動公衆送信する機能を有する装置」をいう（著2条1項9号の5）。親機は、公衆の用に供する電気通信回線たるインターネットに接続され、自らに入力される情報を自動的に送信する機能を有している。もっとも、親機は1対1でひも付けされた特定の子機に対して転送する能力しか有しないが、あらかじめ設定された単一の機器宛てに送信する機能しか有しない装置であっても、当該装置を用いて行われる送信が自動公衆送信であるといえるときは、自動公衆送信装置にあたるというべきである。したがって、親機が自動公衆送信装置にあたるか否かは、親機を用いて行われる送信が、自動公衆送信といえるか否かによる。

自動公衆送信とは、公衆送信のうち、公衆からの求めに応じて自動的に行うものを指し（著2条1項9号の4）、公衆送信とは、公衆によって直接受信されることを目的として行われる無線通信または有線電気通信の送信を意味するから（同項7号の2）、結局、ある送信が自動公衆送信といえるためには、そもそも受信者が公衆でなけ

ればならない。

　一般に公衆とは不特定者を指すが、著作権法2条5項は、公衆には特定多数者を含むとするので、著作権法上の公衆とは、不特定者または特定多数者を意味することになる。そして、特定者か否かは、著作物等の利用を行う者との間の事前の人的結合関係の強弱によって判断されるべきところ、設問の場合、送信を行うベンチャー博多とその東京駐在社員との間には、本件サービスの前から雇用主と従業員という強い人的な結合関係が存在するから、東京駐在社員は特定者となる。

　特定者が公衆にあたるのは、多数の場合に限られるが、多数にあたるか否かは、事案ごとに個別に判断する必要がある。5名という人数は、たとえば、家庭を構成する人数としても常識的な範囲であることに鑑みても、その程度の規模の集団を特定多数すなわち公衆として、権利の行使を認める必要性はない。

　以上より、設問❷の場合、受信者は公衆とはいえないから、親機を用いて行われる送信も自動公衆送信にはあたらず、ゆえに、親機は自動公衆送信装置には該当せず、前記(a)が満足されない。したがって、ベンチャー博多は送信可能化の主体とはいえないから、送信可能化権侵害の主体ともいえず、よって、博多んもん放送が送信可能化権侵害を理由にベンチャー博多を相手方として差止請求を行っても認められない。

関連問題

1．公衆該当性

　新たに東京駐在となった社員20名（ほとんどが家族あり。世帯の平均人数は3名）もサービスを利用した場合に、博多んもん放送が、設問同様の請求を、ベンチャー博多を相手方として行ったとして、認められるか否を論じよ。

2．記録媒体型（蓄積型）送信可能化

　サービスで利用していた装置の新製品（録画機能内蔵）が発売された。ベンチャー博多が装置を新製品に置き換えて、東京駐在社員50名に対

してサービスを提供したとして、博多んもん放送が、設問同様の請求を、ベンチャー博多を相手方として行った場合、認められるか否について論じよ。

参｜考｜文｜献

今村哲也「教育現場における著作物利用と著作権」コピライト726号2頁以下（2021）

上野達弘「著作権法における差止請求の相手方」判例タイムズ1413号47頁以下（2015）

上野達弘「判批」（音楽教室事件地裁判決）L＆T88号20頁以下（2020）

奥邨弘司「著作権法における侵害主体論の現代的課題（上）（下）」ビジネス法務2021年4月号101頁以下、5月号94頁以下（2021）

加戸守行『著作権法逐条講義〔7訂新版〕』（著作権情報センター・2021）

小泉直樹「まねきTV・ロクラクⅡ最判の論理構造とインパクト」ジュリスト1423号6頁以下（2011）

駒田泰土「判批」（まねきTV事件最高裁判決）判例評論634号（判例時報2127号）175頁以下（2011）

作花文雄『詳解 著作権法〔第5版〕』（ぎょうせい・2018）

島並良＝上野達弘＝横山久芳『著作権法入門〔第3版〕』（有斐閣・2021）

山田真紀「判解」（まねきTV事件最高裁判決）L＆T51号95頁以下（2011）

（奥邨弘司）

17. 新米教師の熱血教育

設問 　甲は、H私立高校で地理歴史と公民の科目を担当する、新人教員である。甲は、新人であることから、生徒数40名の1つのクラスで授業をしているにとどまるが、とても教育熱心で、単に教科書の中身を教えるだけで良しとはせず、生徒が学習内容を深く理解できるように、自分で補助教材を作ることをモットーとしている。ただ、甲は、猪突猛進するタイプで、いったん補助教材の案が思い浮かぶと、本来、倫理や法制度を人に教える立場であるにもかかわらず、社会のルールにこだわらずに、自分の案の実現に向けて一直線に行動してしまうところがある。

　実際、甲は、著作権制度の存在は一応認識しているものの、著作権について特に調査することもなく、次の❶から❸にあるような行為をした。また、甲は、学校の外の社会人教育にも関わっており、❹のような行為を行った。

　ついては、甲の各行為が、著作権法上の著作者の権利を侵害するか否かについて、論じなさい。なお、各設問における利用行為の対象となった表現について、いずれも著作物性は認められるものとする。また、著作隣接権および設問に記載のない者の権利または利益については、論じなくてよい。

❶甲は、テレビ局が放送した日本映画M（上映時間は約2時間）を、自分が鑑賞するために、自宅のレコーダーでブルーレイディスクに録画・録音した（以下、映画Mを録画・録音したこのディスクを「Mディスク」という。なお、映画Mの著作権者は、映画プロデューサーのAである）。後に、甲がMディスクを自宅で再生したところ、その中に10分程度の刑事裁判のシーンがあることに気づいた。甲は、このシーンが、裁判官、検察官および弁護人の役割を分かりやすく示していると考え、近々自分の授業で日本の刑事裁判制

度を話題にするときに、このシーンを生徒にみせることを思いついた。そこで、甲は、高校での自分の授業において、Mディスクを持参して教室に備え付けの再生装置（プレーヤーと大型画面装置）を用いて、映画Mの当該シーンを再生し、生徒に視聴させた。その際、甲は、映画Mのタイトルや監督の氏名等の説明も行った。

また、その授業では、クラスの生徒のうち、Sくんが欠席していた。Sくんは、サッカー部に所属し、数日前の部活動中に骨折したため、自宅療養中だったのである。生徒思いの甲は、オンライン会議のサービスを使って、インターネット経由でSくんもその授業に参加できるようにした（授業のライブ配信に参加するためのパスワードを、Sくんだけに送った）。おかげで、Sくんは、自宅のパソコンを用いて、甲の授業に参加することができ、教室で上映された映画Mの上記シーンも、教室のカメラ経由で視聴することができた。

❷甲は、日本の国際化をテーマとする授業を実施する際に、生徒に討論を促すための素材として、動画を作成して生徒にみせることを思いついた。具体的には、甲の勤務校が所在する都市にある市営公園は、観光地として人気があり、外国人観光客が多数訪れていることから、そこで外国人観光客のインタビューを行い、日本の印象などを話してもらうという企画である。さっそく、甲は、数名の生徒に手伝ってもらい、30分程度の動画を作成した。甲は、インタビュアー兼通訳を自ら務め、また、カメラの撮影方法などについても細かく指示をして、文字通りの監督でもあった。授業でこの動画を上映したところ、生徒の興味をかきたて、活発な討論が実現した。

ところで、この動画には、（a）市営公園に設けられている、芸術家B（生存している）が作成した彫像が、インタビュー場面の背景の中に、2分程度にわたり映っていた。また、（b）市営公園で、ギター片手に自作の歌を歌っていた、地元のシンガーソングライターのCの演奏が、インタビューの合間の約30秒間、録音されていた。

❸甲は、幼い時から漫画が好きで、教師となった今は、生徒の気持ちを理解するために漫画を読むことは職業上の義務であると信じている。そんな甲は、漫画週刊誌Jを書店で毎週購入して愛読しているところ、Jに単発的に掲載された、漫画家Dが描いた漫画Kを大変気に入ったことから、将来も自分が読めるように、デジタル形

式で保存しておこうと考えた。しかし、自宅のスキャナーの調子が悪いので、デジタル化を控えていたところ、たまたまインターネット上に、週刊誌Jの当該号の全体が、鮮明な画像で、かつ、誰でもダウンロードできる形でアップされているのをみつけ、漫画家Dや雑誌Jの出版社に無断でアップされているのだろうと思いつつ、自分は雑誌Jを購入しているのでダウンロードは差し支えないと考え、漫画K全部のデジタルデータを自分のパソコンにダウンロードして保存した。

❹甲は、H私立高校の許可を受けて、民間企業が実施する社会人向けカルチャーセンターの日本史の講座の講師も務めている。その仕事の関連で、甲は、カルチャーセンターの講座とは一応離れた独自企画として、現在および過去の受講生に対し、数か月に1回、歴史関係の書物の読書感想文の任意での提出を求め、最優秀の感想文を書いた者を表彰している。表彰といっても、甲から賞状を授与するだけであるが、この賞状は甲の手作りで、その文面は、「あなたは、〇年第〇回の歴史書読書感想文コンテストにおいて最優秀の成績を修められましたので、ここに賞します」という文句と、表彰式の日付および甲と受賞者の氏名があるほかに、贈る言葉が記されている。贈る言葉は、毎月、甲が選んだ、有名な文学作品などから引かれた名文句が使われ、作者名と作品名も付記されている。従来、この贈る言葉は、シェイクスピアやゲーテなどの古典作品から選ばれていた（元が外国語の場合は、語学に堪能な甲自身が翻訳していた）が、今回は珍しく、日本の現役の詩人Eが、高齢になっても学ぶことの喜びをうたった短い詩（最近刊行された詩集に掲載された）の全体を引いて賞状を作成し、甲は、この賞状を、甲が最優秀と認めた感想文を書いたF氏に授与した。

解　説

1 ………… 概　観

（1）　設問のねらい

著作権法は、著作権について、21条以下で各支分権の内容を定める

とともに、30条以下で権利の制限について定めている。著作権が具体的にどのような効力をもつかを考察するためには、権利制限規定についての理解が欠かせない。しかし、権利制限規定は、多様な趣旨・目的・要件の定めが並んでおり、また重要な事項について解釈が定まっていないことも多く、理解することはなかなか難しい。本設問は、このような権利制限規定について、具体的事例に即して趣旨や要件を確認することにより、理解を深めてもらうことをねらったものである。

(2) 取り上げる項目

▶教育機関における複製、自動公衆送信

▶営利を目的としない上映等

▶写り込み

▶屋外に恒常的に設置される原作品にかかる美術の著作物の利用

▶著作者人格権（同一性保持権等）

▶違法ダウンロード

▶適法引用

2⋯⋯⋯❶における甲の行為について問題となる権利

　設問❶につき、まず、問題となる著作者の権利を検討しよう。第1に、映画Mをディスクに録画・録音した行為は、映画の著作物（問題文から、著作物に該当することを前提とする。以下の各著作物についても同じ）の複製にあたり（著2条1項13号〜15号参照）、著作権者Aの複製権（同21条）の対象となる。

　第2に、Mディスクの刑事裁判のシーン（以下、「Mの特定部分」といい、この部分も著作物に該当することを前提とする）を再生した行為については、上映権（著22条の2）が問題となる可能性がある。Mの特定部分を、大型画面装置の画面上に映写する行為は、音の再生を含め、「上映」（同2条1項17号）にあたる。しかし、上映権は、「公に」、すなわち「公衆に直接見せ又は聞かせることを目的として」（同22条参照）行う上映のみに効力が及ぶことから、教室の生徒が「公衆」にあたるか否かを検討する必要がある。

　「公衆」の概念については、著作権法2条5項が「特定かつ多数の者を含む」と定めているところ、判例および多数説は、不特定の者（不特定かつ少数でもよい）または特定かつ多数の者がこれにあたると解している[1]。高校の生徒が、教師との関係で、「特定」か「不特定」のどちらにあたるかについては、後述のように断定できないところだが、40名という人数は多数と認めてよいであろう。したがって、教室の生徒は公衆にあたる。よって、甲は、Mの特定部分を、公衆である生徒たちに直接みせることを目的として上映したことになるから、当該行為は、Mの特定部分にかかる上映権が及ぶ。

　第3に、甲が、オンライン会議のサービスを使って、授業中にMの特定部分が上映された様子をそのままインターネット経由でSくん宛てに送った行為は、Mの特定部分にかかる公衆送信権（著23条1項）の対象となる可能性がある。具体的に問題となるのは、上記行為が、自動公衆送信、すなわち「公衆送信のうち、公衆からの求めに応じ自動的に行うもの」（同2条1項9号の4）にあたるかであり、ここで公衆送信とは、「公衆によって直接受信されることを目的として」行われる、無線通信または有線電気通信の送信をいう（同項7号の2）。

　まず、甲がインターネット経由で授業を同時配信した行為につき、Sくんのみに対するものといえるかという点は、議論の余地はありそうだが、一応、メールの場合と同視できると解して（一般に、特定かつ少数の者を宛先として、メールで著作物の複製を送る行為は、自動公衆送信にあたらないと解されている）、Sくんのみに対する送信とみることができるとしよう。そうすると、上記行為が、公衆によって直接受信されることを目的とする送信にあたるか否かは、甲からみて、Sくんが「不特定」の者と評価できるかによることになる。

　「特定」について、現行法の立案に関与した文部省（当時）関係者は、行為者との間に「個人的な結合関係」があることをいうとしており、こ

---

[1] 最判平成23・1・18民集65巻1号121頁［著百83］〔まねきTV事件〕、知財高判令和3・3・18令和2年（ネ）第10022号〔音楽教室事件控訴審〕、高林龍『標準著作権法［第4版］』133頁（有斐閣・2019）、島並良＝上野達弘＝横山久芳『著作権法入門［第3版］』148頁〔島並〕（有斐閣・2021）等。

れに従う裁判例も複数ある[2]。仮に（「特定」という概念は、「個人的な結合関係」がある場合に限らないのではないかという疑問もあるが）この解釈をとるとして、甲（ないしH高校[3]）の観点からSくんは「特定」の者だろうか。この点に関し、たとえば、音楽教室事件の控訴審判決は、音楽教室（教師の演奏につき、その主体とされる）にとって生徒が「公衆」にあたるかについて、「特定」とは「個人的な結合関係」をいうとする解釈を前提としつつ、音楽教室と生徒との間に個人的な結合関係は認められず、生徒は「不特定」の者として「公衆」にあたるとしている[4]。この判断基準を応用すると、SくんがH高校の生徒になったのは、年齢、学力その他のSくんの個人的特性に着目した結果という面が多く、誰でもH高校の生徒になれるというわけではないであろうから、Sくんは「特定」の者といえそうである。筆者としては、公立学校の生徒や大学の学生は、原則として、学校にとって「特定」の者と認めてよいのではないかと思う。しかし、それらの者につき「不特定」の者と認めるかのような説もみられるところであり、実務上の扱いにも不明確なところが残る（なお、自動公衆送信および公衆については、**16. ロックに夢中**の解説も参照）。

---

[2] 加戸守行『著作権法逐条講義〔7訂新版〕』77頁（著作権情報センター・2021）、東京地判平成16・6・18判時1881号101頁［著百〔5版〕65］［NTTリース事件］、知財高判・前掲注［1］等。

[3] 本設問では、全体にわたり、甲の行為につき、規範的主体論によってH高校（正確にはH高校を運営する学校法人）も行為主体とみる余地があろう。しかし、問題文は、侵害の成否を問うているにとどまることから、行為主体・侵害主体については、論じないこととする。

[4] 知財高判・前掲注［1］。なお、同判決は、「生徒の演奏について教師が『公衆』に該当しないことは当事者間に争いがない」と述べている。

[5] たとえば、著作物の教育利用に関する関係者フォーラム「改正著作権法第35条運用指針（令和3（2021）年度版）」（2020年12月）は、特に理由を述べず、「一般的に、授業における教員等と履修者等間の送信は、公衆送信に該当すると考えられます。」としている（インターネット送信に関し、「履修者等」の人数を問題としていない。ただし、「著作物のメール送信」については「多数の履修者等」への送信が公衆送信に該当するともしており、そこでは履修者等が「特定」の者と認めているようでもある。同指針6頁参照）。また、上野達弘編『教育現場と研究者のための著作権ガイド』40頁〔今村哲也〕（有斐閣・2021）は、大学教員が個別の学生にメールで新聞記事を送る事例に関し、学生が少数である場合を例外とせずに、「公衆送信に該当するかどうかは、あいまいな部分が残らざるを得ない」と述べており、大学の学生が「不特定」の者と認定される可能性を認めていると解される。

3 ………… 教育機関における利用、自動公衆送信、上映

以上を踏まえ、設問❶における侵害の成否を検討する。

第1に、映画Mの録画・録音は、当初は、甲自身の鑑賞目的のためになされたことから、私的使用目的の複製（著30条1項）にあたり、複製権侵害は成立しない。

第2に、Mの特定部分の教室での上映については、まず、(1)上述のとおり上映権が及ぶ行為であるが、公表された著作物を、非営利目的で、無料、かつ、実演家に無報酬で、公に上映する行為として、著作権法38条1項により、上映権侵害は成立しないと考えられる。なお、私立高校のような学校法人が、正規の授業で著作物の上演、上映等を行う行為は、営利目的ではないと解され、また、生徒が支払う授業料は、著作物の提供または提示に対する対価という性格を持つものではないことから、上記規定の「料金」に該当しない。

また、(2)当該上映行為は、私的使用目的の複製で作成された複製物によって、それ以外の目的のために、著作物を公衆に提示する行為にあたり、上映の時点で、Mの特定部分の複製を行ったものとみなされる（著49条1項1号）。しかし、本件複製行為は、教育機関であるH私立高校において、教育を担任する者である甲が、授業の過程における利用に供することを目的として、必要な限度で、公表された著作物を複製した行為にあたり、かつ、著作物の利用態様等に照らすと著作者の利益を不当に害するとも解されないことから、著作権法35条1項により、複製権侵害は成立しないと考えられる。

なお、著作権法49条1項は、権利制限規定の適用がある複製によって作成した複製物を目的以外に利用して著作物の公衆への提示または提供を行った時点で、複製行為がなされたとみなす規定であることに、注意されたい（本件設例のように、後者の複製行為について、別の権利制限規定が適用できることがありうる）。

第3に、Mの特定部分をSくん宛てに同時送信した行為については、上述のとおり、特定かつ少数の者への送信として、公衆送信にはあたらないと一応解される。しかし、仮に、公衆送信にあたるとしても、教育

機関の授業の過程における利用に供することを目的として、公表された著作物を、必要と認められる限度で公衆送信した行為にあたり、かつ、著作者の利益を不当に害するとも解されないことから、著作権法35条1項により、公衆送信権侵害は成立しないと考えられる。同項により公衆送信権が制限される場合、原則として、教育機関設置者に補償金支払義務があるが（著35条2項）、著作権法38条1項により上映して利用した場合において、授業実施の場所以外の場所で授業を同時に受ける者に対して公衆送信した行為にあたることから、著作権法35条3項により、補償金を支払う必要はない。

　上記の、授業の過程における公衆送信にかかる権利制限の定めは、2018（平成30）年の法改正により、権利制限の対象が大幅に拡大された。すなわち、従前は、対面授業で複製等したものを同時中継の遠隔合同授業のために公衆送信する場合に限り、権利が制限されることとされていたのを、原則として補償金（「授業目的公衆送信補償金」と呼ばれる。著104条の11参照）の支払を条件として、遠隔合同授業以外の公衆送信全般について、権利制限の対象とされることになった。[6]

4………❷における甲の行為について問題となる権利と侵害の成否

　次に、設例❷について、まず、問題となる著作物、権利者および権利を整理しよう。Bの彫像は、美術の著作物にあたり、Bがその著作者かつ著作権者と解され、また、Cが演奏していた（著2条1項16号により、演奏は歌唱を含む）楽曲は、音楽の著作物にあたり、その著作者かつ著作権者はCと解される。そして、甲が作成した動画は、映画の著作物にあたり（狭義では映画にあたらないとしても、同条3項により、映画の著作物に含まれると解される。以下、この動画を「本件映画」という）、Bの彫像およびCの楽曲は、本件映画において複製され、さらに本件映画が授業で生徒（既述のように、公衆にあたる）に対して上映される際に、

---

[6]　授業目的の公衆送信に関する権利制限にかかる改正法は、新型コロナウイルス感染症に伴う遠隔授業等のニーズに対応するため、当初の予定を早め、2020（令和2）年4月28日から施行された。また、補償金を受ける指定管理団体として、一般社団法人授業目的公衆送信補償金等管理協会（SARTRAS）が指定された。

それらの影像および楽曲も上映されたことになる（上映が、映画の著作物に固定されている音の再生を含むことにつき、同条1項17号参照。音楽の著作物の演奏が録音されたものを再生する行為は、原則として演奏の行為に含まれるが、上映にあたる場合は例外となることにつき、同条7項参照）。そこで、少なくとも、BとCそれぞれの、複製権（同21条）と上映権（同22条の2）が問題となろう。

　しかし、甲としては、Bの影像やCの楽曲を録画・録音する目的で本件動画を作成したわけではないし、授業の生徒たちも、それらの影像や楽曲を鑑賞するために本件動画を観たという意識は持たないであろう。このような著作物の利用は、「写り込み」または「付随的利用」と呼ばれ、従前から権利侵害を否定すべきではないかと論じられてきたが、[7] 2012（平成24）年の法改正によって、ようやく、対応する権利制限規定として著作権法30条の2が設けられた。同条は、さらに、2020（令和2）年の法改正により、対象が拡大された。[8]

　さて、本件では、著作権法30条の2第1項との関係で、甲が同項の定める「複製伝達行為」を行ったこと、Bの影像とCの楽曲が、甲の動画（「作成伝達物」）において軽微な構成部分となる「付随対象著作物」にあたること、さらに、それらが利用により利益を得る目的を有しないこと（Cは、演奏を聞いた者からの寄付を歓迎したかもしれないが、市営公園で誰でも聞ける状態で演奏していた以上、利益目的とはいえないであろう）、それらの分離の困難性の高さおよび甲の動画における役割の小ささ等に照らして、それら付随対象著作物の利用が正当な範囲におけるものであること、さらに、同項ただし書の定める著作者の利益を不当に害する場

---

[7]　たとえば、東京地判平成11・10・27判時1701号157頁および東京高判平成14・2・18判時1786号136頁［著百53］［雪月花事件］は、写り込みの事例に関し、権利制限規定が存在しない状況下で、複製の概念の解釈を通じて権利侵害を否定し、事案解決の具体的妥当性を実現した事例と理解されている。

[8]　2020（令和2）年法改正の主たる内容は、次のとおりである。(i)旧規定が「写真の撮影」、「録音」および「録画」に対象行為を限定していたのに対し、複製や伝達行為全般（たとえば、スクリーンショット、生配信、CG化）に拡大した。(ii)旧規定が、著作物を創作するに際しての行為に対象を限っていたのに対し、創作性が認められない行為を行う場面（たとえば、固定カメラでの撮影）にも拡大した。(iii)旧規定が、主たる被写体からの分離が困難である付随著作物に対象を限定していたのを、分離困難性の要件を外した。(iv)新たに「正当な範囲内」という要件を設けた。

合にはあたらないことを認めることができよう。したがって、Ｂの彫像およびＣの楽曲を甲の動画において複製した行為は、同項により、さらに、それらを甲の動画の上映に伴い上映した行為は、同条２項により、ＢとＣの著作権を侵害しない。

なお、Ｂの彫像の利用については、著作権法46条の適用も可能であろう。すなわち、同彫像のように、原作品が一般公衆に開放されている屋外の場所に恒常的に設置されている美術の著作物は、同条柱書に基づき、同条４号の場合を除き、いずれの方法によるかを問わず、利用することができることから、甲の行為は、Ｂの複製権や上映権の侵害を構成しないといえる。

5⋯⋯⋯⋯❸における甲の行為について問題となる権利と侵害の成否

続いて、❸については、まず、漫画Ｋが著作物であることは問題文から明らかであり、その著作者かつ著作権者は、問題文に特段の事情は示されていないことから、Ｋを創作したＤと認めてよいであろう。なお、漫画は、一般に、言語的表現と絵画的表現が有機的に結合した著作物とされ[9]、美術の著作物と言語の著作物の双方の性格を持つと考えられるが、本設例では、その点は直接問題とならないので、あえて触れなくてもよいであろう。

さて、問題となる甲の行為は、漫画Ｋのデジタルファイルをダウンロードした行為である。同行為の目的は、甲自身が後日に読むためということであるから、一見、同行為は、私的使用目的の複製として、著作権法30条１項柱書により、著作権者Ｄの許諾なく行うことができそうにも思える。しかし、同項４号に該当する行為として、複製権が及ぶ可能性があり、その点を検討する必要がある。

かつては、いわゆる海賊版のコンテンツがインターネット上にアップロードされている場合に、これを私的使用目的でダウンロードする行為は、著作権法30条１項柱書の適用範囲に含まれ、許諾を受けることな

[9] 三村量一「漫画の著作物の複製権、翻案権の侵害」清永利亮＝設樂隆一編『現代裁判法大系26 知的財産権』427頁（新日本法規・1999）。

く、なしうると解されていた。しかし、ネット上の海賊版の横行が益々深刻化する中、私的使用目的であっても、一定範囲のダウンロード行為を、権利制限の対象からはずす立法措置が講じられることとなった。このような、いわゆる違法ダウンロードに関する立法経緯としては、まず2009（平成21）年の法改正により、著作権を侵害する自動公衆送信を受信して行うデジタル方式の録音または録画を、その事実を知りながら行う場合を対象とする規定（現行法の30条1項3号が対応する）が導入された。さらに2012（平成24）年に、内閣提出法案に対する議員修正という形で、上記規定が定める違法ダウンロード行為の一部に対する罰則規定（現行法の119条3項1号が対応する）が設けられた。そして、2020（令和2）年には、違法ダウンロード行為の範囲を、従来の規定の対象である録音または録画から、複製一般に広げる（ただし、種々の要件を設ける）規定が、著作権法30条1項4号として導入され、これに対応する罰則規定（著119条3項2号）も設けられた。[10]

さて、甲の行為について検討すると、前提として、漫画Kを含む有料の漫画週刊誌Jの全体が、インターネット上に誰でも読める形でアップされていたというのであるから、特段の事情（たとえば、Jの出版社自身がプロモーションのためにJをアップした等）がない限り、漫画Kは著作権（公衆送信権）を侵害して自動公衆送信されていると認めてよいであろう。そして、甲がこれを受信して複製した行為は、複製対象が漫画K全部であることや鮮明な画像であることを踏まえると、軽微な複製とはいえず、著作権法30条1項4号の特定侵害複製にあたると解される。そして、甲は、特定侵害複製であることを知りながら複製していることから、結局、甲の複製行為は同号に該当し、Dの複製権に対する侵害が認められる。

[10]　2020年の違法ダウンロードに関する法改正については、文化庁のサイトに、「Q&A」等の資料が提供されている（https://www.bunka.go.jp/seisaku/chosakuken/hokaisei/r02_hokaisei/）。なお、同改正が実現するまでには、紆余曲折があった。すなわち、前年春にいったん改正法案が作成されたが、違法化の範囲が広すぎるとの批判が各方面からなされ、国会への法案提出が断念された。その後、改正内容が再検討され、違法化の範囲を絞り込む見直しが行われ、2020年に法改正が実現した。当初の改正法案の問題点や改正の経緯等については、たとえば、「［特報］著作権法上のダウンロード違法化に関する諸問題」L & T 87号67頁以下（2020）の諸論文を参照。

6⋯⋯⋯❹における甲の行為について問題となる権利と侵害の成否

最後に、❹については、まず、Eの詩が言語の著作物であり、これを創作したEがその著作者かつ著作権者であることを前提としてよいだろう。そして、甲は、この詩を賞状の中で有形的に再製していることから、複製したことになる。

なお、甲がこの賞状をFに授与した行為は、Eの詩の複製物を譲渡した行為にあたる。しかし、Fは、同氏が執筆した読書感想文を甲に評価されて選定された者であり、甲にとって個人的な結合関係が認められ（2参照）、したがって、複製物の譲渡の相手は「特定」かつ少数の者であって公衆ではないことから、甲の上記行為は譲渡権（著26条の2）が及ばないと解してよいのではなかろうか。

そこで、甲によるEの詩の複製行為について、複製権（著21条）の侵害が成立するかが問題となる。具体的には、権利制限規定のうち、適法引用（同32条1項）といえるかが問題となろう。なお、本件のカルチャーセンターは、非営利目的の教育機関にあたらないことから、著作権法35条の適用は問題とならない。

まず、著作権法32条1項の適用につき、類型的に、引用をする側も著作物であることを要するとの考え方がある。この説（以下、「著作物性必要説」という）に立った場合、本件における賞状は、引用部分以外は、定型的なありふれた決まり文句、日付、および人の氏名が記されているだけであるから、著作物性を認めることはできず、その点で適法引用を認めることはできないことになろう。著作物性必要説は、適法引用にかかる権利制限の趣旨につき、新たな創作活動を円滑に行いうるようにするための規定ととらえることが、その根拠とされる[11]。また、旧法は、明文で、著作物性を求めていた[12]。

しかし、著作権法32条1項は、明文上は、引用する側の著作物性を

---

[11] 東京地判平成10・2・20知的裁集30巻1号33頁［著百〔5版〕77］〔バーンズコレクション事件〕、東京地判平成22・5・28平成21年（ワ）第12854号〔がん闘病記転載事件〕、作花文雄『詳解著作権法〔第5版〕』327頁（ぎょうせい・2018）、高林・前掲注［1］185頁等。

[12] 旧著作権法30条第二は、「自己ノ著作物中ニ正当ノ範囲内ニ於テ節録引用スルコト」としていた。

求めておらず、これを適法引用を認める要件としない考え方も有力である。[13]条文上要件とされていないこと、著作物性が認められない表現において引用を行う合理的理由が存在する可能性もあること、適法引用の要件（公正な慣行、目的上正当な範囲内）で具体的妥当性を判断できること等から、引用する側の著作物性を一律に要件とする必要はないと思われる。以下、この立場を前提として、検討を進めよう。

　著作権法 32 条 1 項が定める適法引用の要件は、利用されるのが公表された著作物であること、引用であること、公正な慣行に合致すること、引用の目的上正当な範囲内で行われていること、という 4 つに整理できる。[14]これらの解釈については、さまざまな議論があり、特に、旧法適用事案に関する最高裁判決が示した、[15]明瞭区別性と主従関係という 2 つの要件を、法定された要件と何らかの形で関連づけて必要要件に取り込む見解が、今日でも多数説である。[16]他方、明瞭区別性と主従関係の 2 要件には特段触れず、法定の要件に照らして、諸要素を総合的に考慮して判断する見解も有力化しつつある。[17]筆者としては、いわゆる取込み型の引用や、音楽等における多様な表現活動を委縮させないという考慮から、明瞭区別性と主従関係の 2 要件を常に適法引用を認めるための要件とすることは、支持できない。[18]他方、引用の目的や態様等によっては、2 要件は有意義な判断要素となるというべきであり、法定要件との関係は、明瞭区別性は公正な慣行の要件において、また主従関係は目的

[13]　知財高判平成 22・10・13 判時 2092 号 135 頁［著百 70］〔鑑定証書事件〕、中山信弘『著作権法〔第 3 版〕』405 頁（有斐閣・2020）等。
[14]　そのほか、学説では、引用の目的につき、法定された「報道、批評、研究」およびこれらに準じるものであることを要すると解するものもある。しかし、このような解釈は、外延がはっきりせず、また、条文上そのように限定する根拠がなく、さらに、芸術活動における引用等、多くの表現行為が適法引用で救われなくなってしまう等の問題があり、妥当でないと考える。
[15]　最判昭和 55・3・28 民集 34 巻 3 号 244 頁［著百 68］〔パロディ写真事件〕。
[16]　たとえば、島並ほか・前掲注［1］193 頁〔島並〕および高林・前掲注［1］181 頁は、「引用」にあたるための要件として、明瞭区別性と主従関係が必要と述べる。
[17]　東京地判平成 13・6・13 判時 1757 号 138 頁〔絶対音感事件〕（引用する側の作品の目的、主題、性質等、引用される著作物の内容、性質等、利用の態様、双方の分量等を総合的に考慮）、知財高判・前掲注［13］等。中山・前掲注［13］399 頁以下も、明瞭区別性と主従関係を常に必要な要件ととらえることには懐疑的である。
[18]　鈴木將文「名物教授の最終講義」小泉直樹＝駒田泰土編『知的財産法演習ノート〔第 4 版〕』275 頁以下（弘文堂・2017）参照。

上の正当な範囲の要件において、それぞれ考慮されることがある（実際には、考慮すべきことが多い）と解することが妥当と考えている。しかし、ここでは、多数説に従って、検討することとする。

　さて、本件において、甲によるEの詩の利用が適法引用として許されるかについては、Eの詩が公表された著作物であること、および明瞭区別性は肯定できるが、賞状の内容につき、Eの詩以外は、短い決まり文句が記されているにとどまることから、主従関係は満たされていないといわざるをえない。よって、甲の行為は、Eの複製権を侵害する。

解答例

(1)　設問❶における甲の行為について

　設問❶における甲の行為は、第1に、映画Mをディスクに録画・録音した行為は、映画の著作物（問題文から、著作物に該当することを前提とする。以下の各著作物についても同じ）の複製にあたり（著2条1項13号ないし15号参照）、著作権者Aの複製権（同21条）の対象となる。しかし、当初の録画・録音の行為は、甲自身の鑑賞目的のためになされたことから、私的使用目的の複製（同30条1項）にあたり、複製権侵害は成立しない。

　第2に、Mディスクの刑事裁判のシーン（以下、「Mの特定部分」といい、この部分も著作物に該当することを前提とする）を大型画面装置の画面上に映写した行為は、音の再生を含め、「上映」（著2条1項17号）にあたり、また、授業における40名の生徒は、たとえ特定であるとしても、多数であることから公衆にあたり、したがって、Aの上映権（同22条の2）の対象となる。

　しかし、当該上映行為は、公表された著作物を、非営利目的で、無料、かつ、実演家に無報酬で、公に上映する行為として、著作権法38条1項により、Aの上映権の侵害は成立しない。

　また、当該上映行為は、私的使用目的の複製で作成された複製物によって、それ以外の目的のために、著作物を公衆に提示する行為

にあたり、上映の時点で、Mの特定部分の複製を行ったものとみなされる（著49条1項1号）。しかし、当該複製行為は、教育機関であるH私立高校において、教育を担任する者である甲が、授業の過程における利用に供することを目的として、必要な限度で、公表された著作物を複製した行為にあたり、かつ、著作物の利用態様等に照らすと著作者の利益を不当に害するとも解されないことから、著作権法35条1項により、Aの複製権の侵害は成立しない。

　第3に、Mの特定部分をSくん宛てに同時送信した行為については、Sは甲（ないしH高校）からみて個人的結合関係が認められる「特定」の者と解されることから、特定かつ少数の者への送信として、公衆送信にはあたらない。また、仮に、公衆送信にあたるとしても、教育機関の授業の過程における利用に供することを目的として、公表された著作物を、必要と認められる限度で公衆送信した行為にあたり、かつ、著作者の利益を不当に害するとも解されないことから、著作権法35条1項により、Aの公衆送信権の侵害は成立せず、かつ、この公衆送信は、著作権法38条1項により上映して利用した場合において、授業実施の場所以外の場所で授業を同時に受ける者に対して公衆送信した行為にあたることから、著作権法35条3項により、補償金を支払う必要はない。

(2)　設例❷における甲の行為について

　次に、設例❷について、Bの影像は、美術の著作物にあたり、Bがその著作者かつ著作権者と解され、また、Cが演奏していた（著2条1項16号により、演奏は歌唱を含む）楽曲は、音楽の著作物にあたり、その著作者かつ著作権者はCと解される。そして、甲が作成した動画は、映画の著作物にあたり（以下、この動画を「本件映画」という）、Bの影像およびCの楽曲は、本件映画において複製され、さらに本件映画が授業で公衆（上述のように、生徒は全体として公衆にあたる）に対して上映される際に、それらの影像および楽曲も上映されたことになる。そこで、少なくとも、BとCそれぞれの、複製権（同21条）と上映権（同22条の2）が問題となる。

　しかし、著作権法30条の2第1項との関係で、甲が同項の定める「複製伝達行為」を行ったこと、Bの影像とCの楽曲が、甲の動画（「作成伝達物」）において軽微な構成部分となる「付随対象著作物」にあたること、さらに、それらが利用により利益を得る目的を有しないこと、それらの分離の困難性の高さおよび甲の動画にお

ける役割の小ささ等に照らして、それら付随対象著作物の利用が正当な範囲におけるものであること、さらに、同項ただし書の定める著作者の利益を不当に害する場合にはあたらないことを認めることができる。したがって、Bの影像およびCの楽曲を甲の動画において複製した行為は、同項により、さらに、それらを甲の動画の上映に伴い上映した行為は、同条2項により、BおよびCの著作権を侵害しない。

なお、Bの影像の利用については、著作権法46条柱書に基づき、Bの複製権や上映権の侵害を構成しないともいえる。

(3) 設例❸における甲の行為について

設例❸については、まず、漫画Kが著作物であることは問題文から明らかであり、その著作者かつ著作権者は、Kを創作したDと解される。

甲の行為は、甲自身が後日に読むために漫画Kのデジタルファイルをダウンロードした行為であり、同行為は、私的使用目的の複製として、著作権法30条1項柱書により、著作権者Dの許諾なく行うことができるのではないかが問題となる。

しかし、漫画Kを含む有料の漫画週刊誌Jの全体が、インターネット上に誰でも読める形でアップされていたという事情を勘案すると、漫画Kは著作権（公衆送信権）を侵害して自動公衆送信されていたと解され、さらに、甲がこれを受信して複製した行為は、複製対象が漫画K全部であることや鮮明な画像であることを踏まえると、軽微な複製とはいえず、著作権法30条1項4号の特定侵害複製にあたると考えられる。そして、甲は、特定侵害複製であることを知りながら複製していることから、結局、甲の複製行為は同号に該当し、Dの複製権の侵害が認められる。

(4) 設例❹における甲の行為について

設例❹については、まず、Eの詩が言語の著作物であり、これを創作したEがその著作者かつ著作権者であると解される。甲は、この詩を賞状の中で有形的に再製していることから、Aの複製権（著21条）の侵害が問題となる。

しかし、甲からは、適法引用（著32条1項）にあたるとして、複製権侵害不成立を主張することが考えられる。

まず、本件における賞状は、引用部分以外は、定型的なありふれた決まり文句、日付、および人の氏名が記されているだけであるか

ら、著作物性を認めることはできないところ、著作権法 32 条 1 項の適用につき、引用をする側も著作物であることを要するとの考え方がある。しかし、同項は、明文上、引用する側の著作物性を求めておらず、さらに、著作物性が認められない表現において引用を行う合理的理由が存在する可能性もあること、適法引用の要件（公正な慣行、目的上正当な範囲内）で具体的妥当性を判断できること等から、引用する側の著作物性を一律に要件とする必要はない。

さて、著作権法 32 条 1 項が定める適法引用といえるためには、公表された著作物の利用であって、公正な慣行に合致し、引用の目的上正当な範囲内で行われる引用であることを要する。そして、このような引用にあたるためには、引用する著作物と引用される著作物の区別が明瞭であり（明瞭区別性）、かつ、前者が主、後者が従という関係にあること（主従関係）が必要と解する。本件では、Eの詩が公表された著作物であること、および明瞭区別性は肯定できるが、賞状の内容につき、Eの詩以外は、短い決まり文句が記されているにとどまることから、主従関係は満たされていないといわざるをえない。よって、甲の行為は、Eの複製権を侵害する。

関連問題

1. 著作権法 38 条 1 項の権利制限規定の適用

A市の市営図書館の児童書のコーナーで、子どもを対象とする読み聞かせの会が開かれ、同図書館の職員であるBが、Xの創作した児童文学の本の一部を音読した。ただし、Xの作品は小学校高学年以上の児童を対象とするものであったのに対し、読み聞かせ会に集まった子供（約 30 名）は幼稚園児と小学校低学年の児童だったため、Bは、原文のところどころにある、幼児には理解が難しい表現を幼児向けに直して、読んだ。上記の行為と、X（生存しているものとする）の著作権法上の権利との関係について論じなさい。

2. 著作権法 38 条 3 項の権利制限規定の適用

Cが経営するスーパーマーケットでは、有線放送局と契約して、有線

放送される音楽を BGM として店内に流している。しかし、ある日、有線放送局からの回線に異常が生じて放送が断絶したため、民間ラジオ局の FM 放送を店に備え置かれていた家庭用ラジオで受信して、その音声を店内放送用マイクと店内のスピーカーを通じて流した。その際、Yが作曲した楽曲が流れた。上記の行為と、Y（生存しているものとする）の著作権法上の権利との関係について論じなさい。

3.「柔軟な権利制限規定」の例

　D 社は、ある高級フレンチレストランと契約し、当該レストランについての何らかの記述を含む情報が掲載された、インターネット上のウェブサイトや SNS などの記事や書き込みを、コンピュータを用いて収集・解析し、その結果に基づいて当該レストランに対する社会の評価を分析した報告書を定期的に提供するサービスを行っている。D 社は、上記サービスとして作成した報告書の中で、分析の根拠の 1 つとして、個人 Z が同レストランで食事をした感想を記したツイッター上の書き込みを、そのまま掲載した。D 社の行為と、Z（生存しているものとする）の著作権法上の権利との関係について論じなさい。

参 考 文 献

（本文中に掲げたもののほか）
澤田将史「近時の裁判例から見る引用に関する実務上の留意点」コピライト 714 号 2 頁（2020）
文化庁著作権課「デジタル化・ネットワーク化の進展に対応した柔軟な権利制限規定に関する基本的な考え方（著作権法第 30 条の 4、第 47 条の 4 及び第 47 条の 5 関係）」（令和元年 10 月 24 日）< https://www.bunka.go.jp/seisaku/chosakuken/hokaisei/h30_hokaisei/pdf/r1406693_17.pdf >

（鈴木將文）

18. 結局「自炊」は高くつく？

設問 ❶ 　書籍の自炊（自分で書籍をスキャナに読み込ませてデジタル・デー
タ化すること）を効率的に行うためには、書籍を裁断してページ
をバラバラにする必要がある。そのため、自炊すれば、タブレット
やパソコンなどで書籍を閲覧できるようになって便利だと分かって
いても、裁断に抵抗を覚えて、自炊を躊躇する人も少なくない。

　先日、ベンチャー博多の社長が、米国シリコンバレーに出張に行
った際に、提携先の企業で、書籍のページを自動でめくってスキャ
ンし、USB メモリに記録する、新型スキャナが開発されているこ
とを知った。この新型スキャナならば、書籍を裁断することなく、
自炊が可能である。ベンチャー博多では、この新型スキャナを、コ
ンビニに向け販売することを思いついたところ、同社の入居するビ
ルの 1 階にあるコンビニが、新型スキャナ購入第 1 号となった。当
該コンビニでは、新型スキャナをコピー機の横に設置して、見開き
2 ページをスキャンする料金を 5 円に設定して、お客に利用させる
こととした。

(1) 　読書家の又吉 龍 之介は、いつも分厚い書籍 10 冊あまりを持ち歩
いており、重さに閉口していた。電子書籍ならそんな苦労はないの
だが、彼の愛読書はどれも、電子化されていないものばかりであっ
た。一時、自炊も考えたが、本を大切にする又吉にとって、愛読書
を裁断するなど考えられず、これまで踏み切れなかった。しかし、
自宅近くのコンビニに立ち寄ったところ、裁断せずに自炊できるス
キャナが置かれていた。これならと思って、早速自宅から、愛読書
50 冊を持ち込み、新型スキャナを自分で操作して自炊を始めた。

　又吉の行為は、自炊対象の書籍の複製権を侵害するか否かを論じ
なさい。なお、いずれの書籍の著作権も存続しているものとする。

(2) 　新型スキャナの評判は上々であったが、唯一の難点は、時間がか

かることであった。300 ページの書籍のスキャンには 15 分程度が必要であった。新型スキャナで自炊しようとする客は、分厚い書籍を何冊も持ち込むため、いつも順番待ちの客で一杯となり、他の利用客に迷惑がかかるようになった。そこでコンビニの経営者は、書籍を預かって、新型スキャナの操作はコンビニの店員が行うことを思いつき、新型スキャナの横に「預かりコピーやって□」と掲示したところ、申込みが相次いだ。店員の作業は、書籍をスキャナにセットして、ボタンを押すだけなので、大して手間ではなかった。

　このサービスによってスキャンされた書籍の著作権者が、コンビニの経営者に対して、複製権侵害を理由に、サービスの即時中止を求めた。コンビニ経営者の考えられる反論を述べた上で、その当否を論じよ。

❷　ベンチャー博多は、元々は、クラウド・ストレージ・サービスを月額固定料金で提供している会社であった。このサービスを契約すると、ユーザは、ベンチャー博多の管理するサーバー上のユーザ専用の記録領域に様々なファイルを保存することができる。

　ベンチャー博多では、新型スキャナを、クラウド・ストレージ・サービスと連携させることを考え、新型スキャナの内蔵ソフトをアップデートして、次の 2 つの機能を提供した。

　1 つは、前記クラウド・ストレージ・サービスのユーザが、自炊したデータを、新型スキャナから直接、クラウド・ストレージ・サービスの自分専用の記録領域に対して送信し保存できる機能（アップロード機能）であり、クラウド・ストレージ・サービスの標準機能の 1 つとして提供した。

　今一つは、シェア機能である。この機能は、次のような仕組みで実現される。まず、ユーザ A が、新型スキャナに書籍をセットすると、新型スキャナが書籍の表紙を自動的に読み取り、データをベンチャー博多のサーバーに送信する。ベンチャー博多のサーバーでは、同じ書籍について、他のユーザが、新型スキャナでスキャン後、アップロード機能を使用して当該ユーザの専用記録領域に記録していないかを調べる。もし見つかった場合は、A がセットした書籍のスキャンを行わず、かわりに、前記他ユーザの専用記録領域に保

存されているデータを、Ａの専用記録領域にサーバーが自動的に
コピーするのである。この場合、ユーザＡは通常の自炊料金をコ
ンビニに支払う他に、シェア機能の利用料金をベンチャー博多に支
払わなければならないが、時間が節約されるためユーザには好評で
あった。

　アップロード機能やシェア機能によって頻繁に複製されるベスト
セラー書籍の著作権者である高貴文学が、ベンチャー博多を相手方
として、複製権侵害を理由に各サービスの停止を請求した場合、認
められるか否かを論じなさい。

解　説

1 ………… 概　観

(1)　設問のねらい

　設問❶は、いわゆる自炊と自炊代行について問うものである。特に、
自炊に関しては、著作権法の複雑な条文関係を理解していないと答えが
導けないようになっている。

　設問❷は、いわゆるクラウド・コンピューティング技術を利用したコ
ンテンツの保管サービスに関するものである。MYUTA 事件判決（東
京地判平成 19・5・25 判時 1979 号 100 頁［著百〔5 版〕97］）やロクラク II
事件最高裁判決（最判平成 23・1・20 民集 65 巻 1 号 399 頁［著百 82］）の
意味するところについて考えてもらうことをねらっている。

(2)　取り上げる項目

➤複製権の制限規定

➤自炊代行

➤クラウド・ストレージ・サービスと規範的侵害主体論

➤ロクラク II 事件最高裁判決、MYUTA 事件判決、カラオケ法理

➤侵害行為の幇助者を相手方とする差止請求

2…………複製権の制限規定の除外規定の例外

　本問は、見出しにもあるように、複製権の制限規定の除外規定の例外について問うものであり、端的に言えば、原則の例外の例外の例外という、かなりややこしい話である。

　書籍をスキャナで読み込んで、USB メモリへ保存することは、著作物を「有形的に再製すること」（著2条1項15号）にあたるから、複製である。本来、著作権が存続している著作物を、権利者に無断で複製することは、著作権（設問の場合、具体的には複製権）の侵害となる【原則】。

　しかしながら、本来なら著作権侵害となるような行為であっても、著作権法30条以下に定める権利制限規定のいずれかに該当すれば、適法となる【例外】。

　複製権を制限する権利制限規定は多数存在するが、設問の場合、又吉が書籍を USB メモリに保存（＝複製）する目的が、自分で読むためであることに照らせば、私的使用目的の複製を認める著作権法30条1項の適用を検討するのが素直だろう。

　同項は、「著作権の目的となつている著作物……は、個人的に又は家庭内その他これに準ずる限られた範囲内において使用すること（以下「私的使用」という。）を目的とするときは……その使用する者が複製することができる。」と規定する。この点、又吉が、私的使用目的で複製していることはすでにみたとおりであり、かつ、又吉自身が新型スキャナを操作して複製を行っている。よって、同項の基本的な要件は満足している。

　しかしながら、同項には、1号から4号までの除外規定が存在するため、もし、又吉の行為が、前記各号のいずれかに該当すると、同項の適用はなくなる【例外の例外】。[1]

　この点、同項2号・3号・4号のいずれも、設問の事実関係に照らす限り関係してこない。よって、残るは、同項1号である。同項1号は、

---

[1]　設問には直接関係しないが、映画の盗撮の防止に関する法律4条の規定により、映画の盗撮の場合も、著作権法30条1項は適用されない。

公衆の使用に供することを目的として設置されている自動複製機器（複製の機能を有し、これに関する装置の全部または主要な部分が自動化されている機器〔以下、公衆用設置自動複製機器〕）を用いて複製する場合を規定する。設問の新型スキャナは、「複製の機能を有し」「装置の全部または主要な部分が自動化されて」いることは明らかだから、自動複製機器にあたるであろう。また、著作権法において公衆とは、不特定者または特定多数者をいう（著2条5項）が、不特定者と特定者は、「事前の人的結合関係の強弱によって区別される」（島並＝上野＝横山・後掲参考文献149頁）ところ、コンビニ店頭の新型スキャナを使用する前の状態では、コンビニとその客との間には人的結合関係は認められないから、客は不特定者すなわち公衆にあたることになろう。そして、設問の新型スキャナは、まさにそのような客の使用に供されるために、コンビニ店頭に設置されている。結果、設問の新型スキャナは、公衆用設置自動複製機器にあたるという結論を得ることになる。

　とすると、又吉が、そのようなスキャナを使用して行う書籍のUSBメモリへの複製には、著作権法30条1項は適用されず、それが私的使用目的の複製として適法になることはない、というのが結論のはずである。

　しかしながら、著作権法30条1項1号には、例外が定められている。それが附則5条の2であり、同条は「著作権法第30条第1項第1号……の規定の適用については、当分の間、これらの規定に規定する自動複製機器には、専ら文書又は図画の複製に供するものを含まないものとする。」と定めている【例外の例外の例外】。

　実は、同号導入時点ですでに、コンビニなどの店頭に複写機が多数存在し、かつ、許諾を得て複写しようにも権利を集中管理する団体が存在しないなどの問題が存在したため、社会的な混乱を避けるべく、当分の間、それらの複写機を適用対象から外すために、「専ら文書又は図画の複製に供するものを含まない」旨の附則が定められたのである（加戸守行『著作権法逐条講義〔7訂新版〕』（著作権情報センター・2021）1014頁参照）。

　ここで、設問の新型スキャナは、書籍の複製に特化した装置とされているから、「専ら文書又は図画の複製に供するもの」といえるので、公衆用設置自動複製機器は含まれないと解すことになろう。

　まとめると、設問の状況は、原則の例外の例外の例外の場合であるから、つまり、原則の例外の場合である。よって、又吉の行為は、本来なら複製権侵害【原則】であるが、私的使用目的の複製として適法である【例外】ということになる。

3………自炊代行

　2で見たように、新型スキャナを用いた書籍の自炊は、適法である。では、その作業を業者（設問の場合コンビニ）が代行した場合、どのように評価されるか、というのが、ここでのポイントとなる。

　この点、自炊代行事件において裁判所は、業者が代行する場合、複製の主体は、客ではなくて業者であると結論づけ、業者による複製には、著作権法30条1項の適用はないとして、複製権侵害という結論を導いている。

　もっとも、業者を複製の主体と判断する論理には、地裁と高裁で差異が見られる。すなわち、地裁判決（東京地判平成25・9・30判時2212号86頁）は、後掲するロクラクⅡ事件最高裁判決を引用して、「誰を複製の主体とみるかという問題……については、複製の実現における枢要な行為をした者は誰かという見地から検討するのが相当であり、枢要な行為及びその主体については、個々の事案において、複製の対象、方法、複製物への関与の内容、程度等の諸要素を考慮して判断するのが相当である」旨述べた上で、枢要な行為にあたる電子ファイル化作業を行っているのは業者であるとして、業者を複製の主体とした。

　一方で、知財高裁判決（知財高判平成26・10・22判時2246号92頁［著百66]）は、「複製行為の主体とは、複製の意思をもって自ら複製行為を行う者をいう」とした上で、「①利用者が、控訴人〔筆者注：業者〕に書籍の電子ファイル化を申し込む、②利用者は、控訴人に書籍を送付する、③控訴人は、書籍をスキャンしやすいように裁断する、④控訴人は、裁

断した書籍を控訴人ドライバレッジが管理するスキャナーで読み込み電子ファイル化する、⑤完成した電子ファイルを利用者がインターネットにより電子ファイルのままダウンロードするか又はDVD等の媒体に記録されたものとして受領するという一連の経過をたどるものであるが、このうち上記④の、裁断した書籍をスキャナーで読み込み電子ファイル化する行為が、本件サービスにおいて著作物である書籍について有形的再製をする行為、すなわち『複製』行為に当たることは明らかであって、この行為は、本件サービスを運営する控訴人のみが専ら業務として行っており、利用者は同行為には全く関与していない。」と述べた後、「控訴人は、独立した事業者として、営利を目的として本件サービスの内容を自ら決定し、スキャン複製に必要な機器及び事務所を準備・確保した上で、インターネットで宣伝広告を行うことにより不特定多数の一般顧客である利用者を誘引し、その管理・支配の下で、利用者から送付された書籍を裁断し、スキャナで読み込んで電子ファイルを作成することにより書籍を複製し、当該電子ファイルの検品を行って利用者に納品し、利用者から対価を得る本件サービスを行っている。」とも指摘し、「控訴人は、利用者と対等な契約主体であり、営利を目的とする独立した事業主体として、本件サービスにおける複製行為を行っているのであるから、本件サービスにおける複製行為の主体であると認めるのが相当である。」と結論づけている。

　地裁判決と知財高裁判決の大きな違いは、ロクラクⅡ事件最高裁判決の「枢要な行為」に関する件を引用しているか否かである。一見すると、最高裁判決を引用する地裁判決の方が妥当なようにも思えるが、自炊代行の文脈でロクラクⅡ事件最高裁判決を引き合いに出すのは間違いである。すなわち、自炊代行の場合、業者は、複製機器のボタンを押すというレベルではあっても、物理的な意味で複製行為を行っている（いわゆる業者ボタン押し法理〔大渕哲也「著作権間接侵害の基本的枠組（後編）」著作権研究40号（2013）230頁〕）。一方、ロクラクⅡ事件最高裁判決の場合、被告であった業者には、録画を開始するボタン押し行為すら存在しない。そして、そのような状況でも、自動的に複製が可能なシステムの

管理支配に加え、複製対象物を取得して、それを複製機器に供給することに業者がイニシアティブを取って深くかかわっていた場合は、合わせ技で複製の主体と認めるというのが、ロクラクⅡ事件最高裁判決の論理である（詳細は **4** 参照）。逆に言えば、物理的な複製行為を行っている自炊代行の場合は、ロクラクⅡ事件最高裁判決とは、本来事案が違うのである。

　ここで補足として、自動的に複製を行う機器を用いた場合の複製主体についてどのように考えるかを、表にまとめると次のようになる。

	①複製対象物提供	②機器提供・管理	③物理的複製行為（ボタン操作含む）	複製主体	決め手となる理由
A	ユーザ	ユーザ	ユーザ	ユーザ	③
B	ユーザ	ユーザ	業者	ユーザ	①＋②
				業者	③
C	ユーザ	業者	ユーザ	ユーザ	③
D	ユーザ	業者	業者	業者	③
E	業者	ユーザ	ユーザ	ユーザ	③
F	業者	ユーザ	業者	業者	③
G	業者	業者	ユーザ	ユーザ	③
				業者	①＋②
H	業者	業者	業者	業者	③

　　A：純粋な自炊　　　　　　　E：レンタルCDの家庭内ダビング
　　B：自宅で業者を雇って自炊　F：（考えられる事例なし）
　　C：コンビニでのコピー　　　G：ロクラクⅡ
　　D：自炊代行　　　　　　　　H：業者自身によるコピー

　たとえば、自炊代行（ケースD）について、知財高裁は、結局③の行為に着目して複製の主体を決めている。一方、ロクラクⅡ事件の場合（ケースG）、③の行為を行っているのはユーザであり、業者ではないため、本来なら、ユーザのみが複製の主体となるところ、①＋②の合わせ技で、業者も複製主体と判断しているわけである。

　なお、自炊代行業者が複製の主体となると、権利制限規定についても、業者に関して適用があるかどうかを判断しなければならないが、この点、業者が客のために行う複製は、「私的使用目的」ではないし、「使用する者自身が行う」ものでもないため、著作権法30条1項が適用されないことは明らかである。

4⋯⋯⋯クラウド・ストレージ・サービスと規範的侵害主体論

　インターネット上のサーバーの自分専用の記録領域に、コンテンツなどのファイルを保存できるようにするサービスは、一般に、クラウド・ストレージ・サービスやロッカー・サービスなどと呼ばれる。

　設問❷では、設問❶と違って、書籍のスキャン結果の保存先はクラウド・ストレージとなっている。もっとも、クラウド・ストレージへの保存であっても複製であることに変わりはない。設問❷のポイントは、高貴が、自身の著作権（複製権）を侵害する行為の停止を、ベンチャー博多を相手方として請求した場合に、それが認められるか否かを問うところにある。

　ここで、差止請求権について定める著作権法112条1項は、差止請求の相手方について、著作権などを「侵害する者又は侵害するおそれがある者」（以下、侵害主体）とする。したがって、高貴によるベンチャー博多を相手方とする差止請求が認められるためには、同社が複製権の侵害主体にあたらなければならない。

　この点、著作権の対象となる利用行為を物理的に行う者のみが、著作権の侵害主体たりうると狭く考えると、ベンチャー博多は、物理的には複製行為そのものは行っておらず、アップロード機能やシェア機能を実現するシステムを設置、管理、運営、提供しているにすぎないから、侵害主体にはなりえないという理解になる。しかしながら、従来の裁判例は、物理的に利用行為を行っていない者であっても、一定の場合には、規範的な利用行為の主体（規範的利用主体と呼ばれる）と解されるとして、彼・彼女らによる侵害を概念してきた（このようにして侵害が認められた場合の侵害主体は、規範的侵害主体と呼ばれる）。

5⋯⋯⋯⋯⋯ロクラクⅡ事件最高裁判決

　複製の場合の規範的侵害主体をいかにとらえるかについては、ロクラクⅡ事件最高裁判決が考え方を示している。もっとも、ロクラクⅡ事件自体は、クラウド・ストレージ・サービスの事案ではない。同事件では、インターネットへの転送機能を持ったテレビ番組録画装置について、ハウジング（機器を預かり管理する）サービスを提供することが、放送番組や放送について複製権を侵害するか否かが問題となった。

　ロクラクⅡ事件最高裁判決は、原審である知財高裁で、装置の管理状況等が詳しく認定されなかったため、最高裁が設定した「場合」、すなわち「放送番組等の複製物を取得することを可能にするサービスにおいて、サービスを提供する者……が、その管理、支配下において、テレビアンテナで受信した放送を複製の機能を有する機器……に入力していて、当該複製機器に録画の指示がされると放送番組等の複製が自動的に行われる場合」に関して判断した、場合判例と指摘され、その射程も、前記「場合」に限られるとされる（小泉・後掲参考文献（2011）9頁および田中・後掲参考文献15頁参照）。

　設問❷の場合は、テレビ番組ではなくて、書籍をスキャンしたファイルの保存が問題となっている。その意味では、ロクラクⅡ事件で設定された「場合」を超えているということができよう。ただ、ロクラクⅡ事件最高裁判決は、「複製の主体の判断に当たっては、複製の対象、方法、複製への関与の内容、程度等の諸要素を考慮して、誰が当該著作物の複製をしているといえるかを判断するのが相当である」との規範を定立した上で、前記の設定された「場合」において「サービス提供者は、単に複製を容易にするための環境等を整備しているにとどまらず、その管理、支配下において、放送を受信して複製機器に対して放送番組等に係る情報を入力するという、複製機器を用いた放送番組等の複製の実現における枢要な行為をしており、複製時におけるサービス提供者の上記各行為がなければ、当該サービスの利用者が録画の指示をしても、放送番組等の複製をすることはおよそ不可能なのであり、サービス提供者を複製の主体というに十分であるからである」と説示している。これをある程度

抽象化してとらえるなら、自動的に複製が可能なシステムの管理支配に加えて、複製対象物を取得して、それを複製機器に提供することにサービス提供者がイニシアティブを取って深くかかわっていたことに重きを置いて、複製の主体と判断したものといえよう（柴田・後掲参考文献110頁注(9)および111頁参照）。

　以上を前提に考えると、アップロード機能に関して、ベンチャー博多は、複製される書籍のスキャン結果であるファイルの取得やシステムへの提供にイニシアティブを取って関与しているわけではない。とすると、アップロード機能を可能とするシステムの管理支配を行っているとしても、ベンチャー博多を複製の規範的な主体とはいえないと解釈することができよう。一方、シェア機能に関しては、アップロード機能の場合の関与に加え、ユーザAがスキャンしようとしている書籍のデータが他のユーザの専用記録領域に保存されているかを探索し、見つかった場合は、ユーザAの専用領域に複製される対象として、前記他ユーザの専用領域中のデータを指定するなど、複製対象物の取得や提供という複製の実現に枢要な行為にベンチャー博多が主導権を握って深くかかわっていることが指摘できる。よって、シェア機能の場合は、ロクラクⅡ事件最高裁判決の考え方に照らして、ベンチャー博多について複製権の侵害主体性を肯定することができるのではないだろうか。

6………MYUTA 事件判決

　ところで、ロクラクⅡ事件最高裁判決以前のものではあるが、クラウド・ストレージ・サービスに関して、規範的侵害主体論によって、サービス提供者に対する差止請求を認めた裁判例として、MYUTA事件判決がある。

　同事件では、CDの音楽をクラウド・ストレージに保存して、携帯電話で聴くことができるようにするサービスが問題となった。東京地裁は、①サービスにおける複製の重要性、②複製が生じるサーバーが業者に管理支配されていること、③サービスに必不可欠なソフトが業者によって配布されていること、④サービスを実現するシステムは業者が設計した

こと、⑤当時、本件サービスを利用せずに携帯電話で CD 音楽を聴くのは容易ではなかったこと、⑥ユーザによる指示は複製の端緒にすぎず、複製は業者管理下のサーバーで行われること、などを総合考慮して、業者に複製および公衆送信の主体性を認めた。

この MYUTA 事件判決の論理を、アップロード機能などの場合にあてはめると、前記①から⑥のうち、⑤を除くすべてが類似しているといえる。一方で、アップロード機能などを利用しなくても、（一手間はかかるものの）ユーザは、USB メモリに記録されたファイルを、自身のパソコンからクラウド・ストレージに容易に保存することが可能であるから、MYUTA 事件の⑤とは類似の状況にはないといえる。

では、設問❷の場合に、⑤に相当する状況が存在しないことをどのように考えるか。この点、MYUTA 事件判決の論理では、クラウド・ストレージ・サービスや電子メールサービスの場合でさえ、サービス上で発生する複製の規範的な主体がサービス提供者になりかねないとして同判決を批判する指摘（山神・後掲参考文献 39 頁参照）に対して、同判決の場合、⑤がポイントであるから、クラウド・ストレージ・サービスなどは同判決の影響を受けないとする考え方が有力であるが（小泉・後掲参考文献（2011）11 頁参照）、このような考え方に基づけば、設問❷の場合も、⑤があてはまらないため、ベンチャー博多は規範的な複製の主体とはいえないということになろう。

なお、冒頭で触れたように、MYUTA 事件判決はロクラクⅡ事件最高裁判決以前のものであるため、現時点ではその意義については議論がある。ただ、解答例では、アップロード機能について、ロクラクⅡ事件最高裁判決の考え方で規範的侵害主体性を否定したため、念のためという形で、MYUTA 事件判決の論理で考えた場合についても論じている。

7⋯⋯⋯⋯カラオケ法理

ロクラクⅡ事件最高裁判決が登場するまで、規範的に利用主体をとらえる法理として、いわゆるカラオケ法理が多用されてきた。カラオケ法理は、物理的な利用行為の主体とは言い難い者であっても、他人による

著作物の利用行為を管理・支配し、かつ、そこから営業上の利益を得ている者については、規範的な観点から著作物の利用主体と考えることができるとするものである（上野・後掲参考文献 783 頁参照）。

このカラオケ法理は、もともとは、カラオケスナックにおける客の歌唱を店主の歌唱と同視するためにクラブキャッツアイ事件（最判昭和 63・3・15 民集 42 巻 3 号 199 頁［著百 81］）で用いられたものである。同事件の当時は、著作権法附則 14 条（すでに廃止）によって、ミュージック・テープやカラオケ・テープなどに適法に録音された音楽著作物の再生は、一定の施設における場合を除いて、権利者の許諾を得ていなくても適法とされていた。また、客による歌唱についても、著作権法 38 条 1 項の規定により、非営利・無料・無報酬の歌唱として、適法行為と考えざるをえなかった。結果、カラオケスナックにおけるテープによる演奏にも、客による歌唱にも、著作権者は権利行使ができない状態であった。

これに対して最高裁は、客は店主の管理の下に歌唱していること、店主は客の歌唱によって営業上の利益を増大させていること、に着目して、客の歌唱を店主の歌唱と同視し、規範的な歌唱の主体を店主と判断したのである。結果、歌唱の主体が店主であれば、歌唱は営利目的のものとなり、著作権法 38 条 1 項の適用はなくなるから、無許諾であれば著作権侵害となり、店主は（規範的）侵害主体となる（なお、クラブキャッツアイ事件は、上告審では、損害賠償についてのみ争われ、差止めについては争われていなかった。上野・後掲参考文献 787 頁参照）。

カラオケ法理はその後、カラオケボックスなどカラオケ関係の事案（たとえば、東京地判平成 10・8・27 判タ 984 号 259 頁〔カラオケボックス・ビッグエコー事件〕）で用いられてきたが、ファイル・ローグ事件において、はじめて、インターネット・サービスの事案に対して、応用的に適用されることになった（東京地決平成 14・4・9 判時 1780 号 71 頁〔ファイル・ローグ仮処分事件〕）。同決定では、サービスの性質、サービスのユーザの行為に対する管理・支配の程度、営業上の利益を受ける可能性、の 3 つの要素から、問題のサービス上で生じる公衆送信の主体は、サー

ビス提供者であると判断された。そしてこの後、カラオケ法理は、様々なインターネット・サービスの事案に対して適用されることになる。

　なお、先にみたロクラクⅡ事件最高裁判決が、補足意見を別にすれば、カラオケ法理との関係について明確には述べていないことから、両者の関係については明らかでない部分がある（奥邨・後掲文献（上）106 頁参照）。そこで、アップロード機能についての解答例では、ベンチャー博多の侵害主体性を否定するという結論であるため、念のためカラオケ法理についても言及し、同法理によっても侵害主体性は否定されることを説明する構成としている（もし、ロクラクⅡ事件最高裁判決の論理やMYUTA 事件判決の論理によって、アップロード機能についても、ベンチャー博多の侵害主体性を肯定するのなら、あえてカラオケ法理について言及する必要性はないだろう）。

　アップロード機能の場合にカラオケ法理を適用して考えると、ベンチャー博多は、同機能を実現するシステムを管理・支配しており、かつ、それを有償サービスの 1 機能として提供しているため、営業上の利益を得ているともいえる。とすると、カラオケ法理の 2 要素である、「管理・支配」と「営業上の利益」が認められるようにも思われる。しかしながら、そのように解すると、すべてのインターネット上のサービスで、サービス提供者を規範的な利用主体ととらえることになりかねないこと、先述の MYUTA 事件判決が単純にカラオケ法理を採用しなかったこと（同判決は、管理・支配も考慮しているが、サービスが存在しない場合の技術的困難性なども考慮し、かつ、営業上の利益についてもほとんど言及していない。同判決については、カラオケ法理ではなくて、総合衡量法理ではないかとの指摘がある。田村・後掲参考文献290〜291 頁参照）を考え合わせると、解答にあたっては、カラオケ法理によって規範的に利用主体ととらえることを否定してもよいと思う。その際には、たとえば、ベンチャー博多が管理・支配しているのは複製行為そのものではなくて、それを可能とするシステムにすぎないことや、複製行為の多寡によって同社に支払う料金に変わりがないことから、単なるサービスの使用料にすぎないといえることなどを、指摘することになろう。

8…………侵害行為の幇助者を相手方とする差止請求

　著作権の侵害主体とは言えないような、侵害主体の幇助者の内、一定の者を相手方とする差止請求を可能とする考え方がある。アップロード機能について、ベンチャー博多を相手方とする差止請求の可否を論じるのであれば、最後に、この点についても触れておく必要があろう。

　たとえば、幇助行為の内容・性質、侵害行為に対する幇助者の管理・支配の程度、幇助者の利益と侵害行為の結びつきなどを総合的に観察して、幇助行為と侵害行為が密接な関係を有し、幇助者が幇助行為を中止する条理上の義務があり、幇助行為を中止することで侵害を除去できるような場合は、侵害する者に準じる者として、幇助者について著作権法112条1項の適用を認める考え方がある（大阪地判平成15・2・13判時1842号120頁［著百85］［ヒットワン事件］）。また、幇助行為が行われることによって、その後、ほぼ必然的に権利侵害の結果が生じ、その回避が非常に困難であるような行為は、権利を直接侵害する行為ではないものの、結果としてほぼ確実に権利侵害の結果を惹起するものであるから、権利侵害の発生という結果から見れば、直接の権利侵害行為と同視することができるものである、として、著作権法112条1項を類推して、幇助者に対する差止請求を認める考え方もある（大阪地判平成17・10・24判時1911号65頁〔選撮見録事件第1審〕）。いずれも、差止請求制度の趣旨が、著作権の排他性を確保することにある点を重視した考え方といえよう。

　しかしながら、これらの考え方に対しては、著作権法113条が、幇助行為のうちの一定のものに限って著作権などの侵害とみなすとしていることの趣旨に照らせば、同条に該当しないような、侵害行為の幇助者の行為について、著作権法112条1項に基づく差止請求を認めることは、明文で著作権法113条が規定されたことと整合せず、法的安定性を害するものである、などとして否定する裁判例もある（知財高判平成22・8・4判時2096号133頁〔北朝鮮極秘文書事件控訴審〕）。

　この問題については、いずれに与するか難しいところではある。ただ、前記2つの大阪の裁判例のように、著作権法112条1項の直接または類

推適用を行った裁判例は他になく、実務上広く用いられている手法とはいえないのが現状である。

ところで、仮に、侵害行為の幇助者を相手方とする差止請求を可能とする立場に立った場合に、アップロード機能に関して、ベンチャー博多を相手方とする差止請求が認められるか否かは、アップロード機能を提供することによりベンチャー博多が幇助することになる個々のユーザによる複製が適法かどうかにかかってくる。

ユーザによる複製は、私的使用目的で、ユーザ自らが行うものであるから、通常は、著作権法30条1項によって適法となる。その場合、ベンチャー博多は、適法行為を幇助しているにすぎないから、侵害行為の幇助者に対する差止請求を可能としても、ベンチャー博多に対する請求は認められないことになる。

ただし、すでに見たように、著作権法30条1項には1号という除外規定があり、公衆用設置自動複製機器を用いて行う複製については、私的使用目的であっても同項柱書によって、適法とはならない。つまり、クラウド・ストレージ・サービスを実現するシステムが公衆用設置自動複製機器に該当するか否かがポイントとなってくるのである。

この点、前記システムは、複製に関する機能を有し、装置の全部または主要な部分が自動化されていることは明らかであるし、ベンチャー博多から見てクラウド・ストレージ・サービスのユーザは不特定者（契約すれば誰でもサービスを利用できる関係にある）であって公衆に該当するから、前記システムは公衆の使用に供されるために設置されている、と考えることができそうである。しかも、クラウド・ストレージ・サービス自体は、様々なファイルの複製を可能とするものなので、「専ら文書又は図画の複製に供するもの」とはいえず、著作権法附則5条の2の適用もない。

以上を前提とすると、クラウド・ストレージ・サービスを利用するユーザによる複製は著作権法30条1項によっては適法化されず、他にそれを適法化する権利制限規定もないから、著作権侵害に該当し、それを幇助するベンチャー博多のような業者を相手方とする差止請求が認めら

領する、という一連の経過をたどるものであるが、このうち、(c)の書籍をスキャナで読み込み電子ファイル化する行為が、著作物の有形的再製をする行為、すなわち「複製」行為にあたることは明らかであって、この行為は、コンビニが専ら業務として行っており、客は同行為には全く関与していないから、コンビニが、そのサービスにおける複製行為の主体であると認めるのが相当であり、コンビニが客の複製行為を代行しているとはいえない。

　コンビニを複製行為の主体と考えると、著作権法 30 条 1 項の適用の有無もコンビニについて考える必要がある。この点、コンビニは、不特定多数の客の依頼に応じて、客のために複製を行っているから、同項にいう「個人的にまたは家庭内その他これに準ずる限られた範囲内において使用することを目的とする」複製にはあたらない。また、複製物である電子ファイルを使用するのは客であるから、複製主体であるコンビニが「自ら使用する」場合にもあてはまらない。よって、同項の適用はなく、また、他に、コンビニの行為を適法とする権利制限規定も存在しないから、コンビニの行為は複製権侵害である。

　以上より、想定されるコンビニ経営者の反論は妥当ではない。

設問❷

　差止請求権について定めた著作権法 112 条 1 項は、差止請求の相手方を、著作権などを「侵害する者又は侵害するおそれがある者」（以下、侵害主体）とするから、高貴のベンチャー博多を相手方とする請求が認められるためには、ベンチャー博多が侵害主体（利用行為の主体であって、かつ、その利用行為が著作権の侵害にあたる者）といえなければならない。

　この点、著作権の対象となる利用行為を物理的に行う者のみが、侵害主体たりうると狭く考えると、ベンチャー博多は、物理的には複製行為そのものは行っておらず、アップロード機能やシェア機能を実現するシステムを設置、管理、運営、提供しているにすぎないから、侵害主体にはなりえないという理解になる。

　しかしながら、侵害主体には、物理的には利用行為を行っていないが、規範的な視点からは利用行為を行っていると評価できる者も含むべきであり、複製権の侵害主体の判断に当たっては、物理的な視点によるだけではなくて、複製の対象、方法、複製への関与の内

容、程度などの諸要素を考慮して、誰が著作物の複製をしているといえるかを判断すべきである。

したがって、たとえば、自動的に複製が可能なサービスを実現するシステムの管理支配に加えて、複製対象物の取得や提供という複製の実現に枢要な行為にサービス提供者が主導権を握って深く関わっているような場合は、サービス提供者を複製行為の主体と判断し、複製権の侵害主体と解する余地がある。この点、アップロード機能に関して、ベンチャー博多は、自炊したデータをクラウド上に複製することを容易にするシステムを管理支配しているにすぎない。一方、シェア機能に関しては、前記に加えて、ユーザ A がスキャンしようとしている書籍のデータが他のユーザの専用記録領域に保存されているかを探索し、見つかった場合は、ユーザ A の専用領域に複製される対象として、前記他ユーザの専用領域中のデータを指定するなど、複製対象物の取得や提供という複製の実現に枢要な行為に、ベンチャー博多が主導権をとって深く関わっている。

以上から、ベンチャー博多は、アップロード機能による複製に関しては利用主体とはいえないが、シェア機能に関する複製に関しては利用主体ということができる。そして、ベンチャー博多による無断複製を適法とする権利制限規定はなく、かつ、高貴の書籍がこれまで頻繁にシェア機能によって複製されてきたことに鑑みれば、当該機能の提供が続けば、今後も同社が高貴の著作権を侵害するおそれがあるというべきであるから、ベンチャー博多を相手方として、シェア機能の提供停止を求める差止請求は認められる。

ところで、アップロード機能に関しては、(a)同機能における複製の重要性、(b)複製が生じるサーバーがベンチャー博多に管理支配されていること、(c)同機能に必不可欠なソフトがベンチャー博多によって配布されていること、(d)同機能を実現するシステムはベンチャー博多が設計したこと、(e)ユーザによる指示は複製の端緒にすぎず、複製はベンチャー博多管理下のサーバーで行われること、が認められる。この点、オンライン・ストレージ・サービスに関する裁判例では、前記(a)から(e)類似の状況が認められた上に、一般ユーザにとって技術的に容易でないことを当該サービスが容易にしていたという事情が存在することを指摘して、総合考慮から、サービス提供業者を複製などの主体と判断したものがある。しかしながら、アップロード機能を使わなくても、ユーザはいったん USB メモリに保存

したファイルをパソコンなど経由で容易にクラウド上の自分専用領域に保存できるのであり、同機能が、技術的に格別困難なことを容易にしたとはいえないから、前記裁判例のような考え方に照らしても、ベンチャー博多をアップロード機能に関して本件動画の複製主体ということはできない。

また、他人による著作物などの利用行為を管理・支配し、そこから営業上の利益を受けている者については、物理的には当該利用行為を行っていなくても、規範的には当該利用行為の主体である、ととらえるカラオケ法理が、アップロード機能に適用されるかも検討する。確かに、ベンチャー博多は、アップロード機能を実現するシステムを管理・支配し、そこから営業上の利益を上げている。しかしながら、同社が管理・支配しているのはシステムであって、ユーザによる複製行為には関知していない。またユーザが同社に支払う料金は複製行為の多寡に変わりがなく、単なるシステムの利用料金と考えられるから、前記営業上の利益を上げているともいえない。以上を考え合わせると、カラオケ法理によっても、同社をアップロード機能に関して本件動画の複製主体ということはできない。

なお、裁判例には、侵害行為を幇助する者を相手方とする差止めを認めるものがあるので、アップロード機能についてこの点も検討する。設問❶で見たように、客が、新型スキャナを使って自炊することは適法であるが、その結果のファイルを、同機能を用いてクラウドの自分専用領域に保存することも、私的使用目的の複製として適法となるかが問題となる。もし、クラウドを、公衆の使用に供することを目的として設置されている自動複製機器と解すると、客による同機能を用いた複製は、著作権法30条1項1号に該当することになるから、同項柱書は適用されないことになる。

ただ、仮にアップロード機能を用いた自炊に著作権法30条1項が適用されないとしても、それを幇助しているにすぎないベンチャー博多を相手方とする差止めを認めることは妥当ではないと考える。なぜなら、113条が、直接的に著作権の侵害行為を構成するものではない幇助行為のうちの一定のものに限って著作権侵害とみなすとしていることからしても、同条に該当しない著作権侵害の幇助者にすぎない者の行為について、著作権法112条に基づく著作権侵害による差止請求を認めることは、明文で113条が規定されたことと整合せず、法的安定性を害するものである。よって、直接的な著作権

の侵害行為やそれと同視できる行為を行っておらず、これを行うお
それがあるとも認められないベンチャー博多を相手方とする差止請
求を認めるべきではないからである。

関連問題

複製権の制限と目的外利用

　クラウド・ストレージ・サービスのユーザーのための専用記録領域は、
ベンチャー博多のサーバーに内蔵されたハードディスク上に確保されて
いる。二条二郎は、ベンチャー博多からサーバーのメンテナンス業務の
委託を受けている個人業者である。

　二条は、最近前記ハードディスクの調子が悪く、近いうちに故障する
だろうとの認識のもとに、前記ハードディスクを新しいものに交換する
作業を行った。その際、データの消失を防ぐために、前記ハードディス
クの内容を、二条が持ってきた作業用のハードディスクにコピーした上
で、ハードディスクを取り替え、作業用ハードディスクから新しいハー
ドディスクにデータを戻して、ハードディスクの交換作業を終えた。

　数日後、二条は、自分の事務所で片付け中に、先日ベンチャー博多の
サーバーのハードディスクから作業用ハードディスクにコピーしたデー
タを、消し忘れていたことに気がついた。二条は、急いで消さなければ、
と思ったが、すぐに思いとどまった。二条は現在、ファイルを高速に複
製するプログラムを開発しており、その性能試験中であった。かねて、
実際に現場で使用されているデータを元に試験を行いたいと考えていた
ところ、作業用ハードディスク内のデータはそれにぴったりであること
に気がついたのである。そこで二条は、データを削除せず、そのままに
しておくこととした。なお、二条は、データの内容自体には関心がない
ので、データの内容はいっさい見ていない。

　この場合、二条は、高貴文学が書籍に関して有している著作権（複製
権）を侵害していることになるかどうかを論じなさい。

18. 結局「自炊」は高くつく？

（関連条文：著作権法 30 条の 4・47 条の 4 第 2 項・49 条）

参 考 文 献

上野達弘「いわゆる『カラオケ法理』の再検討」紋谷暢男教授古稀記念『知的財産権法と競争法の現代的展開』781 頁以下（発明協会・2006）

奥邨弘司「著作権法における侵害主体論の現代的課題（上）（下）」ビジネス法務 2021 年 4 月号 101 頁以降・5 月号 94 頁以下（2021）

小泉直樹『特許法・著作権法』（有斐閣・2020）

小泉直樹「まねき TV・ロクラク II 最判の論理構造とインパクト」ジュリスト 1423 号 6 頁以下（2011）

島並良＝上野達弘＝横山久芳『著作権法入門〔第 3 版〕』（有斐閣・2021）

柴田義明「判解」（ロクラク II 事件最高裁判決）L＆T 51 号 105 頁以下（2011）

田中豊「利用（侵害）主体判定の論理——要件事実論による評価」ジュリスト 1423 号 12 頁以下（2011）

田村善之「著作権の間接侵害」第二東京弁護士会知的財産権法研究会編『著作権法の新論点』259 頁以下（商事法務・2008）

中山信弘『著作権法〔第 3 版〕』（有斐閣・2020）

山神清和「判批」（MYUTA 事件東京地裁判決）判例評論 591 号（判例時報 1996 号）39 頁以下（2008）

（奥邨弘司）

314

19. あの日きみに贈った詩

設問　大学生であるAくんは、いまどき珍しいほど夢見がちなハタチである。あるとき、彼は、Qというペンネームで英語の詩を書きはじめた。書くだけならまだしも、これを『月刊Qのポエム』と題する冊子にして、テニスサークルのメンバー全員（100名）に毎月配付しているというのだから、周囲はもはや苦笑をもってこれを受け取るほかなかった。

　そんなある日のこと。大学では知財ゼミに入っていたAくん、同じゼミのB子さんと帰りが一緒になったというだけで彼女を好きになってしまった。思い込みの激しいAくんのこと、帰宅したその晩にはもう告白を決行していた。その際、自作の英語詩をプレゼントしたというのも彼らしい。ただ、告白を急いだAくんは、新しい詩を準備する時間がなかったため、やむなく『月刊Qのポエム』最新号に掲載した"tea for two"と題する短い英語詩（Q著と表示）を、B子さんのためにつくった詩であるとしてプレゼントしたのだった。何も知らないB子さん、もともとピュアな性格だったこともあって感激し、めでたく2人は付き合うことになった。

　ところが、楽しい時間も久しからず。翌日、たまたま学内に落ちていた『月刊Qのポエム』最新号を拾ったB子さんは、"tea for two"が、実は自分のためにつくられた詩ではなかったことに気づいてしまった。そのくらい大したことではないようにも思えるのだが、そのピュアな性格ゆえにB子さんが深く傷ついてしまったのもやむをえないだろう。他方、Aくんも自分の行いを悔やんで深い自己嫌悪におちいっていた。こうして2人はいつしか疎遠になり、ものの1週間ほどで交際関係は終了した。

❶　5年後。すでに別々の道を歩んでいた2人はとんと連絡をとりあっていなかった。B子さんはというと、ライターの仕事を始め、すでに押しも押されもせぬコラムニストになっていた。かつてのピ

ュアな性格からは想像できないほど辛口のコメントをすることが若い女性層の共感を集めているのである。そんなB子さんであるが、Aくんとのことは今でも心の中でモヤモヤしていた。ほかのネタも尽きてきたので、彼女は、自分のウェブサイトに「"tea for two"を斬る！」と題する長めのエッセイを書くことにした。この中でB子さんは、Aくんの英語詩"tea for two"を日本語に翻訳したうえで、これを掲載し（Q著＝B子訳と表示）、この詩に対してたっぷりと辛口批評を繰り広げたのである。

　他方、何年たっても一向に自分の世界から抜け出せずにいたAくんは、依然として定職に就けずにいた。そんなくさくさとしたある日、退屈しのぎにネットサーフィンをしていたAくんの目に飛び込んできたのが、まさにB子さんのコラム「"tea for two"を斬る！」だった。くすぶっていた彼の心に火が付いたのはいうまでもない。辛口批評されたことにも腹が立ったが、もともと英語で書いた自分の詩が無断で日本語に翻訳されたことによって、どうも雰囲気が変わってしまったようにAくんには思えたからである。

　そこで、Aくんは、B子さんに対して、著作権法に基づき"tea for two"をこのウェブサイトから削除するように請求した。さて、この請求は認められるか？

❷　それから100年の時が過ぎた。あのあとAくんは見事に自分の世界を確立し、歴史に残る文豪となった。Aくんも、そしてB子さんも、亡くなってからすでに60年がたっている。いまや、2人の間にあった真実は、歴史の中にしまい込まれてしまったかのようだった。

　そんなある日のこと。Aくんが生前に書いた未公開の日記が発見された（著作権は消滅）。そこには、一連の騒動の裏話や、Aくんが生涯B子さんを忘れられなかった苦悩などが赤裸々に記されていた。これは、文豪Aくんや文学史の研究にとってきわめて貴重な資料であることは疑いない。そこで、この日記を入手した近代文学の研究者C教授は、これを自己の研究書の中に資料として掲載して出版した。

　ところが、Aくんの孫D氏がまだ生存していたのである。たまたまC教授の本を目にしたD氏は腰を抜かしそうになった。これ

では祖父のイメージが害されてしまう。そこで、D氏は、C教授に対して、著作権法に基づいてこの研究書の出版をやめるように請求した。さて、この請求は認められるか？

解　説

1 ……… 概　観

（1）　設問のねらい

本問は、著作者人格権についての問題である。実際の司法試験では、本問のように著作者人格権だけに焦点を絞った出題がなされることはおそらくないだろう。しかし、他の論点に加えて、著作者人格権が出題される可能性は高いといえよう。そこで、著作者人格権についてひととおりのチェックを行っておくというのが本問のねらいである。

（2）　取り上げる項目

► 公表権
► 氏名表示権
► 同一性保持権
► 著作権法50条と二元論
► みなし著作者人格権侵害
► 著作者が存しなくなった後における人格的利益の保護

2 ……… 公表権

第1に、公表権である。著作権法18条1項によると、「著作者は、その著作物でまだ公表されていないもの（その同意を得ないで公表された著作物を含む……）を公衆に提供し、又は提示する権利を有する」とされる。このように、公表権は、未公表の著作物につき、公表するかどうかを決定する人格的利益を保護する権利である。

本問において公表権が問題になるとすれば、次のような点が問題になろう。

（1）「まだ公表されていないもの」

まず、公表権が行使できるためには、当該著作物が「まだ公表されていないもの」であることが必要である。すでに公表されているものが公衆に提示または提供されても、公表するかどうかを決定する著作者の人格的利益がただちに害されるとはいえないからである。したがって、すでに公表されてしまっている著作物（例：市販されている書籍）については、もはや公表権が働かない。

本問では、Aくんが自分の英語詩をテニスサークルのメンバー全員（100名）に配布している。このことをもって、すでに「公表」されたといえるかが問題となる。

では、「公表」とは何だろうか。著作物の「公表」については著作権法に定義がある。著作権法4条1項によると、著作物は、「発行」されるか、または上演権・演奏権・上映権・公衆送信権等・口述権・展示権を有する者（もしくはその許諾を得た者）によって、上演、演奏、上映、公衆送信、口述もしくは展示の方法で公衆に提示された場合において、公表されたものとされる。ここでいう「発行」も著作権法に定義がある。同法3条1項によると、著作物は、「その性質に応じ公衆の要求を満たすことができる相当程度の部数の複製物」が、複製権を有する者（またはその許諾を得た者もしくは出版権の設定を受けた者）によって作成され、頒布された場合において、発行されたものとされるのである。したがって、「公衆」（「特定かつ多数の者を含む」とされる〔著2条5項〕）の要求を満たすことができる程度の部数の複製物が作成され、頒布（「複製物を公衆に譲渡」する行為が含まれる〔同条1項19号〕）された場合には、発行にあたることになる。

したがって、本問に関しても、「その性質に応じ公衆の要求を満たすことができる相当程度の部数の複製物」が作成され、その複製物が「公衆」に譲渡されたといえるかどうかが問題となる。

これについては、著名なサッカー選手が中学時代に書いた詩が学年文集に掲載され、その中学校の教諭および同年度の卒業生に合計300部以上配布されたという事件で、「本件詩は、300名以上という多数の者の

要求を満たすに足りる部数の複製物が作成されて頒布されたものといえるから、公表されたものと認められる」として、この詩を無断で書籍に掲載した行為について公表権侵害を否定した裁判例がある（東京地判平成 12・2・29 判時 1715 号 76 頁〔著百 31〕〔中田英寿事件第 1 審〕）。

　そうすると、本問において、A くんが自分の英語詩をテニスサークルのメンバー 100 名に配布したという事実をどう評価するかが問題となる。たしかに、何をもって「多数」といえるかというのは難しい問題であり、問題となる場面によって個別的な検討が必要になるものと考えられる。ただ、本件に関しては、結論として「公衆」にあたるものと解していいように思われる。というのも、公表権というのは著作物を公表するかどうかを決定する人格的利益を保護するものであるという観点からすれば、著作者である A くんが自ら 100 人に配布したということによって、公表権によって保護されるべき人格的利益はもはや認められないと考えられるからである。

(2)　二次的著作物に対する公表権

　本問においては、B 子さんによってウェブサイトで公衆に提示されたのは、A くんが書いた英語詩そのものではなく、これを日本語に翻訳したもの（つまり二次的著作物）である。したがって、本問において A くんの公表権侵害が問題になるとすれば、それは、A くんの著作物である英語詩についてではなく、その二次的著作物についてである。

　公表権を規定する著作権法 18 条 1 項には、後段として、「当該著作物を原著作物とする二次的著作物についても、同様とする」という文言がある。したがって、文言からすれば、A くんは、自分の英語詩それ自体（原著作物）のみならず、これを日本語に翻訳したもの（二次的著作物）の公衆への提示または提供についても、公表権を及ぼすことができるように読める。そうすると、本問において、原著作物である英語詩はすでに公表されているとしても、二次的著作物である翻訳版はいまだ公表されたとはいえないから、A くんは、原著作物である英語詩については公表権を行使できなくても、二次的著作物である翻訳版については公表権を行使できる、との解釈も成り立ちそうである。

　とはいえ、Aくんが作成した創作的表現は、原著作物の公表によってすでに公表されているのであるから、二次的著作物が公衆に提示または提供されたとしても、それによって、Aくんが作成した創作的表現があらたに公衆に提示または提供されるわけではない。したがって、すでに原著作物が公表されている場合は、その二次的著作物が無断で作成され公衆に提示または提供されても、原著作物についての公表権を侵害することにはならないと解すべきであろう。その意味では、著作権法18条1項後段の「当該著作物」というのは、前段の「その著作物でまだ公表されていないもの」を指すと解するのが妥当であろう。実際のところ、起草者の説明においても、二次的著作物に対する公表権は、原著作物が未公表の場合に限って働くということが前提とされているように読める（加戸守行『著作権法逐条講義〔7訂新版〕』170頁（著作権情報センター・2021）参照）。

　したがって、本問においても、やはりAくんの公表権は侵害されていないと解するべきであろう。

3………氏名表示権

　第2に、氏名表示権である。著作権法19条1項によると、「著作者は、その著作物の原作品に、又はその著作物の公衆への提供若しくは提示に際し、その実名若しくは変名を著作者名として表示し、又は著作者名を表示しないこととする権利を有する」ものとされる。このように、氏名表示権は、著作物に著作者名を表示するか、それともしないか、表示するとすればどのような名前を表示するかについて決定する人格的利益を保護する権利である。

　この氏名表示権は、二次的著作物にも及ぶ。つまり、同項後段は、「その著作物を原著作物とする二次的著作物の公衆への提供又は提示に際しての原著作物の著作者名の表示についても、同様とする」と規定している。本問においては、Aくんの英語詩を日本語に翻訳したもの（つまり二次的著作物）が公衆に提示されているから、Aくんの氏名表示権は及びうることになる。そこで、氏名表示権が問題になるとすれば、次

のような点が問題になろう。

(1) 氏名表示権の制限

まず、Aくんは、B子さんが無断でAくんの変名Qを表示して公衆に提示したことに対して、氏名表示権の侵害を主張するかもしれない。しかし、著作権法19条2項によれば、「著作物を利用する者は、その著作者の別段の意思表示がない限り、その著作物につきすでに著作者が表示しているところに従つて著作者名を表示することができる」と規定されている。本問に関していえば、すでに原著作物の著作者であるAくんは、その英語詩に「Q著」という著作者名を表示しているのであるから、B子さんがこれに従って、この日本語版に「Q著＝B子訳」と表示することは同項にあたるものと考えられる。したがって、この観点からすれば、氏名表示権の侵害は認められないことになろう。

(2) 著作者名として

もっとも、同条1項の文言によれば、著作者の実名または変名（つまりペンネーム）が、あくまで「著作者名として表示」されていなければならない。そのため、たとえ形式的には著作者名が表示されてはいても、それが「著作者名として表示」されていない場合は、氏名表示権の侵害となる。

従来の裁判例においても、ある映画の脚本をもとにして小説が作成されたというケースで、当該小説の初校正ゲラ刷りの段階では、その奥付において、小説化した著作者の氏名である「由井りょう子」と脚本家の氏名である「山口巧（原案）」が2段に併記されていたが、その後、「山口巧（原案）」の部分が削除され、現実に出版された単行本の奥付には「著者　由井りょう子」とだけ表記され、この脚本家の氏名は、奥付の前頁に「本書は、映画『ちぎれ雲』を小説化したものです」などと記載された下の「スタッフ」欄に「脚本・監督　山口巧」と表記されたのみであったという事件がある。判決は、「右の現実に出版された単行本の奥付の記載では、原告の氏名は、映画のスタッフとして表記されたのみであって、本件小説の原著作者として表記されたとは認められない」として、氏名表示権侵害を肯定した（東京地判平成12・4・25平成11年

（ワ）第 12918 号〔「ちぎれ雲」事件〕）。

　本問において、B子さんによって表記されたのは、「Q著＝B子訳」というものである。すると、これは、Aくんの変名であるQを原著作物の著作者として表示しているものと評価できる。したがって、やはり氏名表示権の侵害ということはできないであろう。

4⋯⋯⋯⋯同一性保持権

　第3に、同一性保持権である。著作権法 20 条 1 項によれば、「著作者は、その著作物及びその題号の同一性を保持する権利を有し、その意に反してこれらの変更、切除その他の改変を受けないものとする」と規定されている。このように、同一性保持権は、著作物の同一性を確保する人格的利益を保護する権利である。

　本問でも、B子さんはAくんの英語詩をそのままウェブサイトに掲載したのではなく、これを無断で日本語に翻訳している。これは、著作物の改変にあたると考えられるため、同一性保持権の問題が生じることになる。

（1）　著作権制限規定との関係

　もちろん、B子さんは、Aくんの英語詩を無断で翻訳し、これをウェブサイトに掲載しているのであるから、それだけですでに、Aくんの翻訳権（著 27 条）および著作権法 28 条を介して有する二次的著作物の公衆送信権（同 23 条 1 項）の侵害にあたらないかが問題となる。

　もっとも、B子さんの行為は、すでに公表されているAくんの詩を批評する目的でウェブサイトに掲載したというものであり、適法な引用（著 32 条 1 項）にあたるものと考えられる。そして、著作権法 32 条 1 項に該当する際には、さらに「翻訳」の方法により引用して利用することができるものと規定されている（同 47 条の 6 第 1 項 2 号）。したがって、B子さんの行為は、Aくんの著作権（翻訳権、公衆送信権）を何ら侵害するものではない。

　とはいえ、著作権制限規定（著 30 条以下）は、あくまで著作権の制限であり、これを「著作者人格権に影響を及ぼすものと解釈してはならな

い」と規定されている（同50条）。したがって、著作権法47条の6第1項2号によって「翻訳」することが許されているとしても、それでただちに同一性保持権の侵害にならないということにはならない。

そうすると、このような翻訳に伴う改変が同一性保持権の侵害にあたるかどうか、独立して検討する必要がある。

(2) 同一性保持権の制限

同一性保持権は、著作者の「意に反してこれらの変更、切除その他の改変を受けない」と規定されているから（著20条1項）、基本的には著作者本人の意向が尊重されることになる。したがって、仮に、改変によって著作物の価値が高まったとしても、それが著作者の意に反するものであれば、同一性保持権の侵害になりうるのである。

とはいえ、著作権法20条2項には、同一性保持権の侵害にあたらない場合が定められている。とりわけ、同項4号には、「前3号に掲げるもののほか、著作物の性質並びにその利用の目的及び態様に照らしやむを得ないと認められる改変」と規定されている。これは、他の個別規定に該当しないような場合であっても、受け皿的に同一性保持権の侵害を否定する一般条項である。たとえば、色刷り出版の際に色彩が完全には表現できない場合や、演奏技術が未熟なために演奏が不完全になった場合などが、例としてあげられている（加戸・前掲187頁参照）。

そうすると、本問においても、翻訳して引用することに伴う改変が「やむを得ない」といえるかどうかが問題になる。

ここでは、この4号をどの程度柔軟に解釈するかという点で立場の分かれるところであるが（従来の通説判例は厳格であるのに対して、最近では柔軟な適用を主張するものもある）、実際には、行われた翻訳がどのようなものかによってその適否は変わってくることになろう。

(3) 同一性保持権侵害を理由とする差止請求

さて、仮に同一性保持権の侵害が肯定された場合、Aくんは、B子さんに対して、引用されている日本語版 *tea for two* をウェブサイトから削除するように請求できるかが問題となる。ここでは、同一性保持権侵害を理由とする差止請求に関するやや難しい問題が生じる。

　というのも、差止請求（著112条1項）というのは、「その侵害の停止又は予防を請求」するものである。つまり、継続中の侵害行為の「停止」または将来行われる蓋然性の高い侵害行為の「予防」である。したがって、すでに終了した侵害行為に対して差止請求をすることはできないものと考えられる。本問においても、たとえB子さんの翻訳行為が同一性保持権侵害にあたるとしても、その翻訳行為はすでに終了しているのであるから、もはや差止請求できないのではないかという問題が生じる。たしかに、同一性保持権というものは改変を禁止する権利なのだととらえると、改変行為がすでに終了している以上、同一性保持権に基づく停止請求はできないとも解される（東京地判平成15・12・19判時1847号95頁〔記念樹Ⅲ事件〕も同旨）。

　もっとも、仮にB子さんのエッセイが、ウェブサイトではなく、書籍に掲載されていたという場合であれば差止請求ができることは明らかである。というのも、著作権法113条1項2号によれば、「著作者人格権……を侵害する行為によつて作成された物……を、情を知つて、頒布し、頒布の目的をもつて所持」する行為は、著作者人格権を侵害する行為とみなすものと規定されている。したがって、Aくんの同一性保持権を侵害するエッセイを書籍に掲載して出版する行為は、Aくんの著作者人格権を侵害する行為とみなされることになり、この出版行為の停止を請求することができるからである。しかし、ウェブサイトに掲載する行為は「頒布」（著2条1項19号）の定義における「複製物を公衆に譲渡」する行為にあたらない。「複製物」の「譲渡」というのは、あくまで有体物の提供であるからである（加戸・前掲59頁参照）。

　以上のように考えると、本問の場合、B子さんに対して差止請求することはできないということになる。ただ、すでに翻訳行為が終了しているからといって、同一性保持権侵害にあたる翻訳物の送信行為をやめさせることができないという結論に甘んじなければならないかどうかは問題となる。そのような観点からすれば、同一性保持権は改変を禁止する権利ではなく、あくまで同一性を保持する権利であるととらえて、B子さんのように、改変した著作物を公衆に提示する行為も一定の場合には

同一性保持権の侵害行為にあたるとして、同一性保持権侵害を理由とする停止請求を認めるべきであるという考え方もありえよう。また、差止請求権というものを損害の拡大を防ぐという観点からとらえて、改変者自身が公衆送信等を行う場合に限って差止請求を肯定する見解もある（田村善之『著作権法概説〔第2版〕』440頁以下（有斐閣・2001）参照）。

5……みなし著作者人格権侵害

また、著作者人格権の侵害に至らないような行為であっても、「著作者の名誉又は声望を害する方法によりその著作物を利用する行為は、その著作者人格権を侵害する行為とみな」される（著113条11項）。

たとえば、著作物がまったく改変されていない場合であっても、「著作者の名誉又は声望を害する方法によりその著作物を利用する行為」といえる場合は、著作者人格権侵害とみなされるところにある。起草者によれば、「芸術写真である裸体画を複製してヌード劇場の立て看板に使う」といった具体例が挙げられている（加戸・前掲873頁参照）。裁判例においては、「陛下プロジェクト」なる企画にプロの漫画家が自ら似顔絵を投稿したかのように画像投稿サイトにアップロードしたことが著作権法113条11項（現行）にあたるとしたものがある（知財高判平成25・12・11平成25年（ネ）第10064号［著百37］〔陛下プロジェクト事件控訴審〕）。

本問においても、著作者人格権の侵害にあたらないとしても、B子さんの行為が「著作者の名誉又は声望を害する方法によりその著作物を利用する行為」といえる場合は著作者人格権侵害とみなされることになる。

もっとも、ここでいう「名誉又は声望」は社会的名誉と解されている（加戸・前掲873頁、東京高判平成14・11・27判時1814号140頁〔「運鈍根の男」事件控訴審〕参照）。そのため、本項にあたるためには、社会的に見て、著作者の名誉または声望を害するおそれがあると認められるような行為であることが必要となる。したがって、著作者の主観的な名誉感情を害するにすぎない場合はこれにあたらない。

たしかに、起草者によっても、同項にあたる具体例として、「言語の

著作物を悪文の例として利用する場合」というものを挙げるが、「批評・論評の目的を持って引用する場合」は許されると述べられている（加戸・前掲874頁）。このような観点からすれば、本問については、B子さんの行為がこの規定にあたるとはいいがたいことになろう。

6………著作者が存しなくなった後における人格的利益の保護（著60条）

さて、設問❷においては、著作者が存しなくなった後における人格的利益が問題になっている。

著作権は著作者の死後も存続期間が満了するまで存続するが、著作者人格権についてはそのような定めがない。ただ、著作者人格権は人格権として「著作者の一身に専属」すると規定されているのであるから（著59条）、著作者の死亡とともに消滅すると考えるのが自然であろう。

とはいえ、著作者が存しなくなったからといって、著作者名を変更したり、著作物を改変したりして、公衆に提示または提供しても、誰もこれに反対しえないというのは妥当でないと考えられる。

そこで、著作者が存しなくなった後（法人の解散を含む）においても、著作物を公衆に提供または提示する者は、「著作者が存しているとしたならばその著作者人格権の侵害となるべき行為をしてはならない」ものと規定されているのである（著60条）。

この場合、そうした行為をする者またはするおそれのある者に対しては、死亡した著作者の遺族のうち一定の者（配偶者、子、父母、孫、祖父母または兄弟姉妹）が差止請求（著112条1項）を行うことができるものと規定されている（同116条）。

本問においても、著作者であるAくんの死後、生前に書いた未公表の日記が無断で公衆に提示されているため、このことが問題となる。

とはいえ、著作者が存しなくなった後の人格的利益の保護というのは、その生前とは異なるところがある。すなわち、すでに著作者本人は存しないのであり、時間の経過とともに、社会的な事情も変化し、利用者側の要請が高まることもありうるからである。

　そこで、著作権法 60 条ただし書は、「その行為の性質及び程度、社会的事情の変動その他によりその行為が当該著作者の意を害しないと認められる場合は、この限りでない」と規定している。

　たとえば、社会的事情の変動、すなわち価値観の変化などにより、古い用語法を現代風に改変するといったことが、もはや著作者の意を害しなくなったといえるような場合には、そのような行為が許されることになる。

　本問においては、生前の未公表の日記を無断で公衆に提供したというのであるから、これはたしかに、著作者が存しているとしたならばその公表権の侵害となるべき行為にあたることになろう（東京高判平成 12・5・23 判時 1725 号 165 頁［著百〔5 版〕49〕〔三島由紀夫書簡事件控訴審〕参照）。

　もっとも、本問においては、著作者である A くんの死後からすでに 60 年は経過していること、当該日記は、文豪となった A くんや文学史の研究にとってきわめて貴重な資料であること、C 教授は研究のために当該日記を自己の書籍に掲載したこと、といった事情がある。解答にあたっては、そうした事情に鑑みて、A くんという「著作者の意を害しないと認められる」かどうかを検討することになろう。

解答例

設問❶

　A くんが、B 子さんに対して、著作権法に基づき "tea for two" をウェブサイトから削除するように請求するためには、A くんが有する著作者の権利を B 子さんが侵害していることが必要になる。

　(1)　著作権について

　まず、B 子さんは、A くんの英語詩を無断で翻訳し、これをウェブサイトに掲載しているため、A くんの翻訳権（著 27 条）および

著作権法28条を介して有する二次的著作物の公衆送信権（同23条1項）の侵害が問題になる。

　もっとも、B子さんの行為は、Aくんの詩を批評する目的でウェブサイトに掲載したというものであり、適法な引用（著32条1項）にあたるものと考えられる。従来の通説・判例によれば、同項にあたるためには、公表された著作物であることを前提として、明瞭区別性および主従関係が要件となる。

　「公表」に関して、著作権法4条1項によれば、著作物は、それが「発行」された場合に公表されたものと規定されている。そして、同法3条1項によると、著作物は、「その性質に応じ公衆の要求を満たすことができる相当程度の部数の複製物」が、複製権を有する者によって作成され、頒布された場合に、発行されたものと規定されている。さらに、「公衆」には「特定かつ多数の者を含む」とされる（著2条5項）。

　これについては、学年文集に掲載された詩が合計300部以上配布されたという事件で、多数の者の要求を満たすに足りる部数の複製物が作成されて頒布されたものであり、公表されたものにあたるとした裁判例がある。

　本問では、Aくんが自分の英語詩をテニスサークルのメンバー全員（100名）に配布したというのであるから、公表されたものと解すべきであるように思われる。

　また、本問におけるB子さんのエッセイは長めのものであり、「この詩に対してたっぷりと辛口批評を繰り広げた」というのであるから、主従関係も明瞭区別性も満たすものと考えられる。

　したがって、B子さんのサイトは著作権法32条1項にいう適法な引用にあたる。

　そして、同項に該当する際には、さらに「翻訳」の方法により引用して利用することができる（著47条の6第1項2号）。したがって、B子さんの行為は、Aくんの著作権（翻訳権、公衆送信権）を侵害するものではない。

　とはいえ、こうした著作権制限規定は、あくまで著作権の制限であり、これを著作者人格権に影響を及ぼすものと解釈してはならない（著50条）。したがって、著作者人格権侵害にあたらないかどうか、次に検討する。

　(2) 著作者人格権について

①　公表権について　　まず、公表権侵害にあたるためには、著作物が「まだ公表されていないもの」であることが必要となる。

本問では、Aくんが自分の英語詩をテニスサークルのメンバー100名に配布したというのであるから、先にみたように、すでに公表されたものと解すべきであるように思われる。というのも、公表権というのは著作物を公表するかどうかを決定する人格的利益を保護するものであると考えられ、著作者であるAくんが自ら100人に配布したということによって、公表権によって保護されるべき人格的利益はもはや認められないというべきだからである。

このように、Aくんの英語詩がすでに公表されたものである以上、これを日本語に翻訳した二次的著作物を公衆に提示または提供する行為は、原著作物の著作者であるAくんの公表権の侵害にはあたらないものと解される。

②　氏名表示権　　次に、氏名表示権である。本問においては、すでに原著作物の著作者であるAくんは、その英語詩に「Q著」という著作者名を表示しているのである。したがって、B子さんがこれに従って、この日本語版に「Q著＝B子訳」と表示することは、著作権法19条2項にいうように、「その著作物につきすでに著作者が表示しているところに従つて著作者名を表示することができる」ものと解される。したがって、氏名表示権の侵害は認められない。

③　同一性保持権　　最後に、同一性保持権である。本問で、B子さんはAくんの英語詩をそのままウェブサイトに掲載したのではなく、これを無断で日本語に翻訳している。これは、著作物の改変にあたると考えられる。

たしかに、著作権法47条の6第1項2号によって「翻訳」することが許されているのはすでに述べたとおりである。しかし、この規定はあくまで著作権の制限であり、同法50条に規定されているとおり、それでただちに同一性保持権の侵害にならないということにはならない。

そうすると、このような翻訳に伴う改変が同一性保持権の侵害にあたるかどうか、独立して検討する必要がある。そうすると、翻訳して引用することに伴う改変が著作権法20条2項4号にいう「著作物の性質並びにその利用の目的及び態様に照らしやむを得ないと認められる改変」といえるかどうかが問題になる。

本問においては、たしかに英語詩という著作物の性質という観点

からすれば、韻を踏んだ点に創作性が発揮されていると考えられ、無断翻訳によりそうした創作的表現が少なからず改変されたとも考えられる。しかし、他方、B子さんは日本語のエッセイにおいて批評するという目的で翻訳という改変を行ったこと、改変といっても翻訳にすぎないこと（もちろん、現実にどのような翻訳がなされたのかによる）、といった事情からすれば、かかる改変を行う必要性も高いように思われる。

以上のことから、B子さんの行為は同一性保持権の侵害にあたらないものと解される。

（3）まとめ

以上のように、B子さんの行為は、Aくんの著作者の権利（著作権および著作者人格権）を侵害するものではない。したがって、AくんはB子さんに対して、本件請求を行うことはできない。

設問❷

本問においては、Aくんという著作者が存しなくなった後における人格的利益が問題になる。

著作権法60条によれば、著作者が存しなくなった後においても、著作物を公衆に提供または提示する者は、著作者が存しているとしたならばその著作者人格権の侵害となるべき行為をしてはならないものと規定されている。

この場合、そうした行為をする者またはするおそれのある者に対しては、死亡した著作者の遺族のうち一定の者が差止請求（著112条1項）を行うことができるものと規定されている（同116条）。

本問においても、著作者であるAくんの死後、生前に書いた未公表の日記が無断で公衆に提示されており、D氏はAくんの孫であるから、C教授の行為が著作権法60条に該当するといえれば、D氏はC教授に対して、当該研究書の出版をやめるように請求することができる。

もっとも、著作権法60条ただし書は、「その行為の性質及び程度、社会的事情の変動その他によりその行為が当該著作者の意を害しないと認められる場合は、この限りでない」と規定している。

本問においては、生前の未公表の日記を無断で公衆に提供したというのであるから、これはたしかに、著作者が存しているとしたならばその公表権の侵害となるべき行為にあたることになろう。

もっとも、本問においては、著作者であるAくんの死後すでに

60 年が経過していること、当該日記は、文豪となった A くんや文学史の研究にとってきわめて貴重な資料であること、C 教授は研究のために当該日記を自己の書籍に掲載したこと、といった事情がある。

こうした事情に鑑みると、たとえ未公表の日記とはいえ、この行為は、もはや A くんという著作者の意を害しないものと認められる。

以上のことからして、D 氏の C 教授に対する請求は認められない。

関連問題

氏名表示の変更

設問❶において、A くんが "tea for two" を「Q 著」名義で配布した 1 年後、仮に、A くんがペンネームである「Z 著」という表示を付して "tea for two" を自己のウェブサイトに掲載していたという場合、B 子さんの行為は A くんの氏名表示権の侵害になるか。

参│考│文│献

（本文中に掲げたもののほか）

小泉直樹「著作者人格権」民商法雑誌 116 巻 4・5 号 84 頁（1997）

上野達弘「著作者人格権」法学教室 344 号 151 頁（2009）

上野達弘「著作物の論評における名誉毀損と著作者人格権——『運鈍根の男』事件〔東京高判平成 14 年 11 月 27 日〕」知財管理 54 巻 1 号 79 頁（2004）

（上野達弘）

20. 先代のソース

設問

　広島県 A 市にある B 社は、50 年前の創業以来、お好み焼き用ソース α の製造販売を行っている。α は A 市民から非常に高い評価を受けており、製造された α の多くは A 市内のお好み焼き店や食料品店に出荷されている。このことから、α は A 市の名物として有名となっており、広島県や A 市を紹介するガイド本（全国で流通しているものも含む）のどれにも α に関する記事が掲載されている。

　また、α のボトルのキャップは紫色で、他に同じような色のキャップをつけているソースのボトルは、全国的にも見当たらない。そして、α のボトルに付されている商品名や原材料等の表示があまり目立たないということもあって、α は「紫のキャップのボトルに入っているお好み焼き用ソース」として多くの需要者に記憶されている。

　B 社の社長である X は、先代社長であった創業者故○○の息子である。X は今、少し前に B 社を退職した Y のことを考えていた。Y というのは、長年先代の下で働き、先代を心から尊敬していた男だ。そんな Y が B 社を辞めたきっかけは、創業以来維持してきた α の製法の一部を変更する決断を X がしたことだった。この変更によって従来の α の味は維持しつつコストを劇的に削減できるという旨の X の説明に納得できなかったため、Y は X と対立するようになった。お互い頭に血が上りやすい性格であったこともあって、対立は収拾がつかなくなり、しまいには Y は退職してしまった。

　退職する間際に、あいつは俺に言った。「あんたのソースはまがい物だ。俺が先代のソースを復活させてやる」と。今ごろあいつはどこか、そう岡山県あたりでお好み焼き用ソースの製造販売をする準備をしているに違いない。こうしてはおれん。対策を打たねば。X がそのようなことを考えていたところ、色や音の商標登録が可能である旨の新聞記事が目にとまった。

　先代のソースを復活させるなどというからには、味だけでなくボト

ルも α とそっくりなやつを作るはずだ。なぜならあのボトルのデザイ
ン、特にキャップの色については親父が異常にこだわっていた部分だ
からだ。キャップを目立たせるために全体のデザインが考えられてお
り、今ではあのキャップが α の代名詞となっている。つまりキャップ
こそが α。キャップこそが親父。いやそれは言い過ぎだ。すまん親父。
とにかく商標権でキャップを守るのだ。そう考えた X は、キャップ
の色について商標権を取得しようと決めた。

❶ X は、紫色の色彩（輪郭のない色彩）について、指定商品を
「ソース」として商標登録出願を行った（この商標を「X 商標 1」
とする）。X 商標 1 が登録されるか否かについて論じなさい。

　X 商標 1 を出願したのに続いて、X は先代社長の氏名「○○」を
標準文字で記述してなる商標について、指定商品を「ソース」として
商標登録出願を行った（この商標を「X 商標 2」とし、X 商標 2 に
かかる商標権を「X 商標権」とする）。Y がその商品に先代の氏名を
表示するかもしれないと考えたからである。X 商標 2 は登録査定を
受け、登録された。その登録後から、X は α の広告宣伝に積極的に
X 商標 2 を使用するようになった。

　先代が確立したかつての α の製法をそのまま使用してお好み焼き用
ソースの製造販売を計画していた Y は、X 商標 2 が α の宣伝広告に
やたらと使用されていること、および同商標が商標登録されているこ
とを知った。Y は腹が立った。あんなまがい物のソースに先代の名
前が使われるのは許せない。しかもあいつだけが先代の名前をソース
に使用することができるなんて。あいつにそんな資格はない。あいつ
が先代の後継者とは俺は認めない。むしろ先代の製法でソースを作ろ
うとしている俺こそが後継者だ。そうだ俺が先代の真の後継者。いわ
ば俺が先代の息子だ。いやそれは言い過ぎだ。すみません先代調子に
乗り過ぎました。とにかく、あいつの商標権を何とかして、俺が先代
の名前を使えるようにするのだ。そう考えた Y は、X 商標 2 の登録
を無効にすることにした。

　Y はこのことを弁護士に相談した。弁護士によれば、先代と同姓
同名の者がいれば、商標法 4 条 1 項 8 号違反として商標登録を無効に
できる可能性があるということであったが、調べたところ、そのよう

な者はいなかった。その弁護士が示したもう 1 つの可能性は、商標法 4 条 1 項 7 号違反というものであった。

❷ X 商標 2 の登録が商標法 4 条 1 項 7 号に違反してなされたものといえるか否かについて論じなさい。

❸ Y は、その製造するソース（B 社が伝統的に使用していた製法で製造したソース）の包装に、その商品名とは別に「○○の作った昔ながらの味を再現」との表示（これを「Y 表示」とする）を付して販売することとした。X 商標 2 に無効理由がないとして、Y のこの行為が X 商標権を侵害するといえるか否かについて論じなさい。

解　説

1 ⋯⋯⋯⋯ 概　観

（1）　出題のねらい

　本問では、商標登録の要件と、商標権侵害との主張に対する抗弁について扱っている。より具体的には、前者については、平成 26 年改正により導入された「新しいタイプの商標」のうち、色彩のみからなる商標の登録要件、および近時問題になることの多い、登録阻却の一般条項のような運用がなされている商標法 4 条 1 項 7 号の解釈に関する問題、が挙げられる。後者は、いわゆる商標的使用（商標としての使用）論であり、これも平成 26 年改正により導入された規定に関するものである。

（2）　取り上げる項目

►色彩のみからなる商標の識別力・独占適応性

►使用による識別力の獲得

►公序良俗を害するおそれのある商標

►非商標的使用

2⋯⋯⋯色彩のみからなる商標の3条1項該当性

(1) 3条1項3号の一般論

　設問❶は、色彩のみからなる商標の登録可能性について問うものである。ここでまず問題となるのは、商標法3条1項3号（以下、単に「3号」という）該当性である。

　3号は、商品の産地や品質、役務の提供場所や質等の、商品または役務の属性について普通に用いられる方法で記述するに過ぎない商標の登録を認めない旨、規定している。このような商標の登録を認めないことの趣旨について判例（最判昭和54・4・10判時927号233頁）は、3号に該当する商標が「取引に際し必要適切な表示としてなんぴともその使用を欲するものであるから、特定人によるその独占使用を認めるのを公益上適当としないものであるとともに、一般的に使用される標章であって、多くの場合自他商品識別力を欠き、商標としての機能を果たし得ないものであることによる」と説明している。

　判例がこのように、自他識別力だけでなく、独占適応性（特定人による独占に適しているか否か）についても問題としている理由については、次のような例を考えるとわかりやすいだろう。たとえば、「グアバ」という植物が日本で全く知られていないものであったとすれば、缶ジュースの缶に「グアバ」と大きく表示されているのに接した（日本の）需要者は、それを原材料の表示ではなく、商品名だと思うことだろう。その場合「グアバ」という表示は自他識別力があるといえそうであるが、だからといって「果汁入りジュース」を指定商品として「グアバ」という文字列を普通に表示しただけの商標の登録を認めてしまうと、グアバの果実を原材料に含むジュースの容器に、商標権者以外の者が「グアバ」と表示することが制限されてしまいかねない。

　このような商標の特定人による独占を認めると、グアバを原材料とするジュースの市場の競争が抑制される。商標法の趣旨は適切な商標によって自他識別をしたうえで、事業者に公正な品質競争をさせることであって、商標権者に市場を独占させることではない。したがって、このような表示は、識別力の有無にかかわらず、指定商品の原材料を普通の方

法で表示するものとして、3号により拒絶されることになる。

（2） 立体商標の扱い

3号におけるこの「独占適応性」の考え方は、商品や容器の形状（文字標章が一切付加されていないもの）が立体商標として出願された場合により重視されることとなる。商標登録によって特定の商品の形態が独占されると、（商品の属性を記述するような）文字商標が独占される場合よりもさらに、市場の競争に対する悪影響が懸念されるからである。

仮にそのような形状が競争上不可避な形状であるとすると、その商品を販売できるのが商標権者だけとなってしまい、市場の独占につながる。このため、商標法4条1項18号は、このような形状を商品が「当然に備える特徴」として、（後述の3条2項の適用を受けるような商標であっても）登録を認めていない。また、「当然に備える特徴」とまでは言えないような形状であっても、（商標権者の）競業者の商品形態の選択肢の1つを奪うことで、競争が抑制されるおそれがあるので、先に出願したという理由だけで商標権を与えるのはためらわれる。そこで、ほとんどの商品の形状が3号に該当するような解釈をするという立場が有力である。

具体的には、近時の知財高裁の判決（知財高判令和元・7・24平成31年（行ケ）第10017号）や商標審査基準（商標審査基準〔改訂第15版〕第1-五「第3条第1項第3号」4.(1) < https://www.jpo.go.jp/system/laws/rule/guide-line/trademark/kijun-kaitei/document/15th_kaitei_2019/15th_shohyoshinsakijun.pdf >）においては、商品や包装の形状について、①客観的に見て、商品等の機能または美感に資することを目的として採用されると認められる形状、または②機能または美感上の理由による形状の選択と予測し得る範囲の形状のいずれかに該当する形状は、商品や包装の形状を普通に表示する商標として、3条1項3号に該当する、という解釈がなされている。

なお、一時期においては、知財高判平成20年5月29日判時2006号36頁［商百5］などの一連の裁判例が、上記①および②に加えて、③需要者において予測し得ないような斬新な形状であるが、専ら商品等の機能向上の観点から選択された形状についても3号に該当するとしていた

が、近時はこの③の類型には言及されなくなってきている。上記③の基準が有効に機能して同号該当性が否定されたような事例はなく、②の「予測し得る」か否かの解釈により対応が可能であるためであろう。さらに、より近時においては、上記②の基準のみに言及する裁判例（知財高判令和2・2・12判時2463号44頁や後述の焼肉のたれ容器事件）も登場している。①については②に包含されると理解できることから、②のみでも問題ないと考えられているのであろう。

(3) 色彩のみからなる商標

平成26年の商標法改正によって、商標（標章）の範囲が拡大され、いわゆる新しいタイプの商標の登録が認められるようになった。色彩のみからなる商標もその1つである（このほかの新しいタイプの商標としては、動き商標〔文字や図形等が時間の経過に伴って変化する商標〕、ホログラム商標〔文字や図形等がホログラフィーその他の方法により変化する商標〕、音商標および位置商標〔図形等を商品等に付す位置が特定される商標〕が挙げられる）。色彩については、従来は文字や図形等の要素と結合している場合にのみ、その全体が商標（標章）として認められるにとどまっていたが、上記改正により色彩単独で登録が認められうることになった。

ただし、色彩についても独占が認められた場合に市場の競争に対する悪影響が考えられるため、上記の商品形態の場合と同様、3号に該当する範囲を広くとる解釈論が有力である。たとえば、特許庁の商標審査基準は、色彩のみからなる商標について、㋐商品の性質上、自然発生的な色彩（商品「木炭」について、「黒色」）、㋑商品の機能を確保するために通常使用されるまたは不可欠な色彩（商品「自動車用タイヤ」について、「黒色」）、㋒その市場において商品の魅力の向上に通常使用される色彩（商品「携帯電話機」について、「シルバー」）、㋓その市場において商品に通常使用されてはいないが、使用され得る色彩（商品「冷蔵庫」について、「黄色」）、および㋔色模様や背景色として使用され得る色彩（商品「コップ」について、「縦のストライプからなる黄色、緑色、赤色」）については、商品等が通常有する色彩として、原則として本号に該当するとしている（前掲商標審査基準第1-五「第3条第1項第3号」7.(1)）。

　設問のケースの場合、紫色自体は「その市場において商品に通常使用されてはいないが、使用され得る色彩」に該当するので、3条1項3号に該当することとなるだろう。

　なお、色彩商標については、商品形態の一部の色彩として「位置商標」として出願されることもある。この場合、願書に記載する商標のカテゴリー（商標5条2項）としては「位置商標」となるが、当該商標の構成要素に商品の形状における位置以外に色彩しか含まれていないような場合には、そもそも商品の形状についても上述のような独占適応性に関する議論があることも踏まえると、色彩のみからなる商標と同様の扱いとすべきであろう。この種の商標の3条2項該当性が問題になった裁判例で、傍論ながら、この種の（実質上）単一の色彩のみからなる商標については、独占適応性の見地から原則として3号に該当する旨述べるものがある（知財高判令和2・8・19令和元年（行ケ）第10146号）。

3　⋯⋯⋯⋯3条2項該当性

（1）　使用による識別力の獲得

　3条2項は、同条1項3号から5号までに該当する商標のうち、「使用をされた結果需要者が何人かの業務に係る商品又は役務であることを認識することができる」もの、すなわち使用による識別力を獲得したものについて登録を認めるための規定である。どの程度の範囲に知られていれば、使用による識別力ありと判断されるのかについては、これを全国的に知られていることとするのが通説（田村善之『商標法概説〔第2版〕』189頁（弘文堂・2000））である。

　また、3条2項該当性の判断は、取引実情に関する諸要素の総合考慮により行われる。商品の形状が立体商標として出願される場合は、「当該商標ないし商品の形状、使用開始時期及び使用期間、使用地域、商品の販売数量、広告宣伝のされた期間・地域及び規模、当該形状に類似した他の商品の存否などの事情を総合考慮して判断する」というのが近時の裁判例（知財高判平成19・6・27判時1984号3頁）の立場であり、実際に使用されている形状に文字等のマークが付されていても、そのことの

みをもって同項該当性は否定されない。

　色彩のみからなる商標については、商標審査基準は「使用商標中に、出願商標以外の標章が含まれているが、出願商標部分のみが独立して自他商品・役務の識別標識として認識されると認められる場合」には同項該当性が認められるとして、具体例として「使用商標として筆箱の全面が青色であり、その蓋に１つの小さな丸の図形が記載された証拠資料が提出されたが、出願商標と同一の色彩である青色が需要者に強い印象を与え、独立して自他商品の識別標識として認識される場合」を挙げている（前掲商標審査基準第２「第３条第２項」6.(1)< https://www.jpo.go.jp/ system/laws/rule/guideline/trademark/kijun/document/index/11_3-2.pdf >）。ただし、色彩のみからなる商標や実質的にこれと同視できる位置商標については、上述の通り独占適応性に関する問題が意識されているため、裁判例においては３条２項該当性は厳しく判断されている（知財高判令2・6・23令和元年（行ケ）第10147号および前掲知財高判2・8・19）。

　設問のケースの場合、出願された商標がソースのボトルの形態全体であれば、使用による識別力が獲得されていると考えてよさそうであるが、紫色のみが独立で識別力を獲得していたとまでは言い難いように思われる。仮に商標登録を認めると、ボトルのキャップ以外の部分に紫色を競業者が使用するのを禁止することになりかねないことに鑑みても、登録を認めるのは妥当ではないように思われる。せめてボトルのキャップの形状まで含めて商標として出願すべきであろう。

(2)　使用による識別力の獲得が認められる指定商品の範囲

　商標審査基準には、「出願商標の指定商品又は指定役務と使用商標の使用する商品又は役務とが異なる場合には、指定商品又は指定役務について出願商標を使用しているとは認めない」との記述がある（前掲商標審査基準第２「第３条第２項」1.(2)）。しかし、具体的にどのような場合に指定商品と使用商標の使用する商品とが「異なっている」と評価するのかは難しい問題である。設問のケースでも、X商標１は指定商品「ソース」に使われているといえる一方で、X商標１が使用されているのはあくまで「お好み焼き用ソース」であって、それ以外の様々なソー

ス（ウスターソース、ケチャップソースなど）を含む概念である「ソース」とは同一視できないということも可能であろう。

　この点につき、近時の裁判例は、指定商品と使用商品との間に厳格な同一性を求めない傾向にある。たとえば、「あずきを加味してなる菓子」を指定商品とする出願商標「あずきバー」（標準文字）が、「あずきを加味してなる棒状の氷菓子」に使用された結果需要者の間で高い知名度を獲得しているものと認定しつつ、これが3条2項に該当することを肯定した判決（知財高判平成25・1・24判時2177号114頁［商百6］）や、出願商標が使用されていたのは香水であったところ、「これと極めて密接な関係にある」化粧品等の他の指定商品についても「香水に係る取引者・需要者と重なる……取引者・需要者において」識別力を発揮しているとして3条2項該当性を肯定した判決（知財高判平成23・4・21判時2114号9頁）などがある。

　前記の審査基準も、「ただし、指定商品又は指定役務と使用する商品又は役務とが厳密には一致しない場合であっても、取引の実情を考慮して、指定商品又は指定役務と使用する商品又は役務の同一性が損なわれないと認められるときは、指定商品又は指定役務について出願商標を使用しているものと認める」と述べている（前掲商標審査基準第2「第3条第2項」1.(2)）。

　これらの見解からすれば、設問のケースでは指定商品「ソース」について X 商標1が使用されたと考えてよさそうである。

4………4条1項7号該当性

（1）　故人の氏名からなる商標の4条1項7号該当性

　4条1項7号は、「公の秩序又は善良の風俗を害するおそれがある商標」の登録を認めないための規定である。商標自体が反社会的、反道徳的な言葉や図形からなるものが同号に該当するのはいうまでもないが、商標の構成自体がそうでなくとも、指定商品・役務について使用することが社会公共の利益に反し、または社会の一般的道徳観念に反するような場合も含まれる。さらに、特定の出願人がその出願商標を使用するこ

とが国際信義に反したり、社会公共の利益を害するような場合にも、同号に該当することがある（このような出願人による商標登録出願は「悪意の出願」と呼ばれることがある）。

たとえば、ある自治体が地域振興のためにイベントの名称や町の産品に付することを奨励していた名称「母衣旗」が商標登録された例において、当該商標登録をその名称による利益の独占を図る意図でなされたものと認め、当該商標を公序良俗に反するものとして、当該商標登録を維持した審決を取消した判決がある（東京高判平成 11・11・29 判時 1710 号 141 頁）。人名に関しても、著名な画家である故サルバドール・ダリを想起させる商標を遺族の承諾なく登録することが「世界的に著名な死者の著名な略称の名声に便乗し、指定商品についての使用の独占をもたらすことになり、故人の名声、名誉を傷つけるおそれがあるばかりでなく、公正な取引秩序を乱し、ひいては国際信義に反するものとして、公の秩序又は善良の風俗を害するものといわざるを得ない」として 4 条 1 項 7 号違反とした判決がある（人名の登録を認めない規定としては 4 条 1 項 8 号があるが、同号にいう「他人」に故人は含まれないとされているので、故人の氏名については同号の対象外となる）。

また、特許庁の「商標審査便覧」においては歴史上の人物名からなる商標登録の出願について、当該商標の使用や登録が社会公共の利益や社会の一般的道徳的観念に反するような場合に 4 条 1 項 7 号に該当することがありうる旨の記述があり、その判断にあたっては①当該歴史上の人物の周知・著名性、②当該歴史上の人物名に対する国民または地域住民の認識、③当該歴史上の人物名の利用状況、④当該歴史上の人物名の利用状況と指定商品・役務との関係、⑤出願の経緯・目的・理由、および⑥当該歴史上の人物と出願人との関係を総合的に考慮するものとされている（商標審査便覧 42.107.04 < http://www.jpo.go.jp/shiryou/kijun/kijun2/pdf/syouhyoubin/42_107_04.pdf >）。

(2) 「公序良俗違反」といえるのはどこまでか

上記のように、近時では広く「悪意の出願」をカバーすることとなっている 4 条 1 項 7 号であるが（なお、一部の「悪意の出願」に対しては平

成 8 年の改正で 4 条 1 項 19 号が新設されている）、国際信義や「社会公共の利益」に関係するとはいえないような私人間の紛争が問題となるようなケースでは、同号該当性を否定する見解が有力である（髙部眞規子「商標登録と公序良俗」飯村敏明先生退官記念『現代知的財産法　実務と課題』（発明推進協会・2015）962 頁など）。判決にも、「当事者間における利害の調整」や「私人間の紛争」が同号の対象外である旨判示するものがある（前者につき、東京高判平成 15・5・8 平成 14 年（行ケ）第 616 号、後者につき、知財高判平成 20・6・26 判時 2038 号 97 頁［商百 7］）。

　以上を前提に設問のケースを考えると、XY 間の紛争が単なる私的な紛争にとどまらず、先代社長の氏名「○○」の使用が社会的な関心事といえることがまずもって必要となるだろう。それが肯定される場合であっても、遺族である X 自身の出願であり、B 社の宣伝広告に使用されていることなどに鑑みると、X 商標 2 の登録が 4 条 1 項 7 号に反するものとまではいえないように思われる。

5………商標的使用

　商標法 26 条 1 項 6 号は、「需要者が何人かの業務に係る商品又は役務であることを認識することができる態様により使用されていない商標」を商標権の効力の対象外とする規定である。この規定は平成 26 年改正により新設されたもので、従来の裁判実務や学説で支持されていた「商標的使用」論（「商標としての使用」論）を明文化したものである。すなわち、上記改正前の商標法においては、登録商標と同一ないし類似の商標の形式的な意味での「使用」（商標 2 条 3 項）がある場合に侵害を否定する明文の規定が存在していなかったところ、そのような場合であっても当該「使用」が指定商品ないし類似商品について自他識別機能を果たす態様でなされているものでない限り、商標としての使用（商標的使用）に該当しないとして侵害を否定するという解釈論が多数の裁判例や学説により支持されていた。

　この「自他識別機能を果たす態様でなされて」いないような使用であるとして侵害が否定された例としては、たとえば、カルタおよびその容

器の蓋に「一休さん」の文字とともに「テレビまんが」と表示する行為が、そのカルタがテレビ漫画映画「一休さん」をもとに作られ、絵札に表される登場人物のキャラクター等が当該テレビ漫画映画に由来するものであることを表示するにすぎないから、登録商標「テレビマンガ」の使用にあたらないとした例（東京地判昭和 55・7・11 無体集 12 巻 2 号 304 頁〔控訴棄却：東京高判昭和 56・3・25 無体集 13 巻 1 号 333 頁〕）や、原告（ブラザー工業）製のファクシミリに使用する、被告製造にかかるインクリボン（ブラザーの純正品の互換品）の外箱に「For brother」、「ブラザー用」などと表示する行為について、これを原告登録商標「brother」ないし「ブラザー」を商標として使用する行為であると解することはできないとした例（東京地判平成 16・6・23 判時 1872 号 109 頁〔控訴棄却：東京高判平成 17・1・13 平成 16 年（ネ）第 3751 号〕）などがある。

　現行商標法 26 条 1 項 6 号は、上記のような裁判例を踏まえて新設されたものであるから（産業構造審議会知的財産分科会報告書「新しいタイプの商標の保護等のための商標制度の在り方について（平成 25 年 9 月）」< https://www.jpo.go.jp/shiryou/toushin/toushintou/pdf/shohyo_bukai_houkoku1/houkoku.pdf > 10 頁参照）、同号にいう「需要者が何人かの業務に係る商品又は役務であることを認識することができる態様により使用されていない」とは、自他識別機能を果たす態様で使用されていないことを指すものといえよう。同号該当性が認められた例としては、ピタバスタチンカルシウムを有効成分とする後発医薬品である錠剤に「ピタバ」の文字列を表示等することにつき、当該表示に接した需要者はこれを有効成分の略記と理解し、出所表示であるとは理解しないとして、同号該当性を肯定した例（知財高判平成 27・7・16 平成 26 年（ネ）第 10098 号）などがある。

　設問のケースにおいても、Y 表示が自他識別機能を果たす態様で使用されている（ソースの出所表示として使用されている）とは評価されないのであれば、当該表示の使用は商標法 26 条 1 項 6 号に該当することとなる。そのためには、単に別途商品名が表示されているということのみならず、その商品名表示と Y 表示との大小関係や Y 表示の位置等に

ついても問題となろう。たとえば、商品名表示が極端に小さい一方で、Y 表示が目につきやすい位置に大きく表示されているとなると、需要者が Y 表示を出所表示として受け止めるおそれが十分あるといえるであろうから、同号該当性は否定されることとなるだろう。

解答例

設問❶

　X 商標 1 が登録されるためには、商標法 3 条該当性が問題となる。以下、3 条 1 項 3 号該当性と、同条 2 項該当性につき検討する。

　⑴　3 条 1 項 3 号該当性について

　商標法 3 条 1 項 3 号の趣旨は、同号に該当する商標が特定人によるその独占使用を認めるのを公益上適当としないものであるとともに、一般的に使用される標章であって、多くの場合自他商品識別力を欠き、商標としての機能を果たし得ないものであるから、そのような商標の登録を認めないところにある。色彩のみからなる商標の場合、次に述べる通り、独占使用を認めるのは公益上適当でないと思われる。

　このことの前提として、まず商標法 4 条 1 項 18 号について述べる。同規定は、商品が「当然に備える特徴」の登録を認めていない。その理由は、そのような特徴のみで構成される商標の登録を認める場合には、当該特調を有する商品の（商標権者の）競業者による製造販売自体を抑制し、市場の競争を委縮させる恐れがあるためである。この趣旨を貫徹するためには、「当然に備える特徴」とまでは言えないような特徴であっても、（商標権者の）競業者の商品形態の選択肢の 1 つを奪うことで、競争が抑制されるおそれがあるので、先に出願したという理由だけで商標権を与えるべきではない。このことを色彩のみからなる商標について当てはめると、商品が当然有する特徴とまではいえないような色彩であっても、競業者が使用し得るようなものについては、同号に該当すると解すべきということになる。

　本件において、紫色の色彩は、ソースの市場において商品に通常使用されている色彩ではないものの、使用され得る色彩とはいえるので、同号に該当することとなる。

　(2)　3条2項該当性について

　3条1項3号に該当する商標であっても、使用による識別力を獲得したものについては同条2項により登録が認められる。この使用による識別力の獲得に必要な認知度の地理的範囲については、商標権が全国に及ぶことに鑑みて、全国であると解すべきである。本件においては、X商標1の使用地域はA市にとどまるとしても、広島県やA市を紹介するガイド本（全国で流通しているものも含む）のどれにもαに関する記事が掲載されているというのであるから、全国的な知名度があると判断してよいように思われる。

　ただし、上記の知名度はα自体の知名度であるから、X商標1が同項に該当するためには、X商標1の部分（紫色の色彩）のみが独立して自他商品・役務の識別標識として認識されると認められることを要する。本件の場合、αは「紫のキャップのボトルに入っているお好み焼き用ソース」として多くの需要者に記憶されているというのであるから、識別力を発揮しているのはボトルの形態全体（またはキャップ部分）であって、紫色のみが独立で識別力を獲得していたとまではいえない。したがって、X商標1は同項に該当しない。

　以上より、X商標1の商標登録は認められない。

設問❷

　商標法4条1項7号に該当する商標としては、①商標自体が反社会的、反道徳的な言葉や図形からなるもの、②商標の構成自体がそうでなくとも、指定商品・役務について使用することが社会公共の利益に反し、または社会の一般的道徳観念に反するようなもの、③特定の出願人がその出願商標を使用することが国際信義に反したり、社会公共の利益を害するようなもの、が挙げられる。X商標2は、①や②に該当しないことは明白であるので、③に該当するか否かについて検討する。

　上記③に該当するためには、出願に不正目的が認められる必要があるが、それ以前に、出願商標が同号の下で公序良俗に反するとまでいえるためには、単なる私人間の紛争にとどまらず、登録の許否が国際信義や社会公共の利益に関係するといえる必要がある。

　本問において、XY 間の紛争が単なる私的な紛争にとどまらず、先代社長の氏名「○○」の使用が社会的な関心事とまでいえるような事情については示されていない。仮にそのような事情があるとしても、X 商標 2 は、遺族である X 自身の出願であり、B 社の宣伝広告に使用されていることに鑑みると、同商標の出願が不正目的でなされたともいえない。

　以上より X 商標 2 は 4 条 1 項 7 号に該当しない。

設問❸

　本件において、Y 表示には X 商標 2 である「○○」が含まれており、同表示はソースの包装に付されているのであるから、Y は X 商標 2 と同一ないし類似の標章を、同商標の指定商品である「ソース」に使用（2 条 3 項 1 号）したことになる。この場合に、Y による Y 表示の使用が商標権侵害とならないためには、当該使用が商標法 26 条 1 項 6 号に該当する必要がある。

　同号にいう「需要者が何人かの業務に係る商品又は役務であることを認識することができる態様により使用されていない」とは、自他識別機能を果たす態様で使用されていないことを指すものと解される。本問では、Y のソースの包装には、Y 表示の他に別途商品名が表示されているとあるが、単に別途商品名が付されていることのみをもって同号該当性は肯定されない。同号に該当する（商標的使用にあたらない）といえるためには、その商品名表示と Y 表示との大小関係や Y 表示の位置等からみて、Y 表示に接した需要者が同表示を Y のソースの出所表示と受け取らないといえることが必要となる。

　したがって、Y のソースの包装において、商品名が目立つ位置に大きく表示されている一方、Y 表示についてはそれとは区別される形で小さく表示されているというような態様であれば同号該当性は肯定されるが、商品名表示が極端に小さい一方で、Y 表示が目につきやすい位置に大きく表示されているとなると、需要者が Y 表示を出所表示として受け止めるおそれが十分あるといえるであろうから、同号該当性は否定されることとなる。

関連問題

1. 色彩のみからなる商標権の効力

　設問❶のケースにおいて、仮にX商標1の商標登録が認められたとする。このとき、キャップを含む全体の大部分が紫色のボトル（商品名や商品の説明等は紫色以外の文字で表示されている）入りの「焼きそばソース」を製造販売するZがX商標1にかかる商標権を侵害するものといえるか。

2. 公序良俗に違反する商標

　設問❷のケースで、XがX商標2を出願しておらず、X商標2と同一の商標（これを「Y商標」とする）をYが出願したとする。このとき、Y商標は商標法4条1項7号に違反するものといえるか。

参｜考｜文｜献

（本文中に掲げたもののほか）

特許庁総務部総務課制度審議室『平成26年特許法等の一部改正　産業財産権法の解説』（発明推進協会・2014）（< http://www.jpo.go.jp/shiryou/hourei/kakokai/tokkyo_kaisei26_36.htm >より入手可）

青木博通『新しい商標と商標権侵害——色彩、音からキャッチフレーズまで』（青林書院・2015）

（宮脇正晴）

21. 国境をまたいだ侵害？

設問　　A国に住所を有するX（日本人）は、家庭用ソーラーシステムの装置に関する発明αにつき、A国法上の特許権（以下、「本件特許権」という）を有する者である。

　　Yは、わが国に主たる営業所を有する株式会社（日本法人）である。Yは、αの技術的範囲に属する装置（以下、「Y製品」という）をわが国において製造し、A国におけるYの子会社を通じてY製品をA国に輸出・販売していた。またY自身、Y製品をA国において輸入、販売したことがある。

　　A国特許法上、同国で設定の登録がされた特許権の侵害を誘導する行為を行う者は、たとえ当該行為がA国以外の領域で行われていても、特許権侵害の責任を負うものとされている。そこでXは、Yの日本国内における行為が本件特許権の上記侵害誘導行為にあたり、Yは侵害者としての責任を負うと主張し、Yに対して、Y製品をA国に輸出する目的で日本国内にて製造しないこと、Yの子会社等にA国においてY製品を販売するようわが国で誘導しないこと、Yが日本国内で占有するY製品の廃棄を求める訴えを提起した。また、YがA国においてY製品を輸入、販売したことについても、本件特許権の侵害を理由とする損害賠償請求を行った。

　　なお、A国特許法上、Xの上記各請求は問題なく認められるが、Xは、本件特許権に対応する日本法上の特許権を有しておらず、αの実施は、日本法上は、万人がこれをなしうるものとする。

　　以上の事例につき、次の設問❶から❹に答えなさい（設問❷から❹は、わが国に国際裁判管轄が認められるという前提で答えなさい）。

❶ Xの上記各請求にかかる訴えについて、わが国に国際裁判管轄を認めてよいか。

❷ XのYに対する差止め・廃棄請求は認められるか。

❸ ＸのＹに対する損害賠償請求は認められるか。

❹実は、Ｘは、かつてＹの技術担当重役としての地位にあり、その間にαを発明した（αの研究開発をわが国において行っていた）という事情があったとする。Ｙは、αが職務発明であり、Ｙの職務発明規程により、当該発明につきＡ国において特許を受けうる地位にあったのはＹであり、Ａ国特許法上も冒認出願は無効理由であって無効の抗弁が許容されているので、本件特許権は無効であると主張してＸの請求を争うつもりである。

(1)本件のような場合に、職務発明としてαにかかる特許を受ける権利がＹに帰属したか否かを、いずれの国の法に基づいて判断すべきか。

(2)冒認であるというＹの主張が準拠法上も正しいといえ、かつ、Ｙが、実際に本件特許権が無効であるとの抗弁をした場合に、わが国の裁判所は、本件特許権の有効性について判断してよいか。

解　説

1 ………概　観

(1)　設問のねらい

そもそも、本設問のような知的財産権の国際的側面に関する問題は、司法試験選択科目・知的財産法の問題として出題されるだろうか。

本設問は、どちらかといえば国際私法ないし抵触法に関するものであるから、知的財産法科目ではなくて、むしろ国際関係法（私法系）科目としての出題が予想されるものであろう。

しかし、司法試験を離れてもっと学術的な視点から眺めてみた場合、本設問は、特許法と国際私法がクロスオーバーする特許法の一領域に属する問題とも把握できる。

そもそも知的財産というのは、その無体物としての性格から、あらゆる国で同時に利用することが可能であるという点で際立った国際性をもった財である、ということは認識しておいてよい。特にインターネットが普及してからというもの、知的財産の国際的な利用は日常茶飯事にな

ったといえる。

　したがって、当面は試験問題として出題されないとしても、読者の皆さんが実際に法曹になって知財実務に携わったときに、この種の問題に直面することがきっとあるはずである。今からこういう問題に慣れておくことは、決して無駄ではないと思われる。

「それでも、コクサイシホウって、どうもとっつきにくい」

と思った方。そう、そこの貴方。

そういう方こそ、ぜひ下記をお読みください。

(2)　取り上げる項目

►特許侵害訴訟の国際裁判管轄

►特許権侵害に基づく差止め・廃棄請求の準拠法

►特許権侵害に基づく損害賠償請求の準拠法

►職務発明の成否および帰属に関する準拠法

►外国特許権の無効の抗弁

2…………国際裁判管轄

　わが国と少しでも法的関連がある事件であれば、どんな訴えであっても、わが国の裁判所がこれを受理して裁判してよいわけではない。応訴を余儀なくされる被告の利益等に配慮して、一定の範囲内で国際的な裁判管轄権を肯定して裁判すべきである。

(1)　財産関係事件の国際裁判管轄

　では、どのような場合にわが国の国際裁判管轄を肯定すべきであろうか。わが国は長らくこの問題を直接規律するための法典を有さず、判例は条理によって処理してきた。すなわち、民事訴訟法の国内管轄規定を参照し、その裁判籍のいずれかがわが国内にあるときは、わが国の裁判所に提起された訴訟事件につき、原則として被告をわが国の裁判権に服させることとし（最判昭和56・10・16民集35巻7号1224頁）、わが国で裁判を行うことが当事者間の公平、裁判の適正・迅速を期するという理念に反する特段の事情があると認められる場合には、例外的に国際裁判管轄を否定する（最判平成9・11・11民集51巻10号4055頁）というルー

ルが裁判実務上確立されてきた（「修正逆推知説」といわれる）。

　こうして一定程度の判例の蓄積を得たのち、平成23年法改正によっていよいよ明文の規定が設けられるに至った。これにより国際民事事件の管轄原因が法律によって明確にされたが、事案の性質等によりわが国で審理・裁判することが当事者間の衡平を害し、または適正・迅速な審理を妨げる場合には訴えを却下しうるという従前の枠組みは、なお維持されている（「特別な事情」による訴えの却下。民訴3条の9）。

(2) 特許事件の国際裁判管轄

　以上は国際裁判管轄に関する一般論であるが、特許権の有効性を正面から争う訴訟に関しては、登録国の専属管轄とする特別なルールが存在する。すなわち、知的財産権のうち設定の登録により発生するものの存否または効力に関する訴えの管轄権は、その登録が日本においてされたものであるときは、日本の裁判所に専属すると規定されている（民訴3条の5第3項）。この規定の解釈として、外国特許権の対世的無効を求める訴えについてはわが国は管轄権を有しないとされているのである。

　特許侵害訴訟も、被告が（準拠法上許容されている）特許無効の抗弁をした場合には、必然的に当該特許権の有効性に関する判断が求められることになるから、登録国の専属管轄とすべきであるという見解がないわけではない。しかし特許侵害訴訟は、一般的には通常管轄ルールに従うべきであるとされており、実際に外国特許権について無効の抗弁がなされた場合に、わが国の裁判所がその有効・無効に関する判断を行うべきか否かという形で議論されている（後述の**7**を参照のこと）。[1]

3………特許権に基づく差止請求および廃棄請求の準拠法

　特許権に基づく差止請求および廃棄請求の準拠法は、どのように決定すべきであろうか。この問題は、さまざまな見解が鋭く対立しているきわめて難しい問題である。大雑把に諸見解を整理してみよう。

---

[1]　法務省民事局付参事官室が公表した「国際裁判管轄法制に関する中間試案の補足説明」(2009)では、改正法の専属管轄規定は権利の対世的効力に係る訴訟についてのものと説明されており、また外国の特許権等の侵害に係る訴訟においてその権利が無効であるとの抗弁を主張できるかどうかは、国際裁判管轄の問題ではなく、準拠実体法上の問題であると説明されている（36、38頁）。

（1） 法律関係の性質決定

当該請求は特許権の排他的効力に基づくものであると考え、特許権の効力の問題として、その準拠法によるべきとする見解がある。判例（最判平成14・9・26民集56巻7号1551頁［特百48]）が採用している立場である。

これに対し、当該請求の準拠法は、特許権侵害に基づく損害賠償請求とセットで考えるべきであり、後者の準拠法（後述の**5**を参照のこと）によるべきとする見解がある（多数説である）。特許権侵害に基づく差止請求および損害賠償請求は、比較法的にみると全体として調和するように規定される傾向があることから、その法律関係の性質をいずれも不法行為の効果と決定するほうが、準拠法間の不調和等を回避できるというのがその主な理由である。たとえば、差止請求等に厳格な要件を課すかわりに損害賠償額については実際の損害額よりも多く認める法制、差止めについて寛大な要件を認めるかわりに損害賠償額は実施料相当額に制限する法制は、それぞれに一貫性があり、全体として不法行為の抑止効果が目指されているので、準拠法を導くための法律関係のカテゴリーを別にして準拠法の分断をすべきでないというのである。

わが国の民法上は、差止請求権は排他権の効力と性質づける考え方が一般的であるが、国際私法における法律関係の性質決定は、国際私法独自の立場からこれを行うべきであるとされる。その際には、内外の法律を相手にする国際私法の特殊性を十分考慮しなければならない。そのような観点からすると、判例が採用する特許権の効力説よりも、比較法的考察を踏まえた不法行為の効果説の方が説得的であるといえよう。

（2） 特許権の効力の準拠法

仮に特許権侵害に基づく差止請求等について不法行為の準拠法によるとしても、特許権侵害の成否自体は、裏を返せば特許権の効力範囲にかかわる問題であるから、特許権の効力を規律する法によるべきであると考えられる。それはどの国の法とされるべきだろうか。わが国の国際私法には明文の規定がないため、種々の見解が主張されている。

そもそもこの問題は、国際私法上の準拠法選択という処理になじま

いとする見解がある。国際私法は、内外の法律を基本的に対等なものと
みて、その中から事案に最も密接な関係を有する法を選択し、適用する
ことを理想とするが、このような関係は、基本的には公権力的色彩が薄
い私法的法規についてあてはまる。しかし、わが国の特許法は、わが国
の産業政策と密接に関係しており（特1条）、侵害抑止を罰則により担
保するなど国家がその内容の実現に強い関心をもつ法規であるといえる
から、これを一種の公法として扱うべき、というのである。

　そして、このように解した場合には、わが国は外国の公的政策の実現
に原則として関心を有さず、外国の公権力を行使することもないため、
わが国の特許法のみの属地的な適用が基本となる。

　しかし、政策に基づくという点ではすべての法規にそのような性格が
認められること、特許法1条は目的規定にすぎないこと、特許権の設定
登録は同法所定の要件が充足されるならば国家はこれを拒むことができ
ないものであること、個々の特許権は権利者による放棄が可能であり、
国家はこれの維持に強い関心をもたないこと、民事の請求と刑事罰によ
る保護はこれを区別して論じることも可能であることなどの理由から、
学説上は、公法説をとらない見解が比較的多数を占めている。判例（前
掲最判平成14・9・26）も、渉外特許紛争は私人間の紛争であるとして、
準拠法決定を要するという立場をとっている。

　特許権の効力の準拠法については、設定登録がされた国の法によると
する見解のほか、保護国法によるとする見解がある。

　判例（前掲最判平成14・9・26）は、特許権が設定登録により成立する
権利であること、および後述の属地主義の原則を多くの国が採用してい
ることを理由に登録国法説を採用したが、これに対しては学説上の批判
が集中している。登録国法説によれば、発明のそのつどの利用地とは無
関係であっても、登録国の法が準拠法となりうること、登録国が複数存
する場合には準拠法が1つに定まらないことがその理由である。

　これに対し保護国法説は、内外の多数の学説により支持される見解で
ある。保護国とは、（国際的に最も普及した理解によれば）「その領域につ
いて保護が要求される国」をいい、具体的には発明の利用地等、特許保

護を要する行為が行われた場所を指す。後述の属地主義の原則のほか、利用者の予測可能性等の観点から主張されている。

4………属地主義の原則

　従来から特許権については、その成立および効力が各国法により定められ、その効力は各国の領域内においてのみ認められるとする属地主義の原則（最判平成9・7・1民集51巻6号2299頁［特百26］〔BBS事件〕）が妥当するといわれてきた。判例（前掲最判平成14・9・26）も、わが国は属地主義の原則を採用するものであり、他の多くの国もこれを採用していると指摘している。しかし、この原則の根拠はそれほど明らかなものではなく、近時、学説において再検討の必要が指摘されているところである。

　既述の公法説を支持する論者は、他国の領域における政策の実現に介入しないという理由で特許法の属地的適用を説き、その結果、特許権の効力も属地的なものになるとして、属地主義の原則をこのような観点から説明している。いわば属地主義を条理上の抵触規則ととらえる見解であり、同原則自体がそのような抵触規則の根拠となるわけではない。

　同様に、特許権の効力の準拠法につき保護国法説を支持する見解のなかには、特許権の効力が属地的なものになるのは、保護国法の適用から導かれる反射的な効果のゆえであって、本来は保護国法の適用を根拠づけるものではないと説くものもある。

　他方で、工業所有権の保護に関するパリ条約4条の2に規定される特許独立の原則に根拠を求める見解もある。たとえば甲国の特許権の効力が乙国の領域内に及ぶと、乙国の特許権の独立性が脅かされるというのがその理由である。しかし、その場合でも、乙国の特許権がその消長に関して甲国の特許権に従属したことにはならず、特許独立の原則をそこまで広義に解釈すべきかは議論の余地があろう[2]。

---

[2]　そのように広義に解したとしても、一国の特許権の効力を特許権が成立していない他国の領域に及ぼす場合、特許独立の原則には反しないことになるので、この原則からただちに属地主義の原則が導かれるわけではないように思われる。

5⋯⋯⋯特許権侵害に基づく損害賠償請求の準拠法

特許権侵害に基づく損害賠償請求は、不法行為によって生じる債権の問題としてその準拠法によるべきことについて、ほぼ異論はない。やはり判例（前掲最判平成14・9・26）もこの立場に立っている。

(1) 法適用通則法が定めるルール

改正前の成文国際私法である法例は、不法行為の成立および効力について不法行為地（原因事実発生地）法によると規定していた（法例11条1項）。ここでいう不法行為地の意味については、加害行為地説、結果発生地説等が主張され、争いのあるところであった。なお法例は、不法行為地法が外国法となる場合には、日本法のもとでも不法行為が成立することが必要であり、被害者は、日本法が認める損害賠償その他の処分の範囲でしか請求できないことも規定していた（同条2項・3項）。

現行法である法の適用に関する通則法（以下、「法適用通則法」という）は、次のようなルールを定めている。まず、不法行為により生じる債権の成立および効力については、原則として結果発生地法により、その地における結果発生が通常予見できない場合には、加害行為地法による（法適用通則17条）。ただし、当事者が常居所地を同じくする、または契約に違反して不法行為が行われたなど、諸事情に照らして明らかにより密接な関連を有する国が存するときは、同国の法を優先的に適用する（同20条）。当事者の合意により準拠法を事後的に変更することもできるが、第三者の権利を害する場合にはこの変更を対抗できない（同21条）。

そして、不法行為の準拠法が外国法となる場合には、従前の法例におけるのと同様、不法行為による債権の成立および効力に関して、再度、日本法によりチェックすることになる（法適用通則22条1項・2項）。

(2) 外国特許権の侵害に基づく損害賠償請求について

外国特許権の侵害に基づく損害賠償請求については、当該権利の効力が属地主義のゆえに当該外国内に制限されることから、日本の不法行為法上保護される権利にあたらないとして、法適用通則法22条1項（法例11条2項）により請求を棄却すべきかという論点がある。

　実際にこのような解釈を採用して、外国特許権者の損害賠償請求をしりぞけた裁判例がある（東京地判昭和28・6・12下民集4巻6号847頁、東京地判平成11・4・22判時1691号131頁、東京高判平成12・1・27判時1711号131頁）。この考え方のもとでは、侵害行為地が当該外国の領域外である場合はもちろん、その領域内であっても、外国特許権はそもそも日本法上保護される権利にあたらないので、請求はしりぞけられることになる（前掲東京地判平成11・4・22、前掲東京高判平成12・1・27）。

　だが、少なくとも外国特許権が当該外国の領域内で侵害されていると評価できる場合には、上記の論理で請求を棄却するのは、誤った解釈であるといわざるをえないだろう。法例11条2項／法適用通則法22条1項は、行為の不法性（悪性）のみを日本法でチェックすることを要求しているところ、そこに属地主義という法の地域的適用関係の論理を持ち込むことは正当ではないからである。

6⋯⋯⋯⋯職務発明の抵触法的規律

　職務上された発明に関して誰が特許を受ける権利を取得するのか（発明者たる従業者か、使用者か）、従業者に当該発明が原始的に帰属する場合、使用者には法定の実施権が与えられるのか否か、どのような形で使用者は特許を受ける権利等を承継しうるのか、従業者に承継の対価請求権が強行規定によって認められているか否か、そもそも職務発明とはどのように定義されるのかに関して、諸国の法制は一致していない。ゆえに、これらの問題に関して、どの国の法が適用されるのかを知る必要がある。

(1)　判例が採用したルール

　この論点に関してはさまざまな見解が主張されているが、最判平成

---

[3]　外国特許権が日本の領域内で侵害されていると評価される場合には、どうなるのか？　特許権の準拠法につき登録国法説をとると、このようなシチュエーションもまま生じよう。前掲最判平成14・9・26は、法例11条2項により累積的に適用される日本法のもとでは、米国特許権のわが国における積極的侵害誘導行為を違法ということはできないと判示した。わが国が、属地主義の原則を採用し、外国においてわが国の特許権侵害を積極的に誘導する行為を侵害とする規定を有しない以上、特別な立法・条約がない限りは、逆のパターンを日本法上違法と評価することはできないというのがその理由である。

18 年 10 月 17 日民集 60 巻 8 号 2853 頁［特百 99］は、次のようなルールを明らかにしている。

　外国特許を受ける権利の譲渡に伴う対価の問題は、譲渡の原因関係である契約その他の債権的法律行為の効力の問題であり、その準拠法は法例 7 条 1 項により当事者の意思に従って定められる（本件においては日本法であるとされた）。譲渡対象である特許を受ける権利の効力については、属地主義の原則により、当該権利に基づいて特許登録される国の法による。わが国の特許法が外国特許を受ける権利について直接規律するものでないことは特許独立の原則（パリ条約）上明らかであって、特許法 35 条 1 項および 2 項（平成 16 年改正前のもの。以下同様）にいう「特許を受ける権利」は日本法上のそれを指すものと解さざるをえない。ゆえに、同条 3 項についてのみ外国の権利も含まれると解することは、文理上困難である。ただし、職務発明に関する法律関係を一元的に処理しようというのが当事者の通常の意思であること等に鑑み、同条 3 項および 4 項は外国特許を受ける権利にも類推適用されると解するのが相当である。

　最高裁は、職務発明の原始的帰属や予約承継の可否について、どの国の法によるべきかを判断していない。もっとも、パリ条約上の特許独立の原則を援用していること、そして特許法 35 条 1 項および 2 項にいう「特許を受ける権利」は日本法上のそれに限定されるとしていることからすると、各国ごとに判断すべきとしているのではないかと推測される。また上記判旨は、特許を受ける権利の譲渡契約の成立および効力とは別に、当該権利の移転自体について登録国法による趣旨と解される。

　しかし、外国特許を受ける権利の原始的帰属や予約承継の可否について日本法の適用を受けることが、特許独立の原則に反することになるのかは疑問である。当該権利が日本特許を受ける権利の消長に従属するわけではないからである。また、権利の原始的帰属や移転を各国ごとに判断すべきであるとすると、企業内における職務発明の取扱いが著しく煩雑になるおそれがある。それゆえ学説においては、特許を受ける権利の原始的帰属や予約承継の可否等も含めて、いずれか一国の法のもとで一

元的に処理すべきとする見解が有力に主張されている。

(2) その他の考え方

職務発明にかかる法律関係を一元的に処理すべきであるとして、具体的にどの国の法によるべきであろうか。

まず、労働契約の準拠法によるとする説がある。この説は主に法例施行下において有力に主張されたが、法適用通則法のもとでは妥当でないように思われる。同法においては、労働契約の準拠法は基本的に当事者の意思に応じて決まるが（法適用通則7条・9条）、その準拠法の所属国以外に当該契約に最も密接な関係を有する地（労務提供地がこの地と推定される）が存する場合には、労働者の意思表示により、その最密接関連地の強行規定を適用することが可能とされており（同12条1項・2項）、このような不安定なルールに特許を受ける権利の原始的帰属等高度の安定性を必要とする問題を含む職務発明の抵触法的規律はなじまないと考えられるからである。

そこで、労働契約の準拠法ではなく、条理に基づいて発明にかかる労務の提供地の法に客観的に連結すべきとする見解が主張されている。また、わが国の特許法35条の規定は、単なる労使間の利害調整規則ではなく、発明を奨励して産業の発達を促進するという国家の強い意思に裏づけられた規定であるから、労務提供地がわが国である場合には、準拠法のいかんにかかわらず絶対的に適用されるべきとする見解も主張されている。[4]

7⋯⋯⋯⋯外国特許権無効の抗弁

既述のように、外国特許権侵害訴訟において被告が侵害責任を免れるために無効の抗弁をした場合には、当該特許権の有効性に関する判断をわが国の裁判所は求められることになる。この場合に、どのように対処すべきであろうか。

---

[4] 東京地判平成16・2・24判時1853号38頁も、「いずれの準拠法選択をした場合であっても、絶対的強行法規の性質を有する労働法規は適用されるべきであるところ、特許法35条もまた、上記の性質を有する労働法規と解される」と判示している。ただし、同条の地域的適用範囲を明確にしていない。

　この論点に関しては、主に３つの見解が主張されている。第１説は、前提問題としてであっても外国の行政処分の有効・無効をわが国の裁判所は判断すべきでないから、当該外国特許権を一応有効なものとして判決すべきであるとするものである。第２説は、前提問題としてであれば判決の既判力が及ばないし、判決の既判力自体も当事者間限りの相対的効力しか有しないこと、ゆえに主権侵害のおそれが小さいことを理由に、わが国の裁判所は当該外国特許権の有効性について判断してもよいとするものである（ただし、無効原因の明白性を要求する見解もある[5]）。第３説は、その中間的な立場である。すなわち、外国特許権の有効性を基本的に尊重するが、当該外国で権利を無効とする手続が係属している場合には、特許法168条２項に準じて訴訟手続を中止すべきであるとするものである。

　この論点に関する裁判例（東京地判平成15・10・16判時1874号23頁）は、外国「特許についての無効判断は……差止請求訴訟の判決における理由中の判断として訴訟当事者間において効力を有するものにすぎず、当該特許権を対世的に無効とするものではないから、当該抗弁が許容されていることが登録国以外の国の国際裁判管轄を否定する理由となるものではな〔い〕」としており、第２説を採用しているようである（なお、既述の通り、理由中の判断である上記無効判断に既判力は及ばないというのが正確なところであろう。民訴114条１項）。

　実質的な観点からみても、日本の特許権に関しては無効の抗弁が認められているのに（特104条の３）、外国の特許権であるからといってただちにその有効性を争えないとする第１説は、衡平を欠くといわざるをえないだろう。第３説が説く裁量的中止は、個々の事案の性格を考慮して行えば足りよう。したがって、基本的には第２説に基づいて対応するのが妥当といえようか。

---

[5]　この立場を主張する学説によると、外国特許に関する無効の抗弁は、実体の問題ではなく手続の問題と性質づけられるべきであり、その可否は、当該外国法ではなく、わが国の国際民事訴訟法（したがって、わが国の特許法それ自体でもない）によって決せられることになる。申・後掲参考文献(2) 71～73頁。

解答例

設問❶

　Xの各請求にかかる訴えについて、わが国の国際裁判管轄を認めてよいか。

　Yはわが国に主たる営業所を有する日本法人であるから、Yの国際裁判管轄上の普通裁判籍がわが国に優に存するものといえる（民訴3条の2第3項）。よって、Xの各請求にかかる訴えについて、わが国裁判所の国際裁判管轄を認めてよい。なお、問題文に示された事実関係からは、わが国において裁判を行うことにつき、XY間の衡平を害し、または適正・迅速な審理の実現を妨げることになる特別な事情が存するとも認められない（同3条の9）。

設問❷

　XのYに対する差止め・廃棄請求は認められるか。特許権の侵害に基づく差止め・廃棄請求の準拠法が問題となるが、その前提として、本件においてどの国の特許権が侵害されたことになるのかを明らかにしなければならない。Xは本件特許権（A国法上の特許権）の侵害を主張しているが、国際私法は強行法であるから、Xの主張いかんにかかわらず、その準拠法は国際私法に基づいて決定する必要がある。

　特許権の侵害の有無は、特許権の効力に関する問題として、その準拠法によるべきである。もっとも、法の適用に関する通則法（以下、「法適用通則法」という）にはこれに関する規定がないので、条理に基づいて準拠法を明らかにしなければならない。

　この点に関する最高裁の立場は、登録国法を準拠法とするものである。しかし、登録国という連結点では、事案によっては事件とまったく関係がない地の法も準拠法とされる可能性があり、また、登録国が複数存する場合には、その処理がさらに問題となってしまう。ゆえに、この立場によることはできない。

　むしろ、特許権の効力に関する準拠法は、発明を利用する者の予測可能性を確保する必要に鑑み、特許保護が要求される行為が行われた国の法、すなわちその領域について保護が要求される国（以下、「保護国」という）の法とするのが相当である。

本件において、XがYの日本国内における行為の差止めや日本国内のY製品の廃棄を求めている以上、この場合の保護国はわが国であるというべきである。Xは、本件特許権に対応する日本法上の特許権を有していないから、保護国法上、特許権の侵害はないということになる。

以上から、XのYに対する差止め・廃棄請求は認められない。

設問❸

XのYに対する損害賠償請求は認められるか。

まず、前提として特許権の侵害があったか否かにつき、特許権の効力の準拠法（保護国法）により判断する。XはA国内におけるYの輸入・販売行為を問題とするものであるから、この場合の保護国はA国である。問題文によれば、A国の特許法上、本件特許権の侵害を理由とするXの損害賠償請求は問題なく認められるとあるので、Yの上記行為により本件特許権は侵害されたものと解される。

次に、本件特許権の侵害を理由とする損害賠償請求の可否について、その準拠法を明らかにして判断しなければならない。これについては不法行為の問題として、その準拠法によるべきである。

法適用通則法17条は、不法行為によって生ずる債権の成立および効力について、原則として加害行為の結果発生地法によるとし、その地における結果発生を通常予見できない場合には、加害行為地法によると規定する。Yの輸入・販売行為に関しては、その加害行為地および結果発生地は、ともにA国であると解される。同法20条は、諸事情に照らして明らかにより密接な関連を有する他の地が存するときは、その地の法によるとするが、問題文に示された事実関係からは、そのような地の存在は認められない。したがって、上記請求の準拠法はA国法と解するのが相当である。

しかし、その場合には、法適用通則法22条1項および2項により、日本法が累積的に適用される。すなわち、上記請求を行うためには、Yによる本件特許権の侵害行為が日本法上も不法行為といえることが必要であり、また、その範囲も日本法が認める損害賠償の範囲に限定されることになる。

YがA国においてY製品を輸入、販売し、本件特許権を侵害したことは、日本法上も不法行為にあたるというべきである（民709条）。この点、外国特許権の効力は属地主義により当該外国の領域

内に制限されるため、当該権利はわが国の不法行為法により保護される権利にはあたらないとする見解もあるが、法適用通則法22条1項は行為の不法性（悪性）自体を日本法により判断することを要求する趣旨の規定であり、法の地域的適用関係を考慮することは正当ではない。

以上から、XのYに対する損害賠償請求は、日本法が認める損害賠償の範囲に限り、認められる。

設問❹

（1）　本件の場合に、職務発明としてαにかかる特許を受ける権利がYに帰属したか否かは、いずれの国の法に基づいて判断すべきか。

最高裁は、特許を受ける権利の譲渡に伴う対価の問題につき、その法律関係の性質を、譲渡の原因関係である契約その他の債権的法律行為の効力の問題であると決定して、法例7条によるべきものとした。また、特許を受ける権利の効力については、属地主義により、当該権利に基づいて特許登録される国の法によるとした。

この最高裁判決の考え方を敷衍すれば、特許を受ける権利の移転については、当該権利自体の問題として、各国法のもとで判断することになると思われる。しかし、そのように解してしまうと、職務発明をめぐる法律関係がいたずらに複雑化し、複数国での出願が困難なものとなりかねない。かかる複雑化を回避して当該法律関係の透明化を図るうえでは、むしろ、特許を受ける権利の原始的帰属やその承継も含めて、一国の法に基づく一元的な処理を可能とすべきであると考える（工業所有権の保護に関するパリ条約（以下、「パリ条約」という）上の特許独立の原則については後述する）。

それでは一国の法によるとして、いずれの国の法によるべきであろうか。職務発明をめぐる法律関係は基本的に労使間のそれに関するものであるから、一般的には、発明にかかる労務の提供地が最も密接な関係を有しているといえるだろう。ゆえに、当該労務提供地の法によるとするのが、条理に適うと解する。

この点、労働契約の準拠法によるとする解釈も考えられるが、法適用通則法12条1項によれば、当事者が選択または変更した準拠法（法適用通則7条または9条）の所属国以外の国の強行規定が、労働者の意思表示に応じて適用可能であるため、職務発明に関する法律関係が不安定なものとなるおそれがある。ゆえに、この解釈によ

ることはできない。

　問題文によれば、Xはαの研究開発をわが国において行っている。したがって、αの発明にかかる労務の提供地はわが国であるといえるから、日本法が準拠法になる。

　なお、わが国が労務の提供地である場合には、特許法35条が準拠法のいかんにかかわらず絶対的に適用されるとする見解もあるが、準拠法を日本法と解すべき本設問の事案においては、この説の是非を論じる必要はない。

　ところで本件では、A国で特許を受ける権利の帰属が問題となっている。この場合に、わが国の特許法を準拠法として、外国で特許を受ける権利の帰属等について規律することが、パリ条約4条の2に定められる特許独立の原則に反しないかが問題となる。

　パリ条約上の特許独立の原則は、一国の特許権の消長が他国の特許権のそれに従属しないことを意味するものであり、それ以上に広義に解する必要はない。外国で特許を受ける権利の原始的帰属や予約承継の可否につき日本法を適用したとしても、特許独立の原則に反しないというべきである。

　以上から、本件のような場合に、職務発明としてαにかかる特許を受ける権利がYに帰属したか否かに関しては、わが国の特許法に基づいて判断すべきである。

　(2)　Yが、実際に本件特許権が無効であるとの抗弁をした場合に、わが国の裁判所は、本件特許権の有効性について判断してよいか。

　この点、特許権の付与は国家の主権的行為（行政処分）であり、主権平等の観点から、その有効・無効をわが国の裁判所は判断すべきでないとも思われる。しかし、前提問題としてであれば判決の既判力が及ばないこと、判決の既判力も当事者間限りの相対的効力しか有しないことからすれば、主権侵害のおそれはないと考えられる。

　以上から、わが国の裁判所は、本件特許権の有効性について判断してよいと考える。

関連問題

1．わが国の特許権の移転登録手続を命じる外国判決の承認

　Pは甲国の法人であり、Qは日本法人である。

　Pは、Qが有する特許権（Qが甲国、乙国およびわが国において登録を受けている各特許権）をPに譲渡し、その移転登録手続をする旨をQとの間で合意したが、Qがこれを履行しないと主張して、Qに対し、上記各特許権の移転登録を求める訴えを甲国で提起した。甲国の裁判所は、上記各特許権のPへの移転登録を命じる判決（以下「甲国判決」）を言い渡し、この判決は確定した。

　Pは、わが国において、甲国判決中のわが国の特許権の移転登録を命じた部分の執行判決を求めることができるか。

2．外国を本国とする白黒映画の着色等と著作権法上の請求

　丙国人Rは、丙国において、ジョージ・ワシントンの生涯をテーマとした劇場用映画を企画し、自己の危険と責任において、その製作に必要な資金の調達、スタッフ・キャストの選定および雇入れ、スケジュール管理等の活動を行って、映画αを製作した。その監督を担当したのは、丙国に常居所を有する丁国人Sであった。映画αは白黒映画とされたが、それは、Rが当該映画を懐古的な雰囲気の漂うものとすることを構想していたためであり、Sは、Rから監督の依頼を受けた際に、当該映画がRの構想に合致したものとなるように監督することを了承した。映画αは丙国において劇場公開され、当該映画の複製物であるDVDも販売された。

　その後、わが国の放送事業者Tが、映画αをわが国において放送しようと考え、Rは当該放送を許諾する契約をTと締結した。その際Tは、映画αを着色して放送することをRに申し入れ、Rはこれを了承した。

　このことを知ったSは、映画αを着色して放送しないよう、Tに申し入れた。Sのこの請求に理由はあるか。準拠法を明らかにしつつ、論じなさい。

　なお、丙国および丁国は、いずれもベルヌ同盟国であるとする。Rおよびの者Sは、いずれかの者の業務に従事する者ではない。丙国の著作権法上、映画αの著作者はRとされ、著作者として有するすべての権利を享有すると規定されている。ただし、丙国法においては、著作者は、その名誉または声望を害するおそれのある著作物の改変にのみ反対できるとされている。丁国の著作権法は、わが国の著作権法と内容を同じくするものである。

参 | 考 | 文 | 献

石黒一憲『国境を越える知的財産——サイバースペースへの道程と属地主義』（信山社・2005）

大野聖二「前注 国際裁判管轄と準拠法について」中山信弘＝小泉直樹『新・注解 特許法（中）〔第2版〕』1612～1649頁（青林書院・2017）

木棚照一『国際知的財産法入門』（日本評論社・2018）

駒田泰土「職務創作の抵触法的規律」大阪大学法政実務連携センター編『企業活動における知的財産』137～164頁（大阪大学出版会・2006）

申美穂「知的財産権侵害訴訟に関する国際裁判管轄について（1）（2）」法学論叢155巻2号24～56頁、同5号55～80頁（2004）

中西康＝北澤安紀＝横溝大＝林貴美『国際私法〔第2版〕』176～197頁（有斐閣・2018）

（駒田泰土）

22. 模倣品と闘うデザイナー社長

設問　甲は、美術大学出身の元・デザイナーであるが、今は家業を継いでカバンの製造・販売メーカーのＸ（法人）の社長を務めている。さすがにデザイナー出身の社長が率いる会社だけあって、Ｘの商品は個性的なデザインのものが多く、若者の人気を集めている。

　Ｘの新作は、商品名αというリュックサックである。瓢箪のように真中部分がくびれた形で、しかも、ボディの外面にチャックと小袋が人の目と口を思わせる配置に付されており、類例のない個性的な外観をしている。Ｘは、αのデザインについて、αの販売開始前に、意匠に係る物品を「リュックサック」として意匠登録出願をし、この出願に関する特許庁の審査が継続中の段階で、αの販売を開始した。

　以上を前提にして、以下の各問に答えなさい。

❶　Ｘがαの販売を開始した１か月後に、同業のＹが商品名βというリュックサックの販売を始めた。βの外観は、一般の消費者には見分けることが困難なほど、αに似ている。Ｘは、Ｙに対してどのような法的主張が可能か。なお、Ｘによる意匠登録出願については、いまだ審査中で意匠登録はなされていない。

❷　結局Ｙによるβの販売は中止される一方、αは順調に販売を伸ばし、リュックとしては異例の人気商品となった。そのようななか、今度は、同業のＺが商品名γというリュックサックの製造販売を開始した。甲の評価としては、γのデザインはαとそっくりである。この場合において、Ｘは、Ｚに対してどのような法的主張が可能か。

❸　設問❷の事例において、Ｚがγの製造・販売を開始する前に、Ｘがαのデザインについて意匠登録を受けていた場合、Ｘは、Ｚに対してどのような法的主張が可能か。

❹　上記設問❷および❸において可能と考えられる法的主張について、

XがZおよびZの取引先に対し、それらの主張を記載した警告状を送った。この場合、Zは、Xに対してどのような法的主張が可能か。

❺ Xの営業部長を務めていた乙は、甲との折り合いが悪くなり、同業のA社から高給の提示を伴う誘いを受けてAに転職してしまった。乙は、転職前に、Xの社内で乙を含む一部の者のみが見ることのできる新規商品の企画書をひそかに複写し、転職後、その複写物をA社の経営者に渡した。A社は、乙から入手したXの企画書を見ることによって、Xに先んじてXの狙った市場の開拓に成功し、大きな利益をあげることができた。この場合、Xは、乙およびAに対して、どのような法的主張が可能か。なお、Xと乙の間の契約に基づく債務不履行に関する論点には触れなくてよい。

解　説

1 ………… 概　観

(1) 設問のねらい

本問は、不正競争防止法（以下、「不競法」という）と意匠法を扱う。

不競法と意匠法は、大学や法科大学院によっては、知的財産法の講義で比較的軽い比重しか与えられていないかもしれない。しかし、不競法は、幅広い問題をカバーしていることもあって、実務では非常に重要な位置を占めている。[1] 意匠法も、工業デザインの保護に関する基幹的な制度であり、近年は、国際的な模倣品問題への対策の観点からも、その重要性が再認識されている。知的財産法を学習するうえで、これらの法制度に関する知識は不可欠である。

本問では、このような不競法と意匠法について、事例を通じて、基礎的な事項を学ぶこととしよう（なお、不競法については 23. **学生街の喫茶店**も参照）。

[1] たとえば、近年、全国の地方裁判所に提起された知的財産関係の民事事件のうち、不競法の適用事件は、2割程度を占めている。

(2) 取り上げる項目

➤商品形態模倣行為

➤商品等表示に係る不正行為

➤信用毀損行為

➤営業秘密に係る不正行為

➤意匠権侵害の要件

2⋯⋯⋯⋯**不競法の概要**

(1) 特　徴

不競法は、「事業者間の公正な競争及びこれに関する国際約束の的確な実施を確保するため、不正競争の防止及び不正競争に係る損害賠償に関する措置等を講じ、もって国民経済の健全な発展に寄与すること」（不競1条）を目的とする。不競法は、このように市場における競争を規律することを目的としつつ、商品等表示、商品の形態、営業秘密（技術情報等）などの無体物（財産的価値ある情報）を保護するものであることから、知的財産法の1つと位置づけられる。[2]

知的財産法としての不競法の特徴は、特定の行為類型を不正競争（行為）と定め、それにより営業上の利益を侵害される者に民事救済措置を認める（一部の行為については罰則もある）という点にある。特許法や著作権法等のように、一定の要件を満たす情報（発明、著作物等）の利用について、特定の者に独占的・排他的な権利（知的財産権）を対世的に認めるという構成をとるものではない。このような特徴に着目して、特許法や著作権法等の「権利付与法」に対し、不競法は「行為規整法」と分類されることがある。

ある財産的情報が、不競法のもとで保護されるか否かは、具体的な事案における種々の事情によって決まる。その点で、特許法等の権利付与法のもとでは、たとえばある発明が保護されることが具体的事実関係を離れていわば抽象的に決まるのに比べると、不競法による知的財産の保

---

[2]　なお、特許法や商標法等の産業財産権法も、公正な競争秩序の確保に資するという側面をもつ。

護は予測可能性が低いといえる。他方、ある種類の情報を保護するか否かを抽象的に決めずに、具体的事情にかからしめるという法制度は、それだけ柔軟に保護の是非を決めることができるという面をもつ。したがって、不競法は、権利付与法の対象とするほどには保護の必要性が熟していないが、なお、事情によっては保護の必要性がある情報を、知的財産として保護するために適した制度ということもできる。

不競法は一般不法行為法（民709条）に対する特別法でもある。不競法上の不正競争行為にあたらない行為であっても、一般不法行為に該当することはありうる。ただし、不競法は、公正な競争の確保の観点から一定の行為類型を違法なものとして規整しているのであるから、それらの類型に属さない行為について同様の観点から違法とする（不法行為の成立を認める）のは、公正かつ自由な競争として許される範囲を甚だしく逸脱した反社会性が強い場合に限られると一般に解されている。

(2) 不正競争行為の類型と救済措置

不正競争行為の類型は不競法2条1項に列挙されている。すなわち、商品・営業主体混同惹起行為（不競2条1項1号）、著名表示冒用行為（同2号）、商品形態模倣行為（同3号）、営業秘密に係る不正取得等の行為（同4号〜10号）、限定提供データに係る不正取得等の行為（同11号〜16号）、技術的制限手段に係る不正行為（同17号・18号）、ドメイン名に係る不正行為（同19号）、原産地等誤認惹起行為（同20号）、信用毀損行為（同21号）、代理人等の商標冒用行為（同22号）である。

不正競争によって営業上の利益を侵害された者等は、差止請求（不競3条）、損害賠償請求（同4条）、信用回復措置請求（同14条）が可能である。また、一部の行為については、罰則が設けられている（同21条・22条）。不正競争行為に該当しても、行為者に正当な事由が認められる場合等は、民事救済措置および罰則の規定について適用が除外される（同19条1項）。

3　商品形態模倣行為

設問❶は、商品（リュックサック）の外観がよく似た商品を競業者が

製造・販売したことが問題となっている。一般論として、商品の外観はどのような法制度で保護される可能性があるだろうか。

まず、工業デザインを保護する制度として、意匠制度があり、本件でもXは意匠登録出願をしている。ただし、意匠制度では、意匠権が成立する前に出願対象意匠を保護する制度は特にないことから（意匠制度では、特許制度のような出願公開制度はなく、特許法65条の定める補償金請求権の制度もない）、意匠制度が問題となるのは意匠登録を受けた後ということになる。意匠制度については設問❸で検討することにしよう。

著作権制度はどうだろうか。本件のリュックは、実用品であり、いわゆる応用美術の著作物としての保護が一応問題となる。結論としては、著作物性を認めることは難しいであろう（応用美術については、**10. おまけのフィギュアの写真**を参照）。

次に、不競法は、他人の商品の形態を模倣した商品の譲渡等の行為を不正競争行為と定めている（不競2条1項3号。本問では、この行為類型を「商品形態模倣行為」という）。設問❶では、この規定を使えそうである。以下、検討しよう。

不競法2条1項3号は、平成5（1993）年の法改正で導入された。商品の外観・形態の保護については、上記の意匠制度および著作権制度のほか、不競法の商品等表示にかかる制度、商標制度（これらについては設問❷の検討で触れる）、さらには不法行為法も活用の可能性があるが、それらの既存の制度では要件や救済措置に不十分な点があると考えられたため、法改正が行われたのである。

不競法2条1項3号の趣旨は、先行者の開発利益の保護にある。すなわち、「他人が資金・労力を投下して開発・商品化した商品の形態につき、他に選択肢があるにもかかわらずことさらこれを模倣して自らの商品として市場に置くことは、先行者の築いた開発成果にいわばただ乗りする行為であって、競争上不公正な行為と評価されるべきものであり、また、このような行為により模倣者が商品形態開発のための費用・労力を要することなく先行者と市場において競合することを許容するときは、新商品の開発に対する社会的意欲を減殺することとなる。このような観

点から、模倣者の右のような行為を不正競争として規制することによって、先行者の開発利益を模倣者から保護することとしたのが、右規定の趣旨と解するのが相当である」とされている（東京地判平成 11・1・28 判時 1677 号 127 頁［商百〔初版〕91］。東京地判平成 11・2・25 判時 1682 号 124 頁、東京地判平成 13・8・30 平成 11 年（ワ）第 7300 号、東京地判平成 13・8・31 判時 1760 号 138 頁等も同旨）。

　ここで注意が必要なのは、同号が創作の保護を目的とするものではないことである。特許法、著作権法、意匠法等の創作保護法は、他人の創作した成果を利用することは原則として自由であるとの前提に立ちつつ、一定の要件を満たすもの（特許要件を満たす発明等）を保護している。それに対し、不競法 2 条 1 項 3 号は、商品の形態一般につき、特段の要件を設けることなく（ただし、商品の機能を確保するために不可欠な形態は除かれる）、模倣から保護しているのである。商品形態を他人に先駆けて開発し、これを市場に置くというコストとリスクを自ら負った者の利益を保護しているのである。

　このような開発利益の保護は、行き過ぎるとかえって競争を害し、また、創作行為を阻害する等の弊害をもたらしかねない。そこで、不競法 2 条 1 項 3 号については、販売開始から 3 年を経過した商品に係る行為、および、模倣に関して善意・無重過失で商品を譲り受けた者の行為を民事救済措置および罰則の対象としないこととしている（不競 19 条 1 項 5 号）。

　さて、商品形態模倣行為の要件について順にみていこう。

　「商品の形態」については、不競法 2 条 4 項に定義がある。同項は平成 17（2005）年の法改正で導入された。それ以前は、たとえば商品の内部構造は形態に含まれるか、タイプフェイスのような無体物についても商品の形態を観念できるかなどについて議論があったが、定義規定の導入により、概念が明確化された（上記論点については、前者は、需要者が通常の用法に従った使用に際し知覚で認識可能であれば含まれ、後者は、商品の形態に含まれない）。本件で問題となっているのは、リュックの外部の形状や模様であり、商品の形態にあたることに異論はないであろう。

　「模倣（する）」については、やはり平成17年法改正で導入された不競法2条5項に定義があり、他人の商品の形態に依拠して、これと実質的に同一の形態の商品を作り出すことをいう。本件では、問題文からはY側の事情が不明であり、模倣が認められるか否かは断定できない。なお、実質的同一性に関し、上記定義規定が導入されるより前の裁判例であるが、「〔商品の形態に〕相違するところがあっても、その相違がわずかな改変に基づくものであって、酷似しているものと評価できるような場合」は実質的同一性が認められるとしたものがある（東京高判平成10・2・26知的裁集30巻1号65頁［商百〔初版〕90②]）。また、本件と同じ商品分野を扱った事例として、東京高判平成13年9月26日判時1770号136頁〔小型ショルダーバッグ事件〕、大阪地判平成18年11月16日判時1978号141頁〔背負いリュック事件〕等がある。

　不正競争となるのは、他人の商品の形態を模倣した商品の譲渡、貸渡し等の行為である。模倣行為自体は不正競争行為ではない。ただし、商品の譲渡による営業上の利益侵害の予防として、模倣した商品の製造行為が差止請求の対象となることはありえよう（不競3条1項）。いずれにせよ、本件では、βの譲渡が行われている点は問題ない。

　前述のとおり、商品の機能を確保するために不可欠な形態は、不競法2条1項3号の対象となる商品の形態から除かれるが、本件のαの形態はそれにはあたらないであろう。

　また、国内での販売開始から3年を経過した商品の形態は保護されない。この点は、本件では、βの販売開始がαの販売開始から1か月以内であり、Xが速やかに訴訟を提起すれば、問題とならない。

　なお、不競法のもとでは、不競法2条1項1号および2号によっても商品の形態の保護を図ることができる可能性がある。次にこの点を検討する。

4⋯⋯⋯⋯商品等表示に関する不正競争

　不競法2条1項1号および2号は、商品または営業の表示（商品等表示）に関する不正競争行為を定める。商品等表示とは、商品または営業

を識別し、その出所を表示する機能をもつ標章、商号、商品の容器・包装等をいう。同法2条1項1号は、「需要者の間に広く認識されている」（一般に、この要件は「周知の」と呼び換えられる）商品等表示と同一または類似の商品等表示を使用し、またはそれを使用した商品を譲渡する等により、他人の商品または営業と混同を生じさせる行為を定める。他方、同項2号は、「著名な」商品等表示と同一または類似の商品等表示を使用し、またはそれを使用した商品を譲渡する等の行為を定める。両者の違いは、周知性と著名性、そして混同の要件の有無にある。周知性は一地方で認識されているにすぎなくても認められうるのに対し、著名性は全国的に知られていることを要する。立法の経緯としては、不競法の立法時（昭和9〔1934〕年）から商品表示混同惹起行為が定められていた（昭和13〔1938〕年改正により営業表示混同惹起行為が追加された）のに対し、著名表示冒用行為は平成5（1993）年の法改正で追加されたものである。

　さて、商品等表示の典型例としては、商品に付された文字、図形、記号などを挙げることができるが、商品の形態も商品の識別機能・出所表示機能をもつ場合には、商品等表示にあたると解されている。たとえば、商品の形態に顕著な特徴があり、その商品が人気を博したり、活発な宣伝活動を伴ったりすることにより、商品形態が需要者に対してその商品の出所を示す機能をもつと認められる場合がある。[3]

　本件のリュックの形態は、顕著な特徴があるといえそうであり、また、少なくとも設問❷の時点では人気商品になっていたということであるから、商品等表示性が認められる可能性がある。商品等表示にあたる場合、人気の程度は不明であるが、少なくとも周知性は認められるであろう。以下、周知性ある商品等表示にあたることを前提として検討する。

　商品等表示の類似性は、取引の実情のもとにおいて、取引者または需要者が、両表示の外観、称呼または観念に基づく印象、記憶、連想等から両者を全体的に類似のものとして受け取るおそれがあるか否かを基準

---

[3]　商品の立体的形状は、識別機能が認められる場合、商標法に基づき、立体商標として商標登録を受けられる可能性もある。

として判断する（最判昭和58・10・7民集37巻8号1082頁［商百70］〔日本ウーマン・パワー事件〕）。商品の形態の場合は、原告商品の特徴的形態を被告商品が備えているか否かが類似性判断の決め手になる。

　混同の要件については、取引者または需要者に商品の出所や営業の主体について同一であるとの誤認を与える場合（狭義の混同）のみならず、両者間に親会社・子会社の関係や系列関係などの緊密な営業上の関係または同一の表示を用いて事業を営むグループに属する関係が存するとの誤信を与える場合（広義の混同）を含むとされている（上記最判参照）。また混同のおそれがあれば足りる。

　本件では、甲の評価として、γのデザインはαのデザインとそっくりということであるが、甲はデザイナー出身であり、デザインの専門家として一般人とは評価の観点を異にする可能性がある。類似性や混同の可能性の判断基準の主体は、取引者または需要者、すなわち流通業者や一般消費者等であり、それらの者の観点から類似性および混同の可能性を評価する必要がある。

5⋯⋯⋯⋯意匠権侵害

　次に、設問❸では、意匠権が問題となる。

　意匠法は、意匠の保護と利用を図ることにより、その創作を奨励し、産業の発達に寄与することを目的とする（意匠1条）。意匠とは、工業デザインのことであり、物品の形状、模様もしくは色彩もしくはこれらの結合、建築物の形状または画像（機器の操作の用に供されるもの等）であって、視覚を通じて美感を起こさせるものをいう（同2条1項）。令和元（2019）年の法改正により、意匠の範囲が拡大されている。

　意匠権は、意匠登録を受ける権利を有する者が、その意匠について意匠登録出願をなし、特許庁の審査官による審査を経て意匠登録の査定を受け、設定登録がなされることにより発生する（意匠20条）。意匠登録を受ける実体的要件は、工業上利用可能な意匠であること（同3条1項）、新規性（同項）、創作非容易性（同条2項）等である。

　意匠権の効力は、業として登録意匠またはこれに類似する意匠を実施

する行為に及ぶ（意匠 23 条）。意匠の類似性判断について、意匠法 24 条 2 項は、「登録意匠とそれ以外の意匠が類似であるか否かの判断は、需要者の視覚を通じて起こさせる美感に基づいて行う」と定める。

意匠権の侵害に対しては、差止請求（意匠 37 条）、損害賠償請求（民 709 条）、信用回復措置請求（意匠 41 条、特 106 条準用）、不当利得返還請求（民 703 条）が可能である。また、罰則もある（意匠 69 条）。

さて、X は、α の意匠につき意匠登録を受け、意匠権を取得している（意匠 20 条 1 項）。γ の意匠は α の意匠に類似する可能性が高いと思われるところ、類似する場合には、Z による γ の製造販売は、業として登録意匠と類似する意匠を実施する行為（当該意匠にかかる物品を製造し、譲渡する行為が意匠の実施にあたることにつき、同 2 条 2 項 1 号）に該当し、X の意匠権を侵害することになる。

6 ………… 信用毀損行為

次に設問❹では、再び不競法が問題となりうる。すなわち、不競法 2 条 1 項 21 号は、競業者の営業上の信用を害する虚偽の事実を告知し、または流布する行為を不正競争行為と定めているところ、X が警告状を送る行為がこれにあたらないかが問題となる。仮に X の主張する不正競争行為や意匠権侵害が成立しない場合には、X の警告状における主張は虚偽の事実ということになり、Z の取引先に警告状を送付した行為が虚偽の事実の告知または流布にあたる可能性があるのである。実際、不正競争や知的財産権侵害に関する警告行為について、同号該当性が認められた例は多い。

下級審判決の一部は、同号に関し、警告行為をした権利者側に侵害があったと信じる正当な理由が認められるような場合に違法性を阻却するという考え方をとる（例として、東京地判平成 16・1・28 判時 1847 号 60 頁 [商百〔初版〕105]。知財高大判平成 25・2・1 判時 2179 号 36 頁 [商百 114]〔ごみ貯蔵機器事件控訴審〕も参照）。他方、侵害が否定される場合には警告行為は違法として差止めの対象となるべきことは当然であり、また、権利者側の事情は損害賠償請求に係る過失の認定において考慮す

れば足りるとの説もあり、この立場をとる裁判例も多い。

　本件では、Ｚは、ＸがＺの取引先に警告状を送付した行為は不競法2条1項21号の定める信用毀損行為にあたる旨を主張することが考えられる。ただし、Ｘによる、Ｚの行為が不正競争および意匠権侵害にあたる旨の主張が認められる可能性は十分あると思われ、これが肯定されれば、Ｚの上記主張が認められないのはいうまでもない。

7…………営業秘密に関する不正競争行為

　設問❺では、営業秘密の保護が問題となっている。本件のような（元）従業員との関係における営業秘密の管理については、通常、事業者と従業員の間に何らかの契約が結ばれており、さらに、契約上、従業員の退職（転職）後も一定期間、守秘義務や競業避止義務が課されていることが多い。したがって、本件でも契約上の義務違反が問題となる可能性は高いが、問題文の指示により、契約上の義務違反以外の主張の根拠を検討する。

　営業秘密の保護に関しては、不競法2条1項4号から10号までの規定が不正競争行為を定めている。

　まず、営業秘密とは、秘密として管理されている、事業活動に有用な技術上または営業上の情報であって、公然と知られていないものをいう（不競2条6項）。順に、秘密管理性、有用性、非公知性の要件という。

　秘密管理性は、営業秘密保有企業の秘密管理意思が秘密管理措置によって従業員等に対して明確に示され、当該秘密管理意思に対する従業員等の認識可能性が確保されていることが必要である（経済産業省「営業秘密管理指針」（最終改訂平成31年版）6頁）。この点につき、本件では、問題文に示されていない具体的事情をふまえた判断が必要である。

　有用性と非公知性については、本件の新規商品の企画書につき問題なく認められるであろう。

　次に、本件で問題になる具体的行為については、①乙が企画書を複写した行為、およびその複写物をＡ社の経営者に渡した行為がそれぞれ不競法2条1項4号の「不正の手段により営業秘密を取得する行為」お

よびこれを「開示する行為」にあたり、②A社の経営者がXから企画書の複写物を示され、Aがその情報を事業活動に利用した行為は、それぞれ同項5号の「営業秘密を取得」した行為およびこれを「使用」した行為にあたると解される。

①については、乙は本件企画書にアクセスする権限を有していたと解されるものの、ひそかに複写したということであるから、不正の手段で取得したと認めてよいであろう。

また、②に関し、5号の行為については、不正取得行為が介在したことについてAの悪意または重過失が要件とされるが、Aは、乙が直前にXの営業部長の職にあったこと、および乙が示した情報がXの事業にとって価値のあるものであって、簡単に同業者に開示できるようなものでなかったことを承知していたと考えられることから、少なくとも重過失は認められると思われる。

営業秘密に関する不正競争行為が認められる場合の救済措置については、不正競争行為一般と同様に差止請求、損害賠償請求等が可能である。本件の企画書のような、商品の企画や設計等にかかる情報が営業秘密である場合、差止請求（不競3条）としては、営業秘密であった情報を使用する商品の製造販売の差止め、および、すでに製造された商品の廃棄を請求することが可能である。損害賠償請求（同4条）については、原告側として、不競法5条1項ないし3項の損害額の推定規定およびみなし規定を利用して、立証負担の軽減を受けられる可能性がある。

解答例

設問❶

Xは、Yによるβの販売行為が、不正競争防止法（以下、「不競法」という）2条1項3号の定める不正競争にあたるとして、その差止めおよび損害賠償等を求めることが考えられる。

　不競法2条1項3号は、資金・労力を投下して商品形態を開発し、これを商品化した先行者の開発利益を模倣者から保護する趣旨の規定である。

　本件への同規定の適用可能性について検討すると、まず、αの（少なくとも）外部の形状や模様が、商品の形態（不競2条4項参照）にあたることには問題ない。また、「模倣」とは、他人の商品の形態に依拠して、これと実質的に同一の形態の商品を作り出すことを意味するところ（同2条5項）、本件では、βはαと酷似していると解されることから、実質的に同一と認められる可能性が高い。しかし、Yがαに依拠したか否かは、問題文からは不明である。次に、Yがβを販売する行為が「商品の譲渡」にあたることは問題ない。なお、商品の機能を確保するために不可欠な形態は、不競法2条1項3号の対象から除かれるが、本件のαの形態はそれにはあたらないであろう。また、国内での販売開始から3年を経過した商品の形態は保護されない（同19条1項5号イ）が、βの販売開始はαの販売開始から1か月以内であり、Xが速やかに訴訟を提起すれば、この点は問題とならない。

　以上から、Yがαに依拠してβを作り出したと認められる場合には、Yの行為は不競法2条1項3号の定める不正競争にあたり、XはYに対し、βの製造・販売の差止め（不競3条1項。製造の差止めは侵害の予防として求めうると解する）、βの在庫品の廃棄（同条2項）、損害賠償（同4条）等を求めることができる。

　なお、Xとしては、Yの行為が、不競法2条1項1号または2号の定める不正競争（次の設問❷で検討する）にあたると主張することも考えられるが、αの販売から間もない時点においては、αにつき強力な宣伝活動をしているような場合を除き、αの形態について周知のまたは著名な商品等表示と認められる可能性は低いと思われる。

設問❷

　Xは、Zによるγの販売行為についても、設問❶と同様に不競法2条1項3号の不正競争にあたると主張することが考えられるとともに、γの製造および販売行為は同項1号または2号の定める不正競争にあたるとして、その差止めおよび損害賠償を求めることが考えられる。

　不競法2条1項1号および2号において、商品等表示とは、典型

的には、商品に付された文字、図形、記号などを挙げることができるが、商品の形態も、顕著な特徴があり、かつ、需要者に広く知られることにより、出所表示機能を持つと認められる場合には、商品等表示に該当する。

αの形態は、顕著な特徴があると解され、また、人気商品になったということであるから、商品等表示と認められる可能性がある。商品等表示にあたる場合、人気の程度は不明であるが、少なくとも周知性（不競2条1項1号）は認められるであろう。

そこで、Xとしては、Zに対し、αと形態が類似するγを製造・販売する行為は、周知の商品等表示と類似の商品等表示を使用等することにより、需要者に混同またはそのおそれを生じさせており、これは不競法2条1項1号の定める不正競争にあたるとして、γの製造・販売の差止め（不競3条1項）、γの在庫品の廃棄（同条2項）、損害賠償（同4条）等を求めることが考えられる。

ここで商品等表示としての類似性は、αの特徴的形態をγが備えているかを中心として、取引の実情のもとにおいて、取引者または需要者が、両者を全体的に類似のものとして受け取るおそれがあるか否かを基準として判断する。また、混同の要件については、XとZの間に親会社・子会社の関係や系列関係などの緊密な営業上の関係または同一の表示を用いて事業を営むグループに属する関係が存するとの誤信を与える場合を含む、広義の混同の概念を基準として判断する。

なお、αの形態が、商品等表示として全国的に知られていると認められる場合には、Zの行為は、不競法2条1項2号の定める著名な商品等表示の冒用行為にもあたる可能性があり、Xとしては同号の主張を（不競2条1項1号に基づく主張に付加して、またはそれと代替して）行うことが考えられる。2条1項2号のもとでは、同項1号に比べ、商品等表示の著名性が求められる一方、混同要件は求められない。

設問❸

Xがαの意匠につき意匠登録を受けていた場合には、設問❷で検討した不競法に基づく主張のほかに、意匠権に基づく請求も可能である。すなわち、Xは、Zによるγの製造・販売は、業として登録意匠と類似する意匠を実施する行為（当該意匠に係る物品を製造し、譲渡する行為が意匠の実施にあたることにつき、意匠2条2項1号）に

該当し、Xの意匠権を侵害するとして（同23条）、Zに対し、γの製造・販売の差止め（同37条1項）、γの在庫品の廃棄（同条2項）、損害賠償（民709条）等を求めることができる。

設問❹

Zとしては、XがZの取引先に警告状を送付した行為は不競法2条1項21号の定める信用毀損行為にあたるとして、その行為の差止め（不競3条）、損害賠償（同4条）等を求めることが考えられる。すなわち、Xの主張する不正競争行為や意匠権侵害は成立しないことから、Xの警告状における主張は競業者の営業上の信用を害する虚偽の事実ということになり、Zの取引先に警告状を送付した行為は、虚偽の事実の告知または流布にあたる旨の主張である。ただし、Zの行為が、Xの主張するとおり不正競争行為および意匠権侵害にあたる場合には、Zの主張は認められない。

設問❺

Xは、乙およびAに対し、乙らの行為が不競法2条1項4号以下の定める営業秘密に関する不正競争行為にあたるとして、差止め（不競3条）、損害賠償（同4条）等を求めることが考えられる。

まず、営業秘密とは、秘密として管理されている、事業活動に有用な技術上または営業上の情報であって、公然と知られていないものをいう（不競2条6項）。秘密管理性は、保有企業の秘密管理意思が秘密管理措置によって従業員等に対して明確に示され、当該秘密管理意思に対する従業員等の認識可能性が確保されていることが必要である。この点につき、本件で問題となる企画書に記載された情報については、問題文に示されていない具体的事情をふまえた判断が必要である。有用性と非公知性については、問題なく認められる。

次に、具体的行為については、(i)乙が企画書を複写した行為、およびその複写物をA社の経営者に渡した行為がそれぞれ不競法2条1項4号の「不正の手段により営業秘密を取得する行為」およびこれを「開示する行為」にあたり、(ii)A社の経営者がXから企画書の複写物を示され、Aがその情報を事業活動に利用した行為は、それぞれ同項5号の「営業秘密を取得」した行為およびこれを「使用」した行為にあたると解される。(ii)に関し、5号の行為については、不正取得行為が介在したことについてAの悪意または重過失が要件とされるが、A（の経営者）は、乙が直前にXの営業部長の職にあったこと、および乙が示した情報がXの事業にとって価値

のあるものであって、簡単に同業者に開示できるようなものでなかったことを承知していたと考えられることから、少なくとも重過失は認められると解される。

関連問題

不競法上の請求権者の範囲

Xは、米国のUS社との間で、独特のデザインで欧米の消費者の人気を集めているUS社製バッグを日本で独占輸入販売する契約を結び、その販売を始めた。同バッグの企画・開発にXは関わっていない。XによるわがでのUS社製バッグの販売開始から半年後に、Yが、US社製バッグと外観がそっくりのバッグの販売を国内で始めた。この場合、Xは、Yに対し、どのような法的主張に基づき、どのような請求が可能か。

（参考、東京地判平成11・1・28判時1677号127頁〔商百〔初版〕91〕〔キャディバッグ事件〕、大阪地判平成16・9・13判時1899号142頁〔商百99〕〔ヌーブラ事件〕）。

参｜考｜文｜献

経済産業省知的財産政策室編著『逐条解説不正競争防止法〔第2版〕』（商事法務・2019）（本体部分は経済産業省のサイトから入手可能）

駒田泰土「理由のない特許権侵害警告と不正競争防止法——権利行使の"真正さ"を論じる必要はあるか」特許研究66号5頁（2018）

茶園成樹編『意匠法〔第2版〕』（有斐閣・2020）

（鈴木將文）

23. 学生街の喫茶店

設問 　Yは、1993年にA大学正門前に喫茶店「こかげ」を開店し、現在も営業している。テーブル4つとカウンターだけの小さな店ながら、大学生の間でコーヒーと手作りケーキのおいしい店として有名で、いつも賑わっている。

　飲料メーカーのXは、2017年に商標「木陰」を、指定商品「茶、コーヒー、ココア」および指定役務「飲食物の提供」について出願し、2018年に商標登録を受けた。Xは、2018年から「木陰」の商標を付してペットボトル入りのまったく新しいスパイス・ティーを発売して大ヒットし、現在も販売している。Xは、その他の営業はしておらず、他人に商標の使用を許諾したこともない。

　2022年、XはYに対して、商標権侵害であるから「こかげ」の名称の使用を取りやめるように警告した。Yが「こかげ」の名称を使用しているのは、店の看板、ネオンサイン、および持ち帰り用ケーキを入れる箱を留めるためのシールである。

　一方、Zは、2013年に「kokage.co.jp」というドメインネームを取得し、「喫茶室こかげ」というタイトルのホームページを開設、喫茶店やお茶に関する情報を掲載しているが、商品などの販売はいっさい行っていない。

　ところが、最近お金に困ったZは、Xに、このドメイン名を1000万円で購入することを持ちかける手紙を書き、もし応じない場合は「当サイトに、貴社にとってありがたくない話題を載せることもあります」という一文も書き添えた。

❶ Yの行為は、Xの商標権侵害となりうるについて、YがXに対してなしうる反論およびそれぞれの成否とともに述べなさい。

❷ Xが、Zのドメイン名の使用をやめさせる手段として利用可能性のある条文を4つ挙げ、それぞれの成否とともに説明しなさい。

解　説

1 ………… 概　観

(1)　設問のねらい

　本問は、商品等表示の保護に関する商標法および不正競争防止法（以下、「不競法」）の規律についての問題である。具体的な事実の中から基本的な論点を認識し、法の趣旨を考えることはもちろんであるが、のみならず、これに対する条文を正確に適用して現実の紛争に対処することができるかどうかを問うものである。設問❶は、商標権侵害の場面における典型的な攻防をとりあげ、設問❷では、ドメイン名について不競法 2 条 1 項 19 号（現行）が立法されなければならなかった趣旨を理解するための好例を作成した。

(2)　取り上げる項目

- ►役務商標の使用
- ►先使用権
- ►商標登録の無効
- ►不使用取消審判
- ►不競法 2 条 1 項 19 号
- ►不競法 2 条 1 項 1 号
- ►不競法 2 条 1 項 2 号
- ►商標法 37 条 1 号

2 ………… 役務商標の商標権侵害

（ゼミ準備室にて）

カオル：これって、何が問題なん？　お茶のペットボトルと、学生街の喫茶店と、間違うわけないやんか。なんでこれが商標権侵害なん？　反論も何も、そもそも商標権侵害にあたらんよ。だいたい、この飲料メーカー X って、怪しからんよ、Y が先に使ってたんやんか。

ナツキ：分かってないなあ。商標権侵害は、不競法と違って、間違うかどうかじゃないやん。指定商品か指定役務、それか、これに類似する

商品や役務について、登録商標かこれに類似する商標を使用すれば、商標権侵害になって、原則として、実際に間違わなくても侵害は侵害。

カオル：でも、類似って、結局間違うおそれのあるのが類似だっていうんじゃないの？

ナツキ：「商標の類否は、対比される両商標が同一または類似の商品に使用された場合に、商品の出所につき誤認混同を生ずるおそれがあるか否かによつて決すべき」（最判昭和 43・2・27 民集 22 巻 2 号 399 頁［商百 18]）っていうけど、それは、不競法みたいに現実に混同のおそれがあるかをみるってことじゃないよ。外観つまり見た目、それから、称呼つまり聞いた音、観念つまり意味、の 3 要素を総合的に判断するから、現実の混同というより、商標自体の構成の比較をする。

ヒカル：商標権侵害の条文って、商標法 36 条（差止請求権）か？ 「侵害」が何かって書いてないけど、それは次の商標法 37 条（侵害とみなす行為）に書いてあること？ 37 条 1 号は、登録商標に類似する商標の使用、それか指定商品・役務に類似する商品・役務についての使用しか書いてないみたいやけど……肝心の登録商標を指定商品・役務そのものに使用するのはどこやろう？

ナツキ：そんな基本的なこと分からんの？ 商標法 36 条は差止請求の条文で、商標権侵害の根拠条文は商標法 25 条の「商標権の効力」やんか。25 条が、指定商品・役務についての登録商標の使用権を専有するという「使用権」の規定で、商標法 37 条 1 号は、類似範囲についての「禁止権」。禁止権の範囲は、他人の使用を「侵害とみなす」として排除できるけど、積極的に商標権者が使用する権能があるわけではない。

カオル：そしたら、X は、指定商品「コーヒー」について登録商標「木陰」を持っていて、Y は、コーヒーに、登録商標と類似する「こかげ」の商標を使ったから、商標権侵害になるわけや。

ヒカル：いやいや、「商標を使った」なんて、そんなアバウトなもんとちゃうよ。「使用」には定義規定がある。商標法 2 条 3 項 1 号から 10 号。ここに挙がってる行為以外に「使って」も「商標の使用」ではな

い。

　Ｙが、「こかげ」を使ったのは、商品じゃなくて、喫茶店ていうサービス業についてになるよな。だから、指定商品「茶、コーヒー、ココア」について使用したことにならない。役務についての「使用」は、商標法２条３項３号から９号。

ナツキ：たとえば、喫茶店なら、コーヒーを出すときのコーヒーカップに商標を付す（３号）とか、その商標を付けたコーヒーカップを使ってコーヒーをお客さんに出す（４号）、商標を付けたポットを並べておく（５号）とかね。看板やネオンサインは、８号のうち「役務に関する広告……に標章を付して展示し」にあたるんやろね。

カオル：結局、Ｙは商標権侵害ってことで、同じやんか。

ヒカル：持ち帰り用ケーキは、商品だよ。そうすると、ケーキの箱は「包装」だからこれにシールを貼るのは、商標法２条３項１号「商品の包装に標章を付する行為」として「使用」になるよ。つまり、商品商標の使用にもあたる。

カオル：せやけど、「ケーキ」って、Ｘの商標権の指定商品になってへんで。まさか飲み物のコーヒーや茶に類似することもないやろ。

ナツキ：Ｙはサービス業者だから、役務商標で考えても、お客さんが利用する持ち帰り箱に標章を付する行為（商標２条３項３号）ともいえるよね。

カオル：そうすると、Ｘの商標権は、「飲食物の提供」を指定役務にしているから、これについての類似商標の使用ってところが、やっぱり商標権侵害（商標37条１号）にあたるわけか。

3⋯⋯⋯⋯先使用権

カオル：次は、反論や。ＹはＸの商標登録より先に使ってたんやから、先使用権（商標32条）を持ってる。

ヒカル：「登録より先」じゃなくて「出願前」から、国内で、不正競争の目的ではなく、使用していたことが要件、って商標法32条に書いてある。

ナツキ：先に使ってただけではあかんよ。使用していた結果、出願の際、現に、その商標が自己の業務に係る商品を表示するものとして周知になっていないといけない。

カオル：キビシイなあ。出願の時に、すでに周知になってないとあかんわけ……。

ナツキ：商標は、発明や著作物みたいにそれ自体で創作的価値があるんと違って、使用して信用が化体して初めて保護の価値が出てくるものだからね。先使用権者が、商標権者の許諾も得ずに使えるというからには、出願の時にすでに周知性があって、保護に値する信用がある商標じゃないと認められない。

カオル：だけど、周知っていったって、Yはこんな小さい喫茶店やんか、せいぜいA大学の学生と、近所の人ぐらいしか知らないんじゃないの？　そんなんで「周知」なんていえるかぁ？

ナツキ：狭い範囲ででも、とにかく周知で現実に信用の化体した商標を、その後から出願してきた商標権によって使えなくしてしまうのは、公平とちゃうやん。だいたい、日本の商標法は登録主義だからね、商標登録があるといっても、使用して信用が化体した商標とは限らないし。

カオル：おぉ、思い出した、授業で、登録主義の使用主義的要素による修正、とか言ってた。でも、商標権者と関係ない人が、類似した商標を使い続けるって、消費者からしたら、紛らわしくてよくないんじゃないのかな……？

ヒカル：商標法32条2項に手当てしてあるよ。商標権者や専用使用権者は、先使用権者に対して、混同防止表示を付けるように請求できる。「○○とは関係ございません」とか書くんやろ。

4………商標登録の無効

カオル：混同防止表示なんてするより、商標権があること自体、おかしいんじゃないの？　出願時に他人の周知商標があったら、登録できないはずじゃない？　不登録事由の商標法4条1項の、えっと、……

ヒカル：4条1項10号ね。これは査定審決時だけじゃなくて、出願時

にも該当しないと適用されないけど（商標4条3項）、喫茶店「こかげ」は出願時までにすでに24年も使って有名になってたんだから、これも満たすしね。商標法46条の商標登録無効審判を請求できる。

カオル：でも「無効審判を請求できる」ってのが、侵害訴訟での反論になるん？ 実際に無効審判を請求せんことには、無効にはならんやろ。

ヒカル：侵害訴訟の中でも、無効になるような権利は行使できないって抗弁を出せるようになったやんか。ほら、2004年の法改正で新しくできた特許法104条の3、特許が無効審判により無効とされるべきものと認められるときは、特許権の行使をすることができない。商標法39条で準用されてるからね。Yは、この抗弁を主張できる。

ナツキ：でも、ほんとにこれ、無効になるかなぁ？ 不登録事由に該当すると、全国的に商標登録を受けることができなくなるから、商標法4条1項10号にあたるためには、周知性の程度は隣接他都道府県にまで表示が知られている必要があるって、どっかで読んだ気がする。（教科書を開く）ほら、ここに判決が引いてあるよ．東京高判昭和58年6月16日無体集15巻2号501頁［商百〔初版〕12］〔DCC事件〕。先使用権（商標32条）は、知られている地域でそのまま使わせてあげるだけだから、狭い地域で知られているだけで認めても商標権者にそれほど影響はないけど、不登録事由にあたると日本中、どこでも商標登録の保護が受けられないってことだからね、先使用権の場合より広く知られている場合にしないと、商標権を取ろうとする人にかわいそうだってこと。「こかげ」みたいな小さな喫茶店の名称がそれほど広く知られているとは思えないじゃない。登録無効の主張は成り立たないよ。

5............不使用取消審判

ナツキ：Xは、商標登録してから4年も経つのに、スパイス・ティーを売っているだけで、他人に使用許諾もしていないから、不使用取消審判（商標50条）を起こして、商標登録を取り消すことができるね。日本の商標法は登録主義で、使用していなくても商標登録できるけど、

いつまでも使用しなくて保護すべき信用がない商標の登録は整理しないと、その商標を使いたい人が困る。

カオル：でも、X は指定商品「茶」に使用してるから、取り消されないんじゃないの？

ヒカル：指定商品ごとに取消を請求できるから。商標法 50 条 1 項に、「各指定商品又は指定役務についての登録商標……の使用をしていないときは、何人も、その指定商品又は指定役務に係る商標登録を取り消すことについて」って書いてある。だから、X が使っていない指定商品「コーヒー」「ココア」について取消しを請求できる。

カオル：でも、Y は喫茶店なんだから、「飲食物の提供」について取り消せなかったら、Y はやっぱり侵害になってしまうんでないの？

ナツキ：「飲食物の提供」は役務だから、X がペットボトル入りのお茶を販売してても、「飲食物の提供」にあたらんやん。だから、この指定役務も不使用で取り消せる。

カオル：ペットボトル茶売ったって、「飲食物の提供」には変わりないって思ったのにな。

ナツキ：商品という物を売るのと、サービスとして喫茶店でコーヒー出すのとでは違うやんか。

ヒカル：ほな、Y は飲食物の提供しかしてないんやから、これだけを取り消したらいいんか。コーヒーやココアは関係ないわけ？

ナツキ：でも、商品と役務で互いに類似することはあるって商標法 2 条 6 項にも書いてあるし、コーヒーやココアと、喫茶店のサービスは類似するともいえるから、やっぱ、これらの指定商品についても取り消した方がいいよ。

カオル：で、取消審判も実際に請求しなくても、侵害訴訟の中で特許法 104 条の 3 を準用して、取り消されるべきだから商標権の行使はできないって反論するわけ？

ヒカル：でも、特許法 104 条の 3 を準用してる商標法 39 条って、「無効」を「取消し」に読み替えるなんて書いてないよ。

カオル：（おそるおそる）「無効」と「取消し」ってどう違うん？

ナツキ：（呆れつつ）商標登録の無効は、登録が商標法3条や4条の登録要件を満たしていない、つまりほとんどの場合は過誤登録だったことを理由として、商標権が原則として初めからなかったものとすること（商標46条）。取消しは、正当に登録された登録商標について、権利者が不使用（同50条）や不正使用（同51条・52条の2・53条）を登録後にしたこと等を理由として、取消審決確定後に商標権を消滅させるもの。意味が全然違うよ。よく考えたら、無効審判と違って、取り消されるべきものだからって、侵害訴訟の中で抗弁できないよ。だって、無効の場合は商標権が遡及的に消滅するけど（商標46条の2）、不使用取消しの場合は、審判請求の登録の日に消滅するんだから（同54条2項）、審判請求がされてないのに、商標権を消滅するものとして扱えないやん。

ヒカル：反論っていっても、不使用取消審判は、実際にこれを請求するってことになるわけやね。

カオル：実際に不使用取消審判を請求した後は，侵害訴訟の中で「権利濫用の抗弁」を認めた判決があるよ。東京地判平成26年10月30日平成26年（ワ）第768号〔ピタバ事件〕で「商標登録の取消審判請求がされ、当該商標登録が取り消されるべきことが明らかな場合には、不使用取消制度及び商標権制度の趣旨に照らし、その商標登録に係る商標権に基づく差止め請求は権利の濫用に当たり許されない」って判示している。東京地判平成31年2月22日平成29年（ワ）第15776号［商百39］〔moto事件〕は、差止請求を権利濫用とし、不使用取消審判請求登録日前の損害賠償請求は権利濫用ではないとしているね。

6………その他の反論の可能性

(1) 商標権の効力が及ばない範囲

カオル：あ、いいこと考えた、Yの名字が「こかげ」さんかもしれないよ。商標法26条1項1号で「自己の氏名若しくは名称」には商標権の効力は及ばないって規定するから、Yはこの商標を使用できる。

ヒカル：条文は正確に読まないと。商標法26条1項1号は自己の「氏

名」やろ、「こかげ」さんだとしたら、「氏」であってフルネームの「氏名」ではない。だから、この条文使うんなら、「こかげ」が条文の「これらの著名な略称」に該当しないといけないから、「こかげ」さんの名字が著名な略称でなければ、この主張は成り立たないよ。

カオル：「名称」にあたらないの？

ヒカル：「名称」は法人の場合。

カオル：じゃ、Y は芸能人で、「こかげ」は Y の著名な芸名てことにしよう。でも、どうして芸名や略称になると「著名」って要件が付くの？

ナツキ：芸名や略称は自分で勝手に作れるからね。恣意的に作っておいて商標権侵害を免れようと考える人が出てくると困る。

カオル：それか、氏名が「コ・カゲ」さん、姓が「コ」で名が「カゲ」てのはどう？

ヒカル：どこの国の人やねん！

(2) 周知表示混同行為による不正競争

カオル：X の商標使用が、不競法 2 条 1 項 1 号の周知表示混同行為として不正競争にあたるということで差止請求するってのはどう？

ナツキ：それがなんで Y の反論になるん？ X の不正競争が成立しても、Y が自分の営業表示を使用できることにはならないやん。単に X も X の商標を使えないっていう、逆襲みたいなもんにすぎないじゃない。

ヒカル：でも、X が自分の商標が使えなくなっては困ると考えて、Y への差止請求等を取りやめるという効果があるんやない？

カオル：それそれ、一種の脅しよ。実際にはありうる気がする。

7 ……… ドメイン名の不正取得の規律

カオル：やっと設問❷、Z のドメイン名使用をどうやってやめさせるか。これは簡単、不競法 2 条 1 項 19 号そのものやね。

ヒカル：図利加害目的で、他人の特定商品等表示と同一または類似のドメイン名使用の権利を取得、保有、使用する行為は不正競争（不競 2 条 1 項 19 号）。

ナツキ：Zって、個人だけど、不競法適用できるんだっけ……？　だって、不競法は「事業者間の公正な競争……を確保するため」って1条に書いてあるし……。

ヒカル：（コンメンタールをめくる。）ほれ、ここに「本号の行為者として想定されるのは、保護対象となる『他人』との関係で競業者である必要がないのはもとより、そもそも事業者であることも求められない。その点で、本号が定める不正競争行為類型は『事業者間の公正な競争』（1条）との関係がかなり間接的である場合も含んでいる。このような観点から、本号は不正競争防止法が対象とする領域が拡大していることを示す規定であるとみることもできよう」（小野編著・後掲参考文献635頁〔鈴木將文〕）って書いてあるよ。個人でも適用される条文なんやで。

カオル：で、要件へのあてはめはできるんかいな。19号の適用要件はシンプルだよな。図利加害目的、保護を求める側の特定商品等表示であること、ドメイン名使用の権利の取得・保有・使用があること、の3点。Zが、ドメイン名の購入代金を1000万円もXに要求していること、しかも「貴社にとってありがたくない話題を載せることもあります」なんて脅していることから、「不正の利益を得る目的」ははっきりしてるな。

ヒカル：ドメイン名を取った時には不正の利益を得る目的はまだなかったけど？

ナツキ：ドメイン名の取得のときはそうだけど、ドメイン名の保有や使用も条文に入ってるよ。Zがドメイン名を持ってる時に不正の利益を得る目的があるといえる。

ヒカル：次は、「他人の特定商品等表示」の要件、これはXのスパイス・ティーの商標だから、問題なく満たすな。それから、Zは「木陰」と類似のドメイン名「kokage.co.jp」を使用している。

カオル：というわけで、めでたくZの行為は19号の不正競争に該当して、XはZのドメイン名使用の差止請求をできる。

8⋯⋯⋯⋯周知商品等表示の混同行為

ヒカル：他に使える条文といえば、不競法2条1項1号、他人の周知の商品等表示と、同一または類似の商品等表示を使用する行為かな。

カオル：うんうん、これも問題なく行けるやろ。大ヒットのスパイス・ティーの名前で周知やし、類似やし。

ナツキ：でも、Zの使用が、商品等表示としての使用でないと1号にあたらないよ。ドメイン名は、ホームページの住所みたいなもんやから、それ自体は商品等表示とはいえないし、そのホームページで商品を扱っているかによって変わるやん。「ジャックス」事件でいってた。

ヒカル：こないだの授業で出てきた「ジャックス」事件（第1審：富山地判平成12・12・6判時1734号3頁、第2審：名古屋高金沢支判平成13・9・10平成12年（ネ）第244号・平成13年（ネ）第130号）やろ、不競法2条1項12号（現行法では19号）立法前に、著名表示の無断使用（不競2条1項2号）に該当するかどうかが争われたって事案、えっと、地裁の判決文見ると、「ドメイン名の使用が……不正競争防止法2条1項1号、2号所定の『商品等表示』の『使用』に当たるか否かは、当該ドメイン名の文字列が有する意味（一般のインターネット利用者が通常そこから読みとるであろう意味）と当該ドメイン名により到達するホームページの表示内容を総合して判断するのが相当である」「この場合の本件ドメイン名は、右ホームページ中の『JACCS』の表示と共に、ホームページ中に表示された商品の販売宣伝の出所を識別する機能を有しており、『商品等表示』の『使用』と認めるのが相当である」って書いてある。そんで、不競法2条1項2号の不正競争を認めて差止めを認容しているよ。この事件では、被告のホームページで携帯電話や簡易トイレなどを販売していたからね。

ナツキ：でも、この問題では、Zはホームページで商品などの販売はいっさい行っていないっていうんだから、ドメイン名は商品等表示としての使用ではないよ。

カオル：へえっ、そうか。じゃ、1号は使えないってことや。

9⋯⋯⋯著名商品等表示の冒用行為

ヒカル：大ヒットした商品の名前だから、著名表示といえるやろな。不競法2条1項2号、他人の著名な商品等表示と同一または類似のものを、自己の商品等表示として使用する行為にもあたるかも。

カオル：これも1号と一緒や、「商品等表示」にあたらないってことで使えないんやろ。問題文の「利用可能性のある条文」てとこにはあたるけど、2号の不正競争は成立しないってのが答え。でもな、1号と2号って、どう違うん？

ナツキ：1号は、混同のおそれがあることが要件だけど、2号にはこの要件がない。2号は、混同のおそれはなくても、表示の著名性にただ乗りする行為を禁止して、著名表示が稀釈化したり、汚染されたりすることを防ごうとする規定。

カオル：稀釈化とか汚染されるとかって、どういうこと？

ヒカル：稀釈化っていうのは、その表示と商品の1対1対応が崩れて、たとえば、それまでは「木陰」といえばXのスパイス・ティー、と誰もが思い浮かべていたのに、他人がいろんな商品に同じ名前を使うと、「木陰」と聞いても、思い浮かべる物がいろいろ、ってことになること。名前の識別力が弱くなってしまう。汚染されるというのは、実際の事件でいうと、「ポルノランドディズニー」みたいに、「ディズニー」といえば明るく楽しい夢の国だったのにイメージダウンしてしまうこと。こうなると、需要者が間違えることは決してないといっても、表示の価値を守るために禁止すべきということになる。

10⋯⋯⋯商標権侵害

カオル：あと1つや。Xは商標権持ってるんだから、商標権侵害があるやろ。

ナツキ：Xの登録商標は「木陰」で、Zのドメイン名は「kokage.co.jp」だから登録商標に類似する商標やね。そうすると、商標権の禁止権侵害で、商標法37条1号が使える可能性がある。

ヒカル：でも、Zは、このホームページで商品を販売しているわけでも、

サービスを提供しているわけでもないから、Xの指定商品や指定役務またはこれに類似する商品・役務についてドメイン名を使用していない。

ナツキ：それに、そもそもZは業としての行為もしていないから、Zの表示は商標法2条1項の「商標」の定義にも該当していないよ。

カオル：そうすると、商標権侵害は成立しない。ふうん、結局成立するのは不競法2条1項19号だけか。だから、これをわざわざ新しく立法しないといけなかったってわけや。

ヒカル：これで4つ揃ってやっと終わった。めでたし、めでたし！

解答例

設問❶

(1) 商標権侵害

　Yの行為が、Xの商標権侵害となる可能性があるかを検討する。

　Yが使用している「こかげ」の名称は、Xの登録商標「木陰」と称呼が同一であるから、これに類似する商標である。Yは、「こかげ」を喫茶店の名称として用いており、これは、飲食物の提供業務という役務に用いる役務商標である。役務について標章を使用する行為とは、商標法2条3項3号～9号に規定するものをいうところ、Yが「こかげ」の名称を店の看板、ネオンサインに用いる行為は、8号のうち「役務に関する広告……に標章を付して展示し」にあたる。また、持ち帰り用ケーキを入れる箱を留めるためのシールに用いている行為は、商品「ケーキ」の包装に標章を付する行為（商標2条3項1号）、あるいは、飲食物の提供というサービスに当たって提供を受ける者の利用に供する物（持ち帰り箱）に標章を付する行為（同項3号）に該当する。Xの商標権の指定商品「茶・コーヒー・ココア」にケーキは類似しないが、「飲食物の提供」は指定役務であるため、これについての商標権侵害（同37条1号）に該

当する可能性がある。

(2) Yの反論

① 先使用権　Yは先使用権を有するから侵害ではない（商標32条）という主張が考えられる。

YはXの商標登録出願がされた2017年より以前の1993年から、不正競争の目的でなく、「こかげ」の営業表示を使用しており、Xの出願の際、周知表示となっていたから、Yはこの表示を継続して使用する権利を有する。

Yの表示が周知である範囲は、おそらく大学周辺の限られた地域であると解されるが、先使用権は、現実に信用を化体している表示の使用を公平の見地から認めるものであるから、このような狭い範囲での周知性でも足りる。

したがって、Yのこの主張は認められる。

② 登録無効　Xの商標登録は、商標法4条1項10号の不登録事由に反して登録されたものとして、審判により無効とされるべきものである（商標46条）という主張が考えられる。

Xの出願時、すでにYの商標が周知であった場合は、Xは商標登録を受けることはできない（商標4条1項10号・4条3項）。この場合、Xの商標登録は審判により無効とされ（同46条1項1号）、商標権は初めから存在しなかったものとされる（同46条の2）。商標権侵害訴訟の中でも、商標権は無効審判により無効とされるべきものであるから商標権者は権利行使できないと主張できる（商標39条で準用する特104条の3）。

しかし、不登録事由に該当すると、全国的に商標登録を受けることができなくなるため、商標法4条1項10号にあたるというためには、周知性の程度は先使用権（商標32条）が認められるよりも広く、隣接他都道府県にまで表示が知られている必要があると解される。本問のような小さな喫茶店の名称がそれほど広く知られているとは考えにくいため、登録無効の主張は成り立たないと解される。

③ 不使用取消審判　Xの商標登録は、不使用取消審判により取り消されるべきものである（商標50条）という主張が考えられる。

Xは、登録商標「木陰」を、指定役務「飲食物の提供」、指定商品「コーヒー、ココア」については、継続して3年以上使用せず、他人に使用許諾したこともないから、Xの商標登録はこれらの指定商品・役務に関して、不使用取消審判により取り消すことができ

る。これにより、Xの商標権は、不使用取消審判の請求の登録の日に消滅し（商標54条2項）、Yは「飲食物の提供」にあたる喫茶店業についてこの表示を使用できるようになる。

設問❷

(1) 不正競争防止法2条1項19号——ドメイン名の不正取得

図利加害目的で、他人の特定商品等表示と同一または類似のドメイン名使用の権利を取得、保有し、またはそのドメイン名を使用する行為は、不正競争とされる（不競2条1項19号）。本問において、Zが、ドメイン名の購入代金としてXに1000万円という高額を要求し、さらに要求に応じなければ不利益を与えると脅していることは、「不正の利益を得る目的」にあたる。ドメイン名の取得時には不正の利益を得る目的はまだなかったが、対象となる行為はドメイン名の取得のみならず、保有、使用も含むため、これらの行為時には不正の利益を得る目的があったと認められる。

また、Zは、Xの商品表示「木陰」と類似のドメイン名を使用している。

したがって、Zの行為は本号に規定する不正競争に該当し、Xは使用の差止請求をなしうる。

(2) 不正競争防止法2条1項1号——周知商品等表示の混同行為

他人の周知の商品等表示と、同一または類似の商品等表示を使用する行為は、不競法2条1項1号に規定する不正競争に該当する。

本問において、Zが使用しているドメイン名がXの表示と類似していること、および、Xの表示が周知であるという要件は満たしていると認められる。

しかし、Zのホームページでは、商品等の販売は行っていないので、商品等表示として使用したとはいえない。したがって、本号の不正競争は成立しない。

(3) 不正競争防止法2条1項2号——著名商品等表示の冒用行為

他人の著名な商品等表示と同一または類似のものを、自己の商品等表示として使用する行為は、不競法2条1項2号に規定する不正競争に該当する。

本問において、Zのドメイン名とX表示の類似性、および、X表示の著名性という要件は満たしていると認められる。

しかし、Zはホームページで商品等の販売は行っていないのであるから、このドメイン名を自己の商品表示として使用しているので

はない。したがって、本号の不正競争は成立しない。
　　(4)　商標法37条1号――商標権の禁止権侵害
　　Zのドメイン名は、Xの登録商標に類似するが、Zは、このホームページでXの指定商品、指定役務またはこれに類似する商品・役務についてドメイン名を使用していない。また、Zは業としての行為も行っていないので、Zのドメイン名は「商標」（商標2条1項）にも該当しない。したがって、商標権侵害は成立しない。

関連問題

京都の老舗チェーン店

　Yは、1947年に京都で喫茶店「イダコーヒ」を開店した。高級自家焙煎豆のコーヒーとドイツ菓子がおいしい店として評判になり、1964年よりチェーン店を順次展開、2022年現在では京都市内に合計8つの店舗を有している。1970年代以降は京都の老舗喫茶店として不動の地位を築くに至り、その名声は大阪、兵庫、奈良、滋賀の各府県にも聞こえている。

　関西の飲料メーカーのXは、2015年に商標「イ☆ダ」を、指定商品「茶、コーヒー、ココア」および指定役務「飲食物の提供」について出願し、2016年に商標登録を受けた。Xは、2016年から「イ☆ダコーヒー」というロゴを付して缶入りのまったく新しいスパイス・コーヒーを発売して関西で大ヒットし、現在も販売している。Xは、その他の営業はしておらず、他人に商標の使用を許諾したこともない。

　2022年、XはYに対して、商標権侵害であるから「イダコーヒ」の名称の使用を取りやめるように警告した。Yが「イダコーヒ」の名称を使用しているのは、店の看板、ネオンサイン、および持ち帰り用ケーキを入れる箱を留めるためのシールである。

　(1)　YがXに対してなしうる反論を挙げ、それぞれの成否を理由とともに述べなさい（特許法とは異なる点に留意すること。最判平成29・2・28民集71巻2号221頁［商百38］〔エマックス事件〕参照）。

(2) Xは、Yとの交渉の中で、YがXの商標権について不使用取消審判を起こそうとしていることを知ったため、缶入り紅茶、缶入りココアの販売を開始するという広告を出し、その広告に「イ☆ダ」および「イ☆ダコーヒー」のロゴを付した。また、スーパーの缶コーヒー売場で客に試飲させるサービスを展開し、そのコーヒーを注ぐ紙コップに「イ☆ダ」および「イ☆ダコーヒー」のロゴを付した。Yが不使用取消審判を請求した場合、Xは取消しを免れることができるか。Yは本小問(2)の事実に関し、他の審判を請求することができるか。

(3) 2022年現在でも、缶入りスパイス・コーヒーを販売しているのはXだけであった。そこでXは、商標「スパイス・コーヒー」（標準文字）につき「コーヒー」を指定商品として商標出願した。Xは、この出願について登録を得ることができるか。

(4) 関東の飲料メーカーのZは、2022年に「VOSS」という商品名の缶入りスパイス・コーヒーを発売し、この缶に、「関西を代表する『イ☆ダコーヒー』の味を再現！」と目立つ文字で表し、また、この缶コーヒーの広告でも、同じキャッチ・フレーズを用いた。Xは、Zに対して、この表示および広告が商標権侵害にあたると主張することができるか。

参 考 文 献

田村善之『知的財産法〔第5版〕』119～120頁、150～153頁（有斐閣・2010）

小野昌延編著『新・注解 不正競争防止法（上）（下）〔第3版〕』（青林書院・2012）

小野昌延＝三山峻司『新・商標法概説〔第3版〕』（青林書院・2021）

小野昌延＝松村信夫『新・不正競争防止法概説（上）（下）〔第3版〕』（青林書院・2020）

（井関涼子）

事項索引

判例索引

●執筆者紹介●

小泉直樹（こいずみ・なおき）　＊編者
1961 年生まれ。1985 年東京大学法学部卒業。現在、慶應義塾大学大学院法務研究科教授。
『知的財産法〔第 2 版〕』（弘文堂・2022）、『知的財産法入門』（岩波新書・2010）、『特許法・著作権法〔第 3 版〕』（有斐閣・2022）、『新・注解 特許法〔第 2 版〕』（共編者、青林書院・2017）

駒田泰土（こまだ・やすと）　＊編者
1969 年生まれ。筑波大学大学院社会科学研究科博士課程修了。現在、上智大学法学部国際関係法学科教授。
『知的財産法Ⅰ 特許法』（共著者、有斐閣・2014）、『知的財産法Ⅱ 著作権法』（共著者、有斐閣・2016）、『ケースブック知的財産法〔第 3 版〕』（共著者、弘文堂・2012）

井関涼子（いせき・りょうこ）
京都大学法学部卒業、同志社大学大学院法学研究科博士後期課程中退。現在、同志社大学法学部教授。
『新・注解 特許法〔第 2 版〕』（共著者、青林書院・2017）、『知的財産法の挑戦』（分担執筆、弘文堂・2013）、『知的財産法の挑戦Ⅱ』（分担執筆、弘文堂・2020）、『商標法コンメンタール〔新版〕』（分担執筆、勁草書房・2022）

上野達弘（うえの・たつひろ）
1971 年生まれ。1999 年京都大学大学院法学研究科博士後期課程単位取得退学。現在、早稲田大学法学学術院教授。
『著作権法入門〔第 3 版〕』（共著者、有斐閣・2021）、『特許法入門〔第 2 版〕』（共著者、有斐閣・2021）、『〈ケース研究〉著作物の類似性判断』（共著者、勁草書房・2021）

奥邨弘司（おくむら・こうじ）
1968 年生まれ。1991 年京都大学法学部卒業、1998 年ハーバード・ロー・スクール修士課程修了。現在、慶應義塾大学大学院法務研究科教授。
『著作権法コンメンタール 2・3〔第 2 版〕』（分担執筆、勁草書房・2015）、『フェア・ユースの考え方』（共著、太田出版・2010）

鈴木將文（すずき・まさぶみ）
1958 年生まれ。1981 年東京大学法学部卒業、1986 年ハーバード・ロー・スクール修士課程修了。現在、名古屋大学大学院法学研究科教授。
『商標法コンメンタール〔新版〕』（共編著者、勁草書房・2022）、『新・注解 不正競争防止法〔第 3 版〕』（共著者、青林書院・2012）、『新・注解 特許法〔第 2 版〕』（共著者、青林書院・2017）

宮脇正晴（みやわき・まさはる）
1972 年生まれ。2002 年大阪大学大学院国際公共政策研究科博士後期課程単位取得退学。現在、立命館大学法学部教授。
『入門 知的財産法〔第 2 版〕』（共著者、有斐閣・2020）、『標識法の保護領域の拡大』（知的財産研究所・2002）

【編著者】

小泉　直樹　慶應義塾大学大学院法務研究科教授
駒田　泰土　上智大学法学部国際関係法学科教授

【著　者】

井関　涼子　同志社大学法学部教授
上野　達弘　早稲田大学法学学術院教授
奥邨　弘司　慶應義塾大学大学院法務研究科教授
鈴木　將文　名古屋大学大学院法学研究科教授
宮脇　正晴　立命館大学法学部教授

知的財産法演習ノート［第5版］──知的財産法を楽しむ23問

2007（平成19）年9月30日　　初　版1刷発行
2009（平成21）年3月30日　　第2版1刷発行
2013（平成25）年4月15日　　第3版1刷発行
2017（平成29）年3月30日　　第4版1刷発行
2022（令和4）年3月30日　　第5版1刷発行

編著者　小泉直樹・駒田泰土
発行者　鯉渕友南
発行所　株式会社　弘文堂　　101-0062 東京都千代田区神田駿河台1の7
　　　　　　　　　　　　　　TEL 03(3294)4801　振替 00120-6-53909
　　　　　　　　　　　　　　https://www.koubundou.co.jp
装　丁　笠井亞子
印　刷　三陽社
製　本　井上製本所

© 2022 Naoki Koizumi & Yasuto Komada, et al. Printed in Japan

ISBN 978-4-335-35895-1

━━━━ 演習ノートシリーズ ━━━━

憲法演習ノート
········憲法を楽しむ21問 ［第2版］

宍戸常寿=編著／大河内美紀・齊藤愛・柴田憲司・西村裕一・
松本哲治・村山健太郎・横大道聡=著　　　　　　　　　3000円

民法演習ノートⅢ
········家族法 21問

窪田充見・佐久間毅・沖野眞已=編著／磯谷文明・浦野由紀子・
小池泰・西希代子=著　　　　　　　　　　　　　　　3200円

刑法演習ノート
········刑法を楽しむ21問 ［第3版］

只木誠=編著／北川佳世子・十河太朗・髙橋直哉・安田拓人・
安廣文夫・和田俊憲=著　　　　　　　　　　　　　　3000円

租税法演習ノート
········租税法を楽しむ21問 ［第4版］

佐藤英明=編著／岡村忠生・渋谷雅弘・髙橋祐介・谷口勢津夫・
増井良啓・渡辺徹也=著　　　　　　　　　　　　　　2800円

知的財産法演習ノート
········知的財産法を楽しむ23問 ［第5版］

小泉直樹・駒田泰土=編著／鈴木將文・井関涼子・奥邨弘司・
上野達弘・宮脇正晴=著　　　　　　　　　　　　　　3000円

倒産法演習ノート
········倒産法を楽しむ22問 ［第3版］

山本和彦=編著／岡正晶・小林信明・中西正・笠井正俊・沖野眞已・
水元宏典=著　　　　　　　　　　　　　　　　　　　3300円

労働法演習ノート
········労働法を楽しむ25問

大内伸哉=編著／石田信平・魚住泰宏・梶川敦子・竹内(奥野)寿・
本庄淳志・山川和義=著　　　　　　　　　　　　　　3200円

━━━━ 弘文堂 ━━━━

＊定価(税抜)は、2022年3月現在のものです。